▲
1943 年，康涅狄格州曼彻斯特，玛丽·萨沃里克在先锋降落伞公司的工厂缝制背带。

▲
1943年，道格拉斯·麦克阿瑟将军。

▲
1943年，所罗门群岛瓜达尔卡纳尔岛，美军与当地居民在一起。

1943年，纽约大学的伪装课堂上，学生利用航拍照片制作模型。

1943年4月，苏联前线上空的一个德国“斯图卡”俯冲轰炸机中队。

▲
1943年5月，北非战役中，在突尼斯的临时战俘营中的轴心国俘虏。

1943年，美军在太平洋塔拉瓦岛上打垒球。
▼

◀ 1944年，太平洋作战行动中，美国“新墨西哥”号战列舰狭窄的住处内，船员们在玩扑克。

▲

1944年2月，关于登陆日计划的某次会议，美国的奥马尔·布拉德利将军，海军上将伯特伦·拉姆齐，英国皇家空军上将亚瑟·泰德，德怀特·艾森豪威尔将军，伯纳德·劳·蒙哥马利上将，英国皇家空军上将特拉福德·利－马洛里爵士和美国的沃尔特·比德尔·史密斯将军（左起）。

▲
1944 年，美国陆军第十山地师在意大利的战地医院。

▲
1944 年，太平洋战场上，由海军少将马克·米切尔指挥的美国快速航母特遣舰队（第五十八特遣舰队）的战舰。

1944 年，一辆美国谢尔曼坦克正穿过意大利南部的一座小镇。

1944 年，来自田纳西州孟菲斯市的威廉·巴斯中士把粮食分给两个意大利女孩。

▲
1944 年，罗马东南面的卡西诺小镇的废墟。

1944年，在诺曼底登陆日被部署到奥马哈海滩之前，美国第七海军海滩营在英国进行训练。

1944年6月，英格兰，美国士兵们等待着诺曼底登陆行动开始的信号。

▲
1944 年 6 月 5 日，英国韦茅斯港，美军登上车辆人员两用登陆艇，准备攻入法国。

1944 年，盟军在法国诺曼底登陆。▶

1944年6月6日登陆日，法国波尔涅雷斯－苏尔－梅尔郊外，加拿大第三步兵师的队伍在朱诺海滩登陆。▼

1944 年 6 月，盟军士兵们与两名法国警察一起查看他们在诺曼底的位置。

1944 年 6 月 12 日，登陆后的第六天，诺曼底，大英帝国总参谋长、陆军元帅艾伦·布鲁克爵士，英国首相温斯顿·丘吉尔，第二十一集团军群指挥官、陆军上将伯纳德·劳·蒙哥马利（左起）。

◄ 1944年，意大利维亚雷焦市，第九十二师的一位士兵在爆破反坦克地雷。第九十二师是两个全黑人步兵师之一。

▲

1944年7月4日，马克·克拉克将军和战争部部长亨利·史汀生抵达后不久，美国士兵在罗马的街道上行进。

▲
1944 年，美国陆军的车辆驶过诺曼底圣洛城的废墟。在“霸王行动”中，盟军约 2000 架轰炸机向驻扎在此地的德国军队发动攻势，该镇几乎被夷为平地。

1944 年 8 月，庆祝巴黎解放的游行中，香榭丽舍大街上成群的法国公民。▶

▲

1944 年 8 月，庆祝法国解放的活动中，凯旋门下的盟军士兵。

《纽约时报》二战全纪实

《纽约时报》/著
［英］理查德·奥弗里/主编
钱垂君　王晶晶　向　娜/译

染血的勋章

［1943—1944］

News in the summer months was dominated by the invasion of Sicily, which began on July 9 following the bombing and capture of the smaller island of Pantelleria on June 11. It was, Roosevelt announced, the "beginning of the end" for the Axis nations. This was just as well, since on the home front there were signs of growing impatience with the war effort. In June the Smith-Connally antistrike bill was introduced into Congress to try to outlaw wartime union activity. Although Roosevelt thought the measure too extreme and vetoed it, Congress on June 26 overrode his veto and the bill became law. The domestic squabbles were soon overshadowed by the massive military undertaking in the Mediterranean.

After a news embargo, The Times finally reported on July 11 the start of the invasion. Eisenhower, noted the report, "Rubs His Seven Luck Pieces," seven old coins (including a gold five guinea piece) that he kept in his pocket as a talisman. Times correspondent Hanson Baldwin later described the Sicily campaign as a strategic compromise, "conceived in dissension, born of uneasy alliance . . . unclear in purpose." It was, nevertheless, an immediate success as Allied soldiers swarmed onto the south and east coasts of the island. Ernie Pyle, the veteran war correspondent, went ashore with the Army on a section of coast with no enemy opposition and found that the American soldiers were "thoroughly annoyed" that there was no fighting after days with their adrenalin pumping. Italian soldiers gave up quickly. Pyle thought they looked like people "who had just been liberated rather than conquered." By mid-July General George Patton's U.S. forces were pushing toward Palermo while Montgomery's Eighth Army was approaching Catania, hoping to cut off the remaining German and Italian troops. Progress in the mountainous zones was slow; though Italians surrendered by the thousands, the German Army fought with its trademark skill and tenacity.

1939—1945

新世界出版社
NEW WORLD PRESS

图书在版编目（CIP）数据

染血的勋章 / 美国《纽约时报》著；（英）理查德·奥弗里主编；钱垂君，王晶晶，向娜译 .—北京：新世界出版社，2017.1
（《纽约时报》二战全纪实）
ISBN 978-7-5104-6088-3

Ⅰ .①染… Ⅱ .①美… ②理… ③钱… ④王… ⑤向… Ⅲ .①第二次世界大战—史料 Ⅳ .① K152

中国版本图书馆 CIP 数据核字（2016）第 298209 号

北京版权保护中心海外图书版权合同登记号：图字 01–2016–0369

染血的勋章

作　　者：《纽约时报》
主　　编：［英］理查德·奥弗里
译　　者：钱垂君　王晶晶　向　娜
策划编辑：周　强　曹福双
责任编辑：秦彦杰　杜　力
责任校对：宣　慧
责任印制：李一鸣
出版发行：新世界出版社
社　　址：北京西城区百万庄大街 24 号（100037）
发 行 部：（010）68995968　（010）68998705（传真）
总 编 室：（010）68995424　（010）68326679（传真）
http://www.nwp.cn
http://www.nwp.com.cn
版 权 部：+8610 68996306
版权部电子信箱：nwpcd@sina.com
印　　刷：三河市骏杰印刷有限公司
经　　销：新华书店
开　　本：710mm × 1000mm　1/16
字　　数：450 千字　印张：26.75
版　　次：2017 年 1 月第 1 版　2017 年 1 月第 1 次印刷
书　　号：ISBN 978-7-5104-6088-3
定　　价：59.80 元

推荐序

汤姆·布罗考

100年、500年、1000年后，历史学家研究第二次世界大战时，会心生疑惑：这是一场全面的战争，它席卷欧洲文明的中心，横跨太平洋，它野心勃勃而又极具杀伤力，然而英国著名军事历史学家约翰·基冈居然称之为“人类历史上最伟大的事件”。为什么会这样？

从1939年到1945年，你可以在《纽约时报》驻国内外记者的报道中，看到这场战争从开始是多么混乱不堪、错综复杂，充斥着表里不一、背信弃义，甚至是痴心妄想。阿道夫·希特勒唤起了德国狂热的激情，而日本这个岛国则开始将国旗插在远离国境的地方。

1939年9月1日德国入侵波兰，《纽约时报》用醒目的黑体字《华盛顿认为这场危机很严重》为标题进行报道，详细地描述富兰克林·D.罗斯福总统是如何花了一整天的时间阅读新闻通讯并收听欧洲电台的节目的。第二天法国动员了800万军人，第三天英国向德国宣战。

然而，9月3日哈罗德·B.辛顿在《纽约时报》发表题为《美国能置身于战争之外吗》的长篇分析文章，文中写到罗斯福对希特勒顾虑重重，但已经暗中备战。同时，辛顿引用罗斯福的话说：“他希望并相信美国能远离危险，而且他的政府将尽其所能地保持远离战火。”

人类历史上这场“最伟大的事件”就这样开始了。不怀好意的德国拉开了序幕，整个欧洲一片哗然，美国总统却依旧举棋不定。

从那天起，《纽约时报》的记者和编辑开始了急行军，以实时追踪事态的发展。

加拿大、澳大利亚等英联邦国家都投身对德作战，《纽约时报》驻伦敦记者詹姆斯·赖斯顿描述说，全城人都猫着腰以躲避德国空袭，之后又记录了温斯顿·丘吉尔是如何一步步晋升到高位的。赖斯顿颇有先见之明地指出："丘吉尔先生骨子里就有战争因子。他就像一位快乐的老拖船船长，头顶一顶破旧不堪的水手帽，嘴叼一支熄灭了的雪茄。不管是外形上，还是讲话的声音上，他都堪称真正的领袖。"事实上，丘吉尔当之无愧。

消息不断地从东线和西线传来：《英国儿童已经撤离城市》《传说中的苏联严冬即将围困侵略者》《新加坡对日本的威胁将信将疑》《潜艇击沉英国战舰》。

查尔斯·林德伯格仍然公开宣称，反对美国卷入这场战争，还称，美军的妈妈们会强闯国会，要求美国不要参战。

然而，到了 1941 年秋，罗斯福的个人担忧变成了热火朝天的战争武器计划，也就是罗斯福所说的"民主国家的兵工厂"。汉森·鲍德温在《纽约时报》中写道："'民主国家的兵工厂'的武器产量大增。"

30 多天之后的一个周日，也就是 1941 年 12 月 7 日，日本偷袭珍珠港，美国举国上下一片震惊。正如罗斯福之后对世界所说的，"一个耻辱日"。也正是珍珠港事件使美国迅速卷入了战争。

在现代史上一系列最大的海战中，日本与美国在整个太平洋上，围绕着塔拉瓦、硫黄岛、瓜达尔卡纳尔岛等之前闻所未闻的小岛展开殊死搏杀。

这是一场亘古未见的世界大战，战火蔓延到了北非、意大利乃至整个欧洲和苏联西部，以及所有的海域和领空。

1600 万美国人齐心协力，为打击敌人而努力，从深入敌后到烤面包再到包装降落伞，从乘飞机空降作战到乘潜艇潜入深海袭击敌舰，不一而足。

苏联人从东面挺进。同盟国军队齐聚英国，在总司令德怀特·艾森豪威尔的统一指挥下，准备发动有史以来最大规模的战役。艾森豪威尔出生于美国堪萨斯州的一家农场，性情温和，直到 1941 年才晋升为陆军上校。

1944 年 6 月 6 日，同盟国在诺曼底登陆。这是二战中具有重要意义的一场战斗。这场规模浩大的海陆空协同的军事行动昭示着第三帝国和阿道夫·希特勒的疯狂行为即将走向末路。

然而，盟军登陆3小时后，《纽约时报》和华盛顿其他的新闻记者才得知这一消息。

从那天起，新闻开始变得振奋人心。《纽约时报》头条新闻变成：《纳粹继续猜测巴顿将军的部队的动向》《日军（在塞班岛）被打得落花流水》《B-29轰炸机首度亮相》《苏联红军的进攻一如既往地勇猛》。

苏联军队在东线挺进，同盟国军队从西线打来。德军遭到夹击，虽殊死拼斗，却损失惨重。阿道夫·希特勒这个历史上的暴君，在柏林的一个掩体内开枪自杀，他那打造千古帝国的邪恶梦想不到10年便走到了尽头。

在太平洋，同盟国军队已把矛头指向日本的本土。除非日本投降，否则一场对谁都没有好处的战争将无法避免。

但最终战争得以避免。日本遭受两颗极具毁灭性的原子弹袭击后，投降了。

这场疯狂的战争于1945年8月宣告结束。这场真正意义上的全球战争结束了。和平来之不易，世界需要史无前例的重建和重组；一场全新的战争，亦即苏联与西方国家的冷战，揭开了序幕；在一定程度上，纳粹德国对犹太人的大肆屠杀促成了一个全新的国家在中东地区崛起。

和平虽然并不稳固，但依然让人欣喜。男人重返家园，或读书，或工作，投身于休眠已久的经济建设。妇女孕育了具有鲜明个性的新一代。底特律又开始生产民用汽车。超市又可以买到肉类和黄油。一座座新城市在美国东南部、西南部和西部兴起。

历经硝烟的人们把战争的可怕记忆深埋心底，继续生活，一心要弥补自己、家庭和朋友做出的牺牲。

在《纽约时报》的这些报道中，你可以追溯那段混乱的时光，重温那些重大决策；你会因战胜国领袖的伟大事迹备受鼓舞，也会为战争贩子的虚伪而愤怒。

这是超越时代的新闻。对于亲历这场战争的人们，对于渴望了解战争是如何发生的，我们又是如何取胜的人们，这更是一份不可多得的礼物。

目录

contents

第一章

1
chapter

全面开战

1943 年 2—5 月

2月7日，《纽约时报》刊发了一篇题为《全面开战》的社论，标题一语双关。苏联和南太平洋战场都取得了“可喜的胜利”，但在其他一些地区，危险尚未解除，各同盟国还在为如何分配美国的物资和援助而争论不休。《纽约时报》继续写道，战争需要资源，这个问题不可能在一夜之间解决，而是需要人们精心思考资源分配的先后顺序。不仅如此，资源在运输的过程中也极易受到攻击。

1943年春天，大西洋战场“噩耗”连连，德国海军元帅卡尔·邓尼茨决心战斗到底。1942年，盟军780万吨战舰在公海被击沉，而同期美国船厂制造的舰艇也不过800万吨。由于盟军的空中掩护覆盖了整个大西洋，因此德国潜艇再也无法在大西洋海沟施展所谓“狼群战术”。3月，许多大型护航舰遭到重创，但4月，美国海军部部长弗兰克·诺克斯却宣布战舰沉没的数量骤减。5月，只有16万吨舰艇沉没海底，而德军却有41艘潜艇被击毁。由于盟军破译了德国海军密码，启用远程飞机、先进的新式雷达设备并派出海军支援部队，最终粉碎了德军潜艇的威胁。5月底，邓尼茨承认战败并撤回了部队。同月，盟军潜艇和飞机在地中海地区对轴心国船只展开进攻行动，耗尽了在突尼斯的轴心国部队的物资和石油。各战场的海战已经按照同盟国预想的方向发展。

然而，北非的战斗却比预想的更艰苦，时间也更长。美军从非洲西北部向突尼斯挺进，一路苦战。2月20日，隆美尔对凯塞林隘口发动猛攻，但英美两军增援部队赶到，德军无法突破盟军的防御。《纽约时报》观察称，为了存活，美军士兵不得不从实战中学习。一条标题写道：《我军士兵在战斗中迅速领会战争技巧：从狂妄自大到担惊受怕，到失魂落魄，到极度疯狂，再到富有成效》。4月中旬，轴心国部队被盟军压制。到了 5 月 13 日，德国和意大利部队有 24 万人投降，人数甚至超过了斯大林格勒战役中的被俘德军人数。在远离战事的地区，驻守在阿留申群岛的美军在极端不利的条件下开始执行一项艰巨的任务，要把阿图岛上的小股日军驱逐出去。这的确是全面开战。

旷日持久的战争有损国内的稳定。在美国，人们对“配给制”怨言颇深。4 月，美国黑人代表呼吁停止种族歧视，赋予黑人从事任何工作的权利。5 月初，美国烟煤和无烟煤矿场爆发重大罢工事件，工人要求涨工资。罢工震动了罗斯福政府，总统亲自出面，劝人们回到岗位上工作。然而，国会的强硬派要求制定更严格的法律禁止战时罢工。

在印度，甘地发起的政治挑战演变成新的危机。他继续以绝食来抗议对他的监禁以及英国政府反对印度自治的决定。《纽约时报》密切跟踪报道了此事件。报道警告读者称：“如果甘地死去，印度就将出现暴力。”事实也相去不远。3 月初，甘地开始进食，但却继续要求英国允许印度独立。此举不利于大英帝国在亚洲作战。

在德国控制下的欧洲地区的抵抗运动也“愈演愈烈”。德军强制当地人劳动，并抢夺房产和艺术品，逼迫更多的欧洲人选择积极抵抗。5 月 2 日，《纽约时报》宣布，盟军已经捣毁生产核发展计划所用重水的挪威水电公司。报道称，突袭发生在 2 月 27 日和 28 日，但并未披露具体细节。《纽约时报》明确表示，德军尚未生产出“拥有毁灭性力量”的武器。虽然德军迫切地希望研制出这种武器，但《纽约时报》的结论更加真实可靠。

1943 年/2 月 1 日

邓尼茨誓倾举国海军之力发动潜艇战

美联社

【伦敦 1 月 31 日电】诡计多端的潜艇战奇才、德国海军元帅卡尔·邓尼茨今天接过了德国海军的指挥权，并突然宣称，德国将倾举国海军之力，对盟军展开潜艇战。

海军元帅邓尼茨在其总部上方升起一面新的主帅旗帜——白底黑色十字旗。美联社记录了德国的电台援引邓尼茨将军的讲话：

“我将集结全部的海军力量，投入潜艇战中，并投入比以往更多的精力，下定决心发动战争。

“自此，整支德国海军都将为势不可当的潜艇战服务。

“德国海军将奋战到底。”

昨天，海军上将邓尼茨刚刚接任海军元帅埃里希·雷德尔的职位。人们认为，他此时发表的声明证实了德军即将发动密集的潜艇战的预言。这一言论已经引起了盟军战争委员会的忧心。

海军元帅邓尼茨发明了“狼群战术”这种潜艇战的打法。斯德哥尔摩的报道称，观察员们认为他的擢升表明，德国元首希特勒将赢得战争的希望全部寄托在潜艇武器上。报道称，海军元帅雷德尔将成为希特勒的“首位海军事务”荣誉顾问。

德国的电台今天宣称，就在海军元帅邓尼茨担任统帅之际，1 月盟军被击沉船只的总吨位已达到 45 万吨。这一消息尚未得到盟军方面消息人士的证实。声明中提及的船只是总吨位为 45 万吨的 9 艘同盟国商船。德军最高指挥部称，这些商船今天刚刚在北大西洋、北极和地中海地区被击沉。

盟军消息人士估计，德国现役潜艇数量在 300 至 700 艘之间，德军随时可能出动其中的 1/3。

1943 年
2 月 2 日

年轻女子对部队构成威胁

卫生官员称，她们中传播性病者与职业卖淫者的比例高达 4∶1

在昨天召开的战时性病控制会议上，陆军、海军和公共卫生服务部的代表通报称，本地区萍水而交的妙龄女子在部队中传播性病的人数已达职业卖淫者中相应人群的 4 倍。

会议在阿斯特酒店举行。它是第 11 届社会卫生区域性会议同时举行的 3 场正式会议中的一场，由纽约结核与保健协会社会卫生委员会及其他 116 个组织赞助举办。来自陆军、海军、公共卫生服务部以及纽约州和纽约市的卫生部门的近千名代表出席了会议。此外，纽约地区的医生、护士、地方官员以及教育和社会工作者也参加了会议。

昨天，纽约结核与保健协会一年一度的结核病会议也在阿斯特酒店举行，同期举行的还有纽约市结核病疗养院会议。参加这些会议的各个团体在午餐会上进行了会面。

"当地风流佳人"是罪魁祸首

"在当前的战争中，"曾担任外科助理医师的公共卫生服务部官员罗伯特 · E. 希林说，"我们发现越来越多的当地风流佳人（所谓水性杨花女或'风骚女郎'）已成为性病的传染源。这一情况在某种程度上缘于许多社区终于意识到自身的职责，采取行动抵制商业性卖淫，因而此渠道引发的性病感染相对较少。

"宾夕法尼亚大学的约翰 · H. 斯托克斯教授最近报告称，性行为规范出现了松动，并以传染源由职业卖淫者向性随意者转变为佐证。"

希林援引斯托克斯教授的话继续说：

“我们发现，女友或萍水而交女的不确定的性行为不涉及费用，令打击卖淫的警方茫然。我们在属于最令人意想不到的那些类型的妇女和少女中发现了一种近乎狂热的要满足男人的欲望。

“我们正在南部大量集结部队，该地区的有些区域白人和有色人种的性病感染率都相当高。种族的界限正在缩小，这一情况是以该地区全国最大的黑人性病感染群体为基础的。人口和部队都在不断流动。平民和士兵、水兵一样，都被卷入这一损伤士气的变化中。而眼下，科学发现可以在一天之内治愈这类恶性但通常又有效地引发恐惧的威慑性疾病。这一科学发现正抽出我们平台下的支柱。”

1943 年
2 月 4 日

隆美尔率部与美军交战
元帅的精锐装甲部队投入突尼斯中央战区

弗兰克·L. 克拉克洪
通过无线电发回《纽约时报》的报道

【突尼斯战场 2 月 2 日电（延时报道）】今天，美国空军在突尼斯南部的广阔战场上与德军交手。陆军元帅埃尔温·隆美尔成功地将麾下的王牌装甲部队投入战斗。

在通往马科纳西的交通线上的塞内德车站和车站对面的费德隘口，美军装甲部队及其所能集结的步兵援军遭遇了隆美尔元帅（他堪称研究美军的“专家”）。其时，隆美尔已成功向北急速行军，企图切断英国第一集团军与南方的联系并为德军向北挺进扫清道路。

两天前，步兵尚无战争经验，今天他们就成功夺取了塞内德车站东侧的高山，并在那里设立了指挥部。我军部署在塞内德车站外的坦克把 20 辆德军坦克压制在群山之间，经过一番激战，将它们悉数俘获。

但今天，两军的争斗主要在空中进行，德军的俯冲轰炸机扫过美军据点，“梅塞施密特”和“福克—沃尔夫”飞机则不断对它们进行炮轰。陆军少将詹姆斯·H. 杜立特指挥的飞机在数量上处于劣势，共出动 150 架次，试图粉碎敌人一直隐而未发、等到此刻才实施的空袭。

马雷斯防线增派更多大炮

据报道，隆美尔元帅不仅增派驰援部队和坦克阻击肯尼思·A.N. 安德森中将在突尼斯南部指挥的美军行动，还增配 88 毫米和远程 105 毫米的中型与重型炮巩固在大海和山峦间绵延 50 英里的马雷斯防线。突尼斯和比塞大周围的陆军一级上将冯·阿尼姆率领的部队正向南进发，威胁我军的交通线。由于地面一周以来都无异动，德国空军正在尽情狂欢。正如早前北方战场的情形一样，美军不再出动轻型战斗机扫荡，英军便构成盟军主力，德军通过轰炸给盟军步兵造成了不小的麻烦。这是令不成熟的美国部队在还击前迅速成长的“方法”。通过这种“方法”，美国的步兵部队才能够于今日夺取远离塞内德车站的高山。我亲眼看到这些士兵在通往战场的路上时不时地遭到俯冲轰炸机的轰炸。昨天他们遭到了坦克攻击，但也予以还击。今天，他们尽管伤亡惨重，但仍然继续前进。

1943 年，德国陆军元帅埃尔温·隆美尔（左三）在突尼斯战场上。

费德隘口战役

两天以来，隶属于安德森中将指挥的第一集团军的美国装甲部队正持续战斗，阻止德军在费德隘口附近突破盟军的防线。从隐蔽在灌木丛中的阿拉伯毛毯帐篷向外看去，士兵们正为反攻做准备。据报道，此次反攻已摧毁 22 辆敌军坦克，而我军则有 5 辆坦克被德军 88 毫米大炮击毁。

1943 年
2 月 5 日

米哈伊洛维奇拟动员 20 万人

C.L. 索尔兹伯格
通过无线电发回《纽约时报》的报道

【伦敦 2 月 4 日电】德拉贾・米哈伊洛维奇将军出生于塞尔维亚，被称为“巴尔干的戴高乐”。他通过无线电从伦敦向南斯拉夫政府报告称，准备在德军占领的南斯拉夫地区动员 20 多万人组建军队。现在，他正与希腊和保加利亚的支持者保持联系，并称两方已做好准备，一旦盟军在巴尔干地区开辟第二战场，南斯拉夫的抵抗力量就会与他一起行动。该消息是由南斯拉夫内阁中米哈伊洛维奇将军的崇拜者发布的。

该记者并未证实消息的可靠性。这完全是无稽之谈。然而，这是追随者讲述的一则“德拉贾传奇”，正如以前的游击战故事一样，这只是涉及双方争议的一面之词。

米哈伊洛维奇将军是一名杰出的塞尔维亚人，他希望解放自己的国家，恢复战前卡拉乔尔杰维奇王朝统治的南斯拉夫王国。就在 1939 年二战爆发之际，政府要求他设计新的防御工事抵御德意两军进攻。他认为这一决定既费钱又愚蠢，因为一旦对方进攻，南斯拉夫军队必须向国家的中心地区收缩，并首先试图守住萨瓦河地区。

米哈伊洛维奇将军当时还是上校，总参谋部否决了他的意见并将他撤回贝尔格莱德，给了他一个相对无关紧要的职位。米哈伊洛维奇将军和他的上司在军事观点上存在分歧，从这个意义上说，他的军旅历程和夏尔·戴高乐将军十分相似，但事实证明，二人的观点都是正确的。

在贝尔格莱德期间，米哈伊洛维奇将军曾数次渡过萨瓦河，参加在泽蒙举行的不定期密谈。密谈时，爱国军官商议如果政府在轴心国的压力下发生动摇，他们应采取何种行动。参与密谈的人还有南斯拉夫政变的主导者之一波利维耶·米尔科维奇将军，以及前总理西莫维奇将军，后者曾被米尔科维奇将军选中担任政变名义上的领导人。多名空军和陆军军官也参加了密谈，这些军官当中有些人正在国外协助南斯拉夫的解放事业。

第一批抵抗的军官

当茫然无措的政府命令精疲力竭的部队向轴心国投降时，米哈伊洛维奇将军与多名军官躲进深山，正像数世纪前结成“自由卫士”和“祖国军”与占领军作战的热爱祖国的南斯拉夫人那样。就在米哈伊洛维奇将军着手组建部队时，黑塞哥维那地区一支独立的农民游击队已经打响了游击反抗的第一枪。

米哈伊洛维奇将军在偏远山区发现了曾拒绝遣散部队的陆军少校帕洛舍维奇，与之共同策划了未来的战斗。他们的计划开始传遍南斯拉夫全境。南斯拉夫的将领良莠不齐，却都因军队溃败而声名扫地，米哈伊洛维奇将军是唯一保有名声的将军。他徐徐图之，招募新兵，隐藏武器，只进行小规模战斗给敌军制造麻烦。直至德国进攻苏联，当亲南斯拉夫者和南斯拉夫人充满抵抗情绪时，反攻的时刻就到了。

这位南斯拉夫的战争部部长在取得首批大捷后被流亡政府晋升为上将。据他称，自己的部队由常规军官和士兵组成，接受过系统的军事训练，但也包括南斯拉夫祖国军实施小范围突袭的小规模游击队。换言之，战争部部长宣称自己一方面指挥着大部队的核心力量，另一方面在当地的村镇还有一大批追随者，只等他的特工给出信号就会奋起抵抗。

据报道，轴心国正因此忙碌，试图搜捕所有的秘密支持者，粉碎该组织并逮捕在轴心国占领区以米哈伊洛维奇将军的名义筹款的所有特工，从而逮捕所有的捐款人。1942 年 12 月 9 日至 13 日，据悉已有 3000 人遭逮捕，其中 300 人在圣诞前夜被枪杀。随后，另有 3900 人被逮捕并处决。

1943 年
2 月 7 日

社论：全面开战

此次战争是一场全面的、全球化的战争。有些同盟国正为令人欣喜的胜利欢呼时，有些地区的战事陷入了僵局，有些地区的战事正一触即发，还有的地区，盟军正面临直接的威胁，于危难之中发出紧急求援。

前几个月里，战争前景十分暗淡，盟军不断发出呼吁和求援，国内外都有人指责我们不应参与战争。显然，苏军凭借不屈的意志勉强坚守住了斯大林格勒和高加索山口，而美国海军陆战队正在所罗门群岛为小小滩头而战。有人呼吁开辟第二战场，有人提出租借给苏联更多的援助物资，增援瓜达尔卡纳尔岛上窘困的美军并送去更多的补给。在力所能及的情况下，美国冒着巨大的风险和损失向苏联输送补给，在非洲开辟第二战场，从而使苏联境内的德军面临毁灭性的打击。同样，我们也向所罗门群岛的美军派出了增援部队，逼退了日军。

如今，澳大利亚和中国也发出了类似的求援。前者正面临日军入侵的威胁，后者则濒于经济崩溃的边缘。人们无法否认这些诉求的正当性，也不能忽视这些国家所描绘的局势的危险性。一旦这些威胁中的任何一个成为现实，对同盟国而言都将是一场巨大的灾难。

然而，还有些人频繁地批评美国对中国和澳大利亚的援助不足。对此需要指出的是，输送的物资不足很大程度上是由于环境所迫，而目前的情况又远远超出了我们的控制。不仅如此，在苏联、非洲、所罗门群岛或其他国家，战况之激烈并不亚于中国和澳大利亚。不幸的是，尽管美英两国创造出一个又一个生产奇迹，但亟待援助的国家实在是太多了。盟军需要大量的飞机、坦克、大炮，还需要大量的船只来把这些物资运送到前线。在太平洋战场上，美军可以调动的部队全都在为保卫澳大利亚而战斗。同样在北非，所有可以调集的盟军都在战斗，它们不仅要为盟军从欧洲大陆进攻北非，把德意军队逐出北非开辟道路，还要从地中海为印度、缅甸和中国打通一条补给线，否则将无法在这些地区发动重大的军事行动。

在这场全球性的大战中，如何运用可调集的部队和资源获得最大的战果，要看盟军能否做出绝妙的军事决策。如今，已无人质疑援助苏联或北非登陆的决策是否明智，因为这些决策阻止了日德两国在中东地区建立联系。物资所剩不多，不足以向远东地区提供比实际更多的援助，这并不是分配不均引起的，而是备战不充分而造成的——所有民主国家都会犯这个错误。

1943 年 / 2 月 10 日

美潜艇新几内亚海战大捷

罗伯特・特兰伯尔
通过电话发回《纽约时报》的报道

【太平洋某海军基地美军潜艇“坚头鲣”号 2 月 9 日电】“坚头鲣”号潜艇在新几内亚北部马楚岛手指形海湾遭遇日军驱逐舰并展开海战。第二天，它又接连受到鱼雷攻击，并和日军 4 条船组成的舰队互相炮击。这艘新潜艇属于太平洋舰队。它不仅击沉了日军驱逐舰，还击沉了护航舰队的 4 艘船只，驶进港口时，获准在潜望镜上绑上干扰器，以表彰它在海战中获得的“大胜”。

“坚头鲣”号潜艇艇长、海军少校达德利・W. 莫顿今年 35 岁，来自美国佛罗里达州迈阿密市；副艇长、海军上尉理查德・H. 奥凯恩今年 32 岁，来自美国加利福尼亚州圣拉斐尔市。两人一同描述了“坚头鲣”号射光所有的鱼雷之后所发生的战斗。在描述其中一场战斗时，海军少校莫顿说道：“那又是一场追击战——日军驱逐舰不停地开火，‘坚头鲣’号在不停地闪转腾挪。”

生死存亡 5 昼夜

此次在新几内亚地区巡航，“坚头鲣”号潜艇历经了生死攸关的 5 个昼夜。

有一次，两名艇员因“敌军行动”而受伤。

一名药剂师助理不得不在潜艇受火炮攻击的情况下切除其中一人的两根脚指头。由于现场缺少手术工具，他用一把剪电线的钳子做了手术。如今，手术后的法尔曼・H.P. 格林斯基恢复得不错。

这位名叫 L.J. 林德的药剂师助理来自威斯康星州，被人们亲切地称为“江湖郎中”。他 5 天以来负责每天为莫顿少校按摩脖子，从而缓解战斗导致的肌肉紧绷。

“先生们，这是惊恐的表现。”莫顿少校向记者们讲述了自己脖子为何会酸疼。

战斗发生时，莫顿少校正在侦察日军在韦瓦克新建的海港。韦瓦克位于新几内亚北部沿岸，是日军设立的前沿基地之一。此前，道格拉斯・麦克阿瑟将军的占领军把日军从布纳和哥纳地区的军事要塞中驱逐出去，日军只能在此设立基地。当时，地图上并未绘出韦瓦克港，但“坚头鲣”号上一名士兵花 25 美分买来的地图集中标出了其位置。莫顿少校麾下的军官按照地图集中的标注推断出这一地区的地形并沿途拍照，希望能够绘制出令人满意的地图。

马楚岛就在韦瓦克港不远处。“坚头鲣”号在水下四处侦察时，莫顿少校在马楚岛狭窄的海湾中发现了一艘舰船。那是一艘停泊着的日军驱逐舰，可能是护送日本海军分队的护航舰。这支分队第二天在韦瓦克港以北地区被“坚头鲣”号击沉。

“坚头鲣”号向日军驱逐舰发射了一枚鱼雷，但打偏了，后者立刻起锚追击。“坚头鲣”号又发射了数枚鱼雷，但日军舰艇速度快而且距离太远，一枚都没有击中。在日军驱逐舰追至 800 码远时，“坚头鲣”号发射了最后一枚可直接使用的鱼雷。日军驱逐舰加速行进并向“坚头鲣”号开火，开到中途或距“坚头鲣”号 500 码远时被鱼雷击中。

鱼雷击中了日舰船体中部，舰艇重要设施被摧毁，船体断成两截。大批身穿白色军服的日本船员纷纷跳海，他们原本在绳索下、帆桁上和瞭望塔上等一切能站得住的地方瞭望。驱逐舰断成两截，船头部分率先沉没，5 分钟内就彻底沉入大海。

两天后的 1 月 26 日，“坚头鲣”号发现了被护送的船队，包括两艘 7000 至 9000 吨的货船、一艘 7000 吨的运兵船和一艘 6000 吨的油轮。运兵船上满载日军，莫顿少校认为该船无人生还。

“坚头鲣”号首先击沉了一艘货船，然后击沉了运兵船，重创了另一艘货船，而后撞坏了油轮并继续追击。接下来就是一场追击战。

“货运船朝我们开火时总是瞄不准，我们觉得真可笑，”莫顿少校说，“但有一发炮弹打在我们正前方，我们立马就笑不出来了。

“晚上 9 点的时候我们终于把那艘货船击沉了。”

1943 年/2 月 11 日

甘地遭拘禁以绝食抗议

他计划绝食 21 天，期间以果汁和水维生

【美联社孟买 2 月 10 日电】莫罕达斯·卡拉姆昌德·甘地于今天开始了为期 21 日的绝食，仅靠兑水的橘子汁维持生命，引发印度各界的担忧和警惕。但是，甘地并未像此前威胁的那样滴水不进，“绝食至死”。甘地此次绝食是为了抗议政府将他拘禁在浦那的阿迦汗宫。

这位 74 岁的民族独立领导人曾长期与林利思戈侯爵通信。在信中，总督反对甘地绝食的做法，认为这不利于健康，但是甘地仍旧不吃不喝。总督声称，此举等同于“政治勒索，是不道德的行为”。

然而甘地仍一意孤行，目的是为了迫使政府改变“长期拘押”全印国大党党员的政策，并抗议政府镇压非暴力不合作运动的“蛮横的暴行”。

印度政府拒绝释放甘地

今天，印度政府公布了甘地和总督间往来的信件，并发表声明称，已经通知甘地，只要他停止绝食，就会满足他所有的要求，释放他及他的国大党追随者。

“甘地先生，”声明补充道，“已经表示，一旦获释，将放弃原有的绝食计划，否则将继续绝食。”

政府声明称：“显然，如今只有无条件释放才能阻止甘地绝食。”

“印度政府并不准备就此做出让步。”声明补充称。

甘地在写给总督的信中提到，国大党在过去几个月中并未滥杀无辜、破坏火

车或实施其他暴力行为。1942 年 8 月 9 日印度爆发新一轮反对英国统治的非暴力不合作运动后，甘地就遭到拘禁。他要求政府无条件释放自己。

这是甘地 25 年来的第九次绝食。第一次绝食发生在 1918 年 10 月，为期 3 天，目的是支持艾哈迈达巴德市棉纺厂工人的一次罢工。第二次绝食发生在 1922 年 2 月，为期 5 天，借此谴责印度同胞活活烧死一名警察的行为。第三次发生在 1924 年 9 月，绝食则进行了 21 天，目的是促成印度教徒和穆斯林的团结。

在耶拉瓦达监狱，他采取了“绝食至死”的方法表达抗议。这次绝食发生在 1932 年 9 月，持续了 13 天之久。直至英国内阁撤销单独设立贱民选举区的决定后，甘地才结束了此次绝食行动。他认为英国政府的这一政策会分裂印度各阶层。

1943 年的莫罕达斯·卡拉姆昌德·甘地

第五次绝食发生在 1933 年 5 月，持续了 21 天。此次绝食是为了印度同胞而进行的灵魂净化行动。第六次绝食发生在 1934 年 8 月，目的是为了向过激的改革者表示抗议。甘地的第七次绝食同样发生在这个月，为期一周，目的是为了迫使英国政府同意他在狱中编辑《贱民》周刊。1939 年 4 月，甘地再次因当地政治问题绝食 4 天。

甘地自己也遭到他人的绝食抗议。1934 年 10 月，他对国大党宣布自己已成为“负累”并辞去党内职务。他的 7 名追随者绝食以示抗议，直至他收回决定。

1943 年
2 月 17 日

社论：所罗门群岛的军事行动

官方发布的报告总结了 1 月 29 日至 2 月 7 日期间所罗门群岛发生的多起空战和海战。它至少反映了日军从瓜达尔卡纳尔岛撤退时，当地的部分情况。双方参战船只仅为部分鱼雷艇和驱逐舰，未涉及其他船只，但在空袭中都有舰船被击沉。我们没能阻止日军撤退，海军也没有遭受重大损失。美国重型巡洋舰“芝加哥”号在连续作战的第二天就被日军鱼雷轰炸机击沉。当天，我们还损失了一艘名称未知的驱逐舰和 3 艘鱼雷快艇。与此相比，美军声称已击沉两艘日军驱逐舰，并可能击沉其他 4 艘驱逐舰和 8 艘其他船只，另有 3 艘较小的日军船只遭到重创。

我军损失并不像第一次报道的那么“极其轻微”。“芝加哥”号巡洋舰是一艘 9300 吨战舰，装备精良，架设了 9 门 8 英寸大炮。无疑，它是一艘“战列舰”。日军宣称在拉纳尔岛周围海域击沉了这艘巡洋舰，同时还击沉了另一艘“战列舰”和其他 3 艘巡洋舰。日军空投鱼雷重创“芝加哥”号巡洋舰，第二天它在被拖离战斗海域时遭鱼雷轰炸机击沉。幸运的是，大多数船员获救。日军宣称的我军其他舰艇的损失数据或许有一定的事实基础，但我军都未收到相关报告。

显然，瓜达尔卡纳尔岛上的日军救援舰队、战舰和航空母舰每况愈下，而几乎就在此时，一支美军特遣舰队正护送运兵船抵达我军所在岛屿的海军基地。美军安全登陆，但黄昏时分，在瓜达尔卡纳尔岛南部，我军战舰遭到了敌军舰载飞机的猛烈攻击并被打散。与此同时，20 艘日军驱逐舰正在纠集埃斯帕恩斯角海战中被美军击败的残存部队。至少有一艘美军舰艇在此次攻击中被击沉。美国海军主力部队向北大举挺进时，从特鲁克岛撤退的日军主力部队再次撤退到安全水域，我军舰艇和飞机对其穷追不舍。日军在此次转移过程中，遭受了重大伤亡。

从日军方面来看，如果考虑到其中所涉及的风险的话，这些损失并非特别严重。显然，我军作战舰队已经做好准备，迫切地希望与敌军战斗，但仍须等待战机。

1943 年

2 月 21 日

鏖战“群狼”

美国海事委员会主席、美国战时航运管理处官员、海军少将埃默里 · S. 兰德

轴心国目前面临的最大威胁是，美国正不断向反法西斯国家输送资源和工业产品。德国、意大利和日本深知，美国的国力让已经充分动员的盟军如虎添翼，除非轴心国能够阻止联合国家在实施宏观战略时充分利用这种力量，否则盟军最终会彻底粉碎它们。

这也是德国潜艇在大西洋频繁发动军事攻击的原因。如果纳粹想要避免美国的生产力对战场产生的巨大影响，必须在这种力量危及自身之前压制它。由于无法摧毁美国的城市、造船厂和工厂，德国只能集中力量击沉美军船只。

“大西洋海战”只是美军应对德军挑战的一个阶段的战役。这是一场气势恢宏的战役，英美两国海军、空军和商船在此次战役中大显身手。战争中生产和运输方面的活动也在紧锣密鼓地展开，它们正发挥着应有的作用，逐渐消磨德国的水下“群狼”。

针对德国潜艇对盟军跨大西洋重要交通线的威胁，美军采取了三种应对方法：（1）打击敌军潜艇建造、修理和保养基地；（2）通过护航和侦察行动应对海上挑战；（3）建造新的商船来替代损失的商船，并增加船舶吨位。出于对军事审查和安全方面的考量，前两方面的讯息极为有限。至于第三点，则可以得到明确的答案。

负责商船建造项目的官员最常被问到的问题是：“我们造船的速度是否超过了船只被击沉的速度？”负责人的回答表明，美国正通过派出比纳粹能击沉的船

1943 年的一艘德国潜艇

只数更多的船只，着手解决德国击沉美国船只的问题。这一问题似乎意味着将责任的重担转嫁到造船者身上，这是不公平的。实际上，造船者只应承担一部分职责。

战争进程更多地取决于战场上瞬息万变的战况，而不是国内的生产状况。沉船率的变化速度远远重要于造船的速度。不仅如此，正如我常常强调的那样，击沉一艘船的时间可比造一艘船短得多，即使现在我们把建造一艘“自由”轮的平均时间缩短至 55 天，也无法改变这一事实。

我们无法预知，未来的德军潜艇攻势是否会更加猛烈。然而，实际上，在冬季开展此类袭击船只的行动更为有效，因为冬季夜晚时间长，海面条件也不利于水面船只，却更有利于水下潜艇采取行动。随着春夏两季的来临，德军潜艇的行动可能有所放松，但具体情况还要根据战争进程的紧迫性而定。可以肯定的是，随着同盟国在 1942 年的最后几周展开进攻，不断紧逼，纳粹会把潜艇派往最能发挥其作用的地区，即“最适宜捕获盟国船只的地区”。

美国 1942 年惊人的造船进程表现出美国人民的足智多谋和积极进取，以及我们想要赢得这场战争的坚定决心。幸运的是，美国海事委员会制订了长期的造船计划，开了一个好头，因此 1939 年欧洲爆发第二次全面战争时才能满足突然增长的设备需求和逐步扩大项目的要求。当时，委员会正在完善造船计划的日程安排，准备在 10 年内每年建造 50 艘船只，而且部分船只已经建造完成。

起初计划进展缓慢，但后来进程加快，成果喜人。为了加快生产并使用能够批量生产的引擎，委员会决定在 10.05 万吨“自由”轮的生产中采用标准化设计。最初，生产两艘此类船只的平均时间为 235 天。两艘“自由”轮于 1941 年 12 月交付使用。1942 年 12 月，有 82 艘“自由”轮交付使用，造船的平均时间缩短至 55 天。这样的造船速度，加上造船设备超过 600%的增速，使得美国 1942 年能够生产出 746 艘船，总吨位达到 809.008 万吨。

1942 年，罗斯福总统给海事委员会下达的指令是建造 800 万吨的船只。1943 年，这一指标上升为至少 1600 万吨。这意味着，两年内美国总共要生产 2300 艘船只，总吨位达到 2400 万吨。我相信我们能够完成罗斯福总统在 1943 年下达的指令。

1943 年
2 月 21 日

计分配给制的基础知识

简・霍尔特

据美国价格管理办公室称，对加工食品实施计分配给，是因战争需要强制推行的配给制中影响最为深远的一种。它几乎影响到了美国所有的男女老少。

实行配给制的第一个月里，只能使用 A、B、C 三种配给券。由于全国粮食供给存在地区差异，各地的计分标准也有所不同。简言之，以下是人们在配给制中可能遇到的问题，并做了解答，希望能够对你适应配给制提供帮助。

问：计分配给与其他配给方式有何不同?

答：为了更好地回答这一问题，我们需要简单介绍一下目前实行的三种配给制。最简单的一种是凭票配给，这种配给制用于糖、咖啡、燃油和汽油等单一商品的配给。现在人们已经熟知这种配给制的运作方式了。

第二种是凭“采购证”实施的配给，用于汽车、自行车、采暖炉、耐用胶鞋、轮胎、管道和打字机等商品的采购。它的运作方式如下：如果有人想购买上述商品中的一种，首先要向配给委员会提出申请，列明要购买的物品。委员会发给他一张表格供他填写。申请人报告相关情况后，如果符合购买要求，委员会向他颁发采购证，消费者在买东西时必须出示该证。

第三种是计分配给制，即对同类的多种商品实行配给，它们之间可以相互替换。本文其余内容将详细说明计分配给是如何运作的。

问：我们为什么要实行计分配给?

答：计分配给是一种用于同类密切相关商品间的配给制度。如果对同类产品中的部分商品实行配给（比如对最稀缺的产品实行配给），消费者就会抢购其他产品，货架上的商品就会很快销售一空。另一方面，如果对各种商品分别实行配给（如咖啡、糖和汽油就分别实行配给），那么每种商品都要发行一种配给券。

这就意味着要发行数百种不同的配给券，而这些配给券反过来将给所有相关方面带来无休止的混乱。

问：什么是计分?

答：所谓计分就是指一份配给值。比如，美元和美分就是货币的面值。每种配给的粮食值多少钱，其配给值就是多少。某种商品的供应量决定了它的配给值，与其价格和质量无关。因此，举例来说，如果豌豆的数量超过大豆，那么豌豆的配给值就比大豆低。不难看出，这种配给制可以帮助政府引导消费者，使之不再购买那些稀缺商品并鼓励他们购买那些存货相对较多的商品。

自然，大罐装玉米（或任何此类商品）肯定比小罐装的配给值高。针对同一种食品根据数量多少确定配给分值时，罐头中食品的净重是决定因素。

问：什么样的食物将实行计分配给?

答：加工食品：罐装或玻璃瓶装的水果、蔬菜；汤和果汁；干果；冷冻水果和蔬菜；辣椒酱和番茄酱。加工婴儿食品（切碎或粗滤的水果、蔬菜和肉做成的配制食品）也包含在内。

问：什么时候开始实行加工食品计分配给制?

答：3 月 1 日。本周，这些食品将暂停零售，并让批发商和销售商为实行配给制做好准备，公民也可以开始申请战时配给手册第二册。

问：什么是战时配给手册第二册?

答：这是一本包含购买加工食品所需配给券的手册。此后还将用于肉类配给。

问：能否描述一下这本手册的内容从而说明其使用方法?

答：你会发现这本手册里包含蓝色和红色两种配给券。其中，蓝色配给券是用来购买加工食品的，红色配给券是为将来实施肉类配给而准备的，肉类配给将于 4 月 1 日开始实行。此外，每张配给券上都标注了字母和数字。字母说明了配给券使用的时间（配给刚刚实行的 3 月只能使用 A、B、C 三种配给券），而数字则表明每种配给券的分值。

问：怎样才能知道某种配给食品的配给值?

答：本周末，政府将发布一张官方配给值表，销售商必须在顾客能够看到的地方张贴这张表。它会明确告诉消费者每种配给食品的分值。期间，政府会对该表做出调整，但频率应该不会超过每月一次。调整后的配给值表仍是全国通用的。

问：使用配给券的方式会影响日常采购吗？

答：是的，必然会产生一定的影响。应先使用分值较高的配给券，否则意味着月底就可能没有低分券了，你就需要用 8 分的配给券购买配给值为 6 分的商品。这种情况要避免，因为销售商不得给配给券“找零”。如果你购买的商品的配给值低于配给券的分值，你就会损失一部分配给分值。

问：怎样才能合理使用配给分值？

答：方法之一是提前计算一家人每周的配给值。配给制实行期间，每人的周配给值为 48 分，这就意味着，如果家里有两口人，每周大约需要花费 24 分的配给值。然后，列出实行计分配给的食品以及预计每周购买的数量，在每种商品的旁边写下配给值。累计所有物品的配给值，然后与家里每周的配给限制值进行对比。

如果总数低于每周的预算值，显然就无须对此做出调整了。如果超出了每周的预算值，就需要调整要购买的食品。调整时可以用低配给值的食品代替高配给值的食品，例如，可以用新鲜水果和蔬菜取代其他食品。

问：如果我儿子在部队服役，没有配给手册，他回家休假的时候该怎么办？

答：如果他回家休息 7 天或更长的时间，只要向当地的配给委员会出示请假条，委员会就会给他颁发计分许可证，保证他休假期间有足够的配给值维持生活。销售商认可休假军人的计分许可证，不会要求他们使用计分配给券。

购买时必须当着销售商或送货人员的面从配给手册上撕下食品配给券。

20 世纪 40 年代的汽油配给手册

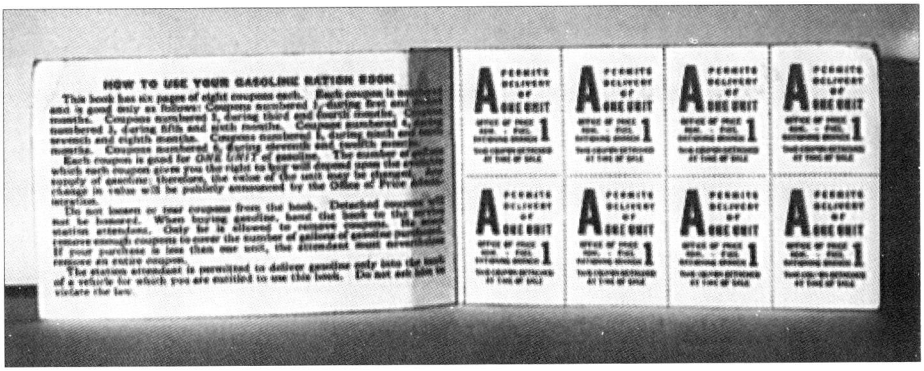

1943 年/2 月 22 日

盟军在突尼斯中部地区再度受挫 德军挺进

坦克、步兵和大炮突破英美防线

德鲁·米德尔顿
通过无线电发回《纽约时报》的报道

【北非盟军总部 2 月 21 日电】德军在突尼斯中部地区发起第二轮攻势。昨天，德军坦克和两个营的步兵攻破了盟军坚固的防线并占领了至关重要的凯塞林隘口。该隘口距最靠近阿尔及利亚边境的检查站仅 12 英里。

经验丰富的英国装甲部队上周刚从北部向南挺进。昨天一天及今天早些时候，它加入了一个美军装甲战斗群，与敌军激战。德国陆军元帅埃尔温·隆美尔的装甲部队已深入阿尔及利亚特贝萨地区，该地区是 4 条主干道和 2 条铁路线的交会点。英美两军坦克共同插入敌阵，带领步兵对其展开反攻。

尽管战场上空乌云密布，美国第十二航空军的“空中眼镜蛇”战斗机仍不断骚扰敌军向前方战场运送物资的补给纵队。大量德军卡车在大炮和机枪的火力攻击下被摧毁。随后，英国皇家空军的比斯立战斗机在夜晚发动奇袭，不断打击道路上和南面更远处的加夫萨地区的目标。周五晚，这些英国中型轰炸机还对德军通信设施实施了轰炸，但天气恶劣，飞行员无法看清楚战果。

德军除占领了凯塞林隘口，还发动了另一次进攻行动。德军一支强大的装甲侦察部队在两天内第二次对英军位于斯比巴附近的据点进行了侦察，并再次遭遇遍布的英军守卫。英军摧毁了德军两辆坦克，还重创两辆。（据称，法军也参与了此次军事行动。）

据悉，敌军在凯塞林隘口战役中的损失相当于周四第一轮进攻中的损失。然而，德军第二轮进攻是在重型和中型大炮更为猛烈的火力掩护下展开的。据报道，德军极强的火力完全压制住了美军在隘口和两侧高山上的火炮攻击。

就在一周前的费德隘口战役中，俯冲轰炸机在突破盟军防线的过程中发挥了重要作用，但在此轮进攻中却收效甚微。德军出动大炮、坦克和步兵，经过数小时激烈的战斗才夺得凯塞林隘口。这期间，英美两军拼尽全力予以还击。

德军从凯塞林隘口西北部发动猛攻，致使盟军在突尼斯中西部地区的军事要塞都受到了影响。这再次表明，敌军想要投入大量兵力以占据突尼斯重要的地理位置。如果隆美尔元帅挥军向西逼近特贝萨，英美两军在当地的通信联络将受到极大的威胁。如果他向北进攻英国第一集团军的后方地区，盟军战线必须做出进一步调整，以应对德军向其未设防侧翼的攻击。

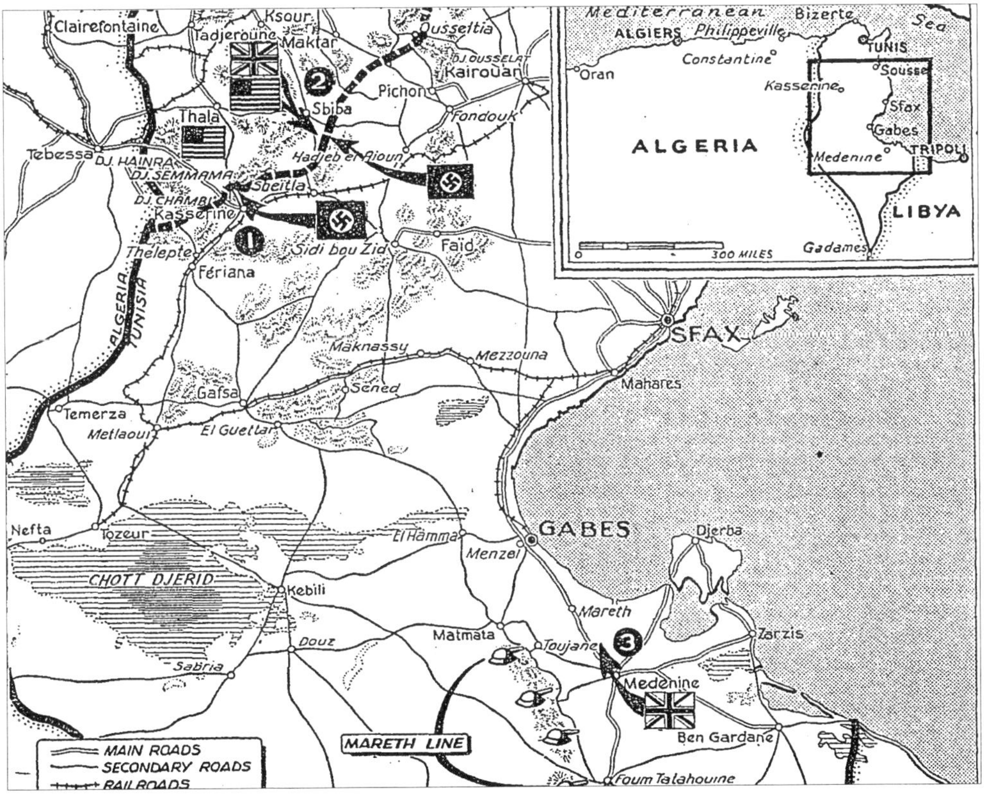

盟军在突尼斯中部地区还遭受了另一次失败：隆美尔元帅的步兵和坦克夺取了凯塞林隘口西北部的隘口①。他向右可以向塔莱挺进，向左则可以穿过哈尼拉山隘口，突入相对平坦而远离特贝萨的乡村地区，进攻康斯坦丁（如小图所示）。在斯比巴东部地区②，德军展开了新一轮反扑。英国第八集团军沿着通往马雷斯和加贝斯铁路终点的道路，从梅德宁③向前推进了 8 英里。

然而所有迹象都表明，隆美尔元帅希望在特贝萨地区不断攻击英美两军。必须指出的是，最近几天德军的动作使其部队暴露在盟军北方部队的反攻行动之下。德国陆军一级上将冯・阿尼姆等候在突尼斯北部迈杰尔达山谷的源头。陆军上将哈罗德・R.L.G. 亚历山大爵士是否甘冒风险，让英国第一集团军的后备部队都投入此次军事行动，对盟军指挥官而言是一大难题。

德国大批精锐部队都投入目前的进攻行动，德军坦克的损失程度将决定战斗未来的成败。如果敌军能够重新缴获足够的盟军坦克来弥补自身损失，并在与陆军上将伯纳德・劳・蒙哥马利爵士指挥的英国第八集团军交战的过程中确保自身安全，凯塞林隘口战役将不过是危险而又极具威胁性的进攻中的第一步。

1943 年

3 月 2 日

大规模集会呼吁拯救末路的犹太人

昨天晚上，基督教众和犹太人在麦迪逊广场花园举行大规模示威活动，要求同盟国立即采取行动，尽力拯救 500 万受阿道夫・希特勒种族灭绝政策威胁的犹太人，并阻止纳粹屠杀欧洲犹太人。

2.1 万名观众到场，聆听宗教、市民、政治及劳工团体的领导人提出的这一要求。他们挤满了巨大的礼堂，还有数千人无法入场。

到 8 点整集会即将开始的时候，通往麦迪逊广场花园的道路被警察封锁了，仍有 1 万人站在第八和第九大道间的第 49 号大街上，聆听人们通过扩音器发表的演说。此前，数千人因无法入场而散去。美国犹太大会主席斯蒂芬・S. 怀斯拉比主持了集会并在讲台上发表了演说。据警方估计，集会开始前 3 个小时，约有 7.5 万人试图挤进麦迪逊广场花园。

各方人士从海外声言支持示威行动，包括坎特伯雷主教、辛斯利主教、病重待在伦敦的威斯特敏斯特主教和英国大拉比 J.H. 赫兹。贝弗里奇社会保障计划的发起人威廉・贝弗里奇通过无线电从英国首都伦敦向集会发表了演讲。

“立即阻止希特勒”的示威活动是由美国犹太大会、教会和平联盟、自由世界协会、美国劳工联合会、产业工会联合会及其他基督教和犹太人团体联合发起的。

美国犹太大会理事会主席路易斯·利普斯基提出了达成示威目标的 11 条行动计划，获得一致通过。

该决议将递交罗斯福总统，并由他转交各同盟国审议。

纽约市长拉瓜迪亚发表讲话

纽约市长拉瓜迪亚以纽约市民的名义发表讲话。巴勒斯坦犹太事务局主席哈伊姆·魏茨曼博士代表整个犹太人群体发表讲话。

纽约州州长杜威通过无线电从奥尔巴尼向集会发表了演讲。最高法院大法官威廉·O. 道格拉斯和参议员罗伯特·F. 华格纳通过无线电从华盛顿向集会发表了演说。温德尔·L. 威尔基发来消息，集会宣读了其内容。威尔基声称：“必须制定并立即采取切实有效的措施，以挽救尽可能多的犹太人的生命。”

美国犹太大会欧洲事务特别委员会主席赫尔曼·舒尔曼定下了集会的基调，并推荐怀斯博士担任大会主席。集会呼吁人们关注以下事实：“针对纳粹令人发指的反犹太暴行及其扬言报复的行径，同盟国通过发表声明进行谴责已数月有余”，当时同盟国还承诺将“立刻采取切实的措施来解决这一问题”。然而，时至今日，同盟国依然没有采取行动。

为死难者祈祷

领唱者莫里斯·卡波克－卡根唱完《慈爱的厄尔·莫勒》这段为死者祷告的希伯来经文，以纪念死于纳粹迫害的犹太同胞们，把集会推向高潮。诵经前，莫里斯·陶布吹起羊角号，号声渐退，卡波克－卡根先生开始祈祷，许多观众流泪恸哭。场外数千人通过扩音器听见场内的种种仪式时，也加入了祈祷的行列。紧接着，以色列·戈德斯坦拉比又诵读了另一首为亡者祈祷的赞美诗卡迪什。最后，雅各布·霍夫曼诵读了《诗篇》中的一节，以“求主施行拯救；我们呼救的时候，愿王应允我们”。

大拉比提出请求

大拉比赫兹的发言如下：

“整个中欧地区的犹太人都处于灭绝的边缘，数百万男女老幼已经被极端残忍地杀害，这是违背信仰的。每念及此，都令人感到可怕。但同样令人震惊的是，那些宣扬四大自由的人迄今为止鲜有作为，无法保障600万犹太同胞的生存自由，也没有去解救那些仍可能逃脱纳粹折磨和屠杀的犹太人。有些人本身有能力发起拯救人类的神圣事业，却因冷漠而迟迟不肯行动，这会造成灾难性的后果。愿主保佑，美国犹太人的大型集会能够克服这种惰性。”

魏茨曼博士呼吁同盟国采取实际行动，践行它们向犹太人表达的同情。

“已有200万犹太人遭到杀害，”他说，“全世界已经不能再以不知道或未证实为由回避这些可怕的事实。如果此时只是在口头上表示同情，却不采取任何施救行动，所有的语言都不过是将亡之人耳边的讽刺声。

“民主国家显然有着不可推卸的责任。它们应通过中立国与德国协商，讨论是否能释放占领国境内的犹太人。希望地域辽阔的同盟国能够庇护那些逃离屠杀的犹太人，成为他们避难的天堂。让巴勒斯坦敞开大门迎接所有抵达其沿岸、回归家园的犹太人。巴勒斯坦的犹太人社区将心怀感恩，欣喜地迎接所有逃离纳粹魔掌的同胞。”

1943年／3月3日

甘地停止绝食，最终未达目的

他既没有获释，也没有获得太多关注，直至濒死时情况才有所改变

赫伯特·L. 马修斯

通过无线电发回《纽约时报》的报道

【印度浦那3月3日电】莫罕达斯·卡拉姆昌德·甘地长达21天的绝食行动于今天早上9点结束（纽约时间昨晚11点30分），最终以失败收场。

虽然人们全力挽回了他的生命，但此次绝食失败对他个人的声誉和国大党的民族独立运动都是一次重大的政治打击。1942 年 8 月，他曾发誓将与英国殖民者抗争到底，如今他已经遭遇第二次失败。

殖民政府禁止一切与停止绝食有关的示威活动。甘地开始进食时，只有他的儿子戴夫达斯、拉姆达斯及一些狱友在场。这是甘地的绝食抗议行动首次受挫，令他失望不已、备感沮丧。因此，他几乎不可能让局势维持原状。

此前，他因遭受惊人的绝食之苦而体力尽失，如今首要任务就是补充体力。人们对其健康状况的担忧也将持续数周。

至于绝食失败会在多大程度上动摇甘地和印度教团体的信念目前尚未可知。印度教徒表示，释放甘地的请求得到了广大民众的支持，由此遗留下来的影响将使双方达成和解更加困难重重。

另一方面，英国殖民者很高兴，认为印度总督林利思戈侯爵的判断十分准确。在不到一年的时间内，他已经再次证明国大党并不像它声称的那么强大。

直至甘地濒死之时，并没有太多人对他的绝食行动表现出同情、关注甚至是丝毫兴趣。大多数穆斯林和印度土邦都冷眼旁观。即便是印度除国大党外最重要的政治组织，印度教政党印度大会党也强烈反对甘地的绝食行动。

穆斯林联盟领导人穆罕默德·阿里·真纳再次因国大党的失策而获利。虽然在甘地绝食期间，他已经小心翼翼地保持克制，避免触怒印度教徒，但面对事件的转机，他一定暗自欣喜。

国际上对甘地绝食的反应同样使印度教徒十分沮丧。无论是他们还是甘地，似乎都没有意识到，世界其他地区都已经卷入战争。人们普遍认为，甘地之所以犯下政治生涯中最大的一次错误，是因为忽略了战争的因素。正因为如此，英国人才甘愿冒着坐视甘地饿死的风险，承担由此引发的一切后果。此次绝食失败的后果之一，就是甘地再也无法通过绝食的方法逼迫英国人让步了。

无论如何，战争最终决定了政府对国大党行动所做出的反应，一如对此次甘地绝食行动的反应一样。为了重夺缅甸，盟军即将在未来的某个时期对日发动多次重大进攻，印度即将成为盟军进攻的军事基地。与此同时，英国人还感到，印度必须维持和平，并处于英国的管控之中。

1943 年
3 月 28 日

美军在突尼斯发起新攻势，英军在马雷斯防线节节胜利；美军以丰杜克为目标大举猛攻

美联社

【北非盟军总部 3 月 27 日电】今天，美军朝突尼斯中部的丰杜克发动奇袭，首战大捷，而英国第八集团军顽强突入马雷斯防线的防御工事。报道称：“尽管遭到敌军的顽固抵抗，英军仍然按计划向前挺进。”（合众社报道，巴黎一家从轴心国获取消息的电台称，昨天，英国对马雷斯防线东南侧发动猛攻，迫使轴心国部队“撤离前沿据点”。）（柏林方面广播了德国新闻局的一则战报，称英美两军似乎正准备在突尼斯北部和中部地区发动进攻，英军精锐部队的分遣队已从英国抵达迈杰兹巴卜地区。报道称，英美两军在各自战区发起的进攻行动“相当猛烈”。报道还称，盟军在集结大量火炮。）

美军正向轴心国凯鲁万空军基地西南 15 英里处的丰杜克地区挺进。据报道称，美军“进展顺利”。德军步兵在马科纳西东部发动的进攻被击退后，美军发动了这轮攻势。德军被击败的地点位于新一轮战斗地点以南 100 多英里处。

在马科纳西—爱尔圭塔战场上，小乔治・史密斯・巴顿中将的主力和装甲部队正试图在崎岖不平的山间开辟一条通往地中海的道路。昨天突尼斯遭遇暴风雨，只发生了局部军事行动。

1943 年 / 4 月 4 日

纳粹重水武器若隐若现

遭“破坏者”夷平的挪威工厂被视为新原子能的源头

通过电报发回《纽约时报》的报道

【伦敦 4 月 3 日电】重水是通过电化学过程从水中获取的，其中隐藏的原子能既可以为致命的战争服务，又可以用于和平而更幸福的追求。显然，计划对敌军目标发起攻击的盟军领导人已将重水视为心头大患。

伦敦的挪威人士圈援引德国消息人士的话称，德国周三宣布，由于遭“破坏者”轰炸机轰炸，挪威尤坎市一家大型电化学工厂被夷为平地。据称，最近，盟军对遭到占领的挪威发动了 3 次突袭，此次攻击就是其中的一起。

盟军把尤坎作为重点打击的目标之一，原因是该市在湍急河流的沿岸建了一座大型工厂，从周围的水域汲水，生产一种名为重水的特殊化学物质，用来制造威力惊人的“烈性炸药”。重水是由美国哥伦比亚大学的哈罗德·尤里教授发现的，尤里教授因为这一发现获得 1934 年的诺贝尔化学奖。

重水用于生产炸弹的原理

据信，重水，或者更准确的说法是重氢，能够使原子裂变，从而释放一种破坏性的能量。虽然截至目前，人们认为德国人尽管具备极强的化学专业知识，也不可能想出绝佳的办法，利用原子分裂制造威力惊人的炸弹来轰炸英国，但众所周知，重水与其他化学物质混合在一起，就能够产生惊人的破坏力，一如它有助于生产新的汽油、蔗糖、织物，并有许许多多其他的功用，还可以用于医学研发一样。

因此，居住在伦敦的挪威人兴致勃勃地研究了周三从瑞典斯德哥尔摩传来的报道。报道称，盟军的“破坏者”轰炸机对尤坎市进行了猛烈打击，导致德国宣布当地进入紧急状态。盟军认为，摧毁生产重水的工厂，德国的军火生产将蒙受巨大损失。

在尤坎市，通过电化学过程可以用 6000 加仑的普通水生产出一夸脱重水。美国科学家已经把生产重水的公式公之于世界了。

荒凉的哈当厄高原地区面积为 3500 平方英里，尤坎就位于该地区南部。4 月 1 日，德国禁止所有平民进入尤坎市。最近的德国报道称，英国皇家空军运输机牵引着滑翔机，在该地区周边投放伞兵。

1943 年/4 月 4 日

我军士兵在战斗中迅速领会战争技巧

从狂妄自大到担惊受怕，到失魂落魄，到极度疯狂，再到富有成效

C.L. 索尔兹伯格

通过无线电发回《纽约时报》的报道

【阿尔及尔 4 月 3 日电】总体而言，美军步兵第一次上战场时有点狂妄自大、过于自信。真正投身战斗时，一度茫然无措，然后极度愤怒并急于给敌人以有效一击，因为正是敌人逼迫自己遭遇种种不适，比如，花费大量时间在狭长的战壕里穿梭、躲避炮火。

美军士兵历经俯冲轰炸和猛烈攻击的洗礼，在第一次处于劣势却发现自己仍然活着的时候，可能会逐渐快速成熟并形成强烈的进攻意识。面对身经百战的德军，他开始领会其作战技巧；对于并肩作战的英军，他也感受到其作战时的英勇，更重要的是他终于理解，几个月来的艰苦训练就是为了让自己更加坚韧，以接受战场的考验。

观察员眼里的美军

换言之，身着绿色军装首次投身战场的美国士兵必然不像他自己想象的那么出色，但他能够很快意识到自身的不足并尝试改进。虽然有时是通过惨痛的教训而学习，但他的确在学习。

这些都是资深观察员笼而统之的意见。他们得以观察前线战场上步兵新兵的成长过程并把他们与其他部队作战经验丰富的士兵进行比较。

美军士兵是战斗好手，但仍须学习现代战争技巧，而他们正通过初入战场来获得这种技能。新兵抵达前线时大多被派往战斗激烈的巷战区。面对经验丰富的重量级德军士兵，他们必须迅速掌握战斗技巧。

初入战场的分队可能会恐惧，还可能会引发如弹震症等的情况。通常，步兵刚上战场时不会表现得特别出色，部分原因在于刚上战场的他们训练不足，没有上过诸如英国战斗学校为使士兵适应实战而设计的高难度课程。

有时，仅仅是战场上的噪声就把新兵吓趴下了。不过，一旦展开行动，特别是在如凯塞林隘口战役这种艰难的军事行动中，他们就会发现，战场上虽然枪林弹雨，但也不一定会立刻殒命，于是开始逐渐树立信心。如果失去战友，他们也会十分伤心。

百炼成钢

通常，步兵们要再经历一至两次实战才能学会如何协作，即便五六次战斗之后，他们也无法像德军那样配合默契，因为他们还未学会不假思索地自觉行动。

在塞内德车站的第二场战役中，毫无经验的战斗小组的经历可以作为小组学习战斗经验的例证。第一天下午，俯冲轰炸机对他们进行了四五次的轰炸，他们只好丢弃卡车撤离，但军官召集的时候，他们又重回战场。当第四次战斗打响时，有人听到一名士兵说：“德国人这样是无法阻挡美军步兵的。”

第二天的首场实战中，他们被敌军步兵和坦克的联合攻击打散了。然而，他们设法重新集结并展开反攻。最终，他们战胜了敌军。

另一个战斗小组的战斗过程是美军进步迅速的又一例证。先前该小组突破了凯塞林隘口，但在数周后爱尔圭塔地区的最后一役中，他们冷静地守在散兵坑里，任由德军坦克通过，留给美军大炮轰击，然后才像经验丰富的老兵一样冲出掩体，粉碎敌人的步兵。

我方部队了解到，运动战与阵地战截然不同，而且自己很难把武器和部队有效衔接起来。因为在实战条件下获取这种经验至关重要。在非洲这所广阔而血腥的战争学校里，我们还发现，虽然陆军在最近的和平对抗演习中一再强调小组作战，但我们仍缺乏这方面的训练。

有一场战斗就是美军历经艰难掌握战斗技能的例证。第一装甲师的一个战斗小组在惨痛的经历中意识到，在敌军已经确立据点的地区不能直接进攻，因为大炮会把你炸成碎片。虽然一再向其他两个战斗小组强调了这一教训，但他们还是重蹈覆辙，付出了惨痛的代价，不过他们确实也学到了经验。

每一位士兵已经本能地意识到如何自发地领会何时站起、何时后退，以及何时等待炮火掩护。

美军步兵从战场这所真实的学校收获的最重要的一点是产生了学会如何打赢的意识。他还体会到以前所学的宝贵经验的真正价值并在此过程中历经了一系列的心理变化。他还好奇，祖国人民是否真正了解他所面对的敌人，是否在正视这场战争。

1943 年

4 月 7 日

德军潜艇给盟军造成更大的伤亡，诺克斯称“局势凶险”

发回《纽约时报》的特别报道

【华盛顿 4 月 6 日电】海军部部长诺克斯在今天召开的新闻发布会上宣布，越来越多的德军潜艇正针对盟军船只展开行动并显然采用了新策略，从上个月开始，大西洋战役的局势开始有利于德军，潜艇击沉盟军舰船的情况相较 2 月而言“急剧恶化”。

诺克斯声称，目前战况“不容乐观”“十分严重”，他还承认“没有人也不应有人对这一现状扬扬自得”。

他暗示说，据报道，德军潜艇以“狼群”的形式展开行动，不同的潜艇群体之间显然是相互协作的，最近它们采用了不同的策略。诺克斯并未就这一问题进行详细阐述。

海军部部长声称，目前危险区域的范围还很笼统。他称，德军潜艇在大西洋中部展开“狼群”攻势，重点攻击北大西洋通往英国的航线。德军还在地中海航线上展开行动。

诺克斯反复警告称，1943 年春天，德军潜艇的威胁将会加剧。但由于美国海军驱逐舰护卫项目的生产速度“得到显著提高”，他对此抱有极大的期望。海军对这种新型猎潜艇的效用寄予厚望，相较于以往的猎潜艇，它速度更快、造价更低且机动性强。

诺克斯说，由于舰船引擎稀缺，护卫舰生产项目仍遭推迟，但这一问题“也已从各方面得到了改善”。诺克斯宣布计划于 4 月 17 日在雪城通用电气公司的厂房里发表演讲。该地区不到一年前还是“一片荒凉的干草地”。如今，它已化身为工厂，正为海军护卫舰生产 50 台涡轮式发电机。

诺克斯称，英国皇家空军对德军在法国圣纳泽尔、洛里昂及其他地区的潜艇修藏坞实施了重大军事打击，但效果却不好估计。美国海军已经意识到，由于德军加强了对修藏坞的保护，因而很难通过轰炸或投放厚水泥板来突破敌人的防线。诺克斯称，即使突袭所造成的损失仅限于船坞周围的工厂和市镇，我们也可以“认定”它给德军“带来了麻烦”。

1943 年 / 4 月 7 日

美国财政部提议设立国际基金稳定货币

美联社

【华盛顿 4 月 6 日电】以下是美国财政部公布的“联合与联盟国家稳定基金计划提案”的初稿：

一、基金设立目的。

1. 以稳定同盟国及其相关国家的外汇汇率。

2. 以降低成员国间国际收支失衡水平并缩短其时间。

3. 以促成有利条件，使成员国之间的国际贸易毫无阻滞，生产资本自由流动。

4. 以促进某些国家因受战争影响而产生的外汇异常状况之改善。

5. 以减少外汇管制，弱化其对国际贸易和生产资本的国际流动的影响。

6. 以消除双边外汇清算协定、简化货币设备和取消歧视性外汇条例。

二、基金组织构成。

1. 基金的内容应包含成员国的黄金和货币，以及成员国政府发行的有价证券。

2. 每个成员国都应出具一定的资金，即购买其配额。各成员国的配额总计不得少于 50 亿美元。

每个成员国的配额都以各国一致通过的公式计算。除计算公式外，还应重视其他决定配额的重要因素，例如，成员国的黄金储备和外汇储备、国际收支平衡是否存在巨大波动及其国民收入。

3. 各成员国应在基金董事会规定的日期或之前认购 50% 的配额，以供基金运作。

4. 各成员国首次认购的金额（占配额的一半）中，黄金储备占 12.5%，货币储备占 12.5%，（政府的）有价证券占 25%。然而，黄金储备不足 3 亿美元的国家首次只需提交该国 7.5% 的黄金储备，黄金储备不足 1 亿美元的国家首次只需提交该国 5% 的黄金储备，但货币储备应相应增加。各成员国有权使用该国货币储备或有价证券取代黄金储备来达到配额要求。

5. 一旦成员国应缴纳的黄金达不到第二款第 4 条的规定，或 4/5 的董事会成员投票决定应召开会议要求成员国缴纳配额，基金成员国可能被召集召开会议，就基金董事会决定的按比例缴纳配额的时间、数额和形式做进一步的讨论。

6. 成员国配额的任何变动都必须经由董事会 4/5 的成员投票通过后方可施行。

1943 年 / 4 月 11 日

珍贵文物免遭轰炸
下周二展出从秘密保护地拿出的《独立宣言》

发回《纽约时报》的特别报道

【华盛顿 4 月 10 日电】本周发布的一则通告称，下周二，在托马斯·杰弗逊诞生两百周年之际，杰弗逊纪念堂将专门展出保藏在秘密场所的《独立宣言》。通告还表明，美国正采取特别措施来保护国家珍贵的历史文件、宝贵画作和其他重要文物。

自珍珠港事件以来，除《独立宣言》外，其他从华盛顿运往秘密保管处的文物还包括美国《宪法》、英国政府委托美国保管的林肯大教堂的珍藏版《大宪章》抄本、《联邦条例》和《古腾堡圣经》。

设立专项基金

所有文物均由美国国会图书馆保管。国会向该图书馆拨款 13 万美元用于珍贵文物的专项保护。国会图书馆用船运出了 4732 箱绝无仅有的珍稀文物。

美国国家档案馆最近被评为华盛顿最防弹的建筑。人们认为，除了其中极度易燃的硝酸盐胶片，其他资料都无须转移。

和其他文物保管处一样，史密森尼学会全天 24 小时都有人看守。该学会已经转移了发言人所称的“绝密级资料”，一旦其他资料损毁，人们可以依据这些资料重新恢复已毁文件。这批资料包括许多美国国家美术馆收藏的重要画作和“大量”科学标本，如科学新发现物种的首件标本等。

1943 年 4 月 12 日

黑人要求终止种族歧视

昨天，为期两天的全国黑人代表大会东海岸会议在阿比西尼亚第 138 号大街西 132 号浸信会教堂举行闭幕会议。会议同意举行全国游行，抗议武装部队和工厂里的种族歧视现象。

会议敦促国家成立不分种族的部队，包括白人和黑人。"由于民主的美国存在着种种不民主的现状，导致黑人的士气迅速低落"，而大会已通过了这项决议，称这种组建军队的方法能够鼓舞黑人士兵的士气。决议称，这种不分种族的组建方式可以让黑人和白人共享民主，共同为实现民主而战斗。

这份决议还指出，目前军工产业和农场都存在人手不足的状况，并宣称"尽管种族问题十分敏感，但美国确实存在有待开发的人力资源，经过培训的黑人已经准备好填补这一缺口"。

"我们还认为，"决议继续写道，"只有让黑人完全融入生产大军，只有全体美国人勠力同心，我们才能赢得最终的胜利。"

代表团敦促美国在欧洲开辟第二战场并坚持战斗，直至轴心国"无条件投降"。"我们竭力主张同盟国制定政策，赋予所有殖民地国家的人民以自主权，"决议继续写道，"《大西洋宪章》和 4 个自由的内容应立即施用于印度、非洲、加勒比海和其他殖民地地区的人民。""所有同盟国应关注犹太人在其他国家所经历的苦难，因此我们支持美国政府立即制定并采取一切可能的营救措施。"

"我们始终反对一切企图破坏团结的力量，我们赞成美国和苏联、中国及其他同盟国相互协作。"

美国产业联合会的全国秘书和财务总监詹姆斯·巴隆·凯里在一次全国黑人大会的闭幕群众集会上称，除非制订一项充分就业和社会保障计划，否则战后可能会有 3500 万人失业。

1943年/5月1日

诺克斯称4月遭敌军击沉船只数量骤减

发回《纽约时报》的特别报道

【华盛顿4月30日电】美国海军部部长弗兰克·诺克斯今天在新闻发布会上宣布，4月，敌军潜艇击沉的船只数量与前几个月相比“大幅减少”，印证了他之前“不要太过在意沉船数量”的警告。

诺克斯称，自己宣布消息时双手做出“祈祷”的姿态，不希望任何人过分解读这一动作，“因为战争中的数据可能，也确实会有所起伏”。

然而，4月份大西洋战役的战况还是没有好转的迹象。海军部部长称，他和美国海军舰队总司令、海军上将欧内斯特·约瑟夫·金都希望在未来4到6个月内解除敌军潜艇的威胁。

诺克斯称，敌军3月击沉船只的数量高于1月和2月，但他拒绝透露刚刚过去的4月的沉船数字的变化。

“在过去4个月里，”他说，“我们在逐步增加海面舰艇和空中战机，来打击敌军潜艇。”

谈及日军在太平洋上实施潜艇攻击但没有给美国商船造成实际损失一事，诺克斯解

1942年的海军部部长弗兰克·诺克斯

释称，日军潜艇的行动目的与德军截然不同——它们主要是为舰队服务，执行巡逻和侦察等任务。

诺克斯表示，与大西洋战场相比，太平洋战场的战况恰恰相反。太平洋战场上，美军潜艇主动攻击日本战舰和商船。他还说，目前尚无证据表明日军已经开始使用阿留申群岛建设中的空军基地。

1943 年/5 月 2 日

无烟煤矿关闭；8 万人支持刘易斯发起的罢工
硬煤工人加入烟煤工人罢工行列

沃特 · W. 鲁赫
发回《纽约时报》的特别报道

【宾夕法尼亚州威尔克斯 - 巴里 5 月 1 日电】宾夕法尼亚州东部的无烟煤矿今天全面停工，近 8 万名矿工走上街头罢工。有消息称，联邦政府已经控制了他们昨日午夜停工的矿场，威胁终止他们的用工合同，但工人们不为所动。

位于斯克兰顿、沙莫金和波茨维尔的大致呈三角形分布的硬煤产区也没有一锹煤炭产出。显然，矿工们希望纽约方面而不是华盛顿方面满足他们的要求，才会继续工作。

虽然矿工们都期盼着罗斯福总统明晚的电台演说，但接受采访的罢工领导人称无论罗斯福总统演说的内容为何，工人们周一早上都不会回到矿场继续工作。

说服工人们继续工作的唯一方法就是纽约方面承诺与工人们重新签约，或延长原有用工合约，工资规定沿用 4 月 30 日的标准。

白天，硬煤矿区并没有发生混乱。工人们只是不再工作，其中很多人晚些时候出现在街角，穿着最整洁的衣服谈论正在进行的罢工活动。

美国矿工协会的发言人今天早上在 3 个硬煤产区的工会总部称，事态陷入僵局，没有丝毫进展。

该地区矿工领导人唯一的希望是美国矿工协会的代表和经营者今天早上在纽

约继续举行的谈判，这一谈判可能就和解议题在某些方面达成一致。

除了纽约方面的说辞，工会领导人不愿意谈论罢工，而愿意接受采访的人则要求采访者不得公开其身份。接受采访的工会领导人有一位是美国矿工协会分组委员会的成员，他今天刚从纽约回来调查矿区的罢工情况。

保守派领导人的观点

受访人在当地属于保守派领导人。他坚称矿工现在完全支持约翰·L. 刘易斯，如果不签订新的用工合同或延长原有合同，工人们是不会理会任何继续工作的请求或命令的。

“工人们没有拿到用工合同是不会继续工作的。”他说，“他们是不会接受政府或其他任何人的承诺的。”只有煤矿运营者在协议上签上他们的大名，工人们才会感到满意。

“我觉得明晚罗斯福总统的演说不会带来任何改变。总统能说的无非是让工人们继续工作并承诺为他们提供保护。这种话都是毫无意义的。”

他称，工会要求在国际事务员与经营者拟定协议以前，分组委员会的成员都留在各自的矿区。

“一旦协议拟定完毕，国际事务员就会召集各分组委员会的成员回到纽约签署协议。”他补充说，“如果到时候签订了合同，工人们就会重新开始工作了。”

1943年，士兵和煤矿工人在一起。

1943 年
5 月 3 日

矿工们得到消息；准备回矿区上班

尽管协议签字后才能生效，一些工人今天早晨就会回矿区工作

克雷格·汤普森
发回《纽约时报》的特别报道

【匹兹堡 5 月 2 日电】匹兹堡 12.5 万名烟煤工人中的大多数人今晚都得到了消息，即将停止罢工，重新回矿区工作。此次罢工导致美国政府接管矿井的运营。

在一些小社区里，工人们聚在收音机周围，收听罗斯福总统的演说。

然而，对他们来说更重要的是收听美国矿工协会领导人约翰·L. 刘易斯的声明。刘易斯和燃料管理局官员哈罗德·L. 伊克斯同意暂停罢工 15 天，举行进一步的谈判。

工人们等待了一整天，等着收听有关刘易斯动态的新闻简报。同时，他们决定坚持罢工，直到刘易斯告知他们可以结束为止。周二，当他们得到返工的通知时（显然复工时间推迟了一天，因为当地工会领导人需要通知所有工人），许多人已做好明早 7 点报到的准备。

总统的演说令工人们印象深刻

据悉，周一傍晚或周二早上以前，工人们不太可能全部回矿场复工。与此同时，虽然总统的演说令工人们印象深刻，但他们还是接受了刘易斯的决定。

当地民众对矿工的评价极差，矿工们深受打击，也因此感到难过。在距此地不远的一个名叫莱布利的小地方，大约 50 名工人聚在当地消防站的收音机旁边听广播。记者赶到那里观察他们听到刘易斯的决定会做何反应时，消防员把这些工人赶了出去。

在其他地区，有少数人批评刘易斯的做法，而更多人则把矛头对准了总统。

虽然有些矿工似乎被总统的演说打动，但他们决心继续追随刘易斯，并告诉记者会坚持罢工。

事态进展得相当迅速。全面复工需要当地工会开会决定并同意停止罢工，这一过程据信会占用明天大部分时间。

白天，工人们等待着谈判的决议。他们已经下定决心，除非刘易斯下令停止罢工，否则他们仍将继续。

昨晚，总统在电台演讲中说道：“明天，星条旗将在煤矿矿区上方飘扬。我希望每位矿工都能在国旗下工作。”就在矿工们游行罢工的当天，宾夕法尼亚州普莱斯戴尔的匹兹堡煤炭公司就升起了国旗。

如果劳资双方没有就暂停罢工达成协议，罗斯福总统的演说对工人们的影响究竟有多大？各方学者正在探讨这个话题，但有迹象表明，总统的演说应该也发挥不了多大的作用。

1943 年 / 5 月 9 日

社论：欧洲艺术品受损

当同盟国部队横扫欧洲，迈向征程的最后阶段时，它们可能会随身携带地图。地图上会标明那些拥有历史和艺术价值的建筑的分布位置，以及在哪里可以找到绘画和文化珍品。美国学术团体协会成立的一个委员会在一则通告中已经透露了许多消息，但并没有阐述过多的细节。该委员会的主席为哥伦比亚大学的威廉·贝尔·丁斯莫尔博士。自 1943 年 1 月成立以来，该委员会一直默默无闻地工作，并未发布过多的消息。

造成这一问题的原因显而易见。同样明显的是这个问题涉及军事和艺术层面。针对一座博物馆或教堂的价值有多大，与人的生命相比孰轻孰重这类问题，我们应该如何回答？如果这类建筑恰巧毗邻火车站或敌军据点，我们是否应当实施轰炸或火力攻击？是否应当调集更多的步兵，付出更多生命的代价来包围这些建筑？丁斯莫尔博士领导的委员会应当不愿回答这些问题，但将军们希望了解更多的讯息。这一话题的另一方面是怎样发现与识别抢夺艺术品的行径。纳粹分子一直以来并没有创造出任何值得一看的东西，但若论偷盗技巧，他人则难以望其项背。

相反，我们可以想想若干世纪以来的欧洲：罗马文化、哥特文化和文艺复兴；巴黎圣母院和沙特尔大教堂的建造者；石匠们的才华在日常的雕琢中绽放；笃信宗教、在酒馆里放荡不羁的画家；无拘无束的人们在独裁和战争的阴影笼罩下从事着高贵的行当；年轻人充满梦想，老年人则看到了自己的使命；激情与反叛通过创作而不是流血牺牲得到释放；历经一代代、无数人的缓慢积淀，欧洲大陆上孕育出了气势恢宏的文化。这是构筑未来的基石。如果可见的文物依然留存，未来就更加明朗。丁斯莫尔博士和他的同事与将军们一样能够发挥举足轻重的作用。

1943 年/5 月 16 日

阿图岛登陆揭开盟军北太平洋攻势的序幕

陆军和海军联合行动，解除日军对我根据地的长期威胁

西德尼·沙莱特

【佛罗里达州奥兰多陆空军联合指挥部 5 月 15 日电】经过近一年的争论，周二，美军终于发起阿图岛登陆战，加强了对北太平洋战区的重视，并揭开了即将来临的大战的序幕。美军终于在北太平洋与日军短兵相接。

美军在确定发起登陆行动后的几小时里，很少透露双方交战的细节，但显然，战斗异常艰难，美军需要倾尽全力才能赶走死守的日军。华盛顿方面对此次登陆行动并不感到惊讶，因为在过去的一个月里，越来越多的陆军和海军将领相

信，美国很快就会对日本发动更大规模的攻击，而不仅限于空袭。然而确实令人感到意外的一点是，美军实际上先对阿图岛发动军事攻击，而基斯卡岛才是日军在阿留申群岛的主要军事基地。

日军似乎很顽强

我们有理由相信日军在阿图岛和基斯卡岛部署了相当多的兵力，而此前对该地区军力的报道不多，但是真实驻扎的兵力可能不少。因此，对阿图岛的攻击表明，我军的北太平洋战略计划是首先清除敌人军力较弱的据点，然后夺取日军兵力较强的据点并最终占领基斯卡岛这一战略要地。

酝酿已久的阿留申群岛反攻开始时，不少人猜测，一旦阿留申群岛完全回到美军控制之下，将影响罗斯福总统和丘吉尔首相正在制订的全盘的战争计划。目前还存在太多不确定因素（苏联是否会加入太平洋战争依然成谜，同盟国将如何规划才能发挥空军轰炸日本东京的最佳效果，这一问题也未最终决定），目前还无法对这一问题给出明确的答案。

阿留申群岛的现状存在两大问题：

（1）问题一，如果继续放任日军建设机场来为轰炸阿图岛提供基地，我军是否能够承担其后果？虽然并没有报告显示，日军的陆基战斗机或轰炸机会针对阿留申群岛展开作战，但时至今日，这些空军基地或几近完成，或可能已经完工。这些机场的位置表明日军企图用飞机袭击我军。日军轰炸机将从阿图岛起飞，在基斯卡岛附近与护航战斗机会合。

天气是关键因素

无论阿留申群岛战况如何，艾达克岛和阿姆奇特卡岛目前都被日军占领。这两个岛屿，尤其是阿姆奇特卡岛，对美军北太平洋战略的实行有着极其重要的意义。美军在北太平洋展开空袭的最大敌人是天气。当地的天气状况可谓糟糕透顶，美军的远距离作战对日军不会造成太大的打击。然而阿姆奇特卡岛机场建成后，我军将有可能更猛烈、更频繁地打击日军。

（2）问题二，战争进行到目前的阶段，我军是否能够加大军事行动力度，把日军赶出北太平洋？

显然，美军参谋长们通过把军队调集到阿图岛，用行动回答了这两个问题。

如果阿留申群岛的战况有利于美军，我们就有可能利用阿姆奇特卡岛或阿图岛上的一个机场为跳板来进攻位于堪察加半岛南端的幌筵岛。该岛是日本海军和空军基地所在地。

日军担心美军会从阿姆奇特卡岛向自己发动进攻，因而只要发现美军有迹象向该地输送兵力，它就会集结当地有限的空中力量干扰美军建设基地。但是它的空袭仿佛隔靴搔痒，很容易就被美军击退。

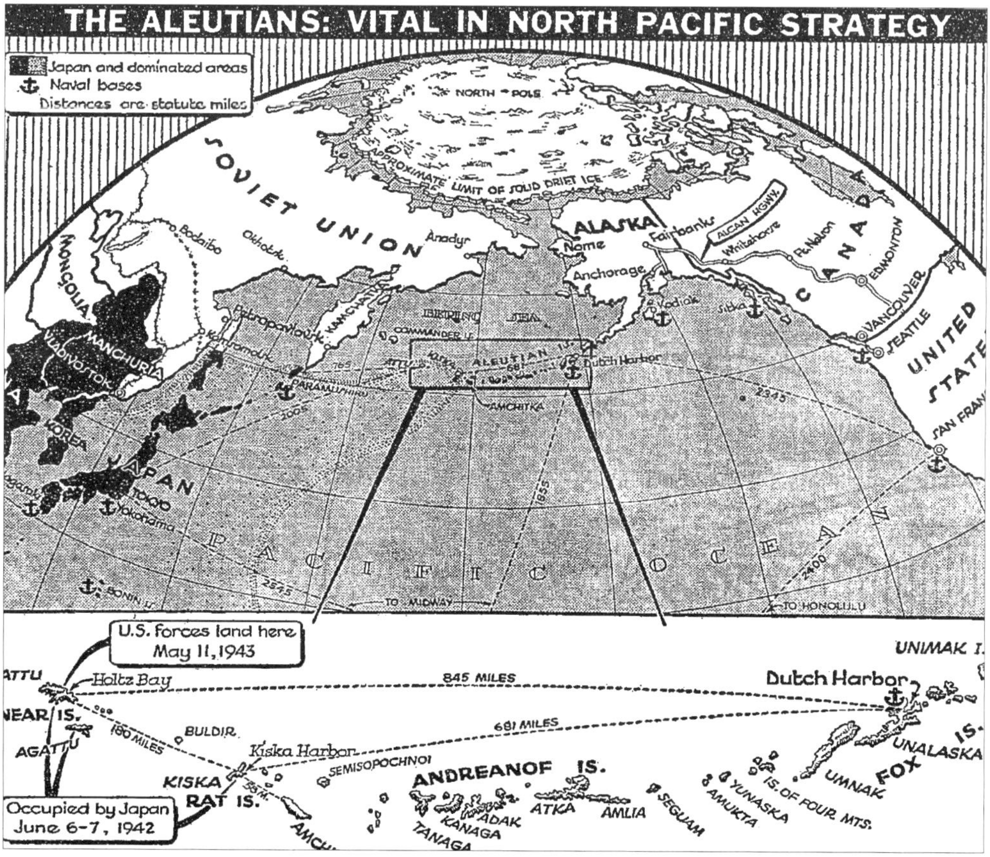

阿留申群岛：北太平洋上的战略要地。

左上框：

日本及其占领地区；

海军基地；

距离单位为英里。

左中框：1943 年 5 月 11 日，美军在此登陆。

左下框：1942 年 6 月 6—7 日，日军占领区。

1943 年

5 月 17 日

英国鸣钟庆祝在突尼斯的胜利

当轴心国司令冯 · 阿尼姆被俘押解至英国时，庆祝达到了高潮

詹姆斯 • 麦克唐纳

通过无线电发回《纽约时报》的报道

【伦敦 5 月 16 日电】今天，大不列颠及北爱尔兰联合王国各地的教堂都响起钟声，庆祝盟军在突尼斯取得的重大胜利，但至少有一人不会因钟鸣声欢欣鼓舞，他就是德国陆军一级上将于尔根 • 冯 • 阿尼姆。

这名德国将领上周在突尼斯被俘，后被飞机押解至英国，战争结束前他都将一直被关押在这里。与此同时，教堂则纷纷敲响钟声，为盟军取得的胜利向其致意。

无论是最宏伟的大教堂的塔尖和穹顶，还是小小的教区教堂的钟室，洪亮的钟声在英国全境响起。在一些铁路车站，旅客们通过广播听到了教堂钟声的录音。

收音机前的听众则听到了来自圣保罗大教堂、威斯敏斯特大教堂、爱丁堡的圣卡斯伯特大教堂和北爱尔兰的阿马大教堂的钟声。夜晚，欧洲听众还通过广播听到了突尼斯大教堂和迦太基大教堂的钟声的录音。

钟声齐鸣时，冯 • 阿尼姆将军正从英格兰南部的一处机场走下飞机。他被带往伦敦，稍后被送往一个秘密地点关押。

冯 • 阿尼姆将军对英国怀有刻骨的仇恨，在他被俘期间，英国将按照他的一级上将军阶给予相应的礼遇。在秘密关押冯 • 阿尼姆将军的监狱，他的食宿条件要比普通战俘好。

1943 年／5 月 22 日

山本五十六死因成谜，或是自杀

昨天，美国推测，日本海军大将山本五十六的死亡原因有两种可能。东京的电台称他是在指挥一次海军行动时死于空难。

其中一种说法是美国战争信息办公室发布的，认为山本五十六可能是在一场客机坠毁事件中死亡的。另一种说法认为他是自杀的，因为他意识到，日本在太平洋上建立的长距离战线开始向回收缩了。

美国战争讯息办公室透露，东京的电台已于 4 月 18 日用缅甸语向缅甸广播，称一架搭载着 14 位乘客、包括“几名高级军官”在内的大型客机于 4 月 7 日在新加坡与曼谷间的海域坠毁。美国战争讯息办公室称，除此之外就没有任何有关此次空难的报道了。日方之所以推迟发布海军大将山本五十六死亡的消息，可能是需要花时间证实这一消息并得出其死亡的结论。

垂危之际获晋升

东京的电台透露，山本大将并不是在战斗中立即死亡的，而是伤重不治身亡。就在东京播报山本死讯的几小时后，合众社报道：

“4 月 20 日，日本天皇听到海军大将山本生命垂危的消息时，将他从联合舰队司令提升至海军元帅。即便是天皇赐予的殊荣也未能令山本大将的伤势好转。”

东京的电台称，日本将为这名海军大将举行国葬，这是第十二位日本人、日本海军第二位将领获此殊荣。另一位进行国葬的海军军官是东乡平八郎。

合众社东京分社前社长罗伯特·贝莱尔推断山本是自杀的。贝莱尔早在战争开始时就被日本关押了。

“我怀疑，”贝莱尔写道，“山本可能是剖腹自杀的。他常常说自己宁愿抛弃生命也不愿丢弃日本的一寸土地。道格拉斯·麦克阿瑟将军从菲律宾群岛撤离时，山本时常重复这一点。”

空难难以解释死因

东京的电台一再坚称山本大将在“偏远的南方战场”上死于空难。而他正是偷袭珍珠港行动的策划者，也是指挥日本海军攻打菲律宾的司令。4 月，山本的死讯传来，美国正在分析这些军事行动，而这一过程使华盛顿的观察员们确信，东京的电台所谓的战区在 4 月整整一月并无重大变化，并不需要山本以身涉险，亲临指挥。

他可能参与了一些小规模的空袭，因为他被誉为最大胆、最具想象力、（就美国而言）最不择手段的日军进攻指挥官。他痛恨美国。

美联社一名撰稿的评论员认为，山本大将对美国的仇视源于幼时其父的教育。他的父亲告诉他，美国人是一群“乘坐黑船，打破日本国门，威胁天皇并践踏日本传统习俗的野蛮人”。据称，山本大将从此就下定决心投身海军，因为他“要‘回访’美国，像美国海军准将佩里进犯日本那样”。

据称，日本人还公开发表了一封山本大将写的信。他在信中写道：

“如果仅仅是占领关岛、菲律宾群岛、夏威夷和圣弗朗西斯科，我是无法感到满足的。我期望在美国华盛顿的白宫实现和平。”

1943 年的日本海军大将山本五十六

山本大将死时年仅 59 岁。1904 年他毕业于日本的一所海军学校，旋即参与了日俄战争。对马岛战役中，他在由东乡平八郎指挥的旗舰上作战，战斗中被打断两根手指。

他喜欢玩牌，酒量很大，作战亦颇为勇猛。1941 年 12 月 7 日，他实际离珍珠港并不远，他的战报这样写道："美国有一手满堂红，但我们有同花顺。"一次，他告诉贝莱尔，他相信"如果在和平时期，美国海军肯定是一支善于交际的部队，将士们都是桥牌和高尔夫球的好手"。他坚持认为日本人品格高尚，他们"宁死也不愿苟活于战败的耻辱之中"。

第二章

2
chapter

艾森豪威尔摩挲 7 枚幸运币

1943 年 6—7 月

6 月 11 日，盟军轰炸并占领了面积稍小的潘泰莱里亚岛；7 月 9 日，盟军攻入西西里岛。整整一个夏天，西西里岛登陆战役一直占据着报纸头条。罗斯福总统称，此役是“终结轴心国的开始”。登陆战恰逢其时，因为有迹象表明，美国国内已对目前战争的态势越来越不满。6 月，国会提出《史密斯—康纳利反罢工法案》，试图规定战争期间举行罢工是违法的。尽管罗斯福总统以此举过激为由否决了这项法案，但 6 月 25 日，国会又驳回了罗斯福的决定，并通过了法案。地中海地区展开的大规模军事行动很快就转移了国内的视线。

新闻禁令解除后，《纽约时报》终于可以在 7 月 11 日报道西西里岛登陆战役。报道称，艾森豪威尔将军“摩挲他的 7 枚幸运币”。这 7 枚古币中有一枚是 5 基尼金币，他总把它们当作护身符放在口袋里。《纽约时报》记者汉森·鲍德温后来形容西西里岛登陆战是一种战略妥协，“它源于争吵，诞生于不稳定的联盟……而且目标不明”。然而，大批盟军士兵从西西里岛南部和东部海岸登陆时，却立刻取得了成功。资深战地记者厄尼·派尔跟随盟军在一处海岸登陆，部队并未遭到敌军抵抗。他发现，美军士兵数天来已经摩拳擦掌，准备大打一场，但却因在登陆时未遭遇抵抗而感到“十分恼火”。意军很快就缴械投降。派尔觉得意军反倒像是“被解放的人民而不是被打败的部队”。7 月中旬，乔治·巴顿领导的美军继续向巴勒莫市进军，而蒙哥马利领导的英国第八集团军则不断向卡塔尼亚市挺进，希望一举铲除残留的德意两军。盟军在山区的行军速度缓慢。虽然数千名意军投降，但德军还在利用其特有的战术负隅顽抗。

虽然一时间西西里岛登陆战的战况比太平洋战场和苏联战场更受瞩目，但这两个战区都有迹象表明“终结轴心国的开始”并非虚张声势。6 月 29 日，麦克阿瑟将军在新几内亚发动南太平洋攻势，打击日军，与此同时，还在瓜达尔卡纳尔岛战役胜利后继续在所罗门群岛挺进。东线战场上，德军 7 月 5 日展开“堡垒行动”，对抗苏联库尔斯克市周围的红军突出部。苏军在突出部两翼的行动进展缓慢，希特勒听闻盟军进攻西西里岛后，就停止了“堡垒行动”。苏联红军出动大批后备部队突袭后撤的德军，结果德军溃不成军。到了 8 月底，德军被赶出了奥廖尔、布良斯克和哈尔科夫。这是德军在适宜作战的夏天首次遭受大败，东线战场出现决定性转折。

与此同时，盟军继续对德意两军目标展开轰炸，毫不留情。盟军发起“蛾摩拉行动”，对德国汉堡实施为期一周的轰炸，造成 3.7 万人死亡。其中，7 月 27 日至 28 日，轰炸在汉堡引发大面积火灾，熊熊大火造成 1.8 万人死亡。在意大利，盟军终于决定轰炸罗马这座不朽之城。在此之前，盟军因担忧破坏文化遗产会引发政治危机或可能会误炸梵蒂冈而一直没有轰炸罗马。7 月 19 日，《纽约时报》记者赫伯特·马修斯搭乘一架轰炸机，记录了盟军对圣洛伦佐、利托里亚的铁路编组站以及钱皮诺空军基地展开的军事行动。第二天，报纸头版头条刊发题为《〈纽约时报〉记者从空中俯瞰圣地免遭轰炸》的文章，但实际上，圣洛伦佐的古罗马巴西利卡式教堂严重受损。6 天后，意军和部分法西斯政党领导人哗变，推翻了墨索里尼。《纽约时报》和其他许多报纸一样，认为盟军的轰炸肯定加速了意军哗变，但这并不意味着意大利会就此投降。

1943年/6月2日

战时工作给众多女性带来压力

劳军联合组织发起的调查表明，人们有疲劳、孤独和不安等感受

住房是主因

卫生和娱乐也是影响因素——拖车式移动房屋引发各种特殊问题

劳军联合组织的卫生与娱乐部门的负责人，全美基督教女青年会的弗洛伦斯·威廉姆斯女士称，战时在各个领域工作的女性开始出现疲劳和精神紧张等征候。她昨天刚刚结束了为期6个月的实地考察，走访了东部、南部和中西部的女青年会中心。她目前正起草一份计划以帮助女性白领和工人。

威廉姆斯女士说，女性工人和女性白领的工作现状印证了“光干活而不玩”那句老话。她提到，女性明显显现出孤独和不安感。

“1942年，”她继续说，“大多数女性还只是抱着试一试的心态从事战时工作。如今，工作则成了严肃的事情。显而易见，女性十分疲惫。许多社区的女性每天只是在不断地上班、睡觉、上班、睡觉。她们生活不规律，三餐也不能按时吃，而且还有很多人误以为好好休息就是不爱国的表现。

主要问题

威廉姆斯女士发现，主要问题就是住房不足。女员工不得不在狭小的单间里洗衣服，这里还是她们会见男宾的唯一场所：宿舍和工厂里都缺少女洗手间和餐厅，也没有娱乐休闲场所。食物的价格很高，女员工的工作时间过长，还频繁地从夜班调至小夜班。

另一个问题来自蜿蜒走遍全国的拖车。堪萨斯州一个军工厂社区有多达350栋宿舍，但只有70栋住满。

威廉姆斯女士采访了一些住拖车的家庭，发现他们的观点与住社区的家庭大相径庭。住在拖车式移动房屋里的人认为这是摩登生活的表现，沿袭了大篷车的传统。但他们的篷车所到的城镇，却往往看不惯他们的生活方式。结果，住在篷车里的女性会变得孤独而不快乐，而获取食物的困难令社会问题更加严重。

威廉姆斯女士称，劳军联合组织正在帮助这些住在拖车里的人建立自己的社区规定和计划委员会。针对那些缺乏育儿经验和卫生知识的人，劳军联合组织开办了育儿班，教妈妈们（有些甚至只有 16 岁）如何执行卫生规范。

为大熔炉做贡献

然而，威廉姆斯女士强调，文化各异的员工住在并排停靠的拖车式移动房屋里，每一个群体都带来了自己特有的消遣方式与风俗习惯，为美国民主的大熔炉贡献一份力量。

得克萨斯州部分地区的住房条件极差，从事军工生产的女员工往返于宿舍和工厂时，不得不在泥路上艰难跋涉。俄亥俄州某地仅有的一处休闲场所是劳军联合组织的俱乐部，它是由两间距工厂宿舍 12 英里的储物室改装而成的。

1943 年，美国联邦调查局档案室的女员工。

1943 年／6 月 6 日

美军战斗编队中的日裔军人表现突出

美籍日本人和夏威夷二代日裔美国人在密西西比州谢尔比营留下辉煌的成绩

这些少数族裔美国人是突击队员

军官高度赞扬他们对军事训练和运动充满热情且善于交际

发回《纽约时报》的特别报道

【密西西比州谢尔比营 6 月 5 日电】日裔美籍战斗编队很快就在密西西比州南部的红土训练场建立起来，其饱满的精神状态完全符合美军军团的口号。美籍日本人虽然是日本人的后裔，但他们讲美语、行美国风俗、拥有美国梦。来自夏威夷和美国本土战时迁置中心的数千名二代日裔美国人正在进行训练，以待有朝一日与其他美国人一起并肩作战，抗击共同的敌人。

他们自行设计并得到官方认可的徽章上写着“Go for Broke”的口号。这句口号来源于士兵们掷骰子游戏中的俚语，意为“孤注一掷”或“敢冒一切风险”。这可不是队员们随意选定的口号。日裔美国人意识到，与一般美军士兵相比，他们在战争中或许更加危险。他们从一开始就知道自己会受到公众的密切关注，借用其指挥官的话说，每名美籍日裔士兵都“代表着国内日裔美国人的忠诚”。

符合战斗编队的要求

无论是在性情、人格方面，还是在热情方面，他们都极为符合战斗编队的要求。战斗编队是一支小型的精简化部队，能够在没有其他部队支持的情况下独立作战。步兵称为战斗小组，装甲兵部队称为战斗群，而海军则称为特遣舰队。他们的职责在本质上都是一样的——执行特殊任务，通常独立于其他作战单位采取行动。

二代日裔美国人为自己能够入选作战编队而自豪。队员们都很年轻，大多数没有结婚。尽管每个人都各有特点，但他们都渴望参加战斗并盼望取得良好的战绩。队员中流行着“为一年零三分钟而生”的说法，即“一年的训练和三分钟的军事行动”。他们已经拥有突击队的心理素质。

训练日裔美国人的军官无一例外地称赞他们态度端正，而二代日裔美国人年纪轻轻就表现得十分英勇。大多数军官都是首次接触日裔美军士兵。一名陆军中尉说：“有时你可能要重复你所说的话，但通常不会出现这种情况。日裔士兵渴望学习，总是聚精会神，通常只说一遍他们就明白了。”另一名尉官评价道：“我从军已有两年零两个月了，还从未见过哪一族裔的士兵像他们一样任劳任怨。至于脏话，他们更是一句也没有说过。”

约有 30 名尉官是二代日裔美国人，其余的尉官都是高加索人种。

积极通过手册学习

即使临时住在训练场，二代日裔美国人也通过学习士兵手册和技术类书籍不断充实自己。据报道，哈蒂斯堡附近的一家书店在日裔美军士兵抵达的第一个月里售出了价值 2000 美元的书籍，其中包括教材和军事题材的作品，平均每本书的售价高达 5 美元。最近，阿肯色州迁置中心的 100 名日裔美国女孩在周末参观时，看到大批二代日裔美军士兵在附近的运动场上专心地练习投掷手榴弹，完全不为她们的出现所动。

令日裔美军士兵感到自豪的还有一点，那就是队员们全部是志愿加入战斗编队的。实际上，另有数千人报名要参加，但都未能如愿。许多被拒绝的申请人因失望而落泪。很多人辞去了在夏威夷岛上的高薪工作，志愿入伍，还有一些人离开岛上的妻小，报名参军。

火奴鲁鲁的二等兵森本正原当兵的理由也极具代表性。他是一名社会工作者，毕业于纽约学院的社会工作学系，1940 年在纽约曼哈顿儿童法庭精神科诊所工作了 6 个月。“在夏威夷，”他说，“我遇到了一名来自纽约的士兵。他非常想念自己的妻子和孩子。他说，自己的愿望不过是战争早日胜利，这样就能重新过上普通百姓的生活，与家人共享天伦之乐，接着干自己的老本行。我突然意识到，这名美军士兵不仅和我有着共同的愿望，他还愿意为之战斗。那我凭什么袖手旁观，让别人去为我珍视的权益而战斗呢？我可不希望假手于人。我妻子也同意我的想法，于是我报名参加了战斗编队。”

美国本土的一名士兵则简单明了地说：“我们渴望证明，真正热爱美国民主的人们愿为保护民主而奋斗。我们的行动将胜过一切语言。”

日裔美军士兵在军中也是出了名的擅长运动、有音乐天赋，购买战时公债也十分积极主动。连长不过是给队员们提了一下建议，两天后，全体战斗编队成员就累计购买了 10.155 万美元的战时公债，把现金全部贡献了出来。

战斗编队有两支棒球队，它们在谢尔比营棒球联赛的每次比赛中都名列前茅。

在所有来自夏威夷岛的部队中，战斗编队也是颇重感情的队伍之一。母亲节那天，他们往夏威夷发去 247 封电报，平均每份电报的价格为 2 美元。此外他们还寄出 1000 封航空信，还有许多人要求打电话回家。

战斗编队的指挥官是查尔斯・W. 潘斯上校。他出生于伊利诺伊州，第一次世界大战时在征战海外的第四师服役。潘斯上校还曾到过中国，在著名的美国第十五步兵团服役 4 年。1942 年 2 月，他才来到谢尔比营。此前，他在亚拉巴马州的麦克莱伦堡指挥一个团的士兵。

副指挥官是梅里特・B. 布斯中校。他出生于伊利诺伊州，在纽约州入读西点军校，是在海外服役期间来到谢尔比营的战斗编队担任副指挥官的。

1943 年 / 6 月 12 日

盟军占领岛屿

创纪录的炸弹雪崩敲开意大利的“直布罗陀”防线

敌军火力被压制

盟军实施新战争计划，在 22 分钟内占领该岛

德鲁・米德尔顿

通过无线电发回《纽约时报》的报道

【北非盟军总部 6 月 11 日电】意大利潘泰莱里亚岛被盟军投下数百吨炸弹，炸成废墟。它是轴心国在西西里海峡的最后一处据点。今天早晨，面对盟军压倒性的空中力量，该岛选择了投降，而不再顶着战争史上最密集的空中打击负隅顽抗，避免了人员伤亡和地面建筑被毁。

中午，盟军的空军发现敌军在机场上竖起白色十字架以示投降，盟军突击艇立刻登岛。支援地面作战的巡洋舰与驱逐舰也发现，距潘泰莱里亚港 2000 码的塞马佛热山上竖起了白旗。盟军只遭遇了轴心国的微弱抵抗，连续 13 天的轰炸已经打得它们完全不知所措。到了凌晨 0 点 22 分，盟军已达成所有主要的军事目标。（美联社称，伦敦方面估计意军守备部队达 8000 人。）

显然，英军的空袭和巡洋舰与驱逐舰的频繁炮击已令岛上陷入一片混乱，虽然意军司令已经举白旗或白色十字架投降，但投降的指令并未传到每支意军部队。

德军俯冲轰炸机被击溃

昨天黄昏，敌人最后一门大炮停止了射击。英军走过被炸毁的炮台，冲上岩石遍布的海滩。岛民们纷纷从避难所里爬出来，惊惧而呆滞地望着眼前的场景。（美联社报道，潘泰莱里亚岛投降之后不到 1 小时，德军派出 56 架俯冲轰炸机，试图打散登陆部队，但美国空军飞行员驾驶“闪电”战斗机应战，大败德军，迫使它们在逃跑中胡乱丢掉携带的炸弹。阿尔及尔发布的一则广播称，攻占行动中海陆两军几乎没有伤亡。）

空军在此次攻破意大利岛链的军事据点的行动中发挥了主要作用。此前，盟军从未在类似大小的目标上集中展开如此大规模的空袭。

昨天，战斗达到了高潮，盟军对该岛投下的炸弹超过了 4 月轰炸突尼斯、西西里岛和亚平宁半岛等目标投下的炸弹的总量。

5 月 29 日至 6 月 10 日，盟军加强了对该岛的空袭，用于轰炸的炸弹的总数相当于整个 5 月轰炸非洲战区全部目标的炸弹的总量。实施此次全天轰炸行动前，盟军已断断续续进行了 6 天猛烈的空袭。

盟军三番要求，敌军终于投降

美军的“空中堡垒”“米切尔”和“劫掠者”轰炸机在岛上盘旋时，意军在机场竖起白色十字架，向盟军投降。轴心国守备部队指挥官没有理会盟军前两次希望其投降的要求。空军和海军部队一发现敌军竖起投降标志（据美联社报道，敌军于中午 11 点 40 分投降），盟军司令就下令占领该岛。（美联社报道称，投降也由岛上的意大利高级军官、海军上将帕里塞尼宣布，他在给美国空军基地的一份通告中说："由于缺水，乞求向盟军投降。"）

周二，以著名的英国"曙光"号巡洋舰打头的一支由 4 艘巡洋舰和 8 艘驱逐舰组成的舰队炮轰潘泰莱里亚岛。盟军驻北非部队司令、美国陆军中将德怀特·戴维·艾森豪威尔和地中海地区海军司令、英国海军元帅安德鲁·布朗·康宁汉爵士正在"曙光"号的舰桥上。"曙光"号驶近海岸，意图检验意军沿岸炮台的火力。

炮弹落在巡洋舰旁的水面

盟军司令艾森豪威尔和海军元帅康宁汉爵士观察了海军与空军的大规模进攻行动。中午，鱼雷快艇在试航进攻中冲进潘泰莱里亚港，把战斗推向高潮。就在海军中队等待小艇再次突进时，意军沿岸大炮台发射的炮弹落到"曙光"号附近的水面上，离舰艇不足 300 码远。

盟军结束了白天的海上炮击和空中打击后，艾森豪威尔将军称，"一旦步兵登岛"，潘泰莱里亚岛"无疑"将被盟军占领。

在此次战争中，盟军首次在未借助地面部队、仅出动空军和海军作战的情况下，就迫使大小和潘泰莱里亚岛接近的军事要塞投降。

美军轰炸机和战斗轰炸机主要承担着攻击潘泰莱里亚岛的任务，同时，它们还为消灭战区内轴心国战斗机的军事行动做出巨大贡献。昨天，在潘泰莱里亚岛上空，美军飞行员击落了 37 架敌军战斗机。在之前 13 天里的进攻行动中，敌军损失了 38 架飞机，而盟军仅损失 12 架。

而昨天发动的毁灭性攻击行动则胜过该战区内以往任何一场战斗。此次战斗出动了战区内有史以来最庞大的"空中堡垒"轰炸机编队，投下几十万磅的炸弹。据估计，盟军飞行员出动了 1000 多架次飞机。此次进攻始于黎明时分，直至接近黄昏暴风雨即将来袭时才宣告结束。轰炸行动中，盟军投下大量炸弹，其数量之巨是类似目标在一天时间内所从未遭受过的。进攻前夜，英国皇家空军的"惠灵顿"中型轰炸机和"飓风"战斗轰炸机对该岛实施了轰炸，拉开了稍后大规模进攻的序幕。

白天，潘泰莱里亚岛烟云密布。由于机群数量庞大，所有轰炸机不得不环列在该岛上空，等待机会“袭击”目标。

针对潘泰莱里亚岛实施的空中打击是一次“尝试性进攻行动”。此次行动已经远远超出了既定目标——持续打击该岛守军，直至盟军登陆，迫使全岛守军投降。虽然海军火力提供了有力支援，地面部队也做好了登陆的准备，但盟军此次攻克守卫森严的重要军事据点，空军才是制胜的关键。

盟军大力打击目标

昨天，空袭行动达到高潮。盟军的“空中堡垒”“劫掠者”“米切尔”“波士顿”“巴尔的摩”等轰炸机，“闪电”和“战鹰”战斗轰炸机以及“喷火”战斗机参与了白天的空袭行动。

此次军事行动的进程可以用数学模式来阐释。从 5 月 29 日开始，盟军逐渐加大投弹量，并增加起飞战机架次。岛上轴心国部队的司令于昨晚和今晨两次拒绝投降后，盟军对该岛发起了最后一击。昨天，继前两次希望轴心国投降的要求被忽略后，盟军第三次要求岛上的轴心国部队无条件投降。

昨天的轰炸行动中，盟军对岛上的军事基地、炮台、测距仪、军营和火炮发射基地实施了数百次打击。据报告，岛上发生了数次大规模爆炸，很可能是由于盟军击中敌军军火库而引起的。

英国皇家空军和美国陆军航空军的“波士顿”“巴尔的摩”“米切尔”轰炸机昨天早晨展开攻击行动，并发现敌军防空火力微乎其微，在进攻过程中也没有敌军战斗机升空迎战。在轻型和中型轰炸机行动的间隙，战斗轰炸机每隔 15 分钟就会对目标实施一次低空轰炸，从而完善在高空展开的轰炸行动。

从潘泰莱里亚岛执行轰炸任务返回的飞行员和机组人员对岛上破败的惨状都印象深刻。来自俄克拉何马州杜兰特市的中尉梅尔文·普尔称，此次行动“干得实在太漂亮了”。如果把“空中堡垒”轰炸机比作棒球选手的话，那它“不仅跑满了全垒，还击出了一次本垒打”。作战行动开展的前夜，盟军出动“惠灵顿”轰炸机对潘泰莱里亚岛进行军事打击，并在该岛港口地区引发数起火灾，有几起火势很大。

潘泰莱里亚岛面积相当于马耳他岛的 2/3，沿岸的悬崖之间及其后方遍布重型炮台，极为隐蔽。意大利人因此认为该岛是坚不可摧的。1937 年，贝尼托·墨索里尼宣布在此建立海军和空军基地。自此以后，潘泰莱里亚岛就披上神秘的外衣，除意大利海军和空军部队外，任何人禁止登岛。另外，法令禁止任何飞机在该岛及邻近海域上空飞行。

盟军一点一点地敲开了岛上的军事据点。轰炸机在前期的进攻中炸毁了岛上的机场，摧毁了数架停靠在机场上的飞机。

然后，停泊在港口的轴心国船只或被击沉，或严重受损，无法航行。

盟军紧接着轰炸炮台。“空中堡垒”轰炸机和中型轰炸机轰炸了一座又一座炮台，战斗轰炸机也在低空展开轰炸。与此同时，盟军完全封锁了敌军的海上力量，驻西西里岛的敌军战斗机编队无法阻挡盟军的持续攻击。

昨天，敌军尽最大努力严防死守，抵挡盟军实施的空中打击。盟军的这些军事行动无疑将成为空军实战的又一典型案例。

敌军从西西里岛发起反攻

从早上到傍晚，敌军战斗机中队不断从西西里岛基地起飞，对盟军轰炸机发动猛攻。轴心国战斗机在潘泰莱里亚岛上空拦截了战略空军部队的数架“劫掠者”轰炸机和“战鹰”战斗轰炸机的一架护航机。“战鹰”战斗轰炸机锁定5架敌机并击落其中一架，战斗从目标地点一直延伸到非洲沿岸的卡本半岛。

来自北卡罗来纳州达勒姆的拉尔夫·泰勒上尉，在此次战斗中击落了两架“梅塞施密特109”战斗机。

战术空军部队的美国“喷火”战斗机飞行员摧毁了12架意军和德军飞机。早晨，一支飞行中队击落了5架敌机。傍晚时，该空军大队的另一支飞行中队又击落了7架敌机。6月9日至10日，该空军大队共摧毁17架敌机，却只损失了一架战机。

13架意大利“马奇202”战斗机对盟军轰炸机发起进攻。当时“喷火”战斗机正护送这些轰炸机前往战场，于是打响了下午的战斗。意军飞机还未靠近，“喷火”战斗机就主动出击，前往拦截。德军的6架“梅塞施密特109”战机和3架“福克—沃尔夫190”战机也加入了混战。

意军战机被迅速击落，来自新泽西州希尔斯代尔的“喷火”战斗机指挥官弗兰克·希尔少校称，他还一度数了数空中弃机的飞行员，发现共有4人跳伞逃生。

“而在我们下方的地中海，”他接着说道，“我却看不清有多少架飞机坠海。”希尔少校摧毁了一架“马奇202”战斗机，这是他在战争中击落的第六架战机。

陆军中校约翰·史蒂文森来自怀俄明州拉勒米市，毕业于西点军校。他领导的“闪电”战斗轰炸机编队与几架“梅塞施密特”战机进行了短暂的交手，击毁了其中一架。史蒂文森中校说，有多名飞行员朝一架敌机开火猛打，“导致敌机坠毁，这是整个飞行中队的胜利，每名队员都为此感到高兴”。

盟军战术空军部队在潘泰莱里亚上空共击落了 37 架敌机中的 26 架。海岸空军的“劫掠者”飞机昨天在意大利沿岸展开军事行动，击落两架“梅塞施密特 109”战机，使当天击落的敌机总数增加到 39 架。盟军损失了 6 架飞机。

美军“喷火”战斗机编队中击落敌机最多的飞行员是来自马萨诸塞州林恩市的陆军中尉西尔万·费尔德。自 1943 年 3 月 22 日，他共击落了 8 架敌机，而 6 月 6 日，他又击落了一架德军飞机，把战果扩大到 9 架。

1943 年，西西里岛上的英军小分队。

1943 年
6 月 20 日

大后方进入关键时期
矿业、工资、食品方面出现战时危机，通货膨胀反映美国战争努力存在不确定性
伯恩斯、巴鲁克担任要职

亚瑟·克洛克

一名店员站在指示牌旁。牌子上写着支持政府的战时价格控制政策。

【华盛顿 6 月 19 日电】美国自参战以来，国内大后方进入最重要时期。面对诸如美国矿工协会要求涨工资等紧迫问题，无论采取何种应急措施，都需要至少几周的时间才能最终解决。而现在要紧的问题是：国内的生产速度已经在提升，几乎与消耗速度持平，那么当局是否能够继续满足军队与日俱增的补给需求？

而美国目前普遍存在群体矛盾，其结果不仅影响到国内的生产线，在某种程度上，也影响着前线部队的士气。在未来几周时间里，人们将不断进行斗争，有些会获胜，有些会失败，还有些会以和解告终，结果要么有害，要么造成损失。

各领域纷争的情况如下：

食品——天气糟糕、价格体系欠

妥、农场劳动力缺失、农业机械有限、农业再生产因素的限制，再加上华盛顿方面松散混乱的食品管理，造成了当今危险的局面。针对食品行业的种种现状，伊利诺伊州参议员斯考特·卢卡斯撰写了一份报告。报告称，农民们在自家粮仓囤积了 9 亿蒲式耳玉米，等待政府调价后再出售。农业部发布了一份令人沮丧的粮食报告，食品管理局官员切斯特·C. 戴维斯承认美国必然会出现严重的食品短缺。据估计，在 1944 年的春种至粮食收获这段时间里，部分粮食短缺现象还将加剧。

政府可能被迫改革

政府已提出多项补救措施。由于目前国内问题已进入关键时期，政府将试行其中一部分。目前已有迹象表明，战争部已经削减了预计在 1943 年年底扩编成的陆军的规模，从而缓解食品生产加工业存在的劳动力不足现象。罗斯福总统已经驳回由农业部长统一管控全国食品的提案，拒绝以戴维斯替换现任农业部长克劳德·威卡德。他还拒绝解散价格管理办公室或对政府现行价格政策进行改革。

政府正在实施计划，着手建立一个广泛的联邦补贴机制，从而维持某些食品的消费者价格，并将其他食品的价格拉低至几个月前的水平。至于实施此项计划的最终花费究竟是多少，各级官员众说纷纭。价格管理局官员普兰蒂斯·布朗推测，该计划需要近 10 亿美元，而按照罗斯福总统的推算，最多需要 30 亿美元。食品生产组织及其在国会的代言人和普通市民纷纷担心，在政府实施补贴的过程中，政治因素会与经济因素纠缠不清，因此反对实施该项目。但人们普遍认为，现有补贴项目的范围还比较有限，当局会进一步扩大，争取有组织的劳动力支持总统的稳定物价计划。

工资——尽管美国国内普遍存在危机，美军也在艰难战斗，工会工人对大量的立法限制和雇主组织仍抱有敌意。就在本周，铁路工人兄弟会主席 A.F. 惠特尼还公开谴责铁路经理以战争中饱私囊并密谋在战后成立美国历史上最大的垄断组织。他称，为了抑制工资上涨并促成利率下降，铁路经理就像“野猫撞见大块生肉一样疯狂”。

充满敌意的氛围

在其他工业领域，劳资双方同样存在对立情绪，但此时人们却都对军队资产充满善意。众所周知，惠特尼“特立独行”，并不能代表大多数铁路工人的态度。

然而，一名工会的消息人士称，惠特尼的此番指责加剧了对抗情绪的传播。这名消息人士来自劳资关系较为温和的行业。罗斯福总统一再引起劳资双方对立、激起社会阶层之间的仇恨，这下他可真是自食其果了。但整个国家和战争计划却必须为他的所作所为付出代价。

约翰·L. 刘易斯数度猛烈抨击煤矿主。在过去的几个星期里，他的演说内容几乎天天见报。在辞藻华丽的演说中，刘易斯刻画出一幅令人同情的画面：饥饿的工人和营养不良的孩子沦为富裕无情的煤矿经营者迫害的对象。这些煤矿经营者不仅大发战争财、贪得无厌，还喜好掠夺。语言不过是刘易斯争取涨工资的策略之一。但这却激起工人的痛苦，令他们感到雇主亏欠了他们，从而进一步加剧了美国目前的困境。虽然范·比特纳、丹尼尔·托宾及工会其他领导人周五一再呼吁工人们“不要举行罢工”，但现状能得到多大的改善仍有待观察。

权衡补救措施

即便可能在本文撰稿时，抑或见报时，就已经找到应急措施，矿工工资和反罢工法案之间的矛盾依然无望得到最终解决。但补救措施只有实施一段时间后，人们才能了解其效果和持久性。只有检验方法准确无误，才能辨别美国人民度过关键期后，是会进入一个更加糟糕的阶段，还是会境况逐渐改善，更快取胜，降低生活成本并积累财富。

总统通过战争动员办公室、国会通过反罢工法案支持战时劳工委员会，有迹象表明该委员会还得到了许多民众的支持。然而刘易斯却并不承认战时劳工委员会的管辖权，并与之针锋相对。如果刘易斯被繁复的流程击败，他就会暂时甚至是永远失去工会的领导权。但他采用的策略已把他逼至绝境，要么会遭遇彻底失败，要么继续在工会中争权夺利、延长关键期的时间。罗斯福总统执政以来，刘易斯参与的斗争有半数取得胜利。起初斗争还处于当局的政治架构之内，但后来则脱离了它的约束。有鉴于此，在刘易斯对事件产生影响的几天时间里，睿智的观察员都不会急着下结论。

通货膨胀

通货膨胀——这场含混的斗争的最终结果将取决于食品、价格和工资管控几个领域。只要这几个方面的问题得到解决，通货膨胀的问题自然就迎刃而解了。

除罗斯福总统身兼重责外，顺利度过关键期的重任还落在了战争动员办公室主任詹姆斯·伯恩斯的身上。但无数迹象表明，国家更看好他杰出的官方顾问伯纳德·曼内斯·巴鲁克。如果能够守住底线并改善现状，二人将成为经济复苏的功臣。反之，就会成为罪人。但是，如果由于总统让步或其他相关原因导致底线失守，巴鲁克要么承担部分责任，要么引咎辞去 1920 年以来所担任的第一个官方职务。

1943 年／6 月 21 日

护航航母帮助护航队鏖战 5 天，击败德国潜艇群
新型护卫舰在摧毁敌军突击时发挥作用——陆基飞机也发挥了巨大的作用

詹姆斯·麦克唐纳
通过无线电发回《纽约时报》的报道

【伦敦 6 月 20 日电】今天，英国官员对外透露了一场激动人心的战斗，证实 5 月是 1941 年最后几天以来英国大西洋护航队战绩最辉煌的一个月。苦战持续了 5 天，英国战舰、飞机从一艘航母和多个海岸基地出发，迎击德军潜艇群，击沉两艘，另有 3 艘可能被摧毁，多艘被击伤。

此次战斗在数百英里的海域内进行，包括尤为危险的大西洋中部地区。该地区已超出了英军陆基飞机的空袭范围。此次战斗是德国潜艇群为阻止盟军舰船和补给抵达英国所展开的最为激烈同时也最为持久的战斗之一。英国护航队严防死守，大多数德军潜艇都难以靠近攻击目标。虽然部分德军潜艇确实进入了实施攻击的范围，但只击中了 3% 的商船，绝大多数商船毫发无伤。

面对德军如此密集的攻击，盟军的损失能保持较小，得益于反潜作战中的一

项新技术。英国海军的一种新式武器发挥了重要作用——官方名为护航航母的小型航空母舰。

它就是英国皇家海军舰艇“欺骗者”号。“欺骗者”号始建于美国，原是一艘商船，后被改造成一个漂浮在海上的军事基地，用于填补大西洋中部地区的“空中缺口”。以前，由于盟军在这一地区没有驻扎空军，德国潜艇得以肆意横行。“欺骗者”号的舰长是亚伯·史密斯，他不仅与伊丽莎白王后有亲缘关系，还是乔治国王的前侍从武官。1939年，他还是皇室游历加拿大和美国时的随行人员之一。

据英国海军部和航空部发布的一项联合公报称，海军飞机从“欺骗者”号上起飞，在大西洋深处发现了两个规模庞大的德国潜艇群，于是战斗打响了。英军飞机利用深水炸弹轰炸潜艇并朝它们开火，迫使它们下潜。

稍后，待护航队驶入陆基飞机的空袭范围内的海域后，英国皇家空军海岸司令部派部队加强了对它们的保护。英国皇家空军的“解放者”轰炸机拔得头筹，摧毁了一艘距海面上的盟军舰船15英里的德军潜艇。

与此同时，海军飞机正忙于攻击另一艘德军潜艇。它们向皇家海军“百老汇”号舰和英国执行特殊任务的最新型的军舰“拉甘”号护卫舰发送了消息，并引导两舰抵达交战现场。“百老汇”号舰原为美国驱逐舰“亨特”号，是1940年运抵英国的50艘驱逐舰之一。驱逐舰和护卫舰轮番攻击德国潜艇。“百老汇”号舰发动了两次攻击。第二次攻击结束后，水下发生爆炸，声音低沉，爆炸后印有德文的碎片漂浮在水面上。公报称，据推断，德军潜艇已经沉没。

随着时间的推移，海岸司令部派遣的包括“空中堡垒”“卡塔莱纳”和“桑德兰”在内的飞机陆续前来保护护航队。紧接着，盟军舰艇与德国潜艇间爆发了一连串的战斗。在其中一场战斗中，“探路者”号驱逐舰向一艘暂时浮出水面的德军潜艇发射了深水炸弹，后者随即便消失在海浪之中。稍后，“桑德兰”飞机指引着“拉甘”号护卫舰和加拿大的“德拉姆海勒”号小型护卫舰进攻另一艘德军潜艇。“德拉姆海勒”号小型护卫舰已在大西洋海战中服役3年，曾多次出动执行任务。这艘潜艇也遭到了沉重的打击。第二天，在潜艇沉没的地点漂浮着残骸，仍在慢慢散开的油膜已覆盖了大约4平方英里的水面。

随着这些小规模战斗的继续，另一支盟军护航队发现了前方德军潜艇群的威胁。“赫斯珀洛斯”号驱逐舰发现海面上一艘敌军潜艇正朝着护航队驶去，于是马上向它开火，多次击中目标并把其上的炮手击落海中。

最后，“赫斯珀洛斯”号发射了深水炸弹，希望一击致命。德军潜艇要么是潜入海底，要么是失控沉没了。“赫斯珀洛斯”号驱逐舰在敌舰沉没的地点来回巡视，又补投下最后一枚深水炸弹，确保万无一失。德军潜艇的去向不明。

很快，“赫斯珀洛斯”号驱逐舰又在海面上发现了一艘德军潜艇，立即向它开炮，并猛地撞向它。德军潜艇很可能被摧毁了。“赫斯珀洛斯”号炮击德军潜艇时，可以看到潜艇上的船员纷纷跳海逃生。公报并未谈及这些船员是否被救起。第二天，“赫斯珀洛斯”号还攻击了另一艘德军潜艇。该潜艇沉没在一片泄漏的原油中，随后海上浮起潜艇残骸。与此同时，盟军飞机仍在护航队上空和周围地区不间断地巡逻，迫使这些水下突击者为免遭打击只能待在水下，从而无法追踪潜在的目标。

1943 年
6 月 26 日

国会反对声四起

参议院 56 票对 25 票，众议院 244 票对 108 票，推翻了总统的否决

两院采取了快速投票的方式

将刑罚上升为刑法，应提前 30 天告知罢工的法案已通过

W.H. 劳伦斯
发回《纽约时报》的特别报道

【华盛顿 6 月 25 日电】3 次煤矿工人罢工和零星扰乱战时生产的行为激怒了国会，今天，国会议员迅速推翻了罗斯福总统的否决并通过《史密斯—康纳利反罢工法案》。该法案规定，工人举行罢工，应提前 30 天提出申请，并对那些在政府运营的工厂或矿区教唆、指挥或协助罢工的人实施刑事处罚。

尽管罗斯福总统行使了否决权，参议院仍以 56 票对 25 票通过了该项法案。紧接着，众议院就以 244 票对 108 票通过了该项法案。美国宪法规定，推翻总统的否决，需获得国会 2/3 以上议员人数的票数，而两次投票都已超过了宪法规定

的票数要求。

参、众两院不仅迅速投票推翻总统的否决，而且几乎没有进行任何讨论，就驳回了罗斯福总统的警告。罗斯福总统警告称，通过法案会刺激劳工暴动，政府将不得不制裁愈演愈烈的罢工潮，此举也将挑起新一波的工人怠工和罢工。

政党间分歧

在参议院，包括多数党领袖、来自亚拉巴马州的李斯特·希尔在内的 29 名民主党议员和 27 名共和党议员投票推翻总统的否决。19 位民主党议员和 5 位共和党议员及 1 名进步党议员投票支持总统的否决。

从会议委员会报告记录的投反对票的议员来看，尽管总统反对通过此项法案，但没有一名赞同会议委员会报告的参议员改变其支持该法案的决定。明尼苏达州参议员约瑟夫·鲍尔一直支持《史密斯—康纳利反罢工法案》，但会议委员会制定报告的时候他并没有投票，后来他投票推翻总统的否决。

众议院有 130 名共和党议员和 114 名民主党议员投票反对总统的否决。投票支持总统的否决的议员包括 67 名民主党议员、37 名共和党议员、2 名进步党议员、1 名农工党议员和 1 名美国劳工党议员。在赞同会议委员会报告和否决投票的过程中，《史密斯—康纳利反罢工法案》的支持者又获得了 25 张推翻总统的否决的选票，而该法案的反对者则失去了 21 位支持者。

法案迅速生效

国会通过的法案遭到了所有劳工组织的强烈反对。该法案即刻生效，其效力一直持续到战争结束后的半年。该法案包括下述条款：

总统有权立即将受罢工或其他工人运动影响的工厂、矿场或其他生产设施收归国有。

政府接管工厂时，工资和工作条件应维持原有水平，只有在政府机构或工厂大多数雇员提出要求时，全国战时劳工委员会才有权做出变更。

任何逼迫、煽动、诱导、密谋或鼓励他人参与停工、罢工、怠工或其他影响政府所接管的工厂正常运营的个人，指挥此类扰乱经营的活动或为维持相关活动提供资金的个人，都将被处以 5000 美元（含）以下的罚款或一年（含）以下的监禁，或并处。该刑罚不适用于那些停工或拒绝雇用的人。

全国战时劳工委员会的传讯权

全国战时劳工委员会有权要求各方参与解决劳资纠纷，但全国战时劳工委员会成员如果是纠纷一方中牵涉直接利益的官员、雇员或代表，则不得参与任何决策过程。

战时承包商所雇用的员工如需发动任何严重威胁战时生产的工人运动，必须提前通知劳工部部长、全国战时劳工委员会和全国劳工关系委员会。全国劳工关系委员会必须在接到通知后的 30 天内，以在相关雇员内部举行秘密投票的方式决定是否允许罢工。

劳工组织、国有银行及联邦法律授权成立的企业不得在任何国家政府官员选举中提供政治捐款。违反该项规定的组织将被处以 5000 美元（含）以下的罚款或一年（含）以下的监禁，或并处。

按照宪法的规定，该法案在送交总统前以 219 票对 129 票在众议院获得通过，以 55 票对 22 票在参议院获得通过。总统必须等待 10 天以后才得以行使否决权。今天下午 3 点 13 分，总统的否决结果在参议院公布，下午 5 点 28 分，这项法案就获得通过，成为法律。

参议院率先采取行动

当时，参议院率先采取行动。得克萨斯州议员康纳利发言称：

“真是令人失望，整个参议院也大失所望。我敢肯定，众议院也是如此。绝大多数美国人，身处全球各地的海陆空军士兵和海员肯定都有同感。

“该法案中，总统否决的是众议院提出的条款。

“他当然有权否决一项法案。参议院也有权推翻总统的否决，通过一项法案。

“如今，我希望参议员们充分行使宪法赋予的权利。”

新墨西哥州的民主党参议员卡尔·哈奇也做了发言，然后参议院开始点名。参议院以 56 票对 25 票推翻了总统的否决时，走廊里身着制服的工作人员带头鼓掌欢呼。

几乎就在听闻参议院推翻总统的否决的同时，众议院的多数议员也投票赞成推翻总统的否决。国会虽然还需要就扩大商品信贷公司和修正案进行讨论，但议员们为了给推翻总统的否决扫清障碍，立即决定暂时搁置、停止探讨或迅速解决这些问题。

呼吁采取振奋人心的行动

弗吉尼亚州的代表克里夫顿·伍德拉姆的讲话受到议员们的阵阵欢呼和鼓掌。他呼吁人们："立即采取行动，不要等到明天，更不要等到下周一，今天就采取行动。只有这样，我们才能告诉那些在散兵坑中浴血奋战的战士，美国人民是你们坚强的后盾。"

众议院军事事务委员会主席安德鲁·J. 梅拿出了遭到总统极力反对的对参议院的法案进行修改的原件，重申了同样的观点，称总统违规并"试图在众议院'动私刑'"。"动私刑"一说是纽约州代表、美国劳工党议员维托·马肯托尼奥提出的。

多数党领袖、马萨诸塞州代表约翰·W. 麦考马克显然感受到，众议院要求在今天就采取行动，于是他迅速承诺，只要处理了待表决的法案，便立刻就总统的否决进行投票。当局的其他支持者试图通过拖延战术来获得最低限度的反对票，阻止宪法会议委员会的修正案的通过，但没有在众议院获得足够多的支持。而下午 4 点 50 分，众议院议员们发起动议，强烈要求不再休会。紧接着，众议院宣布了总统的否决，并立即就该否决进行了投票。

称绝不容忍罢工

总统通过行使否决权坚定地表明，他并不赞同战时罢工，但愿意就此与国会进行调解。

总统称，战争期间，所有劳资纠纷都应按已经公布的、有序合法的程序来解决，而且战时生产不应受罢工或停工的影响，这是人民的意愿。总统称，劳工和行业组织在珍珠港事件后承诺不罢工、不停工的誓言"得到了遵守，只有美国矿工协会例外"。他说，1942 年间，因罢工而损失的平均工时仅占总工时的万分之五，这在美国历史上是绝无仅有的，堪比甚至打破了任何其他同盟国的纪录。

他承认，政府常常不得不通过立法来"迫使极少数人遵守绝大多数人遵循的标准"，并列举了最近的煤矿工人罢工。

赞成前七节的内容

逐节分析法案时，总统称前七节的内容规定了在政府经营的工厂和矿场中煽动、指挥或协助罢工的人所应得到的刑罚，"大致而言"是符合现行的劳资纠纷解决机制的。如果内容仅限于此，总统称自己会签署通过这项法案。

他主要反对第八节的内容，理由是它会进一步激起工人怠工和罢工。该节内容还要求工人们在罢工前30天告知相关部门，而且必须在全国劳工关系委员会的监督下，就是否罢工进行投票。虽然国会法案倡议人称之为“冷静”期，但罗斯福总统声称，对该段时间的规定“可能让事态愈演愈烈”，在此期间，工人们会把思想和精力都放在如何投票通过罢工而不是生产战备物资上。“战争期间，无论工人是否提前告知罢工，我们都不能批准，”他称，“第八节的内容完全忽略了劳工组织立下的‘不罢工’誓言，实际上提出了罢工告知和罢工投票的规定。这些条款不仅不会平息罢工，反而会激起劳工暴动并要求政府批准罢工的浪潮。”

建议修改草案

总统对第九节的内容也颇不赞同，它禁止劳工组织在战争期间进行政治捐款。他称，这节内容“显然与反罢工法案毫不相干”。如果禁止工会进行政治捐款确有裨益，他认为这一举措就不应仅限于战时。总统还称，国会也同样仔细考虑过把此项禁令扩大到其他非营利性组织。

总统重申，建议修改《义务兵役法》，把非战斗部队人员的最高服役年龄调整至65岁，称“此项规定将吸纳国有工厂中所有参与罢工、停工或以其他形式扰乱工厂经营活动的工人”。

“我们必须采取这种直接的方法来保障战时生产持续进行，”他称，“唯一的备选方法就是扩大征兵的范围，使之具有普遍性。”

此项法案的颁布是否会导致劳工代表退出全国战时劳工委员会尚未可知。华盛顿众多人士认为，这确实有可能发生，但任何有责任感的劳工组织代表都不会在今晚对这一问题表态。

针对雇主制定的一项新法案

会议结束后，国会推翻总统的否决，通过了其反对的禁止劳工组织提供政治捐款的规定。参议员哈奇还介绍了一项同样禁止雇主组织提供政治献金的举措。

在罗斯福总统10年的执政过程中，这已是国会第八次推翻他的否决了。同时，这也是1937年1月27日通过士兵津贴以来，国会独立于总统行使权力所通过的最重要的举措。

国会山的观察员认为，尽管美国矿工协会政策委员会已经要求工人返回工作岗位，但大量煤矿工人还是会继续罢工。国会对总统起草的提案反应冷淡，这一现实在决定性的投票过程中发挥了主要作用。当罗斯福总统重提自己的提案，要求把兵役年龄延长至 65 岁以应对罢工问题时，众议院台下爆发出一片抗议声。

很多国会议员表示不满，称是美国矿工协会而不是雇主们在挑衅全国战时劳工委员会并发动罢工，煤矿主因罢工而遭受财产损失。

国会议员们焦虑的另一个原因是，约翰·L. 刘易斯在要求矿工们返回工作岗位的同时，又把 10 月 31 日设定为满足工人要求的截止日期，称满足政府所提出的条件的前提是政府持续经营煤矿。

1943 年/7 月 1 日

麦克阿瑟发动太平洋攻势；盟军在新几内亚诸岛取胜，成功登陆所罗门群岛；丘吉尔承诺秋季在欧洲发起攻击 盟军向西南太平洋进发

西德尼·沙莱特
发回《纽约时报》的特别报道

【华盛顿7月1日电】海陆两军的指挥权统一归于道格拉斯·麦克阿瑟将军后，美军在太平洋南部和西南地区发动了人们期待已久的对日攻势。

今天，麦克阿瑟将军位于澳大利亚的总部发布一份公报称，盟军海、陆、空“几乎同时”对包括伦多瓦岛在内的新乔治亚群岛展开攻势。一次小规模战斗之后，盟军攻克了拿骚湾，它位于日军在新几内亚的大型基地萨拉马瓦以南 10 英里处。盟军还占领了托布里昂群岛和伍德拉克岛，它们位于新乔治亚群岛以西 300—400 英里处，盟军在占领过程中未遭遇抵抗。

国内的观察员认为，按所罗门群岛当地时间，盟军已于昨天，即美国时间周二开始向日军进发（其目标是日军位于新不列颠岛上的拉包尔军事基地）。

美军开展钳形攻势

根据此前的报告，国内的观察员相信，迄今报道的战斗和占领都只是大型军事行动的前奏。盟军巩固了在新乔治亚的基地之后，可能会以两路向拉包尔挺进，其中一支部队会从所罗门群岛中部出发，向西北进军，另一支部队则会从新几内亚的新基地挥师向东挺进。

据澳大利亚盟军总部发布的公报称，晚间，美军重型轰炸机对拉包尔实施空袭，在弗纳坎瑙和拉库奈机场的分散区域投下了近 23 吨的高爆炸弹、杀伤弹和燃烧弹。还称，现场可以看到“数处爆炸”和“多处起火”，其中一处远在 100 英里外就可以看到。

这些大型轰炸机最近几周都在对拉包尔实施大面积轰炸，也遭到日军高射炮的猛烈还击和部分敌军夜间飞机的阻挠。一架美军轰炸机在空袭后失踪。

盟军要从新几内亚顶端的根据地米尔恩湾向日军进发，形成一条战斗机基地链，托布里昂群岛和伍德拉克岛作为垫脚石，意义非凡。盟军控制这些海域后，空袭日军控制的盖斯马塔和拉包尔就相对容易了。

海军带来首条消息

昨天早些时候盟军登陆行动的第一份报告传来。海军在一份公报中宣称，美军联合部队已于所罗门群岛当地时间 6 月 30 日登陆新乔治亚群岛的伦多瓦岛，距日军重要的蒙达空军基地仅有 5 英里，但公报还称“尚未收到详细的报告”。

稍后，正在洛杉矶太平洋军事基地视察的海军部部长弗兰克·诺克斯透露，美军的战斗将进一步扩大。海军部部长称，对伦多瓦岛的进攻只是“对日本蒙达基地及其周边基地的攻势”的开始。然而，昨天华盛顿方面海军部的官员拒绝证实美军攻势已延伸到新乔治亚群岛的消息。

麦克阿瑟将军宣布，将在太平洋地区展开更多的扫荡行动。这一言论似乎印证了美军在伦多瓦岛遭遇了抵抗，而不像占领埃利斯群岛的富纳富提和瓜达尔卡纳尔岛西面的拉塞尔群岛那样兵不血刃、畅通无阻。据海军部称，南太平洋地区只有上述两地被我军占领。

此前海军部的一份公报透露，3 月 27 日，美军飞机轰炸并猛攻日军位于乌加利伦多瓦岛东北沿岸的据点。这表明岛上有日军驻守，如果它仍不撤退，那么美军无疑会遭遇抵抗。

国内观察员预计，南太平洋和西南太平洋的军事行动还将持续一段时间。然而，盟军已经将注意力从不起眼的伦多瓦岛转移到其他地点。伦多瓦岛是一座 21 英里长的岛屿，植被密布，东南距瓜达尔卡纳尔岛有 195 英里的飞行里程。

蒙达岛暂时是“日军在所罗门群岛中部的马耳他”，具有重要的战略地位。自 1942 年 11 月以来，盟军已经至少轰炸蒙达岛 150 次。仅仅 4 天时间里，盟军在攻击伦多瓦岛前就对蒙达岛实施了 4 次轰炸。几个月前，我军在南太平洋的飞行员们曾一度停止轰炸蒙达岛，让人以为岛上日军因为此前的狂轰滥炸已经被彻底击垮。后来，似乎日军又启用该岛，所以我军又开始对其实施猛烈的军事打击。

人们相信，现如今所罗门群岛南部已得到巩固，美军的下一步策略是穿过所罗门群岛中部向北挺进，直插所罗门群岛北部。据信，日军在那里集结了大批部队，如果美军一切顺利，则可以继续向更重要的西部和北部目标进军。

人们认为，如果美军攻克蒙达岛，布干维尔岛和拉包尔将立即成为下一批攻击目标。其中，布干维尔岛东南距蒙达岛约有 155 英里的飞行里程，是重要海港和卡希利空军基地的所在地；新不列颠岛的拉包尔是日本在西南太平洋海域最强大的空军和海军基地之一。

伦多瓦岛已被美军所掌控，使美军向前推进了 195 英里。它将成为比瓜达尔卡纳尔岛更靠近日军目标的军事基地。伦多瓦岛距日军潜艇和水上飞机基地莱卡塔湾 103 英里，距空军基地维拉港只有 25 英里；距肖特兰岛的基地 137 英里，距拉包尔 410 英里。

海军称伦多瓦岛“到处是山，密林遍布”。该岛地势逐渐向南增高，最南端海拔为 1021 英尺。岛上一座名为伦多瓦峰的陡峭火山锥海拔最高，高 3488 英尺，距岛屿北端仅 4 英里，是飞越该岛时一个十分显眼的地标。其顶峰是一个死火山口，常常掩盖在云层之中。

在该岛的西端有一个名为班耶塔点的黑色沙滩。那里海流湍急，海岸耸峙，植被茂密。

从班耶塔点向北到该岛北端的 7 英里长的海岸上散布着堡礁，绵延达 2.5 英里。堡礁内有 6 条深邃的通道，其北分布着数个岛屿。堡礁内的潟湖不深，周围环绕着数处礁石。

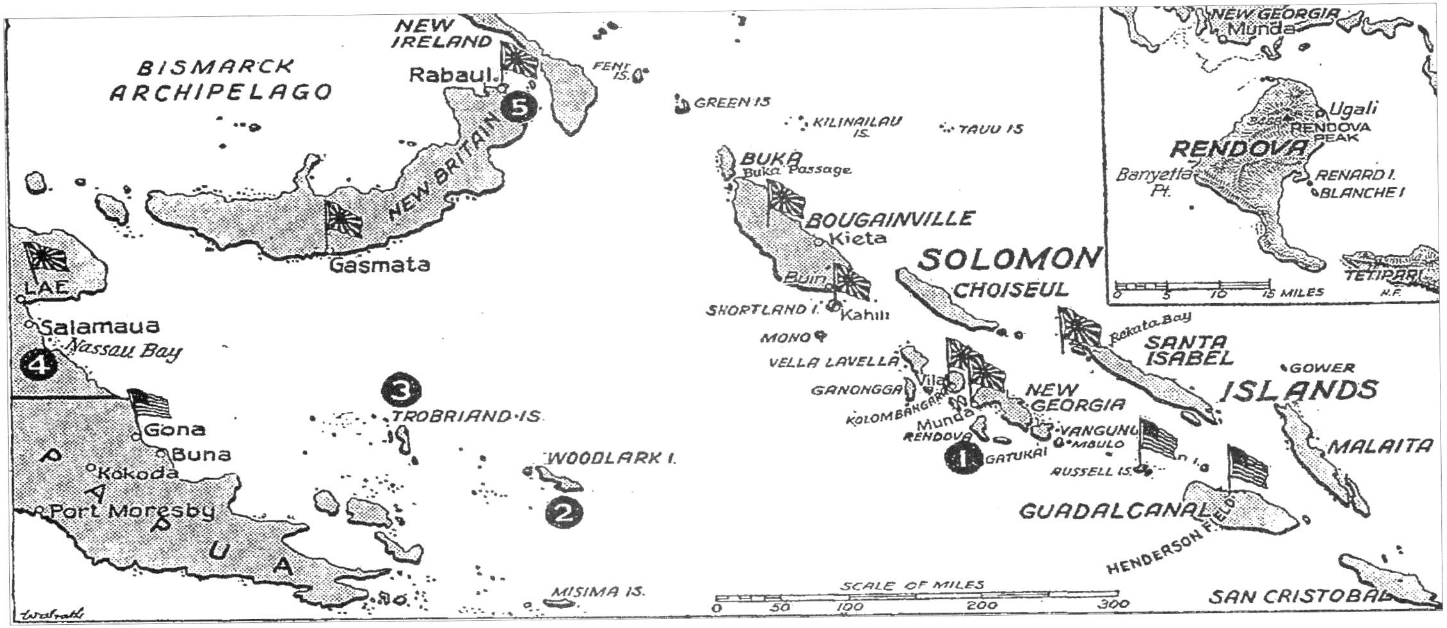

同盟国部队向西南太平洋挺进：美军登陆新乔治亚群岛的伦多瓦岛等处①，抵达敌军蒙达岛空军基地附近地区并与日军交战。（局部详图进一步显示该地情况。）向西，盟军占领了伍德拉克岛②和托布里昂群岛③，并未遭遇抵抗。在新几内亚，盟军占领了位于萨拉马瓦南端的拿骚湾④，乘登陆艇登陆时只遭遇了微弱的抵抗。显然，这些大面积的军事行动达到了削弱拉包尔⑤的终极目标，同时拉包尔遭到盟军轰炸。

1943 年
7 月 6 日

出版人访问克里姆林宫
索尔兹伯格和莫洛托夫在莫斯科进行了 1 小时的商谈

【美联社莫斯科 7 月 5 日电】今天，《纽约时报》总裁及出版人阿瑟·海斯·索尔兹伯格在克里姆林宫与苏联外交人民委员维亚切斯拉夫·M. 莫洛托夫进行了 1 小时的会谈。

索尔兹伯格先生称，会谈后将不会透露任何有关的细节。他是经美国大使威廉·H. 斯坦利的介绍，结识莫洛托夫先生的。

这位出版人是以红十字会的特别代表的身份来到这里的，预计将在几天内离开莫斯科。

1943 年
7 月 11 日

盟军舰队驶近西西里岛时，艾森豪威尔将军开始摩挲他的 7 枚幸运币

爱德华·吉林
联合英国多家新闻机构报道

【北非盟军总部 7 月 10 日电】德怀特·戴维·艾森豪威尔将军总在口袋里放着 7 枚古币，其中包括一枚 5 基尼金币。

昨晚，盟军攻击舰队驶近西西里岛，准备展开对欧洲的大规模进攻时，艾森豪威尔将军使劲摩挲着这些古币，祈求好运。实际上，据他的一位副官称，将军

摩挲了这些古币好几回。

今天早些时候，将军得知，盟军已成功登陆，一切都按照计划顺利进行。除了中途短暂离开了一段时间，艾森豪威尔将军整晚都待在总部。他中途和几位参谋驱车前往海岸，目送一支航空中队离开。

他下了车，站在月光中，挥手向机群致意。从计划制订，到最终实施攻击，其间漫长的等待终告结束。

返回总部后，艾森豪威尔将军立刻走进了海军的营帐，和参谋们看着航海图谋划，一起密切关注行动的进程。他又在战斗机司令部稍作停留，覆盖整个行动的空中掩护就是在这里指挥的。

艾森豪威尔将军显然很满意战事的进程。凌晨 1 点 30 分，他走进作战室隔壁的屋子里，在一张小床上睡下了。他睡得很沉，足足睡了 3 小时，直到凌晨 4 点 30 分，一名副官才叫醒他，告诉他进攻部队已经登陆，一切都在照计划进行。

英国皇家海军给将军冲了一杯热茶，然后他就返回了作战室。此时，战报已经开始不断传来。他一直留在作战室，直至听到英国广播公司的广播。广播里正播报着他要告诉法国人民的讯息，称这只是进攻欧洲大陆的第一阶段的行动，接下来还会有其他军事行动。

艾森豪威尔将军随后离开作战室，换了身衣服，很快就返回了作战室，听取司令员们汇报行动的进程。

1943 年，北非盟军总司令德怀特·戴维·艾森豪威尔将军（左）和指挥法国部队的吉劳德将军在盟军总部向两国国旗敬礼。

1943 年/7 月 11 日

罗斯福预见“法西斯末日的前兆”

总统再次向教皇保证会爱惜教堂并会尊重梵蒂冈

伯特伦・D. 哈伦
发回《纽约时报》的特别报道

【华盛顿 7 月 10 日电】在罗斯福总统看来，盟军进攻西西里岛仿佛就是阿道夫・希特勒和墨索里尼的“末日的前兆”。

白宫今天透露了这一讯息，暗示西西里岛战役胜利后，盟军将进攻意大利南部。

昨晚，白宫举行晚宴，向法军总司令亨利・吉劳德将军致敬。晚宴上有人向罗斯福总统提及西西里岛战役，于是总统在一份引人关注的声明中表明了自己的观点。

白宫今天公布了罗斯福总统致教皇庇护十二世的信。信中暗示，意大利南部将成为盟军进攻的下一个目标。

在这封信中，总统向教皇承诺，盟军踏上意大利领土时“会保证教堂和宗教设施免受战火的荼毒”，并且会尊重保持中立的梵蒂冈以及教皇“在意大利全境的领地”。罗斯福总统向教皇保证，美国正在寻求“全世界范围内公正而持久的和平”。

中午，罗斯福总统对西西里岛战役的观点就得到了得克萨斯州共和党参议员汤姆・康纳利的响应。汤姆是参议院外交事务委员会主席。他在离开华盛顿返回得克萨斯州前与总统告别时，谈到了有关问题。

“我们的部队将横扫西西里岛，”康纳利议员离开白宫时说，“我军已经登陆，会势不可当。对意大利的宵禁已经开始实行。”

然而今天，国内舆论开始小心翼翼起来，直至战局有了进一步发展，气氛才有所缓和，因为有报道称轴心国已经在西西里岛集结了 30 万部队，其中包括至少两个德国步兵师，其余都是意大利部队。

盟军由英国、加拿大和美国三国部队组成。军事专家表示，美国部队都编入第五集团军，归陆军中将马克·韦恩·克拉克直接指挥，德怀特·戴维·艾森豪威尔将军则统一指挥北非总部。据报道，英国部队和加拿大部队的数量可能超过美军。

人们认为，对盟军军事行动的进程要得出明确结论尚需时日，但显然，盟军的胜利将意味着掌握地中海地区的海空控制权并为占领意大利南部、撒丁岛和地中海其他据点开辟道路。

虽然此次军事行动并不是为了在欧洲开辟第二战场，但它将为第二战场铺平道路。

罗斯福总统昨晚在晚宴上发表引人关注的声明时显然考虑到了这些问题。今天，总统的秘书斯蒂芬·T. 厄尔利透露了相关细节。

晚宴嘉宾包括国务卿科德尔·赫尔，陆军参谋长乔治·卡特利特·马歇尔将军，总统的参谋长、海军上将威廉·丹尼尔·莱希，美国海军舰队总司令、海军上将欧内斯特·约瑟夫·金及其他陆军和海军官员。

宣布新一轮进攻

9 点左右，罗斯福总统开始不断收到西西里岛战役的战报。就在 10 点之前，正当晚宴接近尾声时，他发表了全国瞩目的讲话。

“对于第一次向欧洲的软肋发起的攻击，我有些话要说。”

然后他请宾客们在午夜前不要透露讲话内容，因为到午夜，北非、伦敦和华盛顿将同步发布声明。

他强调，盟军的主要目标是消灭德国法西斯，因为盟军一旦登陆，将分向进击，人们肯定希望此次行动是法西斯末日的开始，而实际上我们也几乎可以这么断言了。

在为法国统一而干杯后，他承诺，虽然此次进攻的目标并不是法国海岸，但最终，盟军会解放法国全境。

讲述完这次进攻包括登陆的过程后，总统说：

“这是制订计划的一次好的例证，重要的不是制订计划的愿望，而是制订了计划的事实。随着远征非洲行动的开展和英美两军的完全合作，接下来，美军也将在北非与法军展开全面合作。

“登陆后，盟军打响了突尼斯战役。这次行动不仅事先制订了计划，盟军的不同部队之间还实现了通力合作，而且从那时起，我们就能默契地协同作战了。

“当然，我们有众多的作战目标，但主要目标还是消灭德国法西斯。这一点不言自明，它也是此刻正在进行的军事行动的必然结果。我们希望此次行动是法西斯末日的前兆。

“1942 年秋天，英国首相称之为‘法西斯兴起的终结’。我觉得，我们几乎可以说，今晚的行动是法西斯末日的前兆。

“我们的海军和空军都将登陆。一旦登陆，我们就有机会分路进击。而我想告诉吉劳德将军，我们并没有忘记法国。我们的主要目标有一项当然是解放法国人民，恢复法国的主权。”

誓言解放巴黎

“即使这次行动中，盟军并未向法国进军，但是，请吉劳德将军放心，我们的终极目标是，以最佳的方式解放法国人民。我们所说的法国人民，不仅指法国南部的人民，还指北部的人民，包括巴黎的人民。在整个军事行动中，确切地说是在整个庞大的作战计划中，我们都与北非的法国陆军和海军进行了全面的合作。

“抵抗被逐渐平息，旧政权正在崩溃。我们已经看到马提尼克岛和瓜德罗普岛发生了什么或正在发生什么。这对实现我们的重大目标至关重要。

“我们想协助那些法国部队（总统指的是北非的法国部队）提升其装备并增强法军的力量，从而在军事意义上，等我们攻入法国、驱逐德军的时候，法国军队及其舰船能够与英美两国合作。

“吉劳德将军今晚光临白宫，具有极其重要的象征意义。他来与我们探讨所遇到的军事问题并协助我们实现同盟国的共同目标——法国的自由和统一。”

吉劳德将军向罗斯福总统表示感谢

吉劳德将军回应了总统的讲话，感谢他对法国的支持，并表示，对美国为改良法军的装备所提供的援助感到高兴。

然后，他举杯为总统和“美国的荣耀”干杯，称美国是“一个伟大的国家，在它的帮助下，世界将恢复和平与自由”。

1943 年／7 月 11 日

吉劳德来访再次引起争议

美国民众卷入席卷法国人民的情感风暴——罗斯福总统令两国人民失望

哈罗德·卡伦德
发回《纽约时报》的特别报道

【华盛顿 7 月 10 日电】本周，亨利·吉劳德将军访问华盛顿。吉劳德将军是北非及西非法军总司令，与夏尔·戴高乐将军同为在阿尔及尔的新的法兰西民族解放委员会主席。他的来访再次激起人们围绕这两人之间的矛盾和半年来北非局势所引发的争论。

吉劳德此行不仅在北非、伦敦和华盛顿引发争论，即便是在遥远的莫斯科、塔希提岛和新喀里多尼亚，人们也对此议论纷纷。纵然阿尔及尔方面不会对此保持沉默，当然它从来都不会，但本周风暴的中心还是华盛顿。

昨天，美国方面在华盛顿一家酒店的舞厅举行了大型招待会欢迎吉劳德将军，这家酒店是华盛顿最大的几家酒店之一。来自法国、英国和美国的各界要人齐聚一堂。招待会上，记者听到戴高乐将军的一名追随者说，他确信，美国正通过干预法国内政，破坏自己在欧洲的声誉。他甚至还坚称，吉劳德将军只是法军的一名司令。

彼此矛盾的观点

而就在不远处，记者又碰到了吉劳德将军的一名支持者，他盛赞了美国的官方政策，说戴高乐将军的追随者和他们在北非的武装部队一样重要，对方在总共约 7 万人的法国部队中的人数达到了 1.1 万。

然而，两派支持者都对罗斯福总统早前的讲话感到极其不安。总统的讲话大意是，法国正处在德国法西斯的铁蹄之下，国将不国。

无疑，罗斯福总统的意思是，没有一个官方机构能够代表法国。如果总统说明了这层含义，那么他的讲话或许不会这么令人震惊，但可能会令人非常失望，因为这两派法国人都希望在阿尔及尔的法兰西民族解放委员会能得到同盟国的承认，成为法国临时政权，在同盟国的协商中代表法国发言并成为法国包括马提尼克在内的一切可接管的领土的受托者。

美国人也卷入了这股情绪的激流之中。在华盛顿，有的办公桌旁的美国人一提及戴高乐或吉劳德就大发脾气。有的美国人前往北非时非常崇拜戴高乐将军，而回到国内后，又狂热追逐吉劳德将军，有的人则恰恰相反。

有些美国记者认为，自己有责任告诉读者，政府对戴高乐将军持冷静的态度，并说明了秉持这种态度的原因，但读者们却纷纷来信谴责他们不应中伤戴高乐将军。

这一争论中的某些观点，不仅打破了法国人民情绪或理智的平衡，同时也波及美国和英国。仅凭吉劳德将军平静、沉着、儒雅的品质，及其唯一或至少是主要的心愿，似乎并不能系统、专业化地有效利用机械化优势消灭德军，从而解放法国并重建法国政府，无疑，这一过程还应允许法国人民内部无休无止地争吵，一如他们所习惯的那样。

情绪宣泄

吉劳德将军访问华盛顿恰恰释放了一股新的情绪，因为这是定义美国官员所描述的戴高乐问题和主要同盟国对这一问题表态的合理场合。

争论会挑动人们的情绪，因为戴高乐的支持者们做了两种假设，而吉劳德将军的追随者们对此采取了不同的反应。

第一种假设认为，戴高乐将军及其领导的解放运动，从某种特殊的意义上而言，代表着法国人民，也就是那些“小人物”，那些不起眼的追随者或容易被忽略的群体。他们整日为生计奔波，居无定所，也没有显赫的家世。这些民众即所谓左翼人士。他们遍布法国，自 1789 年法国大革命以后就没怎么改变过。

按照这一观点，亨利·菲利普·贝当元帅及其幕僚罪大恶极，不仅仅因为他们轻易地承认战败并选择与德国法西斯勾结，更主要的是他们在政治和社会阶层的意义上都是反动的——他们代表那些根本不承认法国大革命的阶层，因而戴高乐将军的支持者自然被描绘成年轻、进步与民主之法国的代表。

充满活力的民族主义

第二种假设认为，戴高乐主义象征着一种充满活力的法国民族主义，是遭到战争重创的法国的复兴所必不可少的，同时，这也是一种尚未僵化的民族主义。

这种无情的民族主义要求整顿法国社会的各个层面，甚至密谋动用极刑。他们不仅针对德军，如今更是把矛头指向盟军，指责它过多地占据北非的港口和通信系统、指派将领指挥法军，侵犯法国主权。

这种民族主义未来可能会把矛头对准一切外国人，上升为民族主义，并通常会在后来发展为极端形式——排外主义。

与此同时，在一些不甚友好的地区，人们断然否认上述第一种假设，因为没有人能断言，究竟谁能代表如今正被德国囚禁的法国人。还有些人坦言，担心戴高乐将军及其在法国境内的地下盟军其实是共产主义者。难道在伦敦就没有一个共产主义代表加入戴高乐将军的队伍？同样在这些地区，人们也怒斥第二种假设，称这是对盟军军事行动的干涉。因为这一假设要求撤换盟军中意的法军将领。此前，盟军打击德军极其有力，此举会严重损害其作战效率。

共同责任

不仅如此，人们认为，法国人在盟军准备解放法国之际围绕主权的技术性问题争论不休，这是十分荒谬的。除非盟军赢得战争，否则法国主权从何谈起。在反法西斯这一共同任务中，盟军有权决定与法国合作的最佳方式，因为盟军背负着主要责任及开销，并拥有最高指挥权。

上述两种假设显然使戴高乐将军对自己的支持度和命运都极度自信，催生了一种成为圣女贞德拯救法国的使命感。所有肩负使命的人都会在那些甚为热心的人中引起厌恶或怀疑，或是厌恶加怀疑。戴高乐将军则对自己的野心直言不讳，似乎触怒了一些人，而这一点在卡萨布兰卡会议上表现得尤为明显。

此外，3 年以来，戴高乐将军一直继续着一个与美国政策相抵触的运动。他认为美国政府承认并与之来往的战败的法国政府是毫无价值的叛国政府，尽管他提及此事时总是心怀疑虑。因此，在华盛顿方面看来，戴高乐将军的使命就是挫败美国的政策，对此，美国不应立刻原谅。

虽然美国政府已不再承认维希政权，但戴高乐将军仍在继续扰乱美国政策，这次他针对的是依靠其本身就能够挽救法国的军事政策，这在华盛顿的美国官员看来就是如此。批评者们感到疑惑，戴高乐将军作为一名军人，如果想消除疑虑，为什么不停止争论，抗击德军?

美国的干预

主要是第一种假设激起了美国人的情绪——戴高乐主义即民主，与之相对的都是保守主义。戴高乐一派解释称，英国首相丘吉尔之所以接受了一项所谓反戴高乐主义的政策，是因为他是一名保守的托利党人。至于罗斯福总统为什么采取同样的态度，并不好解释，但批评家们将这归到他在北非和国内的顾问身上。

本周，从阿尔及尔传来的报道称，许多美国人反对盟军干涉法国事务来“阻挠戴高乐”。其他人则认为，无论影响的对象是谁，都应当反对此类干预，这才是合理的做法。

戴高乐一派的支持者称，华盛顿方面邀请吉劳德将军访问美国是别有用心，不仅意图在军中为其树立威望，同时也意在提高他在北非平民中的声望。虽然现在就说吉劳德将军的讲话不会涉及企图统治法国的委员会和法国武装部队还太过草率，但如今，官方已经将吉劳德将军的访问定性为军事访问了。

法国仍不团结

就在盟军即将表明对待法兰西民族解放委员会的态度时，该委员会的地位仍不明确。然而，马提尼克宣布脱离维希政府的事件却为该委员会的定性提供了契机。

与此同时，戴高乐在委员会内部和整个法国的影响，以及他自身具有的某种顽强品质，似乎都预示着，至少在目前，他可以实现每一个法国人都声称渴望的团结。

1943 年 / 7 月 11 日

罗斯福第四次任美国总统被视为理所当然

但最近华盛顿的争论表明是否再次举行选举仍不得而知

政治策略已然成形

特纳·卡特利奇

【华盛顿 7 月 10 日电】近来，白宫和国会的争吵与龃龉无疑给当局带来了一定的政治压力，但无论如何，美国国内仍然认为，罗斯福总统连任四届是理所当然的。

国内报道称，人们对华盛顿方面持续不断的争执做出的反应表明，最明智的做法，是让那些支持罗斯福在重新举行的总统大选中胜出的人，无论是民主党人还是共和党人，重新审视自己的决定。虽然罗斯福在民主党内的候选人资格难以撼动，但有报道称，人们对连任普遍存在厌恶的情绪，加上华盛顿方面对此争执不休，中西部地区更是颇有微词。如果争论继续，1944 年冬季图书中收录的总统名言或许就要减少。

多种迹象表明总统支持率下滑

不论人们是否相信罗斯福将再次被提名为总统候选人，当然，前提是他愿意接受提名，民众对其情感上的支持都将降至最低，而不再像 10 年来一样，有大批百姓在民主党的竞选棚内举行各种集会。

部分地区的民主党党员对罗斯福的狂热已然冷却，或正在冷却。南方对当局的活动深感不满，尤其是罗斯福夫人参与的活动往往与敏感的种族问题有关。中西部地区则是对当局控制农产品价格颇为不满。

意识到这些问题后，人们希望由哈里·霍普金斯领导的白宫政治统帅部和首席助理戴维·K. 奈尔斯，不要再像 1940 年罗斯福第三次提名时那样，递交罗斯福第四次任总统的“草案”副本。不仅人们希望他们这么做，他们私下也希望通过直接而显见的方法赢得大选，因而常常问起这样一个合理的问题：“请问，还有谁？”如果 1944 年秋天，战争仍在继续，人们可能会希望他们提议让罗斯福连任，这是确保同盟国取胜的军事需要，同时也是保障整个世界的和平更持久的方法。

准备步骤

希望罗斯福第四次任总统的策划者们能快刀斩乱麻地解决这一问题。最近，政府任命乔治·E. 艾伦为国家委员会秘书，此举与连任策划者们主动出击的目的一致，特别是在安抚党内强烈的反对派方面尤为一致。艾伦在他的家乡密西西比州是出了名的“八面玲珑”。

第四次任总统的策划者们并没有采取特别值得一提的举动，而是为连任做好铺垫。民主党内至今没有人敢站出来，明确表示反对罗斯福第四次任总统。由此，或多或少可以看出策划者们的铺垫工作做得有多到位。4 年前，同样在这一阶段，至少有两位反对者（时任副总统的约翰·N. 加纳和时任邮政总局局长的詹姆斯·A. 法利）站出来，号召党员们反对罗斯福第三次任总统。

在华盛顿，政治是无所不在的。它总是以这样或那样的方式，对这里发生的几乎每一次重大行动产生影响。即便战争也没能动摇政治的影响力——事实上，数年来，政治的影响力在当前政策、措施中的体现更胜以往。

然而，就“第四任期”而言，当前所采取的行动和正在进行的讨论中，难以看到连任四届对竞选的影响。美国总统只能连任两届，但只要涉及罗斯福，这一问题在 1940 年就已经被人们抛诸脑后了。即便有人反对他和他的政策，也是基于其他理由，而并不是因为他会进一步威胁到美国的政治传统。

最新动向

最近华盛顿的一些动向，特别是国会开始严厉对待总统提出的一些项目，更加强化了一种观点，认为罗斯福总统在国内的政治力量已不如从前。或许，无论国内国外，罗斯福总统的影响力都不如从前。但国会一方面自身犹疑不定，另一方面又缺乏国际问题的相关讯息，因而需要根据美国国内的基本情况来明确自己的立场。

白宫与国会的纷争不能完全归结为二者在不同问题上的分歧。从党内政治立场的角度来看，纷争的政治意义在于，总统及其周围小圈子的成员数年来运用的方法，如今用于应对国会内敏感的党员。只要是事关白宫的纷争，很大程度上都是其自作自受。

华盛顿的许多观察员似乎都认为，最近的争吵解决了一个问题，即副总统亨利·阿加德·华莱士将不会参与1944年的总统大选。人们认为华莱士胜选的概率微乎其微，这与他没能点燃政治火花，却得到更多身居高位、善于空想的政治人物的支持有关。但他与美国商务部长兼复兴银行公司主席杰西·霍尔曼·琼斯的争吵，无疑引发了积极的对抗。值得一提的是，当年琼斯是众多可能成为副总统候选人的人选之一，然而这些人迫于白宫的压力，在1940年芝加哥总统提名会议上放弃参选资格，支持华莱士成为副总统候选人。

1943年 / 7月14日

社论：希特勒指挥作战？

伦敦方面援引报道称，希特勒重拾东线战场指挥权。如果报道属实，这将是个好消息。我们完全有理由相信，在1942年年底进攻苏联的战役中，德军之所以败绩不断，与这个极度自恋的人膨胀的野心有着莫大的关系。希特勒太过贪心，企图攻下伏尔加河流域和高加索两地，最终摧毁斯大林格勒。多数人认为，正是他的决定，使本应该集中进攻的德军分路进击，分散了德军的军力。在战争初期，德国的邻国对德军的闪电战毫无防备，希特勒的“直觉”常常能创造奇迹。然而战争进入目前的阶段，主动权正逐渐转移到盟军的手中，盟军自然希望凭借“直觉”打仗的希特勒能够取代冷静自持、作战能力强的德军将领。

不仅如此，如果希特勒此时重新开始指挥东线战场，德国人民将在战争出现不利局面的时候回忆起希特勒当初的承诺。他曾经保证过，德军将在苏联英勇作战、取得胜利，但这些承诺如今都没有兑现。早在 1941 年 10 月 31 日，希特勒就信心满满地宣称“苏联已经被打得支离破碎，从此一蹶不振了”。同年 12 月 11 日，他又承诺说：“等明年夏天天气好转，德军将再无障碍，勇往直前。”1942 年 3 月 15 日，他又信誓旦旦地说：“明年夏天我们会彻底击败苏联。”1942 年 9 月 30 日，他又发表了著名的宣言，声称德军会固守斯大林格勒，说什么“你们要坚定信念，没有人能再把我们赶出斯大林格勒”。

希特勒指挥苏联战场的记录充斥着他从未兑现的承诺。

1943 年/7 月 15 日

英军逼近卡塔尼亚；美军占领关键机场；盟军俘获 1.2 万名轴心国士兵 美军冒着敌人的战火登陆西西里岛

美联社

【北非盟军总部 7 月 14 日电】英国第八集团军今晚力克港口城市卡塔尼亚的敌军反击。该市位于延伸至墨西拿海峡与亚平宁半岛的南端相对的西西里岛东岸的中部。最近有报道称，英军很快就会攻克卡塔尼亚。（据美联社报道，第八集团军位于卡塔尼亚前方的平原上。据美联社在伦敦记录的一则发自阿尔及尔的报道称，英军已经破坏了卡塔尼亚市的防线。美联社援引马德里的一则报道称，德国知情人士透露，虽然德军声称已经消灭了进攻的盟军，但仍有大批英国伞兵在平原地带着陆。）

在西西里岛南部，一支美军部队已俘获 8000 名战俘。这支部队从左翼突进 15 英里，占领了两处更加重要的机场并从卡塔尼亚的西南门户卡尔塔吉龙进攻内陆。盟军今晚宣称，在西西里岛上已俘获 1.2 万名战俘。西西里岛战役进入第五天，轴心国的防御似乎仍处于瘫痪状态。

最近的一则报道称，朝卡尔塔吉龙进军的美国中部纵队正在尼谢米与德军交战，距卡尔塔吉龙只有几英里远。

并未遭遇“强烈的抵抗”

但一位盟军评论员称，从总体来看，盟军“并未真正遭遇强烈的抵抗”。有多则报道明确表示，盟军的进攻计划提前展开了。

据报道，英国部队和隶属于第八集团军的加拿大部队从奥古斯塔向前迅速挺进 20 英里后，今天下午距卡塔尼亚已不足 15 英里。按照这一速度，除非第八集团军在中途的内陆城市伦蒂尼和卡伦蒂尼遭遇敌军顽强抵抗，否则将不断逼近卡塔尼亚。伦蒂尼和卡伦蒂尼都位于卡塔尼亚平原边缘。埃特纳火山脚下的卡塔尼亚本身没有天然屏障。

英军正沿着一条蜿蜒伸向内陆的道路不断朝着伦蒂尼市挺进，并可能已经攻克了该市。奥古斯塔和卡塔尼亚都在这条蜿蜒曲折的路旁，二者相距 35 英里。

美军占领了位于拉古萨以西 6 英里处的科米索机场和杰拉往内陆方向 9 英里处的奥利沃桥机场。美军从里卡塔西部和北部发动猛攻，迅速占领了帕尔马和纳罗。纳罗距阿格里真托只有 12 英里，据称，轴心国在那里集结了大量军队准备反攻。在这 15 英里的范围内，盟军俘获了数百名战俘。

桥头堡军事区长 150 英里，美军占据的部分又长又浅，进攻计划显然需要美军纵深挺进并保护盟军左翼，而英军则顺着东部沿岸地区迅速向墨西拿湾挺进。

官方已经在北非法军总部宣布，法军已登陆西西里岛，加入盟军的行动。

1943 年/7 月 15 日

巴顿将军涉水上岸指挥作战

敌军坦克威胁美军时，将军从登陆艇跳入海中

诺埃尔·蒙克斯
伦敦《每日邮报》记者（美联社发布）

1943 年，陆军中将乔治·史密斯·巴顿在解放西西里岛的战役中。

【蒙哥马利上将的西西里岛总部外的一艘驱逐舰上 7 月 13 日电（延时报道）】美国第七集团军进攻西西里岛行动指挥官、陆军中将小乔治·史密斯·巴顿将军从登陆艇上跳入海中，涉水上岸，亲自指挥美军与抵抗登陆的德国坦克部队之间的恶战。

在巴顿将军位于杰拉的美军桥头堡，我听说了他的英勇气概及其所指挥的部队的杰出作战能力。

美军登陆杰拉时发现，该镇被两个德国坦克团控制。在接下来的 24 小时中，爆发了盟军进攻行动中最激烈的一场战斗。德军两度被赶出该镇，美军也曾两次被逼退回沙滩。

这时，巴顿将军跳入海中。

随着美军从运兵船上一拨拨登陆，德军被一步步从沙滩上逼退。周日日落时分，美军成功建立了桥头堡并把德军赶离该镇几英里远。

昨天，德怀特·戴维·艾森豪威尔将军视察老战友巴顿将军的总部时，为其杰出的战绩向他表示了热烈的祝贺。

1943 年/7 月 18 日

莫斯科为胜利而欣喜

德军大规模进攻的惨败成为苏军的一剂强力补药

通过无线电发回《纽约时报》的报道

【莫斯科 7 月 17 日电】自 1942 年冬天胜利以来，今天当是莫斯科最欢欣鼓舞的一天。人人都更加清楚地感受到 1942 年冬天以来所发生的巨大变化。

自 7 月 5 日以来，德军发动进攻时，切断库尔斯克突出部行动失败的后果愈加凸显出来。德军惯于利用突袭战术和虎式坦克发动闪电战，但是显然，苏军经过数月细心的训练和准备，已经想出粉碎这一战术的方法。

经过训练，苏军已经能够抵御看似无法抵挡的攻击了。德军首先发动极其密集的火炮攻击，然后是密集的空袭，最后则是出动大批坦克，其中包括相当数量的虎式坦克。即便这些坦克突破了苏军的防线，德军也并没有取得绝对的胜利。苏军通过各种武器的绝佳配合，往往可以成功缩小德军撕开的突破口，而且还能把突入的德军坦克与紧随其后的步兵分隔开，然后再摧毁它们，或迫使它们改变行进方向。

德军的进攻规模可以通过以下事实来判断：在很多情形下，苏军常常在小范围内击退、驱散或摧毁 6000 辆同时进攻的坦克中的一部分。

综合几个共同作用的因素就可以解释这一现象。首先，苏军注重培养士兵的胆量，因为只有具备相当的胆量，才敢蜷缩在壕沟里，任由虎式坦克通过后才用反坦克步枪射击其脆弱的后部。其次，苏军具有铁一般的纪律和大无畏的自我牺牲精神。除了这一切，还有苏军不同武器间的绝妙配合，步兵使用各种反坦克武器的绝佳天赋，部队配备了大量自动化和半自动化的武器；德军在库尔斯克—奥廖尔和别尔哥罗德战役中未能获得制空权，以及苏联空军的有效空袭，最重要的是苏联炮兵的强大火力和优秀的作战技巧，因为德军进攻时，他们首当其冲。

最后，据所有相关的报道，科京—伏罗希洛夫坦克相较德国虎式坦克更胜一筹。其优良的性能在所展开的有效反击中得到了充分证实。

在库尔斯克—奥廖尔战区，德军此前没有取得任何实质性进展，几天前就对实现目标不再抱任何希望。在别尔哥罗德战区，德军试图继续推进并不断扩大 10 至 15 英里的突破区域，但依旧没有取得成功。最重要的是，它已经不像 7 月 5 日展开攻势时那样充满“信念”，而按阿道夫·希特勒向德军下达命令时所说的话，信念将决定这场战争的结果。

德军在相对狭小的战场发动的最大规模的武装进攻失败了，这在莫斯科产生了巨大的道德效应。此次战役甚至比斯大林格勒保卫战更加有力地表明，苏军的防御策略有了根本性的改进，比德军进攻策略的完善力度要大得多。

1943 年／7 月 21 日

轰炸罗马：盟军突袭的首次影像报道

美联社

【北非盟军总部 7 月 20 日电】今天，侦察照片显示，罗马多个地点的大型铁路编组站于昨天在数百架美军轰炸机的猛烈打击下，变成了一片片硝烟滚滚的废墟。官方称，对意大利首都发动的首次空袭是一次“十分成功的行动”。

盟军的公报今天透露，正午明媚的阳光中，500 架重型和中型轰炸机在战斗机的护卫下，对罗马展开了一波又一波的攻击，整个进攻行动持续了两个半小时，盟军损失了 5 架飞机。这 5 架飞机全部隶属于陆军少将詹姆斯·哈罗德·杜立特指挥的战略空军部队。美国第九航空军位于开罗的总部称，所有参与空袭行动的“解放者”轰炸机已经安全返回中东基地。

开罗方面发布公报称，仅第九航空军编队就在罗马投下了 330 吨高性能炸弹，并称，利托里亚铁路编组站已经被“完全摧毁”。

“盟军向编组站投下一连串炸弹，浓烟密布整个编组站的上空。照片显示，一个长 2 英里、宽 400 码的区域被炸成一片废墟，到处是扭曲的铁轨、巨大的弹坑，散落着火车和建筑物的残片。”公报称，“空袭发生时，一辆运送弹药的火车途经编组站。几枚炸弹直接击中火车，发生爆炸，造成了进一步的破坏。”

盟军总部发布的一份公报称，行动给打击目标造成了“非常严重的损失”，其中包括罗马市利托里亚和圣洛伦佐铁路编组站，以及附近的机场和工厂。

盟军空军指挥官显然对超过预期的空袭结果感到满意，纷纷盛赞负责执行此次行动的空军飞行员。西北非空军司令、陆军中将卡尔·安德鲁·斯帕茨向杜立特将军发去贺电，称：

“目前进行的战役中，你所指挥的部队实施了多次精确打击，此次行动就是其中之一，这些行动对盟军最后的胜利有着非凡的意义。”

突袭轰炸机对塔伯奈利钢铁厂和一家大型化工厂实施了轰炸。官方称，行动中只遭遇了敌军战斗机的“微弱抵抗”。敌军两架拦截机被“闪电”战斗机击落。

官方发布了轰炸后罗马市内破败的照片。照片表明钱皮诺机场已经严重损毁。数座飞机库被炸或起火，盟军投放的杀伤弹击中大量停靠在周围的飞机。铁路编组站附近的利托里亚机场也遭到了猛烈打击。

罗马遭空袭后，教皇庇护十二世在梵蒂冈的寓所。

1943 年
7 月 21 日

《纽约时报》记者马修斯向意大利广播
解释盟军为何空袭罗马

【美联社伦敦 7 月 20 日电】今天，《纽约时报》1939 年至 1941 年间驻罗马记者赫伯特·L. 马修斯在阿尔及尔通过广播向意大利播送消息，称“轰炸罗马是个艰难的决定，但这就是战争”。

马修斯曾随盟军轰炸机展开行动，他告诉意大利人：

“昨天飞行在罗马上空时，无论作为一个美国公民还是一个人，我都没有感受到丝毫喜悦。请相信，盟军是经过反复斟酌和多方准备后才决定实施这次空袭的。我们还必须考虑美国 2500 多万天主教徒的意见。”

“圣洛伦佐编组站具有极其重要的战略意义，我们不得不将其列为军事打击的目标。实施轰炸是个艰难的决定，但这就是战争。”

“意大利和德国的领导人才是真正的罪魁祸首。”

“罗马的‘地对空’防御软弱无力、毫无作用。难道这就是墨索里尼和希特勒能为你们做的吗？”

1943 年

7 月 24 日

盟军认为德国空军的弱点具有战略意义

英国专家称德国空军组建时的缺陷如今显现

多次空中行动失败

乌德特的"二级战机"失踪　"空中堡垒"在伦敦获得新赞誉

弗雷德里克·格雷汉姆

通过无线电发回《纽约时报》的报道

【伦敦 7 月 23 日电】英国从一个侧面对德国空军的现状进行了分析，并形成研究报告。帝国元帅赫尔曼·威廉·戈林指挥的那些一度令人畏惧的战机，如今似乎像小鸟一样栖息在巢边，不知所措。

战争开始时，德国空军曾是世界上最强大的飞行编队，但它喜欢自吹自擂。实际上，在进攻西西里岛的战役中，盟军从 100 英里的广阔海域上发起进攻，德国空军根本无力阻止甚至无力拖延。1940 年进攻英国时，在一片 20 英里宽的水域上，德国空军在数量上占据优势，却无法击败英国皇家空军。这些事实对于未来的战略家而言，必然是颇具意义的经验。虽然只有在将来才能找出能够击败德国空军的完整办法，但现在至少已有些头绪了。

人们常问："德国空军在哪里？"通常暗含的回答要么是它"疲于应对"，无法形成有效打击，要么是它正等待合适的时机展开大规模反击，但英国并不认为这是一个完整而真实的答案。即便是现在，德国空军，无论是飞机还是飞行员方面，仍旧要胜过不列颠之战中的英国皇家空军。

英国一些专家认为，真实的情况是，德国空军的建立者根本就不理解空军的意义和作用。总的说来，创建德国空军的目的是为了配合陆军的行动，通过火力猛、高度机动的空中部队集中打击地面单一目标来支持地面作战。

创建理念的失败

打击毫无防御的城市、毫无作战经验的部队以及没有遭到实际空中反击的情况下，德国空军的行动一如戈林元帅和 1941 年自杀的德国空军技术总监恩斯特·乌德特及其他人所设想的那样顺利。但从战略轰炸武器和摧毁战斗机的角度来看，德国空军可谓一大败笔。

人们认为，导致德国空军目前战斗力相对较弱的另一个原因，是德军认为空战结果更取决于量而不是质，最新版的《简氏世界飞机》如是评论道。这本书是由英国航空部前助理大臣简·M. 斯佩特编写的。

空军一级上将乌德特在组建德国空军的过程中发挥了重要的作用。他曾经告诉其美国朋友，称自己并不想要世界上性能最好的飞机，而是想要质量第二却在数量上有着压倒性优势的飞机。1940 年全年至 1941 年的部分时间里，德国确实在飞机数量上取得了优势，但却没有达到乌德特上将的目标。

本期发行的英国航空杂志《飞机》一语中的地声称，德国空军最严重的错误之一就是战斗机的错用，指出德军在西西里岛和奥廖尔的战斗机力量并不比 1940 年在英国东南部的英国皇家空军差。幸运的是，1940 年，英国皇家空军拥有性能上乘的“喷火”战斗机和“飓风”战斗机。

随着战争的推移，德国空军已分身乏术，疲于应对。

B-17 轰炸机性能获赞

在英国执行作战任务的美军第八航空军，和在北非作战的美军第十二航空军正在使用“空中堡垒”这种大型轰炸机。即便某些英国军事专家并不看好这种飞机，并在航空杂志上发表各种文章指出其缺点，但美国航空部官员认为它是一种强大的武器，并指出该轰炸机折射出德国空军飞机的弱点。

首先，B-17“空中堡垒”轰炸机表现出了从高空打击重要目标的能力；其次，它证明自己在敌军战机企图拦截时，可以保证机身的稳定。如今，“空中堡垒”轰炸机最大的支持者之一是英国皇家空军，它见证了这款战机精准的打击能力和遭遇敌方战机及防空炮火时的稳定性，并为之惊叹。

德国飞机制造厂以快速转变生产机型而著称，能够从轰炸机生产转向战斗机生产，以应对盟军实施的连续空中打击，但德军想要纠正最初的空军建军理念来赢得战争甚至是避免失败，或许已经太迟了。

《飞机》杂志的创刊者之一、前编辑 C.G. 格雷，在明天即将发行的杂志中高度称赞了“空中堡垒”轰炸机。格雷曾戏称波音轰炸机为“空中熏肠”。

在一篇名为《轰炸机的自我防卫》的文章中，该杂志称“空中堡垒”轰炸机“让敌军战斗机的进攻仿佛隔靴搔痒”，还称“从没有轰炸机像 B-17 那样引起德军战斗机如此崇高的敬意”。

文章称赞了这种四引擎波音轰炸机的重型火力和炮塔后，总结道：

“我们很荣幸向那些‘空中堡垒’轰炸机的飞行员致以谢意，他们向我们展示了，增加炮塔重量和攻击范围会发生什么样的改变。”

1943 年
7 月 25 日

读者致信《纽约时报》表示支持轰炸罗马 认为进攻固然令人遗憾，却是必要之举

《纽约时报》编辑敬启：

教皇庇护十二世致罗马地区代理主教的信内容风趣，值得品读。同往常一样，这封信表现了他对和平的渴望及其高贵谦逊的品质，值得那些主张在战斗结束之后严惩轴心国的人仔细研读。

可以想见，教皇在信中表达了对保护艺术和文物古迹的担忧，希望纳粹和法西斯领导人可以借此机会号召人们对它们实施保护，至少不要忽略过去 4 年中他们竭力破坏的基督教文明。

教皇陛下受到全世界人民的尊崇，盟军中有不少人对教皇的声明表示赞同。然而，我们不得不提醒这些善意的人，最伟大而珍贵的“艺术和文物”就是人类自身，正如《圣经》中所描述的那样：“上帝就照着自己的形象造人。”

盟军的行动万分谨慎

此外，伟大的哲人和使徒圣保罗也说过：“人是上帝的殿。”于是，盟军的武装部队万分小心地展开了对不朽之城的进攻，而这座城市恰恰是轴心国对同盟国展开行动的重要军事基地！

基于上述观点，盟军不得不破坏一些伟大的艺术作品，亦即人类的手工艺作品，来挽救同伴的性命，只有这样，进攻罗马的行动才是完全合理的。数百万盟军将士正在为人权浴血奋战，因此，他们绝不应该对作战方式负责，而如何作战应由盟军人道的军事将领来决定，而不是由属灵顾问来决断，未来总会有由他们决断的那一天。我们期待那一天早日到来！

当人类从战争的疮痍中解放，当代伟大的领导人将建立基于公平、正义的永久和平，各个国家和地区的各行各业将适时涌现出大批杰出的人物，弥补此次战争在各个方面造成的巨大损失，并做出更多的贡献。然而，未来最伟大的领导人，是真正为人民服务的领导人——这与过去大多数人所习惯的情形截然有别。

S. 肯特・科斯蒂基安

蒙特克莱，新泽西州，1943 年 7 月 23 日

1943 年/7 月 26 日

墨索里尼被撤职，法西斯内阁被罢黜；意大利报道了其被捕过程

伯尔尼方面听闻法西斯领导人在家中遭到拘留

罗马市民要求实现“和平”

米兰的德军称会向示威者开火

丹尼尔・T. 布里格姆

通过电话发回《纽约时报》的报道

【伯尔尼 7 月 25 日电】意大利国王维克托・伊曼纽尔今晚向意大利宣布，他已经接受了贝尼托・墨索里尼总理及其全体内阁成员的“辞呈”。他命令佩特罗・巴多格里奥组建军政府“继续作战”。

这份声明是当地晚间 11 点在罗马向意大利人民广播的一则公告中发布的。此后，罗马电台停播了 20 分钟，直至晚间 11 点 20 分才广播了巴多格里奥将军的声明。然而，在广播声明前，播音员说道：

“随着墨索里尼及其党羽的垮台，意大利才得以朝着和平迈出第一步。法西斯统治的耻辱已经终结！和平永存！国王万岁！”

巴多格里奥称将继续战斗

然后，广播宣读了巴多格里奥将军的声明。声明呼吁意大利人民在面临目前考验的时刻“保持冷静”，称：

“意大利同胞们！在国王陛下的要求下，我接管意大利军政府的一切权力。战争仍将继续。意大利满目疮痍，各省遭到入侵，多座城市被毁，但她誓将守护自己的信仰，珍惜自己的传统。

“我们必须紧密团结在国王殿下周围。他是我国鲜活的象征，是如今所有意大利人的榜样。我所承担的任务清晰而明确。我将小心翼翼地履行职责，会对任何自以为能够干扰事态正常发展或企图干预国内秩序的人严惩不贷。

“意大利万岁！国王万岁！佩特罗・巴多格里奥。”

21 年来，意大利电台首次停播全国性节目，只播放王室进行曲。《青年》，这首法西斯党的党歌，就像意大利法西斯政党一样，已经一去不复返。（路透社在瑞典斯德哥尔摩收听到的一则罗马新闻简讯称，德国驻意大利部队司令、

1943 年 7 月，罗马的意大利人用国王维克托・伊曼纽尔的画像来庆祝贝尼托・墨索里尼的倒台。

陆军元帅阿尔伯特·凯塞林和德国驻意大利大使汉斯－格奥尔格一世·维克多·冯·麦肯森昨晚与巴多格里奥元帅在罗马举行谈判。）

巴多格里奥元帅发布声明后，意大利多个地区爆发示威活动。意大利人民纷纷走上街头，庆祝法西斯统治的终结。当地时间11点，电话通信中断。而就在此前，米兰通过电话发来一则报道，描述了当地一起流血事件。据称，德国防空部队向示威民众开枪。报道没有披露进一步的细节。

意大利国内的事态急剧变化，半数民众已经撤离，其规模之巨更甚法国，其余民众则在家中期盼法西斯右翼团体黑衫党的到来。前线的报道表明，意大利目前还处在“潜在革命”阶段，整个国家都期盼着出现一个政府，带领国家寻求和平。恩里科·卡维利亚元帅可能成为政府发言人，但巴多格里奥元帅将成为政府领导人，而国王只要身体健康就可以一直在位。

罗马市内发生骚乱，一个多小时后，意大利其他地方也爆发骚乱。人们纷纷表达对墨索里尼阁下、法西斯党的党委书记卡洛·斯科萨及全体内阁成员的安全的担忧，他们分别在各自的家中被捕。因此，他们被转移到首都以外的某个地方，所有通往该地的道路都有军队把守。

当地收到有关内阁危机的首批细节表明，这次危机今天早晨在内阁关键性的防卫部门会议上爆发。由于运动还在进行中，所以新闻遭到严格审查。

墨索里尼总理概述了上次和希特勒会面时，对方为“拯救欧洲新秩序”而提出的几项“主张”。这些“主张”要求意大利做出巨大牺牲，以至于战争部、航空部和海军部副部长均要求全体内阁成员协商通过，否则将拒绝执行。

内阁成员举行会议时，展开了激烈辩论，人们最终决定将整个问题交由国王及其顾问决定，国王经过最终分析后将代表整个国家做出决定。

据称，希特勒最主要的“主张”，是建议意大利将一切可以撤离的人力和物力撤出西西里岛前线，承认在这一行动中蒙受巨大损失是不可避免的，并坦然接受这一现实。在卡塔尼亚战场进行防御的是“赫尔曼·戈林师”，“足够人数的意大利军队”将接管这一战区，负责殿后，保护“赫尔曼·戈林师”先行撤退。

于是，意大利部队将被召集起来，展开“负责殿后的撤退行动”。这项行动的范围将贯穿意大利本土，从那不勒斯贯穿卡拉布里亚直至普利亚至托斯卡纳南端的东西一线，从而为轴心国形成“一条弹性防线，而最终行动准备将在亚平宁山脉一带完成”。

此次行动将完全由意大利来执行，德国仅提供物质帮助。有人建议称，意大利军队应全权负责此次行动，训练更加充分的黑衫党民兵队伍应留在亚平宁山脉据点前方形成“先进的线性防御”。

轴心国将放弃罗马，不能向北方转移的物资将被销毁，主要是弹药和炸弹，其中包括几大船刚刚抵达、准备提供给德军的弹药。

作为代替战败的另一种选择，德国的主张没有给国王已经缩小的帝国留下多少余地，同时这意味着他要放弃大半个国家。国王严词拒绝了德国的主张，认为“尽管法西斯政党把国家弄得四分五裂”，但无论成败，意大利都将团结一致地做出选择。

国王后来“接受了”法西斯政府的集体请辞。

1943年
7月26日

英国皇家空军和美军对德国汉堡发动最大规模空袭，并轰炸波罗的海沿岸城市

美联社

【伦敦7月26日电】昨天白天，美国重型轰炸机深入德国境内，对波罗的海沿岸的瓦尔内明德港的飞机制造厂实施了猛烈打击，并在硝烟滚滚的汉堡市废墟上投下了数百枚高爆炸弹。在这次空袭12小时前，英国皇家空军的夜间轰炸机对汉堡市实施了战争开始以来最大规模的空袭。

与此同时，美军出动重型轰炸机对基尔市的大型造船厂进行大规模轰炸，并空袭了波罗的海沿岸工业中心、罗斯托克以西25英里处的武斯特罗。

这是英美两国空军联合开展的一次规模最大的不间断空袭行动。瓦尔内明德是大型制造业中心罗斯托克的海港，对该港的轰炸是美国第八航空军展开的最深入德国境内的行动。

50分钟内，英国皇家空军的夜间轰炸机在汉堡市投下了2300吨炸弹和燃烧

弹，火光冲天，此次投下的炸弹数量远胜于以往任何一次独立的军事行动。(英国航空部的数据是按照英吨，即1英吨等于2240磅计算的；如果按照美吨，即1美吨等于2000磅计算，英国皇家空军在汉堡市共投下了2576美吨炸弹和燃烧弹。)

今天早些时候，英国官员称，昨晚，英国皇家空军的重型轰炸机重返德国上空参与空袭。英吉利海峡警卫哨兵报告称，午夜刚过的一个半小时的时间内，一队重型轰炸机从英国飞往德军占领的欧洲地区。

到了白天，大批美国"空中堡垒"轰炸机出现在汉堡市上空。此前，英国皇家空军机群轰炸汉堡，致使市内燃起熊熊大火，浓烟腾起数千米形成层层烟云。下午3点左右，数百枚500磅重的炸弹透过浓烟，如雨般散落。

德军出动大批飞机，在美军空袭飞机穿越北海、抵达攻击目标上空前对其进行打击。与此同时，每座德国城镇的地面炮台都准备发射防空炮弹和发烟弹。

返回基地的美军飞行员报告称，共有300架德军战斗机前来拦截飞行编队。这些德国守军显然被英国皇家空军周六夜间的空袭激怒，拼死抵抗，企图阻止盟军对汉堡市的重要港口造成进一步的破坏。

英美两军共同空袭汉堡

美国第八航空军轰炸机司令部指挥官、陆军准将弗雷德里克·L.安德森描述了白天的空袭行动，这也是美国轰炸机编队有史以来执行过的最大规模的空袭行动。他说："汉堡空袭行动从计划到执行，都是与英国皇家空军合作开展的。"

分四阶段展开的美国重型轰炸机空袭行动中，美军损失了19架飞机。英国航空部称，周六夜间，英国皇家空军"出动了大量飞机"空袭汉堡(美联社援引英国方面的数字称，约有1000架英军飞机参与了此次空袭行动)，损失了12架轰炸机。美军的"空中堡垒"轰炸机开展主要的空袭行动，美国第八航空军的中型轰炸机、英国皇家空军轰炸机和战斗机还在德军占领的低地国家和法国实施了多次空中打击。

美军中型轰炸机轰炸了比利时根特附近的工厂并全身而退。在战斗机护卫下，英国皇家空军的"米切尔"轰炸机摧毁了在阿姆斯特丹的一家福克飞机制造厂，美国的"雷电"战斗机和盟军的其他战斗机则横扫法国和比利时上空。战斗中，盟军摧毁了4架德军战斗机。

“台风”轰炸机袭击了敌军位于安特卫普北部的翁斯德雷赫特机场。“波士顿”轰炸机则轰炸了阿姆斯特丹附近的斯希波尔机场。

“空中堡垒”轰炸机炮手战绩辉煌

“空中堡垒”轰炸机的炮手成为击落“大批”德军战斗机的功臣。

在官方就美军展开的一系列猛烈空袭发布的报告中可以看到，汉堡、基尔、瓦尔内明德和武斯特罗的目标遭攻击后接连发生爆炸，而美国显然将进攻的重心放在汉堡市。

周六晚的空袭规模显然远胜以往任何一次猛烈的空袭，英国皇家空军平均每分钟向汉堡港及其造船厂和其他重要工厂投放近 52 吨炸弹和燃烧弹，猛击地面守军并将其打散。

盟军再次全力发动对西欧德军的空袭。在糟糕的天气持续 8 天后，周六早上，美军大批“空中堡垒”轰炸机袭击挪威特隆赫姆的潜艇军事基地和赫罗亚的一家铝镁化工厂。

英国航空部称，昨天凌晨 1 点，英国皇家空军展开了对汉堡市的空袭，稍后，“浓密的黑烟就直冲高空，足足有 4 英里高。大量报道称，汉堡多处发生了剧烈的爆炸”。

1943 年 7 月，汉堡在英国皇家空军的猛烈空袭下被炸成一片废墟。

熊熊的大火蔓延了整座城市，把墨黑的夜空映成了耀眼的黄色。

此次行动中的一名飞行员曾 7 次参加对鲁尔区实施的空袭。他说，汉堡市的地面守军很快就被一片火海吞没。无论是密集程度还是打击力度，此次空袭都创下了纪录。在对多特蒙德、明斯特和杜塞尔多夫等地实施的空袭中，英国皇家空军在 1 小时多一点的时间里投下了 2000 吨炸弹。

1943 年 7 月 26 日

总统誓言助力解救犹太人

罗斯福总统在昨晚宣读于拯救欧洲犹太人紧急会议上的一封信中承诺，美国政府将继续努力，拯救幸存的犹太人。

在总统的允许下，海军准将酒店会议的闭幕会上宣读了总统的信和国务卿科德尔·赫尔的一份声明。赫尔称，只有最终击败希特勒并根除纳粹制度，才能彻底拯救 400 万欧洲犹太人。

前总统赫伯特·胡佛从旧金山通过电话发表讲话，建议将中非高地开发为难民区，接收德军占领国的受压迫的少数族裔。

纽约市长菲奥雷洛·亨利·拉瓜迪亚在下午的会议中敦促美国及其盟国向轴心国发出郑重声明，对犹太人和非犹太人死亡负有相关责任的人都将被起诉或判处极刑。他还表示，美国将采取切实措施解决欧洲移民问题。

总统发布的消息

罗斯福总统在致麦克斯·勒纳博士的信中写道：

“1943 年 7 月 15 日，你发来电报，希望我能向拯救欧洲犹太人紧急会议发布一份声明。我很高兴通过国务卿科德尔·赫尔发布声明，他已经获得了我的全权委托。你们已经意识到，本届美国政府十分关注欧洲犹太人的恶劣处境，并在不断努力拯救幸存的犹太人。美国将继续努力拯救犹太人，直至彻底粉碎纳粹。”

赫尔在声明中表示：“美国国务院一直在考虑如何拯救犹太人，当然，还包括野蛮的纳粹意欲屠杀的民族，我们愿意考虑任何有助于实现这一目标的建议。美国已经计划设立一个政府间机构来解决这些问题。你们会意识到，除非推翻纳粹暴政，否则没有任何切实可行的措施来解决这一问题，而且唯有最终击败希特勒并根除纳粹制度才是完整的解决之道。本届政府与英国政府合作，已经同意采取一些在战争条件下切实可行的措施，目前也正在逐步实行这些措施。”

这两份消息都是写给国际关系小组主席勒纳博士的。

前总统胡佛称之为重大问题

胡佛称，缓解欧洲犹太人所遭受的痛苦是人类的一个重大问题，这要求我们提出临时性的措施和长远措施。

“我们应当提出一些更系统化的临时性措施。”他说，“大批犹太人已经逃往中立的欧洲国家，他们和其他逃离法西斯迫害的难民需要同盟国的支持。我们应当采取进一步措施，在这些中立国建立固定的难民点来接收那些逃离的难民。同时，我们还应当采取措施，将这些中立国难民点的难民逐渐转移到其他地区，也许借助欧洲中立国，我们可以使更多的难民免受纳粹国家的迫害。”

胡佛表示，两年多以来，他一直敦促政府在德军占领国为饥饿的难民提供系统的食品救济。提及美国给希腊的援助时，他问道：“难道这一经验不应推广到其他被占领国吗？它将拯救数千名犹太人。”

长久之计

他说，解决这一问题的长久之计应当分为两个阶段，即把这些难民迁移到何处才能保障其永远安全，以及如何在当地安置他们。

“我们必须接受一个现实，即古老而又完全稳定的国家已经没有土地和机会吸纳被压迫的移民了。”胡佛说，“大多数犹太人并不想强人所难。巴勒斯坦地区可以接纳更多的犹太人。但毕竟，此次会议上所谈及的需要救济的犹太人多达三四百万，而巴勒斯坦地区也只能吸纳其中一部分。唯一的解决之道就是将部分阿拉伯人移居别处。战争期间，这些问题都是不可能解决的。

“但我也并不依赖所谓权宜之计。我认为，解决实际问题时，还是应当采用现实的态度。

“当今世界需要为世界各地秉持各种信仰而受到迫害的人提供一条出路，这不仅关乎犹太人。在那里，他们可以建立新的文明，正如上个世纪，他们在这片欧洲大陆上所做的一样。按照发展的观点来看，这片新大陆就是非洲。那里还是一片相对不稳定、有待发展的地区。

“中非高地尤其如此。这片高地的大部分地区都适宜白人文明的发展，物质资源丰富。但是，要利用这些资源，我们还需做大量准备。如今的男女老少不能一股脑全部迁移到新的土地上。人们必须提前有组织、大规模地建造房屋，完善交通，建立工业和农业设施。许多广袤的非洲地区都是因上次世界大战设立的委任统治地，这是由全世界委托的。把难民转移到非洲的这样一个区域，在情感上很容易被视为将该区域并给了巴勒斯坦。

“至少，现在是我们找出真正的解决办法的时候了。不仅如此，同盟国还应给予资金支持并真正解决这一问题，因为它也属于战争的一部分。此外，战后，轴心国还必须归还被迫害人民的财产并提供资金帮助他们建立新的定居点。

“毕竟，这是与人类其他问题并存的重大的人道主义问题，我们必须面对这一问题才能重建世界。”

纽约市长敦促美国采取行动

纽约市长提议，同盟国应当郑重声明，凡是对屠杀犹太人的行径负有责任的人都必须对其行为负责，他说：

“对于此类及其他可能采取的行径，我必须指出，如果美国政府不做出表率，就无法敦促其他国家采取相同的措施。

“在此，我所说的举措还包括政府已经在推进解决的移民和殖民问题。如果美国拒绝接纳难民，我们就无法劝说其他国家吸纳难民。然而，我们在考虑移民和殖民问题的时候必须意识到，仅仅把犹太人和其他少数族裔的人从恐怖分子统治的土地上救出来并不是真正的解决之道。必须保证犹太人和少数族裔在世界上任何一个国家都是安全的。因此，我可以说，拯救欧洲犹太人紧急会议的奋斗目标正是同盟国所为之战斗的重要目标之一。”

圣母大学的哲学教授兼天主教国际和平协会主席弗朗西斯·B. 麦克马洪把希

特勒暴政下的欧洲犹太人悲惨境况形象地比喻为“这场战争中最可怕的悲剧”。“如果我们消极接受这一现状，从道德上而言，我们也是纳粹罪行的帮凶。”他说。

麦克马洪教授称，教皇庇护十二世努力以多种方法拯救犹太人，而梵蒂冈方面做出的种种努力今日不可尽述。“待盟军占领德国的那天，我会透露其中的细节。”他补充道。

作家西格丽德·温塞特对反犹太主义加以谴责之后，补充道：

“犹太民族作为一个独立的民族，未来有权利抓住机遇建立国家，建立起国家生活所应有的一切机构。”

会议采纳了有关拯救欧洲犹太人和基于此前各专门小组研究结果的战后援助等决议。

第三章

3
chapter

苏联仍要求开辟第二战场

1943 年 8—9 月

民众依然热切关注意大利境内的军事行动，相关新闻仍占据头条。英美部队在意大利境内节节胜利，而苏联与太平洋战场的消息则不太理想，且不甚明晰。虽然盟军还没来得及对轴心国部队实施正式围攻，1/3 的敌人已经穿越墨西拿海峡，成功逃脱，但盟军早已于 8 月 17 日成功占领西西里岛。此次战役中，盟军伤亡约 2 万人，轴心国军队伤亡 16 万人，其中大多数是愿意主动投降的意大利士兵。盟军一路追赶似乎已被打败的敌军，来到意大利本土，第一次踏上欧洲的土地。由佩特罗・巴多格里奥将军领导的罗马新政府还在继续作战，担心意大利假如投降，德国不会无动于衷。7 月末，在墨索里尼倒台后的短短几周时间里，驻意大利的德军就由原来的 6 个师猛增到 18 个师。然而，盟军的密集轰炸迫使巴多格里奥做出决定，于 9 月 3 日签署停战协议。

蒙哥马利开始调动部队向卡拉布里亚转移。9 月 9 日，也就是停战协议正式公布的次日，马克・克拉克将军指挥英美联合部队攻占了那不勒斯湾的萨莱诺的海滩。此次登陆行动遭遇占据前盟友意大利领土的德军的顽强抵抗。墨索里尼被一支德军突击队救出，宣布在意大利北部城市萨罗建立意大利社会主义共和国，《纽约时报》称之为“新式政权”。攻打萨莱诺是迄今为止最艰难的一场战斗。9 月 20 日，盟军还是击退了德军的反攻。德军破坏港口后撤退至那不勒斯北部一带。10 月 1 日，萨莱诺解放。

对美国的外交而言，进攻意大利比进攻北非需要面临更为复杂的挑战。《纽约时报》记者哈罗德・卡伦德写道：“这是对我们理解欧洲的能力的考验，也是对解放欧洲的能力的考验。”华盛顿方面很难掌握欧洲的真实情况。是支持戴高乐还是吉劳德的长期争论仍然占据着《纽约时报》的专栏版面。8 月 26 日，罗斯福总统终于勉强表态，承认戴高乐将军主导的法兰西民族解放委员会为法国海外领土的代表性机构，但并不承认它是法国未来的政府。意大利的局势也颇为复杂，巴多格里奥曾经支持法西斯主义和意大利国王维克托・伊曼纽尔三世，因而支持度很低。盟军此次并没有对这个战败政府做出任何承诺，但罗马还处于德军控制之下，盟军对此也别无选择。

《纽约时报》坚持认为，美国需要在战后世界政治重建的过程中发挥应有的作用。《纽约时报》在 9 月 14 日发表的社论中，提醒读者，“美国想在赢得战争时帮助全世界实现和平”。说易行难，真正实现和平还有很长的路要走。斯大林在莫斯科再次要求盟军在欧洲开辟第二战场，以缓解苏军的压力。苏联领导人和许多美国人一样，认为进攻意大利并不是主要的军事行动。此时，苏联红军已经巩固了夏季在库尔斯克市取得的胜利，并在各条战线上击退德军。9 月 25 日，斯摩棱斯克解放，苏军在通向基辅市的第聂伯河上建立了桥头堡。9 月 26 日，《纽约时报》刊登了苏联著名记者伊利亚・爱伦堡的文章。1942 年和 1943 年，他曾撰写文章掀起民众对法西斯的憎恶。在《苏联红军满怀仇恨一路挺进》一文中，爱伦堡解释称，这场战争“尽现人类的本性”。

1943 年
8 月 2 日

盟军摧毁普洛耶什蒂
300 吨炸弹如雨般洒落在德国空军重要的汽油产地
盟军实施低空轰炸
延时炸弹引发大火，2000 名飞行员及时飞离

A.C. 赛奇维克
通过电报发回《纽约时报》的报道

【开罗 8 月 1 日电】盟军白天发动了一场“可能会极大影响战争的进程”的空袭，轰炸了罗马尼亚普洛耶什蒂的炼油厂及其相关设施。人们认为，轴心国飞机、坦克、交通车辆、潜艇和船只所需燃油的 1/3 产自普洛耶什蒂。（据合众社报道，德国空军使用的汽油，有 90% 产自普洛耶什蒂。据悉，这次攻击的飞行里程创下了空战史上的纪录。）

此次空袭至少有 175 架飞机参加，全部是美国第九航空军的“解放者”轰炸机。机组成员中有 2000 人为执行此次至关重要的空袭任务而进行过训练，所有飞机都配备了专门的低空轰炸瞄准器。

盟军投放 300 吨炸弹

今天下午 3 点左右，空袭飞机抵达打击目标上空。停留了不足 1 分钟、投放大量炸弹后，空袭飞机就飞离。据首批报告来看，空袭结果似乎相当令人满意。飞行员报告称，种种迹象表明，空袭引发多处爆炸和大火。盟军此次行动共投下了约 300 吨高性能炸弹，其中大多数是延时炸弹。空袭中还投下了数百枚燃烧弹，投放高度均不足 500 英尺。

轰炸编队由美国准将 U.G. 恩特指挥，他也是首批驾驶飞机返回基地的飞行员之一。轰炸机群推迟 1 小时才返回，让等待的人们极其紧张。美军中东地区指挥官、陆军中将刘易斯 · 海德 · 布里尔顿也在焦急地等待着。他最先迎接恩特将军返程并听取了多名军官的汇报。

1943 年，美军 B-24“解放者”轰炸机空袭罗马尼亚普洛耶什蒂市，哥伦比亚天鹰座炼油厂的储油罐起火。

上校凯斯·克洛普顿说：“我们的行动令敌人大吃一惊。”近期参与了罗马空袭行动的上尉哈罗德·A. 威克兰说：“我看到滚滚浓烟，我们确实造成了破坏，但一切发生得太快，我都不知道击中了哪里。”其他多名飞行员的描述都表明，大家普遍感到，空袭造成了大面积破坏。

罗马尼亚人似乎很友好

汇报过程中，尤为有趣的是几名机组人员的话。他们说，罗马尼亚农民表现得极为友善。有罗马尼亚女孩向他们挥手致意，“热烈欢迎”他们的到来。他们还描述称，一名罗马尼亚士兵把枪扛在肩上，都懒得放下来，一副完全事不关己的样子。

据说，美国第九航空军总部几个月前就开始计划空袭普洛耶什蒂并做了相应准备。他们不仅咨询了军事专家，而且还询问了炼油权威人士的意见。

据称，此前出于多种原因，盟军从未尝试对普洛耶什蒂炼油厂实施大规模空袭。这一打击目标的特点，使小规模空袭难以奏效。

盟军能空袭普洛耶什蒂的远程重型轰炸机很少。盟军所有机场到目标的距离都太远，根本无法组织中型轰炸机对其展开大规模空袭。

但盟军指挥官找到可以摧毁普洛耶什蒂的方法后，就立即制订了一份空袭计划，而执行计划的重任就落到了布里尔顿将军的身上，他是此次战争中第一位实施空袭行动的美国陆军航空军重型轰炸机部队指挥官。布里尔顿将军指导了从训练到执行空袭的各阶段行动。

对普洛耶什蒂反复实施高空轰炸无疑可以摧毁目标，但这也意味着空袭部队将付出沉重的代价。此举还让敌军有时间保护相关设施。

极为关键的目标

普洛耶什蒂市周围分布着油田、炼油厂和各种交通设施。人们普遍认为，这里是盟军在欧洲最重要的军事打击目标之一。消灭这一目标或许可以使德国半数战争机器停止运转。

1941 年，苏军认识到该地的重要性并对其实施两次空袭，但仅仅伤其皮毛。1942 年 6 月，美国第九航空军的一个“解放者”飞机编队对普洛耶什蒂实施空袭，但收效甚微，主要原因是糟糕的天气。

普洛耶什蒂及其周边地区有 13 家炼油厂，据说其中 7 家的石油产量几乎占罗马尼亚全国总产量的 90%。其余炼油厂产量很小，有些已经废弃。普洛耶什蒂炼油厂的年产量约为 1150 万吨，但自从德军占领该地以来，运往周边炼油厂的原油就降至原来的一半略多。

然而，据估计，普洛耶什蒂地区的原油产量至少满足了德国 35% 的原油需求。除航空燃料外，普洛耶什蒂还向德国提供汽车所需的汽油、润滑油和柴油。包括周围的炼油厂和泵站在内，普洛耶什蒂地区的面积约为 19 平方英里，其中大部分区域属于一个巨大的铁路枢纽。

1943 年
8 月 4 日

轴心国在西西里岛的据点岌岌可危
美军横扫特洛伊那 加拿大部队攻占雷加尔布托
英国第八集团军侧翼突破取得胜利
盟军船只和飞机协助陆军挺进，卡塔尼亚面临多路进攻

米尔顿·布拉克
通过无线电发回《纽约时报》的报道

【北非盟军总部 8 月 3 日电】盟军势不可当，已经粉碎敌军越来越顽强的抵抗，占领雷加尔布托、琴图里佩和特洛伊那，并在埃特纳火山和西西里岛东北部会师。

加拿大军队一路高歌猛进，攻入雷加尔布托，英军第八十七师占领了琴图里佩，美军从尼科西亚—米斯特雷塔公路一线继续向东挺进，横扫特洛伊那。特洛伊那是德军最后的防御阵地，位于埃特纳火山内环正西方。盟军集结越来越多的兵力，攻下一个又一个军事基地，并不断对意大利港口实施空中打击，如今可能经由冉达佐，在埃特纳火山北部形成突出部，而其他部队会继续向卡塔尼亚挺进。（英国广播援引哥伦比亚广播公司的报道称，部分美军距冉达佐不足 20 英里。）

兵分多路进军卡塔尼亚

对卡塔尼亚的进攻是分多路进行的。雷加尔布托和琴图里佩两处的盟军显然想通过帕特诺从后方对卡塔尼亚形成攻势，而英国第八集团军则正在炮轰德军沿海的据点。帕特诺距雷加尔布托不足 20 英里，距琴图里佩不足 15 英里，是阻挡从西北方攻打卡塔尼亚的盟军的最后一道屏障。除帕特诺外，盟军还逼近阿德拉诺。在这里，盟军可以切断经比安卡维拉和贝尔帕索进出卡塔尼亚的道路。（合众社报道称，盟军距阿德拉诺不足 6 英里。）

在一条宽阔的战线上，盟军平均推进了 10 英里。整编后的德国陆军“赫尔曼·戈林师”和卡塔尼亚周围的德国伞兵对这一现状必然深感不安。在英军第七十八师（曾参加过进攻突尼斯的战役）的右翼，包括意大利第二十六师（显然，它是唯一一支仍在为西西里岛而战的意大利主力部队）和德军第十五装甲师在内的敌军还在坚持抵抗，英国第五十一高地师正冒着敌人的抵抗，奋力前进。

盟军夺取北部两镇

在特洛伊那周围取得胜利的前两天，西西里岛北部的美军占领了卡皮齐和切拉米。此前，盟军就宣布占领了两镇，但直至今天，盟军才公开了其名称。美军正在对抗德国第二十九摩托化步兵师继续向前挺进。（美联社报道称，德军企图暂时驻扎在圣夫拉泰洛。然而，盟军占领了特洛伊那地区，从战略上而言，德军无法在圣夫拉泰洛立足。）

美军攻占了卡皮齐①，其东南方的美军占领了切拉米和特洛伊那②，对埃特纳火山的敌军据点形成合围之势。加拿大部队冲破敌军抵抗，抵达雷加尔布托③，英国第八集团军一路披荆斩棘，抵达卡泰纳诺瓦和琴图里佩④。此外，驻拉马卡北部的英军已经进入卡塔尼亚平原西侧⑤。英国第八集团军对卡塔尼亚市附近地区⑥实施猛烈炮击，继续对其施压。

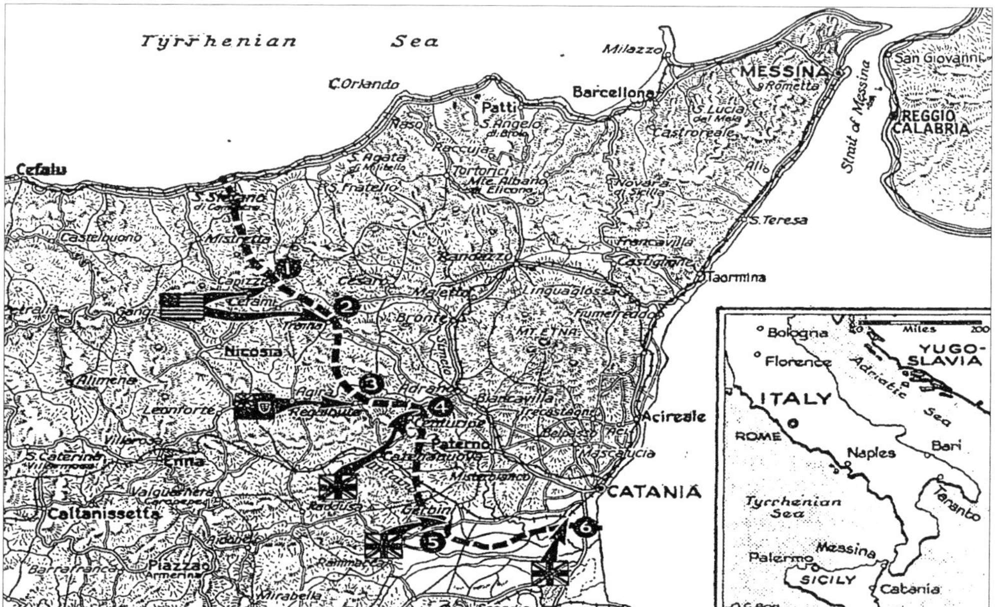

（美联社还报道称，在西西里岛北部和东部沿海地区，盟军战舰继续在敌军后方活动，切断其后方通信并粉碎其行动。）大批盟军增援部队陆续抵达，准备发动新一轮的大规模攻势，目前的平静时期显然让轴心国部队压力重重。虽然敌军因逃脱机会日渐渺茫，加大了抵抗的力度，但付出了惨重的代价，德军损失尤其惨重。

但盟军最近不得不在所能想象的最艰难的地形中作战。虽然大炮和坦克还在继续协同作战，但战斗主要依靠步兵。

在宣布攻克雷加尔布托、琴图里佩和特洛伊那之前，此间发布的公报描绘了此前行动的细节。盟军继续从拉马卡的北面和拉杜萨的东北向卡塔尼亚平原进军。这两个小镇形成了不规则四边形下方的两个角，而雷加尔布托和帕特诺则是四边形上方的两角。

与此同时，盟军宣布在一个已占领的小镇附近的迪泰诺河北部建立起牢固的桥头堡，小镇的名字尚未公布。在艰难穿越岩石遍布的乡村后，其余的英军和加拿大部队占领了雷加尔布托以西俯瞰阿吉拉的德军据点，如今已抵达其后方。（路透社报道称，英国第八集团军攻占了卡泰纳诺瓦。）

盟军战机紧密配合行动

西北非空军的“波士顿”“米切尔”和“巴尔的摩”等战机在西西里岛的阿德拉诺、冉达佐、米拉佐和墨西拿以及海峡对岸的雷焦卡拉布里亚大量集结，配合地面部队展开行动。盟军战斗机继续在岛上来回飞行巡逻。

在其他军事行动中，“英俊战士”战斗机在撒丁岛的卡利亚里沿岸地区炸毁了 1 艘驱逐舰和 3 艘鱼雷舰。“闪电”战斗机在协助水上飞机进行海空营救的过程中，击落 3 架敌机并重创 2 架。

那不勒斯连续两晚遭到空袭。（美联社报道称，盟军在铁路沿线地区投下“重磅炸弹”和燃烧弹。）在这些军事行动中，盟军总共损失 7 架战机。

1943 年／8 月 6 日

火焰喷射器发挥决定性作用
在向蒙达发起的最后进攻中摧毁多处掩体

乔治·琼斯
合众社特派记者

【新乔治亚群岛蒙达机场 8 月 3 日电（延时报道）】今天，大汗淋漓的美军丛林部队拥入蒙达机场跑道时，夺取这一具有战略性意义的机场的战斗实质上结束了，只剩一些扫尾工作。为了实现这一目标，美军与敌人战斗整整 35 天，从敌人手中一寸接一寸地夺取机场。

过去的 3 天里，盟军撕开日军防线，形成一个巨大的缺口。据认为，几天前，日军就开始用驱逐舰将高级军官和部分日军转移至科隆邦加拉岛东北部，只留下一些殿后的部队保护其他人员转移。

这支遭到重创的日军接到命令，要为天皇“战斗至死”。它仍然在从机场向西北延伸的柯肯格洛山进行微弱的抵抗。

行动伊始，美军炮兵就向日军发动猛攻，向该地的据点发射了数百枚炮弹，为消灭敌军残部扫除障碍。

美军其他部队向北进发，阻截可能逃脱的日军。昨晚，美军小型战机在布莱克特海峡击沉一艘小型日舰，并在日军刚刚开始向新乔治亚岛逃离时重创其两艘驳船。

笔者刚刚从蒙达机场返回，所到之处，一派破败的景象。美军和日军在机场跑道西缘相互炮击并交火。6 架日军零式战斗机和三菱的双引擎轰炸机散落在堑壕上。已经有战利品收藏者开始从这些飞机上拆下零部件。

目前，美军部署在机场内东侧、东部和南部边界沿线。8 月 1 日和 8 月 2 日，沿海地区的美军经过因战火洗礼而伤痕累累的兰贝蒂种植园，向前挺进 2000 码。而在机场内，美军往南挺进时遭残留日军阻截，暂时无法前进。

过去3天内，美军没有遭到什么抵抗。

遭到美军持续炮击和空袭的日军显然士气低落，留下大批大米和残损的野战炮以及衣物与毯子后撤离。

美军轻而易举地攻占了日军控制的比比洛山，这座山位于机场东北400码处。此前估计，日军会试图在此阻挡美军攻入蒙达。

然而，日军残部却向柯肯格洛山后更远的西部地区撤退。事实证明，它已经无力阻挡我军从沿海地区向机场发动的进攻了。

距目标仅20码

截至昨晚，我军距目标只有20码远。美军炮兵部队受命炮轰日军，却只有迫击炮和一两门被亲切地称为"皮特斯手枪"的77毫米两用野战炮。

几分钟后，美军就向日军据点发射发烟弹。美军大炮开始一波接一波地发射炮弹。炮击持续了一个上午。

今天下午，野战炮停止了攻击，它的任务完成了。

从1942年开始，机场就不断受到炮火攻击。考虑到这一情况，机场状况还算良好，美军飞机不久就能重新启用。

笔者察看了日军的掩体，他们宁愿战死其中也决不投降。掩体分布在山脚和山顶，有的深达8英尺，用珊瑚加固，还用椰子树干分成多个隔间。

只有直接打击才能彻底摧毁这种防御工事。地毯式的炮火攻击和轰炸通常只能摧毁个体，而日军要么会在出现伤亡后进行替补，要么在每个掩体中留一名机枪手。

直到行动后期我们才找到解决问题的办法：火焰喷射器。火焰喷射器可以从50英尺外对准掩体洞口朝掩体内喷射一道道火焰和浓烟。在过去的7天里，火焰喷射器成功摧毁了33个掩体。

1943 年／8 月 8 日

罗马意图成为不设防城市；希特勒提出要求

丹尼尔·T. 布里格姆
通过电话发回《纽约时报》的报道

【伯尔尼 8 月 7 日电】意大利政府已经开始着手准备宣布罗马为不设防城市的相关事宜。据来自意大利的旅客称，意大利总理佩特罗·巴多格里奥元帅正在采取这一措施，以防意大利成为战场时，罗马重蹈华沙、鹿特丹和贝尔格莱德的覆辙。

为此，主要防御力量（战争部、海军部和航空部）已经转移到其他地点，意大利方面还在加速将军事储备从首都地区转移至其他地方。

陆军元帅威廉·凯特尔在众多技术专家的陪同下乘飞机从维也纳飞往意大利，带来了阿道夫·希特勒要求意大利立即表明立场等多项要求。与此同时，德国外长约阿希姆·冯·里宾特洛甫和意大利外长拉法叶·瓜里格利亚在意大利维罗纳分别代表德意两国展开会谈。

昨晚，意大利总参谋长维托里奥·安布罗休将军应德国方面邀请抵达维罗纳，出席即将展开的“重要讨论会”。

随着德意双方的探讨不断扩大范围，罗马政府宣布整个半岛进入战争状态，表现出“绥靖”的国内政策。此前，意大利只有沿海地区和北部省份处于战争状态。人们认为，意大利此举意在同时讨好盟军和轴心国，而在贝尼托·墨索里尼倒台后，这一新举措间接加强了戒严法的管制。

宣布国家进入战争状态后，任何“反抗或妨碍政府当局履行其职责”的公民都将按叛国罪处以死刑。因此，意大利政府已经开始镇压北部工业地区以和平方式游行示威和罢工的人们。

今天午夜开始生效的新法令，恰巧在完成对 1907 年至 1922 年出生的意大利人动员前 3 天施行。罗马电台称，这两项措施都将“防止任何地区出现意外事态，阻碍政府光荣地结束战争”。

1943 年 / 8 月 8 日

黑人区暴动源于长期存在的弊病

战争催生的不满情绪加剧了原有的种族问题

罗素·B. 波特

上周，纽约黑人居住区哈莱姆区发生暴动，5 人死亡，500 人受伤，500 人被逮捕，并造成约 8500 万美元的财产损失。此次社会暴动点燃了多年来一触即发的火药桶。

哈莱姆区的问题是种族问题，其根源在于黑人对自身在哈莱姆乃至全国范围内的种族地位的不满。他们一直在努力消除常常令人无法忍受的经济与社会歧视、障碍和挫败，但这些努力时而聪明节制，时而又盲目极端。

在哈莱姆和其他黑人区，共生活着 50 万人。无疑，这些地方常年存在着一种负面情绪，在年轻黑人中尤甚。这一情况并非纽约市独有。所有报道表明，全国黑人中普遍存在着这种充满憎恨和痛苦的情绪，并在经济大萧条时期达到了高潮，而各种新老抱怨更是对此推波助澜。这些让黑人不满的现状有很多是真实存在的，有些则是黑人臆想和夸大的，但所有这一切都被压力集团、各类破坏分子和反民主人士所利用。

由来已久的不满

多年前，自从种族隔离和黑人人口的过度密集逐渐将哈莱姆这一历史性社区转变为贫民窟，即“黑人贫民区”，哈莱姆就已开始潜伏着暴乱的危险。形势在经济大萧条时期急剧恶化。黑人是最早失业的人群之一，贫困、痛苦和犯罪迅速攀升。此后，纽约因其救济体系而闻名全国，使来自南方的大批移民拥入纽约，哈莱姆区变得愈加拥挤。

欧洲战争的爆发带来了新问题，也让哈莱姆区的老问题更加凸显。黑人领袖称，自珍珠港事件爆发以来，对黑人的歧视和美国武装部队针对黑人的歧视性做法所引发的不满，是导致哈莱姆及其他黑人社区暴动的主要原因。黑人士兵的来访和来信，以及黑人报纸上刊登的文章，都在不断地提醒着人们，有黑人部队驻扎的南方各州，局势趋于紧张。

战时工作激化矛盾

武装部队中黑人的地位引起种族仇恨，而与此密切相关的是黑人工人的地位，尤其是在军工厂内的地位。黑人领袖称，直至劳工短缺威胁战时生产，许多雇主和工会才打消顾虑，雇用更多的黑人从事生产。他们诉称，即便是现在，黑人工人也不得不与许多不易察觉的歧视做斗争，尤其是在谋求更好的工作的时候。

研究种族问题的人们一致认为，最为重要的长期因素是就业，因为拒绝雇用黑人或忽略黑人的才干，只雇用其从事卑贱、低薪的工作等做法，不仅打击了黑人的信心、令他们失望，而且还使其他问题更严重。黑人领袖认为，引发哈莱姆区的黑人暴动的因素有：恶劣的居住条件、缺乏教育和娱乐设施、卫生和医疗设施不达标以及包括青少年犯罪在内的犯罪。

1943 年 8 月，哈莱姆区暴乱后的景象。

为了改善这一现状，人们已经做出多方努力，而且还在继续。1935 年黑人暴动发生以后，哈莱姆问题市长专项委员会形成了一份报告。这份报告对处理种族问题的方式的某些方面至关重要。虽然报告从未发布，但纽约市长采纳了其中的多项建议，并付诸实施。这些建议涉及改善警方执法，以及黑人住房、卫生、教育和娱乐设施等多个方面。政府采取了多项措施，反对公务人员考试歧视，吸纳更多的黑人进入市政厅工作。

其他改善措施

1941 年，身为军官或经理的一些白人和黑人佼佼者共同组建了哈莱姆全城公民委员会。该委员会与市政官员和私人雇主通力合作，成功说服一些大型百货公司、保险公司和公共事业单位雇用更多的黑人，并为黑人提供更好的岗位。

杰出的黑人社区领袖、全国城市联盟执行秘书莱斯特・B. 格兰杰相信，对种族问题有兴趣的白人和黑人如果能够形成更具影响力的领导层，将为种族问题的解决做出更大的贡献。共产党人和其他极端组织者鼓吹施加“巨大的压力”来进行斗争，而他认为黑人领袖应当采取类似 1934 年以及 1935 年前那些更为温和的手段来斗争，白人领袖应当吸纳更多的实业家和工会领导人而不是感伤主义者、自由主义者和类似成员。

1943 年／8 月 11 日

苏联仍要求开辟第二战场

西西里岛战绩辉煌，但无法取代主要的军事行动

悲观情绪显而易见

很多人认为，盟军虽有实力却不愿进攻

通过无线电发回《纽约时报》的报道

【莫斯科 8 月 10 日电】苏联人认为，西西里岛战役的规模并不小，但就英美两国联合的军事实力而言，此次行动的规模也并不大。

苏联盟友略带委屈地告诉笔者：

“当然，我们的部队在打赢库尔斯克突出部战役和奥廖尔战役这两场大仗后，也想稍事喘息。”

随后，他补充道：“如果他们仍要继续战斗，或许是因为我们的最高指挥部已经不再相信盟军会尽早开辟第二战场。无论如何，我们都希望战争能够尽早结束。但如果开辟了第二战场，尽早结束战争就会容易得多，一切都会迎刃而解。

“如今，德军不仅出动了大批地面部队，还会把每一架可用的飞机都派往苏联战场。戈培尔想借此向德国人民表达歉意，为德国政府无力报复盟军对汉堡、鲁尔及德国其他地区实施的轰炸而致歉。”

这种悲观情绪在苏联方面普遍存在，在新闻报道中也有所反映。伊利亚·爱伦堡毫不掩饰地写道：

“英美盟军何时才能从揣度意大利人的心思，转移到进攻德军的防御工事上来？”

也有人质疑，1942 年盟军争辩说无法开辟第二战场的理由或许令人信服，如今盟军则是“能够开辟，却不愿开辟”。越来越多的人开始怀疑法国沿岸坚不可摧的说法。如果我们能够突破德军在奥廖尔的防线，为什么你们不能突破德军的大西洋防线？这是态度问题。

1943 年／8 月 17 日

盟军制订魁北克计划，准备打一场残酷的战争

涵盖德国和日本重点地区的军事行动更加强调攻击力度

P.J. 菲利浦
发回《纽约时报》的特别报道

【魁北克 8 月 16 日电】直至今天，魁北克会议都一直在探讨现阶段为了在欧洲和太平洋战场取胜而必须并能够采取的大规模军事行动与联合行动的措施。芳堤

娜城堡酒店传来的消息表明，在各方的善意和积极的努力下，总参谋部正在研究的问题大多数得到了解决。

总参谋部从各个角度研究了每一个战区进攻敌军和敌军占领区的计划，并制定了未来几个月内的战争路线图。当然，如果有必要，会制订未来几年内的计划。

当然，至于计划的内容为何，只有实施时方能知晓。可以肯定的是，盟军是带着无情的进攻精神来制订这些计划的，它所寻求的是尽量在最短的时间内击败各个战区的敌人。为了实现这一目标，盟军将呼吁所有同盟国加紧奋战。

当然，盟军参谋长举行的会谈并不涉及政治。他们的任务就是制订计划，以便在最短时间内赢得战争。

政治问题迫在眉睫

本周，盟军必须着手处理第二项任务，即解决与军事问题相关的政治问题。无疑，罗斯福总统和丘吉尔首相已经在海德公园举行了多次会谈，开始着手解决这一问题，加拿大总理威廉·莱昂·麦肯齐·金也参加了会议。预计在当地会议结束前，英国外交大臣安东尼·艾登将从伦敦抵达魁北克。

正如军事将领一样，云集在此的各国政治首脑也要现实地面对其问题。据称，如果能够达成行之有效的方案，他们会搁置偏见，甚至改变以往的政策。

而最首要的问题是，如何对待意大利政府及人民。显然，意大利国王维克托·伊曼纽尔和佩特罗·巴多格里奥元帅如今试图摆脱贝尼托·墨索里尼并摧毁法西斯政权的举措太过迅速，或许有人会说，盟军来不及也没有足够的实力利用这一点。

德军在西西里岛的抵抗，为实施墨索里尼同意而国王反对的大部分军事计划赢得了时间。实际上，意大利国王和比利时国王利奥波德一样，都是德国的傀儡，巴多格里奥元帅领导的政府也无能为力。

显然，这一问题需要坚定而细致的解决办法。

至少按照公共利益的顺序而言，接下来应该解决的问题是，是否承认法兰西民族解放委员会为法国临时政府。这不仅是魁北克需要解决的问题，更是全世界需要正视的问题。加拿大对这一问题表现得十分积极，希望盟军能够立即承认该委员会作为法国临时政府的地位。加拿大认为，唯其如此，才能表明西方大国尊重过去关于保护法国及所有被敌军占领国的主权完整的承诺。

涉嫌推行帝国主义

可以说，对“占领区盟国军政府”的报道在魁北克和一些流亡政府中引起怀疑。它们认为，西方政府在战后会推行帝国主义政策。这与盟军为保留国际和国内民主的战斗是相背离的，也是不受欢迎的。公众要求阐明的第三个问题是苏联政府与其他同盟国政府的关系。

此间许多人认为，所有需要执行的政策，无论是涉及意大利、法兰西民族解放委员会、各国流亡政府，还是苏联试图独立采取政治行动等，都可以通过一种方法解决。而通过与会政府和即将到会的政府发布一份关于联合政策的声明，则是寻求这一方法的最佳途径。

1943 年/8 月 17 日

中国共产党人提出严正要求

但重庆方面拒绝承认共产党及其军队

目前似乎不会爆发内战

政府部分人士认为，可以通过折中的办法消除分歧

布鲁克斯·阿特金森

通过无线电发回《纽约时报》的报道

【重庆 8 月 16 日电】中国中央政府和中国共产党人的关系预计不会发生变化，至少目前看来如此。虽然数年来二者关系紧张，但目前这种关系既不会恶化也不会改善，双方都有诸多理由避免爆发冲突。

共产党人和中央政府间的非正式联络官周恩来将军两个月前，前往共产党人的延安时，许多人希望他能够带来解决问题的消息或至少是有助于问题解决的观点，或给出一个解决问题的承诺。但是，周恩来抵达西安以后，局势开始恶化。

如今双方已经打起了舆论战。共产党控制的陕西和山西地区传来的报道谴责中央政府抗日不力，并准备用武力消灭中国共产党。而中国其他地区的报纸则刊

登文章，呼吁毛泽东和朱德为了中国的完全统一，解散中国共产党并将中共武装部队交由中央政府管辖。

中央政府的观点

数年来，没有记者涉足中国共产党人控制的地区，因而无法公正客观地描述当地的活动，但是不难发现中央政府的观点。最近几周，记者采访的各部部长和政治领导人都同意这种说法：除非中国共产党人主动挑起，否则中国不会爆发内战。

无论从政治角度还是军事角度，在重庆的中共代表都有理由反对内战。尽管有报道称，双方偶尔会爆发小规模冲突，但交界地区总体上是平静的，政治和军事局势都未发生根本变化。

国民参政会和执政的国民党中央执行委员会将按计划很快举行会谈，双方是否能就共产党人问题达成一致，引人关注。

中央政府和中共之间存在本质差异。中央政府不能容忍中国某个地区另立政府、军队、货币并独立征收赋税。除非中共接受中央政府制定的法律的管辖，否则中央政府不会承认其合法的政党地位。

然而，中国共产党只要求中央政府承认其政治党派地位，同时，中国共产党又不愿意放弃其军队，因为它怀疑中央政府和国民党会愿意承认中国共产党的合法地位。同时，中国共产党也对中央政府的某些方面缺乏信任。

双方缺乏相互理解

除了这些本质差异以外，双方都对彼此缺乏基本的了解，这或许比这一问题的主要方面更加重要。少数指责十分尖锐。

部分国民党党员和中央政府官员认为，可以通过一系列折中的办法来弥合二者之间的差异。消除国内分歧于各方有利，因此他们坚定地认为，应当妥协求全，而不应动用武力。

虽然共产党的合法地位在法律上并没有得到承认，但获得了事实上的认可。国民参政会中有 7 名共产党员。中共在重庆发行了一份日报，街头巷尾都可以买到。

1943 年
8 月 21 日

德军秘密武器诞生

戈培尔向德国人宣称这一武器可阻止盟军空袭

【美联社伦敦 8 月 20 日电】今天，阿道夫·希特勒的宣传部部长约瑟夫·戈培尔博士告诉德国人民，德军正在研制一种新式武器，可能缓解盟军空袭的打击力度。

“我们正在生产一种新式武器，来对抗敌人对我们的空袭，”他在纳粹宣传刊物《帝国》上发表的文章中写道，“人们正夜以继日地制造这种新式武器。”

德国的电台广播了戈培尔的文章，美联社进行了记录。

1943 年
8 月 22 日

阿留申群岛寒冷多雾，四处泥泞

福斯特·海利

曾经阿留申群岛上的夏日时光是美妙的：7 点 15 分钻出层层毛毯（前提是你想吃早餐），迅速穿上厚厚的部队内衣和裤子并关闭通风设备。然后，拿上其余的衣服去客厅（客厅和卧室用一面纸板墙隔开），在客厅的小柴油炉边穿戴整齐。比较讲究的人，可以拿着毛巾和肥皂到一个街区以外的盥洗室洗漱。路上要注意斜坡，因为泥地滑得像抹了一层油，很可能滑进散兵坑或滑到斜坡尽头的活动房屋顶上。

盥洗室的柴油热水器和10条自来水管中流出的热水散发的热量令房间里蒸汽弥漫，十分温暖。水管旁有二三十个人同时刷牙洗脸。排队洗漱完后，就可以跑回活动房屋梳头并快速套上镶着毛边的飞行夹克或皮质大衣。

这时，屋外可能已经阳光明媚，但多数时候是没有阳光的。这里永远不会艳阳高照。阳光有时只在晨间，穿过浓雾或云间的洞隙照射到地表。同样，太阳也永不落下。天上似乎总有云雾遮蔽。南方的太阳宛如黄铜色的炉口，灼伤你的眼球，让你恨不得永远不用见它。但在这儿，太阳出来时，你会打开门，拖把椅子放在背风处，沐浴在阳光里。

食堂距住处0.25英里，一路上要绕过许多泥坑。绕不过去的时候，只好从泥坑里蹚过去。主路上散布着一层6英寸厚的黄泥。你要看准了卡车、吉普车和救护车车队的空隙，然后猛冲过去。走在路上的时候，如果有卡车距你不足20英尺，那么愿上帝保佑你，因为它从你旁边经过时会从头到脚溅你一身泥水。

进入临时海军食堂，在窗口付30美分（午餐40美分，晚餐50美分），然后在板凳上坐下来享用早餐。早餐包括罐头水果（可能是桃、杏或无花果）、奶粉冲的牛奶泡干麦片（顺带说一句，这玩意儿吃起来像粉笔）、鸡蛋、熏肉、法式吐司或热蛋糕和咖啡。食堂黄油管够，如果你喜欢，可以喝上三四杯咖啡。午餐和晚餐配比均衡，晚间供应新鲜沙拉、甜品和汤。食堂不给餐巾，不然要裤腿干吗？

如果你是海军或陆军士兵，8点就要换岗，或者，如果是晚上执勤，可以回到活动房屋睡觉。新闻记者，则可以回到名为“记者俱乐部”的小屋，前往陆军用吉普车改装的营房，开始辗转于战斗机司令部、轰炸机司令部、航空军海岛司令部和海军总部之间，准备报道；你也可以搭乘救生艇，前往海面上某艘可能正在轰炸基斯卡岛的战舰，或登上正从美国本土或阿图岛返航的战舰。

如果肯定第二天天气晴朗，就不需要设定闹钟。战机天一亮就会起飞，轰鸣着从你的房间上方飞过，似乎要把房顶的通风设备掀掉。它们飞得很高，仿佛要越过四周环绕的山峰的峰顶。

笔者访问海军中将托马斯·卡森·金凯德和陆军中将西蒙·玻利瓦尔·巴克纳的总部时，逗弄了他们的宠物狗。巴克纳将军和第十一航空军指挥官W.O.巴特勒少将每人蓄养了一只史宾格幼犬。巴克纳将军的情报官，陆军中校W.J.沃贝克养了一只大型爱尔兰赛特犬，此外，他还在帮一位住院军官照顾一只拾觅犬。基地周围还有许多别的狗。

对于部署在此基地的士兵而言，生活并不艰苦。该地温度常年为 40—50 华氏度，每人都有足够的衣物应对恶劣的天气，如厚重的内衣、羊毛衬衫、羊毛裤、靴子、羊毛紧身裤、雨衣、防水皮衣和毛边夹克。

天气不算太糟，不经意间还会像旧金山一样阳光明媚。但是，四处泥泞，没有平整的道路和人行道，人们不得不在雨中长途跋涉才能抵达盥洗室和食堂。有时，这一点往往令人心生不快。奥斯卡·王尔德在《雷丁监狱之歌》中曾说过“囚犯们只能把头顶的一抹蓝色称为天空”，缺少晴天的气候令你对王尔德当时的感受产生共鸣。蓝天如果能透过重重云层露个脸，人人都会指着天空，争相观赏。

飞行员们是唯一经常看得见太阳的人。虽然他们起飞和降落时，天气条件不佳，可他们一旦“升空”（通常也无须飞得太高），就能头顶太阳和蓝天，俯瞰厚厚一层如雪般的白雾，间或还有火山山峰从下方突出来。

当然，这一切都只是一个基地的生活体验。有人告诉我，整个阿留申群岛

1943 年，阿留申群岛，美军士兵在阿图岛的美军基地附近的泥地中艰难跋涉。

上的生活都相差无几。当地的天气不能与阿拉斯加混为一谈。阿拉斯加夏天温暖一些，冬天冷一些，但一年当中晴天也更多，岛上有树，四处有文明的印记。

同样，这个基地的生活也并不能代表步兵的生活。没有人喜欢步兵。他们只会打仗，在离营区贩卖部和剧院老远的山里露营，或在荒无人烟的海滩上露营。他们用行军炊具做饭，大多数时候直接睡在三角小帐篷里的地面上。他们偶尔会返回基地，洗个澡，看场电影或去教堂，但巴士并不通往他们的营地，想要乘坐巴士返回营地往往十分艰难。所以，他们很少返回“城里”——他们称陆军和海军营地为“城里”。

有人喜欢这种露营生活吗？当然没有，但大多数人意识到，这是必须完成的任务，而他们也想适应这种生活。士兵们的抱怨主要是时间似乎太长了。

一天，我无意中听到了一段对话，似乎代表了大多数人的观点。这是两名海军三级军士长的对话。显然，其中一人接到命令，需要前往另一个基地或舰船。

“你是要回本土了，对吗，乔？”另一个人问道。

“不，”他回答，“只要战争还在继续，我宁愿远离本土，留在这里为国家而战。如果要回去，我希望能够安顿下来。”

1943 年 / 8 月 27 日

罗斯福总统的声明

【合众社华盛顿 8 月 26 日电】罗斯福总统发布声明，表示美国承认法兰西民族解放委员会，内容如下：

美国政府希望再次表达与一切爱国的法国人民合作，期待从敌人的压迫下解放法国人民和法国领土。

因此，美国政府对法兰西民族解放委员会的成立表示欢迎。我们希望，该委员会践行共同承担责任的原则，鼓励所有成员积极投身战争。

鉴于最重要的一点是共同努力赢得战争，美国与法兰西民族解放委员会的关系必须满足盟军指挥官的军事要求。

该委员会要求美国将其视为能够保障法国利益的管理和防御机构，美国政府十分重视这一请求并对此深表同情。但是，对于这项请求，美国能够满足的程度还需要视具体情况而定。

有限的认可

据此，美国政府承认，法兰西民族解放委员会有权管理法国海外的领土。

此声明并不能解读为美国承认该委员会为法国或法兰西帝国政府，也不代表美国认同法兰西民族解放委员会在战争期间，在某些特定领域内发挥的作用。此后，法国人民可以通过适当的渠道，自由选举自己的政府及管理官员。

法兰西民族解放委员会表示，将继续与所有同盟国紧密合作、共同作战，直至完全战胜轴心国，从侵略者手中解放法国领土。对法兰西民族解放委员会所表达的决心，美国政府表示欢迎。

愿法国以最快的速度光复。

1943 年 / 9 月 5 日

巴多格里奥的政策使意大利沦为战场

墨索里尼的继任者试图与纳粹德国合作继续作战，盟军攻入意大利

更大的痛苦即将降临

埃德温·L. 詹姆斯

如果说有人要为当前的局面负责的话，巴多格里奥难辞其咎。希特勒的伙伴、大话连篇的墨索里尼前途未卜，而同盟国正在清扫西西里战场的时候，意大利迎来了其所能选择的实现和平的最佳方式。巴多格里奥却错失良机。德军进驻意大利是否对巴多格里奥的决定产生了影响？从军事角度来看，这一点无关紧要。他已经宣布会继续与盟军作战。

巴多格里奥当然知道，意大利军队无法挽回国家战败的命运。显然，他还指望德国的援助，事实上，德军也确实来到了他身边。但这也改变不了他拒绝和平、选择战斗的基本事实。

如今，盟军已经攻入意大利本土，而这仅仅是开始。显然，意大利在为德国人卖命。希特勒显然决定要把意大利作为对抗盟军的战场，打算在这里与持续挺进的盟军作战，拖住盟军的脚步。意大利部队背水一战能打到何种程度，现在还不得而知，但目前可以肯定的是，意大利境内的战斗主要是德军的战斗。无论结果如何，意大利都会一无所获。但从战术上说，德国却收获颇丰。如果能在从亚平宁半岛的足尖部位直到阿尔卑斯山的沿途阻击英美联军，德国就可能赢得数月时间，拖延盟军对其“欧洲堡垒”发动另一场大规模进攻。意大利被德国欺骗了。

错失和平良机

盟军全面进攻意大利，但仍有意大利消息人士声称可以实现“理性”的和平。这些声明总是与同盟国要求意大利无条件投降的声明有关，称无条件投降是不可能实现的，因为接受这样的条款是十足的屈辱。纵观罗马释放的有关和平的种种讯息，它希望意大

1943 年的佩特罗・巴多格里奥元帅

利投降后，不要被盟军占领。盟军必然不会理会这类提议，因为盟军希望利用意大利及其港口设施对德作战，击败希特勒。德军已经向意大利北部派遣了 15 到 25 个师的兵力，可以想见，德军计划守卫意大利北部的主要原因，是为了阻止同盟国利用阿尔卑斯山以南的意大利机场。

一旦盟军占领这些机场，将会威胁包括慕尼黑在内的德国南部大部分地区。中欧大部分地区，包括维也纳、布达佩斯、林茨和因斯布鲁克在内，将会进入盟军轰炸机的打击范围。如果盟军决定采取行动，帮助意大利实现和平却无法使用其机场，也无法从意大利亚得里亚海沿岸进攻巴尔干半岛，那无疑是德国取得的重大胜利。因此，这一提议在华盛顿和伦敦都毫无进展。

巴多格里奥本有机会投降，使国家免受战争之苦，但他却没有抓住机会。意大利将因此而遭殃，而且他越是死死揪住这渺茫的希望不放，意大利就会遭到越严重的打击。

仅仅是开始

蒙哥马利指挥部队在墨西拿海峡登陆，然而这仅仅是开始。美军尚未传出任何消息。由于意大利最南端与北部相距甚远，有其他盟军部队在沿海地区登陆也不足为奇。盟军对那不勒斯的反复轰炸已经削弱了当地的防御并使铁路运输陷入瘫痪。

别忘了，考虑到盟军进攻可能采取的策略，罗马也已宣布成为不设防城市。这意味着罗马将不会用于军事目的。除一条支线外，意大利所有由南至北的铁路线都经过首都罗马。德军会利用这些穿过罗马的交通线吗？有人猜测盟军有办法找到答案。此外，如果罗马不设防，那么就没有防御措施。这并不意味着盟军不会占领罗马。在种种条件下，意大利的首都地区就像一块软肋。

德军的行动清楚地表明，它将在意大利北部的波河地区展开大规模防御。它在该地区南部的战斗很可能是为了拖延时间。当然，如果盟军确实需要从墨西拿湾一路打到米兰，德军可以拖延很长时间。

战争进入第五个年头

随着希特勒发动的战争进入第五个年头，德军有意在全球各处战场采取守势。它在东线战场上拖住苏军进攻的脚步，在南方战场上抵御盟军的进攻。即便是在它挑起的英德空战中，它也处于守势。

德军清楚地表明，从现在开始，要开始打防御战了。可以想象，即便是戈培尔博士也放弃了占领苏联的希望。德国正全面采取守势，试图继续保有窃取的领土，期盼着盟军在其夺回被占领土的行动中被消耗，从而得以维持现有的疆域，并继续享用战利品。巴多格里奥正在做的就是仍在助纣为虐，协助希特勒。

但是，此举对意大利及意大利人民而言可不是闹着玩的。国王和巴多格里奥实施的镇压手段是否足以控制住意大利全体人民，结果很快就会揭晓，因为如今，意大利人民必然已经认识到了自己正在进行怎样的战斗。可以想见，一旦罗马被占领，巴多格里奥必将面临严峻的局面，而逃亡的国王也会颜面尽失。

大规模军事行动

对意大利展开军事行动是一项重大的任务。这是开战以来，英美两军所展开的最大规模的军事行动。它们知道，在意大利北部，自己即将面对可怕的对手，但绝非无计可施。虽然在过去 3 周里，德军向意大利派遣了大批空军部队，但无论从哪个角度来看，同盟国都将在整个军事行动中掌握制空权。这一点至关重要。

此外，德军的交通线并不通畅，其主线经过布伦纳山口，那里的铁路和公路十分脆弱。据报道，盟军轰炸机已经摧毁铁路线上一座重要的桥梁。山间还有许多桥梁，很多地段的铁路一旦遭到破坏，将极难修复。盟军机场离布伦纳山口越近，就越容易发起更多的攻击。

的里雅斯特北部还有其他次要的补给线。但这些交通线规模较小，不仅容易遭到空袭，还可能在陆地上受到支持盟军的部队的攻击。

另一方面，盟军要保护好自己的交通线也绝非易事。这些线路很长，一直通往美国和英国。它们也容易成为攻击目标。但盟军与德军的基本补给情况存在巨大差异，盟军的补给相对安全得多。

不仅如此，如果考虑到盟军对意军事行动的规模和重要性，斯大林就会意识到（当然，如果他能够意识到的话），它对缓解苏联战场的压力产生了莫大的帮助。德军派往意大利攻打英美两军的部队和飞机就会无暇对抗斯大林领导的苏军。

1943 年

9 月 5 日

战后女性将何去何从？

艾丽诺·M. 赫里克
陶德造船公司人事与劳资关系主管

我不知道，战后美国女性将如何定位自己。“特殊利益”的女性团体声称“美国女性想要这，想要那”，似乎完全代表女性，这让我有点恼火。同样，还有太多的男人以为自己知道什么是为女性好。事实上，女性不能一概而论，也没有人能成为所有美国女性的代言人，也没有人能成为所有美国男性的代言人。

不同的女性有不同的需求。我想，大多数女性（无论她们是否承认）只想结婚，拥有家庭、孩子，让男人为这个家打拼（有时让男人帮自己拿主意）。有些人结了婚，很想要孩子，却求而不得。有些人只想拿张结婚证，过上安逸的日子。

当然，也有些女性希望步入职场，找一份真正的工作。还有的女性则希望成为“对社会有用之人”。无论是否情愿，许多女性不得不外出谋生。她们要么是因为无人扶持，要么是因为离异或丈夫早亡而突然之间不得不自力更生。许多女性希望家庭、孩子、职业三者兼得。

所以，你也看到了，这一切往往混淆在一起。想要找出解决之道并不容易。我们需要明晰的社会和经济规划。我所说的“规划”并不是说，要像上一次世界大战以后一样恢复简单、陈旧的经济形态，人们虔诚地奉行诸如“女人就应该待在家里”“必须解雇已婚女教师”“不应雇用已婚妇女”等理念。这次运动没有带来任何积极的影响，只带来隐婚和污秽。它没有起任何作用，也起不到任何作用。

眼下，我们必须解决这一问题。除非人们拥有坚定的想法，否则，一旦战争结束，女性又会像 25 年前那样沦为就业市场的“滞销品”。任何解决方案都应涵盖以下几个基本问题：

我们是否应提前规划，以保证每个希望工作的人都能就业？或者，我们只需为那些需要工作的人提供就业机会？

战后，我们是否要禁止那些收入足以保障生活的男人从事其他工作？如果对男性不实施此项禁令，有什么理由阻止不需要但希望工作的女性工作呢？

我们是否要建立这样一个社会体系，即每个人都必须通过工作、从事生产来证明自己存在的价值？

我们是否能说，无论男女，每个希望工作的人都应享有工作机会？

战争结束时，我们所要面对的工作条件是什么？与上一次世界大战相比，如今在军队服役的男性人数远超从前，而目前从事生产的女性人数也比以往多得多。此次大战中制定的《义务兵役法》强制规定，如果有合适的职位，雇主必须解雇已聘员工，留出空位，以便雇用复员军人。只有这样才是公平的。此次大战中，政府实施“同工同酬”的政策，大大减少了因雇用成本低而聘用女性的情况，大多数雇主甚至没有钻这项政策的空子。

许多女性已经习惯了经济独立，她们必将希望能够继续工作。也有女性发现，要兼顾家庭和工厂工作实在太困难了。厌倦了家务，而在工作中感到振奋并找到姐妹情谊的女性必然不想放弃工作。有的女性希望继续工作以缓解经济压力，直至丈夫复员归来、重新找到工作为止。数千名士兵战死沙场，他们的妻子和女儿理应获得工作机会。这一点至关重要，而且唯有如此才公平。

我们只能一厢情愿地希望，美国刚被雇用的女性员工大多数都会辞职回家。许多人为了孩子会这么做，还有很多本不应辞职的女性也会这么做。另一方面，已经有迹象表明，大量从事战时工作的女性将自愿放弃工作。可以说，许多女性通常是为了某种目的而选择离家工作，或是为了偿还抵押贷款，或是为了筹集孩子未来上大学的学费，或是为了买一套新起居间或一件毛皮大衣。一旦实现了自己的目标，她们就会辞职。还有许多人必然会辞职，因为她们已经无力一边工作，一边很好地照顾自己的孩子，或者已无法承受兼顾工作和家庭给身体带来的巨大压力。

战后的一代中将出现更多的单身女性，她们又将何去何从？其中大多数单身女性必须依靠工作维生。这一群体数量的增加是否会冲销辞职回家的已婚妇女空出的职位数量？无须工作的妇女，本可以从事大量有益而重要的社区服务工作，但是，我们总是把金钱作为衡量工作的标准。志愿的社会工作连对那些不需要工作的人都没有太大的吸引力，更不用说那些在忙碌的战争年代从事着热火朝天的军工生产，驾驶救护车或其他车辆的女性了。

已有大批受过职业培训的女性在重要岗位上工作，至少目前如此。这些受过职业培训的女性感到，要想在所选领域获得足够的升职机会十分困难。与世界其他国家的女性相比，美国女性享有更多的受教育机会，也有更多的实践所学知识的机会。然而，接受了费用昂贵的教育后，她们却常常感到，职场中森严的层级制度往往令人心力交瘁，也让她们深感前景渺茫，失去了往昔的幽默。但是，她们在无须奋斗的时候，仍然艰难奋斗着。

年过四十的妇女也会面临问题。她们的孩子已经长大，离家去上学，因而她们能够加入桥牌、文学或音乐俱乐部，疯狂地投身这些爱好之中，每周三参与当地的慈善组织活动，但她们却对此深感不满，因为这些都并不真实、真切。难道我们不应为她们提供机会，让她们接受培训、从事有益的工作吗？我们不能打破拒绝雇用40岁以上的妇女的禁忌吗？

另一方面，我们敦促女性回家相夫教子。如果她们已经完成这一使命，还能做些什么呢？有的女性还年轻，充满活力，却发现这个忙碌而生气勃勃的世界并不需要自己。女作家赛珍珠说过，无论在家庭还是工作中，如果美国社会并不允许女性做自己想做的事，就不应该给予她们如今享有的受教育机会。我深以为然。

40岁以上的女性依然大有可为。记录表明，年过四十的女性可以做出更多的贡献，毕竟她们已经把自己的青春奉献给家庭。但要做到这一点并不容易。社会应当一致认同这一女性群体发挥才智的可能，而并不仅限于认可接受过职业培训的女性。

最后，女性员工的孩子怎么办？我们都听说过或看到过，有的妈妈在军工厂上班，就把孩子锁在车里；有的孩子被放在电影院里，反复观看同一部电影，直至妈妈做完第二份工作才能跟着一起回家；还有孩子在父母都出去工作时，要么被锁在家里，要么被锁在门外。无可否认，战争机器需要紧急、大量雇用女性时，会普遍导致青少年犯罪飙升和家庭生活标准下降。但现实真至于如此吗？在许多劳动力紧缺的社区，人们开办了幼儿园、公共厨房和其他公共餐饮设施，并为孩子们设置了有专人看护的玩耍时段，即便孩子很小也可以放心交给社区照顾，从而保障母亲们可以安心工作。我认为，我们应该加紧研究女性工作的整体现状。

有人提出，应把孩子交给幼儿园和保育员看管。这一问题有很多先例可循。可以说，育幼机构本身就印证了，即便最糟糕的母亲也比没有要好。社会福利机构深知这一点，建立了“寄养家庭”体系。

但事实上，仍有一些女性或因性情，并不适合照顾孩子，或者不熟悉家务，或者结婚前曾在企业工作，感觉工作时期最幸福。因为状态没有调整好，很多妈妈急躁易怒，与其把孩子交给她们照料，不如交给师资完善的幼儿园更为妥当。

许多母亲下班回家后会更加关爱孩子，更不辞辛苦地照顾他们，因为已经整整一天没有见到孩子。但鲜有女性能够成功兼顾工作、家庭和孩子。于是，这一问题归根到底几乎就是个人选择问题。虽然我相信大多数女性会把孩子的幸福置于首位，但社会应当在不考虑性别因素的前提下，为所有想要工作或必须工作的人提供工作机会，这似乎才算公平。

我们有三条道路可以选择。第一，照搬苏联的制度，一切家庭生活都应服从国家的需要。第二，我们也可以抱有成见，认为女性就应在家相夫教子，从而浪费大批优秀人才，产生更多不幸的家庭。第三，我们可以尊重个人的选择，确保为所有想要工作的人提供工作机会。这是一个折中的办法。

如果选择了这条中间道路，我们仍应强调，大多数孩子在家里能够更好地成长，虽然苏联人或许并不赞同。然而，这一局面下的一个重要心理因素是，只有在女性自愿的情况下才应让她们留在家中。如果她们希望或必须外出工作，要给她们选择的自由。

如果居里夫人没有做这样的选择，世界可能会失去一位杰出的科学家。我知道，要兼顾工作、家庭和孩子三者绝非易事。但我并不认为，只要妈妈外出工作，孩子的成长就会像人们普遍认为的那样必然受到影响。居里夫妇的生活丰富多彩，这对他们的孩子大有裨益，他们的孩子长大后也各有成就。所有的女性都应有机会在家庭、孩子和职业中做出选择，或三者兼顾。

1943 年
9 月 9 日

艾森豪威尔将军宣布停止对意大利作战

巴多格里奥发表讲话，英美苏三国接受意方投降

盟军攻入意大利当天，双方签订停战协议

于盟军最有利的时候，双方才透露停战协议的内容——盟军正劝说意大利协助同盟国

米尔顿·布拉克

通过无线电发回《纽约时报》的报道

【北非盟军总部 9 月 8 日电】今天下午，格林尼治时间下午 4 点 30 分（东部战争时间中午 12 点 30 分）意大利武装部队无条件投降，同盟国部队与轴心国中实力最弱的意大利部队结束敌对状态。

此时，德怀特·戴维·艾森豪威尔将军在当地通过同盟国电台宣布，他派遣的代表已于 9 月 3 日周五下午和意大利总理佩特罗·巴多格里奥将军派出的代表在西西里岛签订了一个秘密军事协议。签订协议的当天凌晨 4 点 50 分，英国和加拿大两国部队越过墨西拿海峡，在意大利本土登陆并展开行动。此次行动一直持续到昨天，盟军在行动中占领了从佩特雷斯河到博瓦马里纳约 60 英里长的卡拉布里亚海岸。

意大利部队的抵抗全线崩溃并不意味着德军不会全力指挥军队在意大利布防。贝尼托·墨索里尼倒台整整 40 天后，在英美苏三国均接受的秘密停战协议中，意大利宣布投降。墨索里尼这个意大利独裁者为虎作伥，在三年零三个月前的今天，宣布对法国开战，将国家拖入万劫不复的深渊。

双方几周前就展开了谈判

盟军今天透露，几周前，遭遇连番轰炸、满目疮痍的意大利就与盟军展开了谈判，这些谈判促成了后来停战协议的签订。双方此前在一中立国举行了谈判，该国名称未对外公布。

英美当局直截了当地告诉前来谈判的意大利官员，协议内容依然未变：意大利必须无条件投降。意方表示接受，于是双方在 5 天前签订了停战协议。但双方同意，在局势最有利于同盟国以前，暂不公布这一消息，协议也不会生效。

如今正是时候，今天，盟军总指挥官在一次具有历史意义的广播中宣布对意大利停战。他在总结时不忘提醒称，凡是在驱逐德军的过程中帮助过盟军的意大利人，都将获得同盟国的支持和协助。

艾森豪威尔将军通过广播发布公告 1 小时 15 分钟后，巴多格里奥元帅在罗马面对麦克风证实了停战的消息。他最后承诺，虽然意大利部队已缴械投降，停止一切对抗英美联军的行动，但是意军仍会反抗“其他战区”对意发动的进攻。

1943 年 9 月，美国陆军少将沃尔特・比德尔・史密斯（后任美国中央情报局局长）在锡拉库萨代表盟军与意大利签署停战协议。从左至右为沃尔特・比德尔・史密斯，英国海军准将罗耶尔・迪克，美国陆军少将罗维尔・鲁克斯，英国海军上校德・哈尔，身着便装的意大利将军朱塞佩・卡斯特利亚诺，美国陆军准将肯尼思・斯特朗和意大利外交部官员佛朗哥・蒙塔纳瑞。

停战协议强调军事性

虽然双方一再强调，停战协议是一份严格意义上由“军人签署”的军事文件，但据透露，其中有一项条款要求，意大利应当遵守同盟国制定的相关政治、经济和金融条款。（合众社报道称，人们认为，停战协议的内容大体上无异于1940年德国强迫法国签订的停战协议，其时，德法协议允许德军使用法国所有的战略港口和军事基地向英国发动战争。）

停战协议宣布后不久，盟军发出两项呼吁，一项是面向意大利人民，另一项则针对意大利舰队，敦促他们共同投身到解放事业当中，而这实际上也是在解放他们自己的国家。盟军通过电台广播和飞机散发传单的方式向意大利人民发出呼吁，而盟军地中海海军司令、海军元帅安德鲁·布朗·康宁汉爵士则通过广播向意大利海军发出呼吁。

盟军呼吁意大利人民，尤其是运输业、铁路和码头工人不要向德军提供任何帮助。呼吁中特别提示意大利船只的船员如何将船只驶入同盟国保护的水域。

虽然巴多格里奥元帅的讲话证实人们的担忧毫无根据，但德军可能会采取行动阻止他发布消息，而对此盟军不想冒险。为保险起见，盟军在征得意方同意的情况下，留下一位高级军事代表，其他谈判代表则返回罗马。如今，此人正在西西里岛，如果巴多格里奥元帅没有通过广播发布消息，这名代表将通过广播向意大利民众公布这项决定。为了进一步表达诚意，巴多格里奥元帅事先安排将今晚要做的声明的文本发送到这里的盟军总部。巴多格里奥元帅践行了诺言。

参战1181天的意大利蒙受多重损失

参战1181天后，意大利退出战争。战争期间，意大利逐渐丧失领土和声誉。1942年5月7日，随着突尼斯和比塞大的沦陷，意军在北非注定难逃失败。自此以后，盟军在38天内占领了意大利都市地区之一的西西里岛。

在过去的6个月里，意大利人历经两次针对罗马军事目标的空袭，也感受到了2万吨炸弹对意大利本土打击的威力。其中，仅8月，盟军就向意大利投下了1.13万吨炸弹。

尽管意大利国内现状糟糕透顶，但盟军强调称，德军仍有可能在此继续拼死作战。即便从政治角度而言，意大利已经退出战争，但如果认为它在地理上也摆脱了战争，可就是危险而愚蠢的。因此，尽管停战协议即将生效，盟军昨天仍对意大利的机场发动了空袭。

自贝尼托·墨索里尼倒台以来，就有各种流言称，意大利会展开这样或那样的谈判。可以说，意大利投降的消息震惊了这一地区。众所周知，西西里岛和卡拉布里亚地区的军事行动表明，意大利的抵抗和士气都在减弱，但除最接近艾森豪威尔将军的少数人士外，鲜有人知道意大利已经完全投降。

艾森豪威尔将军的参谋长、陆军少将沃尔特·比德尔·史密斯在西西里岛战役结束时称，盟军的教训之一是，不要放弃任何出其不意的可能性。这显然不仅适用于停战协议的公布，同样也适用于军事行动的展开。

1943 年
9 月 10 日

盟军在西西里岛抓获黑手党首领

美军士兵主导的行动帮助捣毁黑市

美联社发布

【随在西西里岛的美军 9 月 9 日电】数年来，意大利法西斯一直试图取缔西西里岛的敲诈勒索帮派黑手党，而后却将其纳入麾下，成为其犯罪附属组织。如今，盟军对该组织实施了擒首行动。

该组织臭名昭著的两名首领，即多米尼克·托马塞利和朱塞佩·皮拉伊诺，以及 17 名地区首领在英美两军展开的联合行动中遭到逮捕，英国伦敦警察厅也参与了此次行动。

这些首领现已悉数被关押，而负责执行这一任务的盟军当局掌握了许多线索，足以抓捕其他地区的黑手党首领。

已经被捕入狱的黑手党头领和即将被捕的其他首领控制着黑市，黑市压抑着西西里岛的日常生活。由此可知，打击黑手党就意味着捣毁黑市。

在这个秘密组织内部，有成员自法西斯成立之初就在不断与其做斗争。这些人无疑都是正直之人，避免与散布在社会各界的法西斯化投机者发生任何联系。该团体出于对西西里岛未来的考虑，协助盟军展开剿匪行动。

美军第三陆军师在进攻墨西拿市的行动中选择特拉比亚的内陆地区达西亚堡作为其后方梯队总部，展开行动，实施抓捕。该地距帕勒摩约 22 英里。

特勤人员中的技师、来自加利福尼亚州斯托克顿的路易斯·巴锡发现，这个小村庄恰恰是黑手党的要塞。他向上校报告，夜以继日地独自调查并反复汇报情况，直至搜集了足够的情报，一举端掉这些非法分子。

1943 年

9 月 14 日

社论：美国的战后政策

我们希望今天重新开始工作的国会，将立刻提出战后问题的主要解决办法，并记录在案。现在已经到了宣布战后政策的时候了。此次战后政策的明确声明得到了两党的高度支持，不仅能够加快战争的进程，同时也能迎来更美好的和平。

就在国会仲夏休会之前，众议院通过了一项决议，此项决议获得了其外交事务委员会的一致赞同。这项决议是由阿肯色州代表福布莱特提出的，建议国会公开支持“与足以建立并维护公正持久和平的国家建立适当的国际交流机制，并鼓励美国参与其中”。此后，共和党决策者在麦基诺岛举行的会议中再次全体通过几乎与决议一模一样的声明，从而确立了共和党人对福布莱特决议的支持。

现在采纳此项决议的一大好处是，在战争结束前告知全世界，这次，美国想在赢得战争时帮助全世界实现和平。它也会加强目前同盟国之间的联系，从而帮助同盟国赢得战争。这项决议鼓励盟国对一个全新的战后联盟或国家联盟产生信心，而不是试图通过抢夺新领土来消除各自的不稳定感，因而有助于迎来更美好的和平。

1943 年／9 月 14 日

萨莱诺战况激烈
该市一天内几度易手，但盟军打退了敌军的反攻
该市遭洗劫
德军撤退时将其洗劫一空

L.S.B. 夏皮罗
为盟军联合通讯社所做的报道

【合众社萨莱诺地区 9 月 14 日电】昨天，萨莱诺市战况激烈，在德军绝望的反击下几度易手。

德军以从西西里岛逃出的、遭遇连续重击的残部为核心，组成“幽灵”阵形，孤注一掷，猛扑前进的盟军，试图阻止盟军利用滩头阵地。然而，德军的努力失败了，英美联军迅速集结，形成防线，对据点严防死守。

在此次战役中，据估计迄今德军已有 40 多辆坦克被摧毁，其中大多数为马克 –5 坦克。战斗异常激烈，盟军进攻受阻，也有一定程度的损失。沿德军反攻的防线，盟军沿岸战舰配合地面部队，向敌军展开强势的密集火力攻击。

战地上空爆发了自北非战役以来最为激烈的空战。白天，双方战机不断在上空缠斗。夜晚，空中闪烁着各色曳光弹，照亮了前来空袭的飞机。

盟军飞机逐渐取得了该地的制空权，但德国空军作战勇猛，拼死抵抗，丝毫不逊于德军地面部队。

进攻萨莱诺期间的一次爆炸

1943 年/9 月 16 日

墨索里尼建立新式政权

德意志帝国广播宣布以墨索里尼的名义创建“法西斯共和政府”

预示恐怖统治建立

墨索里尼发布名为《当务之急》的广播，表示将组建民兵组织，逮捕“叛徒”

【美联社伦敦 9 月 15 日电】今天，意大利被驱逐的隐形“总理”贝尼托·墨索里尼发布了一份公告，试图废黜意大利国王维克托·伊曼纽尔。一位播音员以他的名义宣读了这份公告，称将恢复意大利已灭亡的法西斯主义，建立“法西斯共和党”，由墨索里尼担任最高领袖。

德国控制的“法西斯政府电台”宣读了这份声明，声明中虽未提及国王的名字，但以“共和”的名义重新组建法西斯政党，显然意味着在这位受德国庇护的意大利前任领袖的眼里，国王已无权再统治意大利。

这一举动恰巧印证了人们此前的猜测，德国培植的新傀儡政府会推翻萨伏依王朝并建立共和国。但是，既然意大利人民对法西斯政权的覆灭表示欢欣鼓舞，就不太可能会协助重建旧政权。

预示恐怖统治建立

公告威胁“惩戒叛徒和懦夫”，表明意大利可能会建立恐怖统治。

意大利将军卡尔维·迪·伯格罗伯爵在德国的首肯下，被任命为罗马地方长官，接管政府。此前德国在声明中称，将由“国家法西斯政府”管理意大利，但当时建立的政府德国并不满意。

墨索里尼仍将在幕后执政。最近的报道称，墨索里尼已前往贝希特斯加登治疗胃肠紊乱。直至昨天，德国方面才称，墨索里尼体弱多病，近来的事务使他的健康状况急剧恶化。

新内阁成立

外国广播情报处向战争讯息办公室报告的德国的电台的几则报道称，在罗马的意大利军队傀儡指挥官卡尔维·迪·伯格罗将军已经正式解散巴多格里奥将军组建的内阁，并任命多名颇为有名的法西斯专员，接管各部门的职责和职务。

德国泽森电台广播了据称是由前总理墨索里尼签署的法令。但法令并不是墨索里尼本人宣读的，而是亚历桑德鲁·帕沃里尼宣读的，其中有一条是任命这位意大利宣传部前部长为新法西斯政党的“临时书记”。

不久后，现由德军控制的意大利斯特凡尼通讯社广播了一则新闻，其中包括卡尔维·迪·伯格罗签署的一项法令。该法令任命前意大利驻美国大使奥古斯托·罗索为意大利外交专员，接替巴多格里奥任命的外交部长拉法叶·瓜里格利亚。

另一则被报告给战争讯息办公室的瑞士电台的报道称，瓜里格利亚阁下已经在罗马被捕。据报道，留在罗马的合法内阁的各部部长也都遭到逮捕。

除罗索外，该通讯社还报道了卡尔维·迪·伯格罗新任命的其他官员的名单：

部长会议主席，吉安·贾科莫·贝拉兹博士；

内政部部长，洛伦佐·拉维亚博士；

意大利非洲事务部部长，恩里科·切鲁利博士；

司法部部长，乔瓦尼·诺威利博士；

金融部部长，埃托雷·坎比博士；

国民教育部部长，朱塞佩·吉斯提尼博士；

公共工程部部长，工程师保罗·索尔蒂诺；

农业部部长，维托里奥·朗奇教授；

交通部部长，工程师罗吉·维拉尼；

工商部部长，欧内斯托·桑托罗博士；

文化部部长，阿米迪欧·托斯蒂博士；

外汇与兑换部部长，弗朗西斯科·塞莫尼斯博士；

战时生产部部长，弗兰斯·利古力博士。

广播文本

昨天，由德国越洋通讯社广播、合众社在纽约录制的贝尼托·墨索里尼所谓《当务之急》的内容如下：

议程一，致意大利全体忠实伙伴：从今天，即 1943 年 9 月 15 日起，我重新执掌意大利法西斯政党的最高领导权。

议程二，我任命亚历桑德鲁·帕沃里尼为国家法西斯政党的临时书记。从今天起，该党正式命名为法西斯共和党。

议程三，我命令，一切因巴多格里奥政府投降而被解职的军事、政治、行政和教育部门的长官以及其他各部部长立即恢复职务。

议程四，我命令，立即重建一切党组织，履行如下职责：（1）积极协助德国武装部队与意大利境内的德意两国的共同敌人作战；（2）向人民提供直接有效的精神和物质帮助；（3）改组党内成员，从而查明党员对政变投降及其耻辱的态度，查明他们对惩戒叛徒和懦夫的态度。

议程五，我命令，重新组建维护国家安全的志愿民兵组织，组建所有的编队并设立特殊部门。

墨索里尼

1943 年 9 月 17 日

劳动的战俘

11 万轴心国战俘在农场及其他岗位工作

【美联社华盛顿 9 月 16 日电】今天，战争部报告称，美国利用大量轴心国战俘来解决人力不足的问题，宣称 14.1 万名战俘中，有 11 万名在农场和其他地方工作。

战争部称，战俘缓解了多地的劳动力不足，还称：

“他们在佐治亚州和南卡罗来纳州收花生，在印第安纳州摘西红柿，在艾奥瓦州掰玉米，在得克萨斯州摘棉花，在密苏里州挖土豆，还在多个部门从事大量非农业工作。如今，其中一组战俘参与了俄克拉何马州的大坝建设，以控制当地的洪水。”

根据《日内瓦公约》的相关条款，美国可能会要求除军官外的所有战俘参与项目建设，这些项目与战时生产没有直接联系。战俘的日薪为 80 美分。无论他们是为联邦、各州还是私人承包商工作，都有权获得相应的薪酬。

1943 年
9 月 19 日

打响宣传战

我军试图鼓舞意军士气 德军努力营救墨索里尼

哈罗德·卡伦德

【华盛顿 9 月 18 日电】本周，地中海地区的宣传战和围绕萨莱诺展开的陆战、空战和海战一样，正在紧锣密鼓、持续不断地展开，双方都充分利用自身取得的军事成就鼓舞士气，打压对方的士气。

意大利投降不仅仅是一场伟大的军事胜利。它还是（或像我军的宣传员们所想的那样是）一次宣传战的胜利，必将成为一次宣传的契机。因此，我军充分利用这次胜利，在对意大利、德国、巴尔干地区和欧洲其他地区的广播中多次提及它。

本周，盟军广播的主题是，虽然希特勒救出了墨索里尼，但盟军击败了意大利舰队，消灭了地中海区域唯一一支海上抵抗力量，盟军舰艇得以腾出手来，前往其他地方作战，实际上加强了盟军本就强大的海军力量。

为了使欧洲人民普遍了解现状，盟军宣传员强调了我军已经或即将攻占的意大利机场的价值，通过这些机场，盟军可以将轰炸半径延伸至中欧地区。德国已经将部分军工厂转移到中欧地区，企图让它们处于从英国起飞的盟军轰炸机的打击范围之外。

宣传战对德国的意义

在对德广播中，我军播音员详细讲述了战争主动权已被盟军掌握的事实。盟军先进攻北非，然后进攻西西里岛和意大利本土，如今，已经可以自主决定在何处展开重大军事行动了。不仅如此，他们还告诉德国人，现阶段战争的地理现状也有利于盟军，因为盟军通往意大利的海上交通线实际上和通往北非的一样多，而不再是需要中转的延长线。

与此同时，德语播音员继续说，在意大利的德军不得不依靠通过被盟军轰炸的山隘和铁路线获得增援和补给，因而受到掣肘。他们形容意大利为“阴沟”，一旦德国在里面翻了船，永远都不得翻身。

德军在意大利建立恐怖统治，其程度更甚于法国。因此，盟军解放意大利之际，对意广播试图鼓舞意军的士气（如今形势逆转，听上去颇为奇怪），使它把对德军的畏惧转变为仇恨和抵抗，并鼓励意大利普通民众通过蓄意破坏报复德军。

本周，德军宣传员也扳回一城，取得一定的成绩。他们主要报道了营救墨索里尼的行动，称德军在意大利的顽强抵抗把盟军拖入鏖战。

德国的电台称，空军营救墨索里尼的行动是一次大规模的打击行动，意义堪比一次重大的军事胜利。但此时，墨索里尼是否仍具有价值令人怀疑。早前，盟军在萨莱诺地区击退了敌军的进攻，此次胜利被描述为“德军的敦刻尔克”。人们听闻这一标志性的消息后立刻相信了，至少华盛顿的美国电台播音员就“热心”地转播了这则消息，向德军宣传部“致哀”。

“大胆的行动”

苦于长时间都没有军事胜利可以报道，德军大肆报道了营救墨索里尼的行动。德方报纸和电台称此次行动为“历史上最大胆和最具轰动效应的行动之一”，展现了两位领袖间“感人至深的友谊”。“能够做出如此壮举的国家必将赢得战争。”德方称。

德军称，8 月 28 日，墨索里尼被从圣玛德莱娜岛转移到阿布鲁齐山脉地区。据称，墨索里尼先后乘坐汽车、汽船、飞机、战舰辗转多地，一路都有德军护送。最后，党卫军的一名军官抵达山区的据点，告诉墨索里尼“元首派我来接你”。墨索里尼拥抱了他，说自己知道希特勒一定会出手相救。据某些版本的描述，一架德国直升机接走了这位垮台的意大利领袖，从而确保了“法西斯的重生”。

此次行动，或者说有关此次行动的描述，具有重大宣传价值。《新苏黎世新闻》的一位瑞士评论员认为，这次行动转移了德国人对苏联战场的注意力，甚至使德军在意大利境内的军事行动变得颇受欢迎。美国认为，此次行动极大地挽回了希特勒受伤的自尊，但也没有让中立国气馁。罗斯福总统已经警告这些国家不要让墨索里尼入境。

德军声称骗过了盟军，让它以为有人抓走了墨索里尼，但早在罗斯福总统和丘吉尔首相在华盛顿举行会议前，德军就已逮捕此人并将其处决。正因如此，丘吉尔首相现在还留在美国。不仅如此，德军还称，墨索里尼被捕是“罗斯福竞选宣传的一张王牌”，而战争讯息办公室主任埃尔默·戴维斯已经准备对外宣传这一消息。

反对的声音

盟军的宣传试图削弱营救墨索里尼的行动所产生的影响，称他对德军已毫无用处。虽然他曾是意大利独裁者，但如今也像法国的赖伐尔一样，沦为德国的傀儡。

在描述意大利境内的战争时，德军周一报道称击退了盟军的进攻，周二说盟军“一蹶不振”，队伍已经“崩溃”，宛如“敦刻尔克溃败”一样逃之夭夭；第二天，它又夸大了对行动的描述，令人误以为德军必胜无疑，军事行动也已结束。

1943年/9月21日

国内盛传马歇尔将军将转任他职

亚瑟·克洛克

【华盛顿9月20日电】如果高级将领间盛传的流言属实，美国陆军参谋长马歇尔将军将被派往欧洲战区担任最高战斗指挥部指挥官。这一任命将使许多直接观察并有权评论其工作的人震惊不已、焦虑不安。无论是私下还是公开场合，人们都在谈论这一问题。随后，《陆海军杂志》的一篇社论公开反对马歇尔将军调任，表明这一消息属实，而不是一种看法。

潘兴将军的看法

社论发表后，人们对这一问题的讨论愈加热烈，因为社论的消息来源于一份军事报纸。据悉，这份报纸与现役军人，尤其是潘兴将军，关系十分密切，“一战”期间，马歇尔将军曾担任他的副官。美国国内认为，虽然尚无公开证据支持这一看法，但这篇社论一如往常地表达了潘兴将军的观点，称他认为罗斯福总统在认真考虑调任马歇尔将军一事。

总统是武装部队总司令，战争期间，他在该领域享有极大权限，最终对战争行动负责并亲自挑选指挥官。若论资历和履历，总统最熟悉的军人莫过于陆军和海军的参谋长。

既然如此，总统必须自行决定谁来担任参谋长、何时调任。如果罗斯福总统已经决定或即将决定调任马歇尔，让他前往欧洲的盟军进攻区域指挥而不是坐镇华盛顿，从而更有利于军事目标的实现，那么包括马歇尔将军和潘兴将军在内的美国陆军会悄然服从他的决定。

可能遭到反对

然而，国会对战争行动的责任仅次于总统，但不会沉默地服从总统的决定。可以预见，国会的反对意见将如预料一般传遍全国，反对的浪潮也会高涨。

反对的观点有几种，包含了如下几点：

1. 潘兴将军是“一战”期间美国陆军最为著名的军官，他还被公众视为美军胜过德军的主要因素。参谋长马奇将军贡献虽大，但鲜为人知。潘兴将军指挥的陆军司令部声名显赫，在鼓舞和维持国内士气方面至关重要。

然而，那场战争中只有一个重要的，至少是显而易见的战区——西线战场。前线指挥的将领举足轻重，必须能够快速地做出重大决定。而此次战争中，美国陆军的战斗区域覆盖全球，必须与海军紧密合作，必须由中心指挥部发布统一的命令，而这一中心从来就是也必然会是华盛顿。马歇尔将军发布的命令正如他在近来的报告中所做出的出色表现一样引人关注。

有限的任务

因此，把马歇尔将军派往某一战区指挥，无论这一战区多么重要，即便他的到任可能有助于盟军胜利攻入德国并占领它，都无法人尽其才。同时，这也是对包括东方战场在内的其他战区指挥官的才能的否定。

美国完全可以另寻将领指挥进攻，而不是派遣像马歇尔将军这样的高水平参谋长指挥。同样，马歇尔将军也不太愿意前往一线指挥作战。

2. 马歇尔将军和海军上将金的紧密、融洽的合作是参谋长之间前所未有的。一旦他们认为美国的国家利益相对同盟国利益处于下风，而无益于整体的反法西斯军事行动，他们就会小心翼翼地维护国家利益。

排除政治因素

他们同样受到部分批评者的指责，还遭到外部情报人员的反对，但却齐心协力，完全不考虑政治因素。他们抵制住了各色人等的干预，无论这些人地位有多高，始终秉承自己的原则。他们采用同样的综合战争模式，虽然偶有违反，但从未放弃。

即便马歇尔将军被派往欧洲后战绩辉煌，也无法弥补拆散这一组合所带来的损失。

3. 如果替换了陆军参谋长，那么积极倡议这一做法的人将更容易取代金上将。

或许总统本人并未考虑调任马歇尔将军。但是，如果他有此想法，许多参与或未参与战争却颇具影响力的人物也会希望，马歇尔将军的杰出才干和高尚品质能够让总统打消这一念头。他们正因此而十分仰慕这位军事将领。

1943 年 9 月 24 日

德军摧毁那不勒斯港，自沉船只；盟军挥师朝北挺进；苏军攻陷波尔塔瓦，抵达第聂伯河沿岸

报道称德军开始撤退

伯尔尼方面听闻，敌军自沉 30 艘舰艇，退出那不勒斯地区

盟军取得重大战果

在某些战区挺进 14 英里——我军飞行员未遭任何抵抗，痛击敌军

米尔顿·布拉克

通过无线电发回《纽约时报》的报道

【北非盟军总部 9 月 23 日电】德军在那不勒斯港至少自沉了 30 艘舰船，以阻止盟军使用该港。敌军破坏了港口设施，可能是极具价值的军事设施，导致城市周围火势熊熊，硝烟弥漫。

“码头沿岸几乎所有可用的泊位都被堵塞了，”一份官方声明称，“码头沿岸的大火烧了几天几夜。还有人看到弹药爆炸。”

盟军将领称，过去几天的破坏活动旨在让盟军占领那不勒斯时，根本无法使用该港口。这个港口是和平时期欧洲最大最好的港口之一。然而，他们更怀疑德军洗劫了这座城市。（罗马方面发给瑞士伯尔尼的报道称，德军在那不勒斯地区总安排了 7 个师的兵力。昨晚，它们被迫放弃该市，退守到新的据点。）（德国陆军元帅阿尔伯特·凯塞林因缺少弹药，被迫撤出步兵。据称，这是由于意大利部队切断了德军的交通线所致。）

德军仍然使用坦克作战

与此同时，昨天，盟军在意大利大举挺进，而抵抗的敌军一方面要准备展开下一阶段的军事行动，一方面又陷入与盟军争夺萨莱诺北方防线的鏖战之中，双线作战，苦不堪言。

盟军在某些战区挺进的距离长达 14 英里，最重要的进军或许莫过于从萨拉・孔西利纳进军至卡贾诺和从波坦察挺进至阿维利亚诺了。盟军第五集团军还占领了距蒙泰科尔维诺・罗韦拉 5 英里的阿瑟诺。英国第五军团从塔兰托进军，占领了焦亚・德・科莱西南 15 英里的吉诺萨。

然而，无论是英国第八集团军还是第五军团所在的战场，战斗的激烈程度都不可与陆军中将马克・克拉克率领的英美联合部队相比，这支部队正在奋力攻打萨莱诺北部德军占领的高地。

这里的德军仍然通过出动少量坦克，埋设更多的地雷，破坏更多的设施等方式来阻挡盟军的进军，而盟军此时正逼迫它朝后方的维苏威火山退却。（英国广播公司的一位记者报道称，盟军火炮朝那不勒斯方向展开了密集火炮攻击。）

盟军飞行员痛击敌军

虽然盟军放过了城中的打击目标，但仍继续在那不勒斯地区上空展开空战。中型轰炸机在被打击城市北部和东部的山地峡谷战线后方实施精确轰炸，战斗轰炸机继续单独对敌军的卡车车队实施打击，“惠灵顿”轰炸机越过那不勒斯，抵达加埃塔湾边的福尔米亚。

战术行动区域大多都远离德军防线上的交战中心，但最近几周，战略轰炸和战术轰炸的分界线却往往不明确，行动的总体目标也没有发生变化：亦即让德军无法利用盟军桥头堡北侧和东侧的所有区域，同时尽可能多地消灭德军。

白天，双方军队主要在不断重新集结并转移阵地，为即将到来的战事做准备。双方都知道，很快就将爆发更加残酷的战斗。与此同时，意大利境内的盟军因为塔兰托、巴里、布林迪西和萨莱诺当地都恢复通航而变得愈加强大。

如今，盟军的战线从索伦托半岛的高地到萨莱诺，然后不规则地延伸至内陆的圣西普里亚诺、蒙泰科尔维诺・罗韦拉和阿瑟诺。盟军防线从孔图尔西切入内陆地区，该地东北距阿瑟诺 11 英里，距萨莱诺湾沿岸 20 英里。

然后，盟军防线向下穿过孔图尔西和卡贾诺，抵达波坦察上方的阿维利亚诺，该地是第八集团军在意大利中南部最重要的驻点。

如今，盟军防线的最南端为蒙塔尔巴诺，此地东北距阿维利亚诺近 60 英里，离塔兰托湾海岸也不过 10 英里远。

最后，盟军的防线向西穿过吉诺萨和焦亚・德・科莱的海湾，与海岸线平行，然后突然上行抵达亚得里亚海岸上的终点巴里。

虽然盟军一直在追击德军不断后撤的左翼，但据报道，盟军与德军殿后的部队间只是偶尔爆发激战。盟军飞机白天执行各种军事任务时，所遇抵抗甚至更少，几乎没有遭到任何敌机抵抗。

昨天晚上“惠灵顿”轰炸机对福尔米亚实施的轰炸，是盟军实施的最猛烈的军事打击之一。盟军再次空袭了连接那不勒斯和来亨的海岸铁路线，一架“惠灵顿”轰炸机效仿战斗轰炸机，穿过云层俯冲下去，对拥挤在路边的运输车厢实施猛烈打击。

白天的攻击目标还包括敌军在阿韦利诺·诺切拉、帕加尼和蒙泰拉附近的据点，A-36“入侵者”飞机展开行动，攻击目标是移动缓慢的卡车。

盟军飞机遭遇一些高射炮的攻击，但并无损失。

1943 年，数百名那不勒斯人利用洞穴来躲避德军毁灭性的轰炸，该洞一度储有意大利海军的补给。

1943 年／9 月 24 日

社论：番茄之年

史册中不会如此记载，但即便如此，1943 年还是会被称为番茄之年。往年是否有人看见或听说某位园丁一直在番茄园里忙碌？当然没有。他们一直从盆栽里采摘番茄。目前，饱受霜冻困扰地区的郊区居民一边在未成熟的番茄园里忙碌，一边拼命地烫洗、舂捣和压榨成熟的番茄，把捣烂的番茄酱装进番茄酱瓶和辣椒酱瓶。未经详细考证的数据显示，1943 年，每三个向家庭出售的储存罐中，就有两个装满了番茄酱，等着运往各处储存。也许真实的数据比这更大。

人人都对番茄充满溢美之词。这是一种健康有益的蔬菜或水果——我们不要过分计较它到底是蔬菜还是水果。它不仅富含维生素，更拥有很多令人喜爱的优点：味美、质地好、色艳。如果你不曾借助它提高自己的夜视能力，那你应该买一些，因为它的销售量超过了大多数家庭餐桌上的胡萝卜。而且它肯定能帮助你第二天上午看东西更清楚。

正常的时节总有丰富的番茄供人享用。有人负责种植番茄。但是这个季度，每个手上长满老茧的园丁都种植番茄，而这个季节和这个地带都正适宜种植番茄。两个月来，我们总是听到关于番茄的种种传言，如今更是看到每个罐子都装满了番茄酱。我们已经准备就绪，不再制作番茄酱。直至感恩节再把储存的番茄酱拿来享用。到那时，我们再次出现缺乏维生素的症状，可以发自内心地感慨："同样感谢上帝赐予我们这一罐罐美味的番茄——希望它们还没有放坏。"

1943年/9月26日

麦克阿瑟发布声明
称希望打回菲律宾
反对“跳岛作战”的战略

弗兰克·L. 克拉克洪
通过无线电发回《纽约时报》的报道

【盟军新几内亚总部9月25日电】本周，道格拉斯·麦克阿瑟将军在新几内亚的作战总部发布的声明，再次引起了人们对太平洋战略问题的关注。这位美国四星将领公开反对盟军采取长期对日作战战略，不赞同盟军投入大量的人力物力打击日军。他明确表示，只要盟军采用恰当的策略并予以贯彻，完全可以以相对较小的代价更快地取得胜利。

虽然华盛顿或伦敦都尚未发表官方声明，路易斯·蒙巴顿勋爵的职务也不会凌驾于麦克阿瑟将军之上，但是麦克阿瑟将军心存疑虑，认为蒙巴顿勋爵正在逐步掌控军队和战争装备，而他却缺人少物。

新计划显现

如果情况属实，这似乎意味着麦克阿瑟将军无法打回菲律宾，因为他现在没有足够的实力。相反，这意味着麦克阿瑟将军实施的战略是要向缅甸、马来亚、印度支那和中国进军。

这对于他而言必然是沉重的打击，但他坚持声称，对自己的事情不甚在意，更关心的是如何打好太平洋战争。

麦克阿瑟将军发表的声明措辞严谨，全部基于英美两国的“新闻界的报道”，但我们完全有理由相信，他并不是在澄清自己的立场，声明的全部意义在于他知道自己已被降至“次要地位”。

麦克阿瑟作为现役高级将领已经尽力将战略问题公开化了。无论声明的价值如何，它似乎都没有透露魁北克会议后达成的共识。

麦克阿瑟的想法是，如果盟军能在菲律宾建立稳固的据点，就可以对日军实施包围，并切断其通往荷属东印度的海上交通线和向东通往加罗林群岛与马绍尔群岛的海上交通线。澳大利亚可以为菲律宾的盟军据点提供食品和有限的工业产品，为打击日本本土的军事行动提供稳固的基地。

麦克阿瑟将军在声明中强调，他提出的战略需要从侧翼展开军事行动，其中涉及海军和空军，还有他在莱城行动中成功运用的非常规军事战术，而不是需要多个岛屿配合作战的“跳岛作战”。实际上，如果换一种军事战略，还是需要“跳岛作战”。

被征引的记录

麦克阿瑟的支持者为他提出的计划辩护，称他执行任务时从未失败。他们说，麦克阿瑟将军很快就意识到，为了澳大利亚必须在新几内亚和所罗门群岛展开战斗，而且他通过充分利用其所提倡的侧翼包围战术，指挥数量少得惊人的部队，成功将守势扭转为攻势。他们注意到，对莱城展开的侧翼攻击迫使更东边的萨拉马瓦易手。本周，麦克阿瑟将军还可以指望盟军在新几内亚沿岸的莱城东面60 英里处的芬什港，再次取得胜利。

支持者还注意到，如果盟军按照麦克阿瑟将军的战略展开行动，日军不得不通过海路支持守军，但能够利用的部队却十分有限。反之，如果采取陆上联合进攻的战略，日军就能够全力抵御盟军的进攻。

麦克阿瑟将军措辞小心，并未对任何具体战略提出批评，但显然，他心中早有定论。他的想法大致如下:

日军在缅甸布置了多个师的兵力，还有一条陆上交通线可以增派援军。其地势最为艰险。即便重开滇缅公路，向中国输送的补给可能也无法满足向庞大的日本陆军展开大规模军事行动的物资需求。

日军在马来亚和印度支那境内也有内部交通运输线。

本周，海军上将金在美国退伍军人大会发表演讲，声称美国海军最近在马库斯和吉尔伯特群岛发动的攻击只是为未来的行动做铺垫。为防止类似珍珠港事件的袭击再次发生，显然要先把侧翼的马绍尔群岛、吉尔伯特群岛、加罗林群岛和其他岛屿上的日军消灭干净。此外，夏威夷本身是无法自给的，而真正的行动基地可能位于美国西海岸。

在对待千疮百孔的中国时，美国也有自己的政治考量。中国仍然是抗击日军的陆上主战场，这一点是决策者们所不能忽视的。中国的空军基地也是日军所能利用的最靠近太平洋战场的基地。

麦克阿瑟将军所做的，就是向美国民众清楚地表达自己的观点，在公众十分感兴趣并密切关注的话题上提出问题。他通过声明表示，希望把人力物力的消耗降至最低，而且他相信，虽然需要比现在多得多的武器装备，但他有办法避免消耗大量的武器装备。

澳大利亚人的观点

必须指出的是，在对这一问题进行全面、准确的报道中，许多澳人利亚人和一些美国长期观察员认为，麦克阿瑟将军曾因宏大的巴丹战役获得盛赞，是因国内政治而导致麾下战备和部队裁减或遭到类似的惩罚，从而只能展开有限的军事行动。他们认为，这也是麦克阿瑟对当局忽视自己非常敏感的原因之一。

一年前，麦克阿瑟将军在评论新闻界的报道时称，他的愿望不过是等战争结束后能够退休而已。本周发表的声明谈论的都是军事问题，即便如此，麦克阿瑟在声明中也强调自己没有“军事野心”。

1943 年/9 月 26 日

苏联红军满怀仇恨一路挺进

苏联作家、记者伊利亚·爱伦堡
（通过无线电发回）

【莫斯科电】1941 年 9 月，我恰巧在布良斯克附近的森林里。那是段痛苦的时光。基辅的悲剧发生了。每天，柏林的电台都在广播，德军又攻占了新的城市，伴随着奔流的鼓点、提洛尔人的岳得尔歌和德军的欢呼，德军捷报频传。苏联农妇们满眼痛苦地盯着撤退的苏联红军。到处肆虐着骇人的流言，说身穿背心、大汗淋漓的德军扬扬自得地把帽子歪向一边，冷酷地射杀难民。手推车吱嘎作响，那凄切的哀鸣令我终生难忘。德国报纸写道："苏联宛如深陷泥潭的巨人。"

如今，苏联正阔步西进，这些都值得回忆。事实证明，她的脚步比许多人想象的更加坚实，她的内心也异常坚定。即便希特勒一再向德国人保证，他的所作所为也不过是徒劳。"我们正主动缩短战线。"只要看一看这被战火灼得焦黑、被炮弹撕得粉碎的战场，就会明白，德军面对苏军进攻时如何顽固抵抗。采用弹性防御？它可得小心了，弹性防线也有断裂的一天。

苏联红军打了德军一个措手不及。例如，这是斯大林诺（今顿涅茨克。——译者注）的德军前指挥官、陆军中校楞次对该市居民发布的一份声明：

流言一度在城中甚嚣尘上，扰民尤甚，大意是说，德军已无力守住前线的据点，苏军还有几天就将抵达这里。据说，街道上越来越多的车辆往来不息，说明德军正在撤退。敌人已经孤注一掷，全力投入战场。任何相信此类流言的人都在煽动恐慌情绪。每个人都必须冷静下来，踏踏实实地继续工作。

德军没来得及张贴这份声明，就被苏军在印刷厂缴获。

为了掩饰苏军的反扑，柏林方面通过斯德哥尔摩和伯尔尼对外发布消息称，德军步兵师正从苏联向西转移。但与此同时，增援部队正加紧从德国赶赴苏联。我与多名上个月进入苏联的德军战俘进行交谈，问他们，这些增援部队都是由什么人组成的。他们告诉我，这些人（包括生产弹药的工人，身体有缺陷的人）都是依照总动员令从阿尔萨斯—洛林和斯洛文尼亚征召而来的，还有一些是刚出院的伤员。不过是一些可怜的炮灰。

一名被俘虏的德国军官对我说："比起这群人，我更想指挥经验丰富的士兵。"但德军已没有那么多经验丰富的士兵了，历经了两个月的血腥战斗，他们都去见阎王了。许多德国军团在此期间增加了两批甚至三批新兵，但每个连队新增的人数也不过 15 到 20 人。许多坦克师原有 200 辆坦克，但现在仅剩 34 辆。损失较小的大德军师也仅余 60 辆坦克。德国轰炸机常常在没有战斗机保护的情况下执行轰炸任务。这一切都证明，德国这台战争机器已经被严重削弱。

以前，德军常常会把残破的坦克拖回，尽快修好。如今，它通常弃之不顾。与其说事关机器，倒不如说这更关乎人心。我军士兵认为："德军的士气不复从前了。"

德国第十摩托化步兵师的下士费希纳最近刚被俘虏。他抱怨说：“德军士兵习惯在知道结果时才努力战斗。但这里的战斗永远看不到头，所以他们都放弃了。你想了解事实是什么吗？好吧，看看这里有多少战俘。他们本可以不投降，完全可以奋起反击，但是都像我一样投降了。两年来，在苏联战场上，德军发生了明显的变化。我们丧失了原有的战斗精神，每个人都想着怎么保全自己。”

事到如今，许多德国士兵依然是这么想的。苏联红军的夏季攻势击垮的不仅是德军的防御工事，还有德军的自信心。这些征服者开始对自己产生怀疑。

这并不是说所有的德国人都屈服了。德国人跟意大利人可不一样。他们不是小兵，而是整场战争的谋划者和指挥者。意大利法西斯就像某种湿疹，一种轻微的皮肤病。德国法西斯则是顽固的癌症肿瘤。即使被苏军俘虏，你仍然可以发现，很多战俘对元首的话深信不疑。

陆军中尉汉斯·勒克就是一例。他说：“的确，德国的老兵总是满腹牢骚。意大利确实令我们失望。不可否认，苏联红军现在也十分强大。但我坚信德国一定会胜利。如果我们成功打垮苏联，下一个就轮到英国了。但是，有人却认为我们会构筑一道‘东方壁垒’，然后转而攻打英国。说起战后的目标，德国很可能把殖民者，也就是德国士兵，迁往占领区，就像 18 世纪初期奥地利—匈牙利击败土耳其后采取的殖民策略一样。”

另一名战俘，陆军中尉约翰·柏克德说得更加直接：“我们相信德国会胜利，因为我们必须取得胜利。我指的是军官和军士。我们都知道，胜利意味着好日子和暴富的机会。”

战俘越来越多。德国陆军依旧纪律严明，却更容易选择投降。这一征兆表明，战争已接近尾声。德军士兵在苏联打了两年仗，突然发现内心依然想做平民，渴望平静的生活。他们深感失望，反复念叨着“我们输了”。再对他们实施一次打击，他们就会大叫着“停，我投降”。

另一方面，苏军历经了两年的战斗后却变得骁勇善战。它在许多方面都表现出一种新的精神，比如语言、纪律，流行饰品、肩章和徽章，以及军官们迫切希望提高自身的军事素养等多个方面，都体现出了这一新的战斗精神。

我们的军队在这两年中发生了深刻的变化，它已经爱上从前深恶痛绝的战斗，并学着讨厌许多从前喜欢的东西。这样的战争锻炼了人们的灵魂。与 1941 年相比，如今，苏联红军更像一支训练有素的军队。

就像艺术家获得新一轮的创作灵感一样，没有一所军事学院能够取代实际战斗经验。苏联军官从战斗中取得了进步。原先，我军有太多的例行规定。许多军官还深受内战的影响，他们需要学习新时代的战略。1939 年，德军就像军事改革者。如今，德军却变成了保守的学院派，这就是德国人性格的本质。从军事意义上说，过去，我们落后于德军。但如今，我们已经超越了德军。我们的思维更加活跃，更加灵活。这并不是说苏联红军已经成为一支职业军队，这是人民在战斗。

是什么力量把西伯利亚农民转变为勇猛的战士？是什么力量使我们的步兵能够一日行军 40 千米，即使德国轰炸机在头顶盘旋也安之若素？此次战争有别于其他战争：参战的动力并不是智慧，甚至不是强烈的爱国之心，而是被激怒的人民的良心。

随着苏军的不断挺进，士兵们目睹了“荒凉地带”的可怕场景。谁能相信这里曾是卡拉切夫市？斯大林诺和马凯耶夫卡陷入一片火海。苏联红军在塔甘罗格

1943 年，精疲力竭的德军小分队在莫斯科郊外投降。

目睹了派特鲁什那山谷的恐怖场景。那里埋葬着 3.8 万名被德军射杀的平民，另有 3.5 万平民被送往德国，而整座城市的人口不过 20 万。奥廖尔和杰斯纳河间横亘着一片沙漠荒原。我眼前放着德国司令部要求消灭这整个地区的居民的一份命令，上面写道：

“当地的每一位居民及其家人、牛群和动产都应向西转移。任何企图向东走的人都格杀勿论。”

当你聆听幸存者的描述，望着他们因恐怖和羞辱而黯然无光的双眼，你会看到另一片荒漠——那片被德军两年专横的暴行催生的荒漠。

我接触过一支主要由库尔斯克地区的人民组成的部队，其军官和士兵都在迫切地等待消息。消息传来了。其中 11 个人获知自己的亲属或被吊死，或被射杀；另外 9 人了解到，自己的家人已被押往德国；另有 32 人了解到，自己的家园在火海中被夷为平地。试问，当这样一支队伍向西挺进时，还有什么力量能够阻挡？

德国军官西格弗里德·曼兹克如今沦为战俘。他告诉我：“再继续打下去毫无意义。”没错，当德军展开大规模劫掠行动时，战争就有了意义。那时战争对德军士兵而言意味着熏肉，而对德军军官而言则意味着石油。如今，战争对他们而言自然失去了意义。但此时的战争对我们而言却充满意义，我们正在教训这些侵略者，不要再每隔 25 年就劫掠别国的财富。他们的后代应当反省，抢 1 磅熏肉和 1 吨石油的代价是什么。

最近几周取得的军事胜利令苏联人为之一振。但我们不会因此而忘乎所以。我们很清楚德国的实力，并一直等待盟军开展大规模军事行动。如今，我们可以拯救很多东西，快速展开联合打击行动可以拯救欧洲大部分地区，否则这些地方将变为“荒漠”。

我建议我们的盟友听听德国人自己的声音。比如，陆军中尉阿诺德·克拉森说：“如今一切都完了。秋天，英军和美军就会攻入德国。1943 年夏天，德国必须在苏联取得决定性胜利，却未能如愿。这意味着最终，冬天来临的时候，灾难也会如期而至。但德国人离实现百年以来的梦想仅有一步之遥。”

我们无须理会陆军中尉克拉森对强盗般的“百年梦想”的感慨，但我们应当意识到，他的话语中体现了德国的极度恐惧。

第四章

4
chapter

命中注定的三巨头

1943 年 10—12 月

到了1943年的晚秋时节，西方同盟国显然终于准备在西欧开辟一条主要战线。《纽约时报》及其他新闻机构纷纷推测，陆军参谋长乔治·马歇尔将赶赴欧洲，走马上任，领导这场摧毁希特勒领导下的德意志帝国的最终战斗。马歇尔为人谦和，工作勤勉，是一位通情达理的指挥官，《纽约时报》称之为“朴实无华的战士”，但他却缺乏一线作战总指挥的经验。

同盟国中三个大国的领导人悄无声息地策划了两次重大峰会，就这场战争未来的军事和政治方针进行磋商。会议正紧锣密鼓地筹备时，意大利、乌克兰和太平洋各地的战局依然胶着，双方军队在泥浆和沙土之中奋战。这毫不夸张。在苏联，红军冒着严酷的寒冬顶着雨雪奋勇前行，于11月7日拿下了基辅。岁末，苏联军队已经向波兰边境行进了100多英里。地中海战区的形势也是同样的严峻。1943年年末，赫赫有名的战地记者厄尼·派尔写道，“数月里，我所认识的前线士兵过着非人的生活”，还备受“死神残酷而暴虐”的折磨。美军士兵极少得到来自家乡的消息，可是收到家人的消息时，他们又会焦虑不安。为了鼓舞士气，《纽约时报》发表了一篇题为《如何给海外士兵写信》的文章，称海外士兵最迫切需要的是定期收到家乡的消息，以及真情的慰问。为了安慰妻子或女朋友写信告诉其已另结新欢的士兵，军队中成立了非正式的“佳人他顾”俱乐部，让收到分手信的男人倾吐心声，得以释怀。

太平洋战场的严酷战况，可以说有过之无不及。日军在那些远离大陆的小岛上顽固抵抗，使得美军抵达日本本土中心地带的前景黯淡。11月1日，美国和新西兰的军队攻入布干维尔岛。11月20日，在代号为“电击行动”的战役中，大约 3.5 万名海军陆战队队员和陆军士兵试图攻占吉尔伯特群岛上的塔拉瓦环礁。战斗尤为惨烈，美军的伤亡人数一度超过日军的伤亡人数：1140 名日军伤亡，而美军则死伤 4700 人。一名通讯记者曾经这样记录：本次战役是“一场永无休止、无法言表的大屠杀”，在狭窄的沙滩和珊瑚带上，横七竖八地堆满被打死的士兵和被毁坏的车辆。

在这种情况下，罗斯福总统和丘吉尔首相首先赶往开罗，在那里与中国领导人蒋介石会面，商榷亚洲战事。随后，11 月 28 日，罗斯福、丘吉尔抵达伊朗首都德黑兰与斯大林及其军事参谋人员见面。可以毫不夸张地说，这是时代对他们所发出的召唤，他们是“命中注定的三巨头”。在德黑兰，罗斯福、丘吉尔和斯大林对战争的大政方针及其政治后果进行了磋商。随着战争的胜利前景越来越明朗，对战争的政治后果进行讨论变得越发重要。斯大林最终获得了英美盟友的允诺，即对西欧发动大规模攻入行动，以缓解苏联红军所面临的强大压力。德黑兰会议的最终公报发表几天后，赛勒斯·索尔兹伯格对此次会议进行了报道（美国记者中只有两位获准采访会议）。索尔兹伯格在《纽约时报》上刊文，指出“莫斯科方面关于开辟第二战场的长久吁求将得到完全的满足”。与罗斯福相比，丘吉尔对攻入西欧的前景一直缺乏热情，然而他却无法阻止此事的实施。

到了 12 月，《纽约时报》发布报道，称英国的进攻计划正在成形。对于马歇尔将成为陆军最高作战指挥官的猜测最终解扰：马歇尔被视为美国整体战争规划不可或缺的人物，仍旧留驻华盛顿，艾森豪威尔从地中海战区调至西欧，负责执行代号为“霸王行动”的秘密进攻行动。与其对峙的正是他在北非战场的宿敌——德国陆军元帅隆美尔。12 月，隆美尔受命负责组织法国海岸区域的防御。

1943 年
10 月 3 日

马歇尔：朴实无华的战士

西德尼·沙莱特
华盛顿电

乔治·卡特利特·马歇尔将军正在迈入职业生涯的巅峰。人们审视将军本人和他的履历时会发现，这是一份上升缓慢但却稳步向前的履历。人们可以清晰地感受到他上升到这个显赫、卓越地位的种种原因。

不久前发生的一件事凸显了将军的人格秉性和处事方式。当时，马歇尔将军正准备从阿尔及尔返航。他看到这架载着他本人和其他一些高级将领及助手返回美国的运输飞机上有一部分位子空着，就认为这是一种“罪过”，因为有那么多的受伤士兵只能乘坐缓慢的船只返回家乡，而这些座位却空着。

3 分钟后，一名年轻的参谋军官（将军并没有配备副官）就领命赶往一家阿尔及利亚医院，接回一些能够坐着的受伤士兵。他带回来两名二等兵，一人手臂打着吊带，另一人头部裹着绷带。他们进入机舱，坐了下来。马歇尔将军 1900 年曾是美国南部橄榄球的擒抱能手，双臂仍旧强壮有力。运输飞机起飞前一刻，将军跳上飞机，走到这两名士兵面前，伸出手说：“我是马歇尔将军。欢迎你们和我们一起坐飞机回去。”

到了下一个基地，他听到有名负伤的少尉一直在等着被送回美国，于是又让他坐上这架飞机。飞机抵达华盛顿后，这些心怀敬畏之情的伤兵全都去了沃尔特里德医院。3 天后，这位满脑子都是把意军和德军赶出西西里岛及意大利北部区域的长期规划的将军，特意拨冗叫来一位参谋军官，让他向医院询问这两名二等兵以及那名少尉的状况。

身材高大、肌肉健壮的马歇尔将军就是这样一个人。到 12 月 31 日，他就 63 岁了。他可以像谢尔曼坦克的外壳一样强硬，可以像断头台铡刀一样迅速而无情地向无能之人开刀，然而，事关下属的福利时，他却成为陆军中最体贴入微的人。他的头脑是一个储存着大量技术和人员资讯的现成档案系统。通过这个系统，他快速地下定如何待人处事的决心。无论是思想上还是行动上，磨磨蹭蹭都与马歇尔将军格格不入。

马歇尔将军还是军中最平实的人物之一。他使用的言辞几乎总是那么质朴无华，并且从不愿抛头露面。那些与他工作关系紧密的人都指出他并非恐惧公众的关注，但是，他不想因为浪费时间而降低自己的工作速度，而摆姿势拍照、举行各种各样的演讲或者接受访谈这些事情会消耗大量的时间。此外，他不想因人们对他所说话语的错误诠释，无论这是出自偶然或者其他原因而受到抨击。他曾经说过:“毫无公众的关注并不会让我受到伤害，可是某些公众的关注却对我毫无益处。”然而，只要他愿意，他本可以成为一个永恒的公众人物，因为，他现在不仅是世界上最举足轻重的人物之一，还拥有抓住公众喜好的背景、机智，以及引人注目的外表。

马歇尔将军的个性特征，还可以从他在频繁的巡视中所表现出来的习惯性行为里略见一斑。他厌恶沽名钓誉，讨厌正式访谈。除非迫不得已，他不想与这两者有任何沾染。他喜欢暗访军事基地，因为他想看到事物的本来面目。例如，如果某位师长想向他展示一支打靶枪支，他会问是否有士兵正在用它射

20 世纪 40 年代的乔治・马歇尔将军

击，如果答案是否定的话，他就会爆发："该死的，我已经见过成百上千的打靶枪支，但是我想看到用它射击的人。"

他有一个令人惶恐不安的习惯，那就是去巡视食堂。他会自己选择去检查哪个食堂，以免被带进一个为他特意精心装点过的食堂。他很重视节约粮食，几乎每次都免不了要跳到后厨，亲自检查有多少食物被原封不动地退回。如果出了问题，他会找出问题所在，并安排对问题进行处理。同样地，如果他了解到在北非战区有一辆吉普车的马达因为某些零件的运送速度迟缓而无法正常运转，会下令对世界各地所有的美军营地进行调查，看看这些零件会不会总是迟迟运不到营地。告诉某个军官他要实施某个举措后，他不想听到这个军官说下周二就能纠正此事，他想听到昨天举措已经实施。

乔治·马歇尔出生在宾夕法尼亚州的小镇尤宁敦，父亲来自肯塔基州，是一位煤炭和焦炭经营者。打记事起，马歇尔就一心想成为一名士兵，虽然他并不知道自己到底受了什么因素的影响。他的父亲十分赞同他的抱负。但是，他的父亲是南方的一名民主党派人士，身处对于南北战争仍旧存在争议的时期，无法让地方议员将年轻的乔治送去西点军校，所以就送他上了弗吉尼亚军事学院。在那里，乔治不仅练就一身橄榄球本领，还成为学员军团的首席队长。在第一学年里，他就表现得与众不同：二年级有一名捣蛋鬼把刺刀捅入他的身体，几乎夺去他的生命，但他坚忍地保持沉默。这种沉默寡言的特征时至今日仍然在他身上表现得极为突出，因为所有曾经与他共事的人（除非是他三缄其口的最亲密的同事）从来就没有听到他说起是否喜欢离开办公桌去亲临战斗现场。

他 1901 年毕业，次年 2 月加入美国陆军，任步兵少尉。在第一次世界大战中，他曾在很多岗位服役，表现出色，还担任过美国陆军第一师作战部长的要职。

在这个岗位上，他组织和处理大批人员的能力得到了展现；他曾经负责在不到两周的时间内，将数十万人员及其装备从圣米谢尔转移到阿尔贡。他引导这支部队在夜间行军，处理方式如此娴熟，以至于当阿尔贡进攻拉开帷幕时，德军看到这支庞大的队伍出现，被惊得目瞪口呆。

他曾多年担任潘兴将军的副官，与潘兴将军的关系十分亲厚。潘兴将军至今仍为马歇尔将军最亲密的朋友之一。潘兴将军在法国时曾举荐马歇尔晋升准将军衔，但在"一战"中，马歇尔的职衔从未超过临时授予的上校军衔。而事实上，他花了近 32 年的军旅生涯才获得了永久的上校军衔。然而，1939 年 9 月，他已成为准将，罗斯福总统越过 31 名高级将领，把他提拔为参谋长。此前的 14 任参谋长中有 5 人是非西点军校出身，而马歇尔将军是第一名担任此职务的弗吉尼亚军事学院毕业生。

马歇尔将军身高约 1.83 米，体重 180 磅。

朴实无华的战士

将军有着一张相当严厉的脸，脸部线条刚毅，皱纹并不多，看起来强壮感更盛。他的眼睛深幽湛蓝。在他众多的伟大个性禀赋中，有一项是能与各式各样的人和谐相处，特别是在战前的若干年间。当时，国会议员们仍在向军队大量拨款的投票问题上迂回不前。他对国会议员知无不言，言无不尽。对于议员们向他提出的任何问题，他都会以大量的事实和数据做回答，而且他还表现出一种确切无误的气势，让人们相信他所言俱实。他那严肃认真但也彬彬有礼的态度，给国会议员们留下了深刻的印象。马歇尔将军赢得国会的尊重对陆军的快速增长至关重要，1939 年他接管陆军时，处于和平时期，陆军人数为 17.4 万，如今增长到几近 800 万。

马歇尔将军不会把自己所有的职责委派给手下的参谋人员。然而，他足够理智，知道自己无法亲自处理成千上万的细枝末节，于是他开发了一套二元系统来应对这种状况：第一，他选择那些深谙他的为人处世方式、完全信得过的人员做参谋；第二，他创造了一种让这些人员把现存问题向他概述的方法，可以无须过多的时间就能把握状况。

副官向马歇尔将军汇报时，将军先是倾听，然后说“可以”或者“不行”。他以闪电般的速度做出决定，极少解释为什么，也期待自己的指示可以立即执行。

令人难以置信的是，他熟知数百名将军的性格，而他的选择大部分是恰当的。他把许多他自己并不喜欢，但深知其可以成为优秀军官的人员提拔到高位，可见其人格的高尚。

马歇尔将军十分小心谨慎，不会因熟人甚或是亲密友人的要求，就对服役人员或者官员的利益给予恩惠性照顾。他收到成百上千封要求给予照顾的信件，但总是回信表达这样的意思：“如果我给予你这样的照顾，对于我每天都要不得不拒绝的数以百计的人来说是很不公平的。”

将军对于那些长篇累牍、废话连篇的写作方式尤为厌恶，因而任何一位助手甚至为他写一封感谢信都变得十分困难。如果有人为他草拟一封信，开篇语是“请允许我向您表达谢意”，那么将军就会把这个句子划掉，取而代之写上“谢谢你”。

几乎所有送去让他签字的文件都会被他从头到尾删改一遍。

而演讲稿和报告，至少是主体部分，他总要坚持自己亲自操刀——最近他向战争部部长提呈的 3 万字的双年度报告也毫不例外。在突尼斯战役中，泰利・艾伦少将以极为清晰简单的方式写下一份命令书，给他留下了非常深刻的印象，以至于他还抄送了一份呈交给罗斯福总统。

马歇尔将军一直与史汀生部长紧密合作。他们对于职责都怀着忠诚正直和敬业精神，这些特质无疑让他们亲密无间。还有，许许多多的午餐时间和午后时光，将军都是与罗斯福总统一起度过的。似乎白宫方面和将军已经发展出一种平顺和谐的工作关系。据一些观察家所称，白宫方面极少提出与战争部的政策相悖的建议。

马歇尔将军有一种幸福的能力，那就是，不工作的时候，能够放松自己。在华盛顿，他喜欢与马歇尔夫人一起长时间散步，或是在波托马克河上划独木舟。他还喜欢骑马，有那么几次，他骑马回到自己在弗吉尼亚州利斯堡的老家，在花园里辛勤劳作。他还有阅读的癖好，所涉猎的内容并不限于军事题材。在坐飞机长途旅行时，他会放松下来读书。他十分赞赏本杰明・富兰克林的作品，喜欢福尔摩斯，却不会去读普通的侦探小说。他喜欢反复阅读自己喜欢的书籍。最近他重读的就是《三个火枪手》。

还有两件事情也可以让人们领略到将军的人格魅力。一件是虽然他所获得的美国军方和外国军方的奖章足以塞满军帽，但他佩戴的并不多。然而，在他的衬衫上，他总是系着珍珠港事件黄丝带和“一战”胜利丝带。前者是所有 1941 年 12 月 7 日前在军中服役的士兵均有权佩戴的，而后者是发给所有参加过第一次世界大战的人员的。

另一件就是他从不使用详尽复杂的地图系统。他有一个大大的地球仪和美国军队目前正在作战的战区的地形图，但在这些地图上，没有任何旗帜、标志，甚至连一枚彩色大头针都没有。

将军根本不需要使用旗帜或者彩色大头针。他把这些情况藏在自己的大脑里，随时都可以告诉你，从第一个师到最后一个师，哪位师长正在指挥部队在哪个山头作战。

1943 年
10 月 3 日

如何给海外士兵写信

米尔顿・布拉克
通过无线电从北非盟军指挥部发回

为让前线士兵保持高昂的士气，与其通信时请注意以下事项——

这些日子里，在非洲战场上最惨淡的脸孔当数“佳人他顾”俱乐部成员了。这个俱乐部的成员资格是严格控制且不收费的。在全体美国士兵中，他们的深痛绝望之情堪称无以复加，但这并不重要。在这个战场上，他们的愁云惨雾是最浓重的。

“佳人他顾”俱乐部成员有士兵，也有军官，都从家乡收到了类似这样的信件：

“亲爱的约翰：我不知如何启齿，但我只想说，不久前的某个夜里，乔・道克斯告假回到镇上。他身穿制服，样貌英俊，所以当他提出要跟我约会……”

显然这种信有各式各样的表达方式，但是对收信人造成的打击如出一辙。收信人被“甩”了——这是一个何等令人深切绝望、令人顿觉世界黯淡无光的伤痛。

这个突然发起的“佳人他顾”俱乐部是那些信件对士兵造成影响的表现，无论他在哪里服役，处于哪个岗位。这些日子里，在大多数人的生活中，占据主导位置的战争因素可能就是分离——对于许许多多在传统美国家庭长大的人来说，分离这个概念在战前几乎是不可思议的。而今，来自缅因州、南北卡罗来纳州、犹他州和得克萨斯州的儿子们、兄弟们、情侣们、丈夫们和父亲们突然发现自己来到像阿尔及尔那样难以想象的地方。与抽象的爱国理想相比，一封看得见摸得着、通常是平淡无奇的家书更能够成为维系他们与所熟知的一切，以及所挚爱之人之间的联系的纽带。

一天晚上，一名在红十字会俱乐部前徘徊的长腿美国士兵被问到最想收到什么信时，他说："我哥哥的信。"然后你马上就知道他来自卡罗来纳，他接着说："我想要的就是一封信而已。"事实上，士兵们会反复告诉你，他们宁愿收到坏消息，也比收不到消息强。

最近一份来自战争讯息办公室的公告被人们认为大有裨益。对于要告知前线士兵什么事情，这份公告给出了以下建议：（1）家人正在为帮助赢得战争所做的一切；（2）家人是何等焦急地期盼他的回归；（3）家人的身体状况很好——写下细节；（4）家里的经济状况良好；（5）社区里人们正在做的一切，女孩们的消息，朋友们的所作所为，谁与谁结了婚，家乡球队的光荣成绩、社会活动，以及战争对家乡的影响。

来自得克萨斯州休斯敦三区的二等兵约翰·威尔士看到这份公告时，自己写了一封不长的信。他提出的建议计划就像盟军向德国城市投放的重磅炸弹一样，引起了强烈反响。曾经在印第安纳波利斯市从事广告工作的伯纳德·布鲁姆中士同样也对"某些类型的信件"有着强烈的意见，虽然他所列出的类型只是他自己的，而非大家的。

和自己的战友一样，布鲁姆认为"哦，你这个可怜的孩子"那种类型的信件是最常见和"最恶心"的信件之一。这就像是事情还没有发生，写信者就"哭倒在你身上"。同样地，他对那种"我玩得很开心"类型的信件感到厌恶。这种信件与分手信异曲同工，写信者会在信中描述她兴高采烈地流转于各种派对、舞会、鸡尾酒会之间，与休假的空军军官在公园里浪漫地散步，林林总总。布鲁姆还继续列举出那些"哎呀，事情太可怕了""我很抱歉地告诉你""我希望能与你在一起""学学齐克表哥"的类型，诸如此类，因为这些信件都会让他和他的战友备受折磨。

但如果就此认为士兵们对信件的态度是挑剔多于珍惜的话，就是严重的误导。相反，信件是士兵们的一切，尤其是某些类型的信件，对士兵们的鼓励远胜任何一次将军对他们所做的鼓舞士气的讲话。士兵们到哪里都带着他们的信件，把它们保存在手提箱里，在餐桌上拿出来读。有信来时，他们的脸都亮了，而没有信来时，他们就会神色黯然。

战争讯息办公室所做的几乎就是寻求一种固定的模式，断定大多数男性士兵和陆军妇女队的成员喜欢读到的自己所爱之人在信中写到的事情：第一，家里一切安然无恙；第二，大家都以他们为傲，但对此不要过多渲染；第三，温和地、娓娓地说起那些与他们入伍参战前的生活方式息息相关的各种细节。对于他们所写家信中提出的问题，他们喜欢获得直接的答案——再没有什么比涉及某位朋友的具体地址或某些作物的生长情况之类的问题在信中被完全忽视更令人生气的了。

在来自妻子或心上人的信件中，士兵希望读到的内容是老一套，无非是自己仍然是她唯一所爱的人，她对他思念不已，会一直等他，直到天荒地老。对于此类情书，有不同的意见。有些士兵说自己不信任那些"说许多诸如此类的话语"的女孩。对有些士兵来说，他们所离开的情侣、未婚妻或妻子就是整个世界。

1942 年春天，我在伦敦的一家餐馆碰到一位名叫埃迪的中士，因为餐厅总是让两个到店的男性顾客拼桌，所以我们坐到了一块儿。他开始跟我说起部队开拔前大约一个月才刚刚和他成婚的妻子。他随身带了一封信，朗读出来的一些段落与我曾经听过的情书相比，传达出更多关于分离给爱人带来的害怕、不舍和深重痛苦。"我真的不为你担心，亲爱的，"他的妻子写道，"因为我知道在所有外出作战的人中，我的丈夫是最棒的、最勇敢的、最强的。是的，还是最温柔的。我知道上帝不会让任何事情发生在他身上，因为他是这样一个人，因为他是我的丈夫。这让我非常高兴。"

可能，信的冲击力并非在措辞本身，也许是这个男孩读信的方式——眼睛闪闪发亮，声音低沉。而且也许你必须意识到，他是"空中堡垒"飞机上的尾翼炮手，被派驻到一个伤亡从来就特别大的空军基地。

与那些毫无人情味的信件相比，士兵们更容易受到与自己相关的事情的鼓舞和支持：同名的侄子正如何茁壮成长，他的女朋友如何喜欢他穿着制服的照片。他们想知道祖国仍在加紧备战，但更喜欢想当然地希望事事顺利，而不是听到罢工和薪金纷争。他们厌恶关于汽油、橡胶制品、糖果、丝袜或其他物品短缺的抱怨。

有一天，一名士兵被朋友写来的一封信激怒了。他的朋友在信中抱怨再也无法买到足够大的、物有所值的热狗，而且每周二都必须吃素食，等等。"如此这般的人士真应该尝尝我们在凯塞林隘口不得不吃的东西，"这名士兵说，"还应该体验一下这里隆隆的枪炮声。”

总的来说，士兵们不喜欢这样的写信方式：“如果有人跟你说，家乡的人们不知道战争正在进行，别信他。”他不喜欢听到自己的女朋友与男性外出，但如果她向他诉苦说镇上仅剩的男性就是“傻帽、老人和孩子”，他很可能会被逗乐，感到开心。他还会迷醉于各种各样的照片，包括家人的、女朋友的、宠物的和朋友的，以及任何提及他本人的当地报纸的剪报。有时候文字可能会失去效果，而照片和剪报从来不会。一个士兵坦言，他的女朋友每周都会给他写两封长达 8 页的信。“坦率地说，读完前两页后，我就不知道我正在读什么。”他说宁愿每天收到一封缩印信件，每周或者每 10 天收到一封长信。

1943 年/10 月 4 日

丹麦籍犹太人涌向瑞典

许多难民在日德兰半岛遭全境追捕——报道称已有 1600 人被捕

哥本哈根的战斗

被德国人忽略的斯德哥尔摩避难所容纳 2000 名早期难民

通过无线电发回《纽约时报》的报道

【斯德哥尔摩 10 月 3 日电】周四，丹麦出现逃离盖世太保恐怖统治的浪潮，超过 1000 名丹麦籍犹太人抵达瑞典。他们当中大多数人是昨晚抵达的。

各种年龄、各种境况的犹太难民勇敢地渡过冰冷刺骨的厄勒海峡，抵达瑞典海岸。有些甚至是游泳渡过的——海峡最窄处有 2 英里宽。其他人靠丹麦渔民划船渡过，渔民会因此收取 375 美元到 750 美元不等的费用。

并非所有试图跨越海峡的人都取得了成功。大家认为可能大多数游泳横渡者因抽筋而沉入大海。而坐船横渡海峡的人们可能会遭到海峡里来回巡逻的德国海军快艇的突袭，也许一阵枪响后，船只就被击沉。

据难民们所称，盖世太保闯入他们的新年庆祝活动，一些犹太人进行了抵抗，双方都死了很多人。（据美联社报道，在日德兰半岛境内有许多人被追捕。）

市政当局和瑞典南部沿海社区的红十字分会正把难民安置到学校和其他可用的建筑内，并为他们提供食物。许多难民都很穷。哥本哈根方面发来的报道称，盖世太保已经集中力量抓捕较为贫穷的犹太人，显然是给那些付得起巨额赎金的犹太人提供谈判机会。

据今晚抵达瑞典的横渡者称，海因里希·希姆莱已抵达哥本哈根，亲自监督围捕犹太人的行动，但这一说法尚未得到任何其他讯息渠道的证实。

1943 年瑞典马尔默市的犹太难民

1943 年/10 月 11 日

印度城市满是饥荒的印记

【路透社加尔各答 10 月 10 日电】目睹肆虐的饥荒从加尔各答蔓延到孟加拉而产生的那种难以形容的悲惨景象，绝对是对人的意志的磨炼。女人和孩子因为饥饿跌倒，躺在地上，不是已经死亡，就是虚弱得说不出话来。

与几周前相比，街上的乞丐更少了，但是又多了数以千计的病得无法乞讨或者连走路都困难的人。加尔各答医院大约两个月前就开始接收“生病的贫民”，现在几乎人满为患。许多医生说他们在过去的一个月里所目睹的痛苦，比过去的 20 年里看到的还要多。

上周四以前的一周内，加尔各答市医院有 527 人死亡。无数尸体在街上被抬走。自 8 月 1 日到 10 月 6 日，两个公共组织，一个属于印度教，另一个属于穆斯林，和警察分队一起处理了 4152 具尸体，虽然这些人并非全因饥饿而死亡。

护理病人的各项工作正在协调开展。在提供免费米饭的厨房里，大勺盛着米饭和蔬菜放进陶碗里，对于拥进厨房里的成千上万的人来说，这个陶碗是他们唯一的财物。全邦的免费厨房现在供养着大约 135 万人。

1943 年/10 月 12 日

主教描述日军在香港的恐怖统治

奥加拉详细地讲述了自己从处决中逃脱的细节和在日军俘虏营中遭受的苦难

为中国人呼吁

敦促废除“排华法案”，希望美国战后在该区域施加更多的影响

通过无线电发回《纽约时报》的报道

卡斯伯特·奥加拉主教详细讲述了自己在日军处决俘虏的行动中死里逃生的故事，以及成为日军俘虏后随之而来的种种磨难。奥加拉主教是沅陵教会的神父，同时也是中国湖南西部苦难会的领导人。在昨日的采访中，主教敦促废止“排华法案”，并倡导美国通过“向中国的学习机构提供文化和技术援助”的方式对中国施加更大的影响。

此次采访是在位于东 38 街 109 号的信仰传播协会办公室进行的。奥加拉主教在安大略省渥太华市出生，今年 57 岁，曾被日军拘押在香港 6 个月，现在已经康复。他希望在此地停留两三个月后，再次返回沅陵，返回自己的岗位。

在中国度过了 20 年

在过去的 20 年里，奥加拉主教一直维系着美国苦难会在中国的传教工作。他因对被日本侵略者赶入中国内地的难民的救助活动而得到了中国政府的高度赞赏。

他谈到了美国飞行员和士兵们给中国民众留下的“美好印象”。这些印象既有关于他们的战斗能力的，也有关于他们对宗教的虔诚的。

主教解释说，在珍珠港被日本偷袭前 8 天，他从沅陵来到香港治病。

“1941 年圣诞节的清晨，我就在斯坦利天主教医院里。这所医院位于香港郊外。”奥加拉主教继续说道，“当时日军把我和其他 32 位传教士一起抓起来。我

们的衣服被剥下来，只剩内衣，双手被反捆在背后。

“我们被带到刑场，在那里等了约一个半小时。然后有人对我们进行了盘问，之后我们就被送到附近的一个车库里，双手仍然被绑着。

“我不知道为什么我们没有被处决，也许是因为当天下午香港投降了。六点过几分，6 名英国军官被日军用刺刀捅死。我们以为接下来就该轮到我们了。

双手被绑了两天

“我们被关在车库里三天四夜，身上只剩内衣，其中两天我们的手腕一直被绑在背后，而且日军没有给我们吃任何东西。第三天，抓我们的人给了一点牛奶和面包。

“然后，他们把外衣还给我们，把我们带到一家黑乎乎、脏兮兮的中国饭店。饭店楼宽正好是 13.5 英尺，有 4 层楼高。我们在这个地方被关了 3 个星期，每 4 名囚犯关在一间长 10 英尺、宽 8 英尺的房间里，到处都是虫子。

“在经历了这些恐怖的情景后，我们被转移到一个大集中营。这个集中营被日本人称为斯坦利的平民娱乐中心，但是极为名不副实。虽然仍旧是囚犯，我们的境况有了很大的改善。”

奥加拉主教说当时自己相信会被释放。在拘押营度过 5 个多月后，“经过教廷的多方斡旋”，他获得了释放。他说当时自己的身体状况不好，只得在香港再滞留一个月，但是，他是作为意大利籍主教的客人留港的。

被问及对“排华法案”的感受时，主教回答说：“我有相当强烈的感觉，如果中美的关系要建立在相爱互敬的基础之上，为了增进双方的了解，诸如‘排华法案’这样的障碍应该废除。

“在战后重建时期，美国可以在许多事务上向中国提供援助。美国可以向中国提供教育设施和技术发展方面的文化援助。”

中华民国创始人孙中山曾先向美国呼吁，但被完全忽视，之后他就转向苏联求援。结果在中华民国的发展中，特别是在过去的 20 年里，苏联有着强大的影响力。

1943年/10月15日

陆军装备新型轰炸机，其性能完胜“空中堡垒”

B-29轰炸机携带更多的炸药，打击范围广，可以深入敌国领土

有望在1944年全面引领空战

届时新型飞机产出率可能将上升，但“解放者”机型不减产，波音公司的生产正在计划中

美联社

【华盛顿10月14日电】美国一种新型超级轰炸机现已投产，这种新型轰炸机可以携带更多的炸药，续航距离超过所有现役的战斗机。

在过去的几周里，一批崭新的庞然大物交付给陆军，具体数量尚不得而知。按计划，本月产出率还将不断攀升。

这款新型的“空中‘无畏’级战列舰”在性能上完胜联合飞机公司生产的“解放者”轰炸机和波音公司生产的“空中堡垒”轰炸机。据信，它有能力将希

1944年，一架B-29轰炸机从塞班岛的空军基地起飞，飞往东京。

特勒的“欧洲堡垒”及日本大帝国最靠里的生产中心置于美国士兵的轰炸范围之内。

这款飞机已被陆军周报《扬客报》确定为B-29轰炸机，《扬客报》最近刊登的一篇文章说：

“一种新型的飞机——‘超级堡垒’B-29飞机正在生产，与现有的轰炸机相比，它的携弹量更大，续航里程更远。”

先前严防泄密的报告现在已经超过保密期，不再受到军事审查的限制。似乎官员们并不期待看到这种飞机在1944年以前投入战斗，大概是因为需要时间批量生产、训练飞行员，以及消除任何在早期模型中出现的“小问题”。

1942年夏天，世界大战王牌飞行员埃迪·里肯贝克上尉曾经做出预测，这种新型的重量级武器将成为“粉碎德国的决定性因素”。他在6月份告诉驻印度新德里的美国第十航空军，新轰炸机将在1944年加入“解放者”轰炸机和“空中堡垒”轰炸机的队列，执行任务。

他还告诉美国飞行员及机组人员，这种超级轰炸机可以在飞行过程中携带双倍弹药，战斗力会加倍，这种飞机是特别为轰炸欧洲而设计的。

“没有哪个国家能够经得住这种飞机中队携弹狂轰滥炸。它将在明年被大规模生产。”里肯贝克上尉说。

当下无法获得任何关于新机型与“空中堡垒”轰炸机相比较的统计数据，但美国陆军航空军指挥官阿诺德将军数月前曾在讲话中透露新机型的不同点，称“解放者”飞机和“空中堡垒”飞机是“末代小型轰炸机”。

战时生产委员会执行副主席查尔斯·威尔逊最近明确表示：新型轰炸机加入美国航空军火库，并不意味着当前的轰炸机生产计划将渐行渐远。威尔逊副主席曾在5月透露，4月重型轰炸机的产量是1942年同期的8倍，他还说：

“这并不包括计划生产的新型超级轰炸机。”

据战时生产委员会近期披露的讯息，“解放者”轰炸机以及“空中堡垒”轰炸机的产量在8月创下纪录，与7月环比增长11个百分点。8月的军用飞机总产量为7612架。

同时，近日有消息披露，“空中堡垒”轰炸机正在进行改进，改装后载弹量将增加到10吨，使其成为世界上最大的重型轰炸机。据推测，这一地位会一直保持到“超级堡垒”轰炸机投入战斗。

1943 年
10 月 20 日

社论：第聂伯河会战

就在大约 3 周前，希特勒再次在苏联战线上现身。据称，他下令要不惜一切代价保住第聂伯河防线。3 周以来，这条河流见证了本场战争中最激烈的一次战役。在这场会战中，双方的资源和耐力均经受了最大限度的考验。苏军的毅力总是更为卓绝，因为自 7 月中旬以来，它就一直在胜利推进。苏军已经成功在 4 处地点渡河，并建立起桥头堡，德军所有的反击都无法打掉这些桥头堡。这些地点的推进与在更远的南部向梅利托波尔市的挺进同步进行。在梅利托波尔市内，双方正在进行激烈的巷战。苏军这两个重要的推进行动一起形成了钳形攻势，除非德军能够阻止，否则势将危及德军在克里米亚的整体地位，迫使它进一步溃退。

然而，同样明显的是，德军决意坚守阵地，总有能力组织起有效的抵抗。这些抵抗足以证明它有持续的力量进行对抗，使得苏军快速击溃德军的希望变得渺茫。我们还必须洞察第聂伯河战役的全部意义所在。德军是的确决意“不惜一切代价”保卫第聂伯河防线，还是意图通过这条防线的守卫战来争取时间，以便把自己的军队从克里米亚撤出，然后继续退到所谓的“毛奇防线”即楚德湖或里加市到敖德萨市一线？

只有这场会战的结果可以给出答案。英、美、苏三个大国对此尤为关注，在莫斯科会议上，它们会仔细审视关于这个问题的答案的一切蛛丝马迹。对苏联人来说，击溃第聂伯河防线将会给西方一个证明，证实一切将会是速战速决，因为德国人会被证明已不具备发动任何决定性攻击的能力。

1943 年/11 月 1 日

除沿海区域，关灯计划今日截止

警察发布自愿遵守的规定——90% 的街灯照明可以恢复正常

昨日，纽约警察局局长刘易斯·范伦汀向各辖区警察分局的局长下了一道指令。这道指令含 10 条指示，用于引导各辖区执行自愿遵守的“灯火管制”措施。“灯火管制”的目的是为了节省电力。这个措施将取代关灯计划，并在今日开始实施。在过去的 18 个月中，关灯计划一直在实施。

根据这些指示，除了从沿海区域可以看到的信号灯外，其他所有交通信号灯的限制都将取消；街道、大路、桥梁的照明将恢复正常水平的 90%，从沿海区域可以看到的照明灯除外；汽车照明灯的限制也将取消；警察局将采取多种措施来节约电力，从而减少煤炭消耗。

遵守节电计划全凭自愿

然而，范伦汀先生所下达的命令明确指出，人们遵守节电计划的行为以完全自愿为基础。指令要求警察发现某些商业机构和电子展示牌有违反计划的情形时，要在可能的情况下对违反者进行警告和劝诫。

根据这道命令，在任何情况下都不能传唤或者当场逮捕违反者。警察要做的是按字母和数字的顺序对每条街道上的违规行为进行记录并上报。指令要求各警察分局的局长“采取进一步必要的行动来确保遵守这些指示”。

命令指出，警察部门下属的工程部正在尽可能快速地取消对交通信号灯的限制，以千瓦时为计量单位，街道、大路、桥梁的照明将会恢复到战前正常水平的 90%。例外区域包括洛克威半岛、科尼岛、布鲁克林南岸，以及斯坦顿岛的东部和东南部海岸，缘由是从海上可以看见这些区域。

汽车灯的使用规定

根据该命令，对汽车照明灯的限制也将取消，但是在沿海区域，除停车灯外，其他车灯在任何情况下都不得使用。范伦汀先生向公众指出，在所有其他区域，人们可以使用低光头灯，地铁列车和高架列车、地面车辆及公共汽车将恢复战前正常的照明状态。

命令指出，户外广告、促销展示标志的灯光无论在白天或是在夜晚均要熄灭。但是，为了确认商场、商店、电影院、餐厅、公共住宿场所和交通枢纽等公关服务地点，必要的电子标志可以在黄昏至夜晚 10 点之间，开 2 小时。

根据警察局局长的指示，橱窗照明必须保持目前的照明状态，不得增加照明强度，但停发 A 类和 B 类橱窗证书。

据范伦汀先生所示，在白天，门罩照明灯及建筑出入口的照明灯必须全部熄灭；在夜间，只要能保证公共安全，也将尽可能减少此类照明。范伦汀先生还指出，在白天，商业场所的户外照明将全面禁止，在夜里也将尽可能减少。

命令还指出：“当并非确有需要时，民宅和酒店要把灯关掉，要杜绝各式家用电器浪费用电的现象。

为了节省能源，纽约市战时实施照明管制。自由岛上的自由女神像的火炬只点亮了两盏 200 瓦的灯，而不是平常的 13 盏 1000 瓦的灯，码头的灯火也被熄灭。

“当并非确有需要时，商业和工业用户将关闭照明灯及电器。注意：陆军防空规定要求，在夜晚的任何时间段，居家百姓和道路车辆及其他运输工具的驾驶者不得在无人的情况下使用灯光照明。”

警察局局长还宣布，目前的汽车时速限制法令将继续有效。在夜间，时速不得超过 20 英里，在白天，时速不得超过 25 英里，除非有恰当授权的标志指示可以提高或降低车速限制。

市长提出警告

昨日，拉瓜迪亚市长在其每周一次的纽约公共广播（WNYC）的广播讲话中，告诫人们要时刻遵守照明管制的规定，而且“我们将继续进行防空演习”。

公众被告知不要期望路灯立即恢复到先前的亮度。市长警告说，需要一段时间来购齐所需的 7 万个灯泡。他说，第一批灯泡将在下周一交付。

市长透露说，现在不断收到一些信件，批评暂停实施照明管制措施；有些人甚至抱怨说在地铁车厢里关灯有助于眼睛的健康。

“你来做纽约市长怎么样？”他问道，“好吧，我们就把这当成一件趣事，因为不把这些事情视为趣事，你就会疯掉。因为不管我们做什么，此类信件都会持续不断，各类抗议总会绵绵不绝。”

1943 年/11 月 2 日

同盟国定夺战犯审判事宜

苏联首次向其他大国表明立场

发回《纽约时报》的特别报道

【华盛顿 11 月 1 日电】今日，三大同盟国发表了一份谴责德国的滔天罪行的声明，所置之词是迄今为止所发表的声明中最为强烈的，这是苏联人民委员会主席斯大林直接参与的唯一一份声明。这份声明首次明确提出要对这场战争的责任人进行司法审判，并确定了审判和惩治的时间安排。在英美两国于 1942 年 8 月 29

日发表的一份类似的联合声明及前期总统和首相各自发表的告诫声明中，均未提及这些问题。

尽管苏联政府此前曾通过各种方式表示同意惩办战争罪犯的总原则，可是德国副元首鲁道夫·赫斯在英国被捕后，苏联要求即刻对其进行审判。这起事件反映苏联与英美之间对这个问题缺乏完全的相互了解。

今天的声明明确表示苏联现在赞同英美两国的观点，对战争罪犯的惩办应当等到双方停战之后。正如非官方渠道发布的消息所称，司法审判权并不属于国际法庭，而是将分别授予遭受迫害的国家。声明详细列举了德国人在那些饱受其蹂躏的国家所施行的林林总总的暴行，还特别强调了“在苏联土地上犯下的弥天大罪”。这份声明以 33 个联合国家的名义向德国人发出“全面警告”。

遭受迫害的国家和地区将编制详尽的战犯清单，尤其是饱受战火蹂躏的苏联、波兰、捷克斯洛伐克、南斯拉夫、希腊包括克里特岛和其他岛屿、挪威、丹麦、荷兰、比利时、卢森堡、法国，以及意大利。

因此，声明指出，战争罪犯会知晓他们将要接受对其所犯之罪的判决，“将接受现场愤怒人群的审判”。

1943 年／11 月 4 日

军犬队在布干维尔岛上协助海军陆战队队员

合众社

【随在布干维尔岛的美国海军陆战队 11 月 1 日电（延时报道）】今日海军陆战队在布干维尔岛登陆时，首支海军陆战队军犬队投入行动。布干维尔岛是所罗门群岛的最后一个日军据点。

这支军犬队包括 21 条杜宾犬和 3 条德国牧羊犬，由来自俄亥俄州布雷克维尔的海军陆战队中尉克莱德·亨德森“率领”。

军犬队的部分军犬被分为侦察小分队、信使小分队和急救小分队。侦察小分队将承担嗅出敌人巢穴的责任，信使小分队将为后方指挥部传送讯息，急救小分队负责搜索那些躲起来的伤员。

亨德森中尉说，这是美国军队第一次使用受过训练的军犬的小分队。

1943年/11月21日

命中注定的三巨头

罗斯福、丘吉尔和斯大林塑造未来——三位大相径庭却又同样手握重权的人

安妮·奥黑尔·麦考密克

在历史转折处，一幕幕伟大的事件竞相登场。三巨头峰会历经漫长的筹备。这三位巨头是全球最强大的三个国家的代言人及象征。自英、美、苏三国的外交首脑召开莫斯科会议以来，全世界都知晓三巨头之间的这个约定——一个应运而生的约定。

人们可以轻而易举地想象这样的一个会议，无论是在时代、空间和思想上都大相径庭的与会者首度坐到同一张桌子旁，讨论世界的未来。此次会议的大背景是整个世界战火纷飞——苏联红军对纳粹实施猛烈打击，要把它驱赶出苏联，德国多座城市烟火弥漫，炮火横飞，英美两国的炮兵部队在通往罗马之路上披荆斩棘，狂轰滥炸。作为这场战争的最高指挥官，富兰克林·罗斯福、约瑟夫·斯大林和温斯顿·丘吉尔对战场上正在进行的大规模作战行动了如指掌。他们都清晰地了解到前线压力自东向西的决定性转移正在全面推进。虽然这场战争让他们几乎毫无选择地成为盟友，可是此次会议的主要目的却不是讨论战争的策略方针。军事计划已经制订，对抗问题毋庸置疑，最终把三位领袖本人聚在一起的是取得战争胜利的确定性。

这就是本次会议的重要意义所在。这是一次和平的峰会，旨在确认和明确各国外交首脑在莫斯科签订的协议大纲。在就基础协议达成一致前，这一会议是不可能举行的，故而会议召开本身就是一种大张旗鼓的公之于世，向世界表明所有

胜利者决心深化彼此的伙伴关系，为取得战争的胜利制定联合战略。

这一幕将会成为我们这个时代举世闻名的对话片段之一。与赫尔—艾登—莫洛托夫会议相比，可能此次会议的桌子要小一些，谈话方式更为私密且没那么正式。在三巨头最重要的谈话中，他们可能将进行单独会谈，只留一两个翻译在侧。斯大林总是带着自己的翻译人员，虽然使用翻译会让他们的对话进程放缓，但是并不会阻隔讨论的流畅性。总统和首相都是善于表达、极富表现力的人，他们会用自己惯有的方式侃侃而谈。斯大林虽因其神秘性而享有盛誉，却绝不是一个沉默寡言的人。他极具从未被反驳的领袖所富有的直率和果断，然而他接受过马克思主义辩证法的训练，善于利用丰富复杂的论点来点缀自己的观点。

甚至三位伟人的脸型也成为一项对比研究的对象。英国首相有着一张圆圆的脸蛋及丘比特般的容颜，与苏联主席格鲁吉亚人的那长满麻点的四方脸，以及美国总统那面带微笑的椭圆脸蛋迥然不同。在花白的头发之下，斯大林那双冷酷的眼睛随时流露出警惕的神色。他冷静地坐在那里，嘴里抽着烟斗，偶尔的缓慢而轻盈或豹子般迅捷的动作，更加凸显他的力量，他不会错过任何一个手势或表情。

总统的眼睛也是冷静的，且略带狐疑之色。他手里总拿着香烟，行为举止幅度较大，与其他人相比，他显得更为闲适和轻松。但他难以抑制的好奇心及其对此次会面的兴趣让他如斯大林般警觉，这是他多年来一直期盼的会面。丘吉尔坐在椅子上，半闭着眼睛在倾听，更多时候他是在嚼大雪茄，而很少抽它，这让他看起来有种沉思默想的感觉。可是，任何事情都难逃他的法眼，他总是用跳跃和富含活力的方式来表达自己的观点，显示他内心高度紧张。

在这场宏大的战争与和平的大剧中，命运使他们承担起璀璨恒星的角色。他们拥有同等的权力，在行使权力时风格各异，却都自信满满。斯大林是位绝对的独裁者，一个党派机器的主人，这个机器让“所有苏联人”统一起来，迫使他们永远不再了解过去。他守卫着地球上最辽阔的土地，宛如现实版的罗得岛太阳神像，横跨两大洲并把它们连成一片大陆。

对于苏联的体制，他几无可能做出修改。在战争的严酷考验下，这个制度已经被证实比他所预期的还要强大。显然，相对于民主政府的首脑来说，这种制度为他提供了谈判优势，民主政府的首脑获得同样的结果时无法决定任何事情，或者说民主政府的首脑在发表任何意见时都必须考虑到其身后的国家议会和民众。

然而，这场战争虽然增加了斯大林的名望，但也在一定程度上削弱了他的权力。战争迫使他让更多的人进入“议会”，如军事领导人、战事行业的负责人，以及士兵、难民、农民的发言人，等等。这种广泛咨询的机制，再加上各种事件的压力，让人们可以清晰地看到，随着战争的推进，苏联体制的内部正在发生变化。

同理，战争让罗斯福和丘吉尔把握着如同独裁者般的权柄。他们必须行使非比寻常的权力，制订秘密计划，做出决策，实施军事审查制度，而这一制度往往会延伸到平民领域。全面战争有着自己的独特规则，有着自己的均衡性。因此，作为战时领袖，与和平时期相比，三位政治家可以在职责更加近乎平等的基础上会面。

此外，这三位领袖本性上都是意志坚强之人，他们全都厌烦他人干预。罗斯福用他和蔼可亲的态度来掩盖自己善于控制的秉性。斯大林用平缓的声音、充沛的幽默和亲切的慷慨来传达东方的好客之道，然而其钢铁般的强硬却无可掩饰。与这两位相比，丘吉尔更具有斗牛犬的特征。他是典型的英国人，矮矮的、胖胖的，脸色红润，食量很大，能说会道，在私下谈话中他那雄辩的舌头有点口齿不清，但却丝毫不会犹豫，而且总是引用弥尔顿和《圣经》的名言名句。

对于伟大的领袖来说，这些相似性并不奇怪，因为他们不会无缘无故处于今时今日的位置。正是由于善于驾驭自己的意志和秉性，他们才能历尽千辛万苦到达权力的巅峰。奇怪的是，他们拥有如此悬殊的背景，历经如此迥异的生活，却都登上今天这样的卓越显赫之位，承担如此重大的责任。英美两国的代表均为贵族出身，丘吉尔喜欢把自己当成半个美国人，然而无论是在身体上还是思想上，他其实是个彻头彻尾的英国人。

丘吉尔并非一直属于保守党，可是他却是个真正的保守党人士、一个自称的英式帝国主义者。他的英伦风范使其可以游刃有余地适应新环境。他并非一直执政，如果不是因为战争，他也不会实现终生抱负，成为首相。但他一直活跃在政坛上，是个充满激情的国会议员。就生活、思想和执政理念而言，温斯顿·丘吉尔和约瑟夫·斯大林之间毫无共同之处。

罗斯福和斯大林则有一个相交点，与丘吉尔相比，两人都是更为长袖善舞的政客。他们都把政治当成游戏，并且乐在其中。这位苏联领导人取得了共产党的控制权，通过娴熟而耐心的操控使其易轨。而在完全不同的条件下，罗斯福作为一个操控自如的政治策略家，在没有改变党派标签的情况下，这位美国总统的技巧就已经改变了这个国家的政治路线。

可是，他们之间的相似性总是有限的。罗斯福代表着最古老、最稳固的美国，他的格罗顿—哈佛—海德公园背景与丘吉尔相近。而正如白宫与克里姆林宫相去甚远一般，斯大林的背景与罗斯福总统的背景有着天壤之别。无论是丘吉尔还是罗斯福都无法想象这位第比利斯鞋匠儿子的生活，他长大成人后成为一个革命家。列宁和革命知识分子领导人正在国外撰写文献时，他已经在沙皇俄国内控制银行，组织地下革命。

对于孕育两位民主政治家的世界，斯大林一无所知，同样，两位民主政治家对斯大林所处的世界也是全然不解。罗斯福和丘吉尔在自由社会的上层阶级中如鱼得水，他们曾经游历世界，在行之有效的民主制度中平步青云，达到今天的位置。而斯大林则是平民出身，他是第一位上台执政的游击队领导人。也许在他们交谈时，最致命的鸿沟是英国首相和美国总统了解这个世界，却不了解苏联，而苏联主席了解苏联，但却不了解这个世界。

不久前，总统曾被问及与斯大林见面时，会对斯大林说些什么。总统回答道，他的开场白会是宣布自己是一个现实主义者，意在对必须在现实主义基础上处理的问题进行磋商。这是对斯大林的赞颂，因为他是一个“伟大的现实主义者”。但这个答案暗示着他对现实的定义与我们是一致的。例如，在苏联西部边境问题上，苏联的立场很明确。不仅莫斯科新闻界或苏联其他发言人，甚至是斯大林本人已经宣布，他们所声称的边境是毋庸讨论的。这一点对于苏联来说也许的确如此，但总统和首相却不安地觉察到，对于英美两国来说，这个问题并非毋庸讨论。

这只是众多棘手问题之一，在很多问题上，苏联一心一意，而英美两个民主国家之间却存在分歧。这种情况揭示了在这些讨论中必须要面对和克服的困难。要想即将到来的胜利能带来三大同盟国及其代表正在努力争取的和平和秩序，此次会议就必须达成某种协议，订立某些条款。战争的胜利还需要付出更加高昂的代价。对于和平的追求是压倒一切考虑的现实，如果三位政治家可以说服对方，这是大家共有的最重要目标，他们就可以在众志成城的氛围中推进会谈，而在这样的氛围下，所有的问题都是值得商榷、可以解决的。

对于这几位经历大相径庭、所处的体制截然不同的大人物来说，仅仅因为受到一个共同敌人的攻击就能使他们走到一起，摈弃如此之多的夙昔疑虑和保留意见，去创造气氛达成协议吗?

这个问题的答案有三个层面。首先，他们已经在力求召开此次会议。慢慢地，甚至是勉勉强强地，一个决定就产生了。它肯定是个三方决定，否则，本次会议就不会举行。这个决定就是苏联、英国和美国的安全，要求它们同心协力赢得战争、赢得和平。斯大林、罗斯福和丘吉尔成为各自国家的最高代言人，代表各自国家的最高利益。他们深信彼此寻求的相互合作将构成“这个时代的和平”的最低保障。

这个问题的答案的第二个层面可以在这几位政治家各自的远大志向中找到。最重要的事实是他们都倾向于从历史的角度看待自己。丘吉尔是一位历史学家。他曾经仔细研究过自己的先祖马尔伯勒公爵的事业和个性，他不禁想象自己取代先祖的位置，成为家族中第二位在英格兰传说中的不朽人物。显然，未来的读者会对他的演讲津津乐道，正如今日的人们倾耳聆听他的演讲那样。

在这场战争的第一年，我曾在海军大臣府邸的图书室等待丘吉尔的接见，我从桌上拿起那本他描述自己早年的生活的书读了起来。轮到我的时候，我对他说，我觉得书中的故事很有趣，所以被打断时我感到很遗憾。他立刻提出送我一本，然后想一想又说:“还是不给了，如果我给你一本书，就不是那本书了。我会给你一卷我的演讲稿，因为它们都是历史文件。在历史上，我将以我的演讲而被人们铭记。”

如果你聆听斯大林谈及列宁，谈及自己作为这位苏维埃国家奠基者的继承人，你就会理解他也认为自己是历史所选择的。这位真正的共产主义者为千秋后世牺牲自己，犹如真正的基督徒承受此生的痛苦，期待获得在天堂的回报。如果斯大林不再是全心全意的共产主义者，那是因为他业已成为彼得大帝的继承人。他已经摒弃了老布尔什维克，转而青睐帝国历史上的伟大英雄，因为他认为苏联是当今世界上伟大的国家，也许是最伟大的国家，而他自己则是这场伟大盛会中的巅峰人物。

罗斯福总统的历史感十分强烈。早在此次战争之前，事实上，自他开始执政以来，他就认为自己是美国政府高管小团队中的一员，而这个团队注定要蓬勃发展，创造历史纪录，因为它掌管着不断变化的时期。这种成就不朽的预感，也许源自他对抗身体残疾的胜利，或许源自他执政以来所面对的危机。随着时间推移，这种感觉不管怎样都越来越强烈，他觉得自己被选中，不仅要在美国发挥重要作用，而且还要在全世界发挥重要作用。

无论是斯大林这位振兴苏联的力量的胜利革命者，还是丘吉尔这位恢复大英帝国的威望的获胜保守党人，都不具备比富兰克林·罗斯福更强大的使命感和天命感，也许他的所思所想比他们两人更为远大。当然，对于罗斯福来说，远大的构想和全球规划更具吸引力。他的“四项自由”的场域是“世界各地”。所以，与另外两位相比，这次会议对他的触动更为强烈，这不仅是出于他对轰动效应的反应，而且是由于他在这个会上正在扮演梦寐以求的角色。罗斯福希望在历史的丰碑上被誉为伟大的和平缔造者。长期以来，他对威尔逊的梦想并不热切，威尔逊前总统会对理想进行妥协，而罗斯福更加胸有成竹。然而奇怪的是——奇怪是因为这表明了，尽管我们存在缺陷，这个梦想对于美国来说是根深蒂固的——梦想仍旧是那个梦想，没有改变。罗斯福还渴望成为世界和平体系的奠基人。

由于两方面的原因，一方面是因为三人均渴望在历史上拥有重要的位置，另一方面是他们相信，与隔离相比，合作是更为安全的国家政策，我们有理由期盼他们将就莫斯科会议上悬而未决的问题竭力达成具体的决定。

对于这个问题，另一尚未做出回答的部分取决于更多的无法估量的因素。它很大程度上取决于所谓三巨头的内部关系，他们彼此留下的个人印象，各自对对方的思想和处事方式所产生的影响。首相和总统已然成为朋友。莫斯科会议时，丘吉尔抵达莫斯科正逢苏联人因英美两国没有开辟第二战场而不满的情绪高涨，和斯大林相处并非十分融洽。而现如今，情况不同了。但是罗斯福的个人魅力对斯大林会有什么影响呢?

温斯顿·丘吉尔经常揶揄说命运迫使美国总统、斯大林和自己缔结了一种在战争开始时他们都无法预见的关系。让他觉得非比寻常的是，这样三个奇奇怪怪的联系在一起的人应当联合起来，共同面对这场已经来临的重大危机。

这是何等非比寻常，这几个人行使的权力如此之大，以至于他们之间的思想和个性的碰撞就如同他们各自的思想和个性一样重要。这是何等非比寻常，如此之多的事情要取决于他们在这个历史性的会谈中如何共同相处。可是究其缘由，仅仅是因为他们都是巨大的权力选择的对象，是人们绝望中期盼的标志，人们期盼对这些力量加以控制和利用，从而使其服务于建设而非破坏。他们是否可以协同一致最终并非取决于这三个人，不管他们何等强大，而是取决于他们所代表的伟大国家的意愿。

1943 年／12 月 2 日

会谈现场如同武装营地

会谈将在别墅和酒店中进行，每个代表团下榻的别墅和整座酒店均有重兵守卫

通过电报发回《纽约时报》的报道

【开罗 12 月 1 日电】自托勒密王朝的辉煌时代后，埃及就再也没有在文明世界中成为如此备受万众瞩目的焦点。

某个重大事件即将发生，数周以来，在非洲外围的谣言纷飞的众多城市中，这一事件已成为公开的秘密。最终，在谣言漫天之后，11 月 22 日上午官方不温不火地宣布丘吉尔首相、罗斯福总统和蒋介石委员长在各自的首席军事顾问的陪同下，已经抵达开罗。

蒋介石乘坐美国飞机抵达

然后，中国国民党中央宣传部副部长董显光博士讲述了蒋介石委员长的访问情况。除了多年前曾经出访莫斯科，这是委员长首度到访如此遥远的西方国家。中国代表团乘坐两架由美国飞行员驾驶的四引擎美国飞机抵达。蒋将军的飞机于 11 月 21 日下午 7 时到达。蒋夫人身体不舒服，但是她觉得必须出席此次会议。在这一为期 4 天的旅程中，代表团只做了两次时间较长的停留，这是自 1942 年访问印度后，蒋将军首次离开中国。

随后，乔治·杜尔诺少校谈到了罗斯福总统的行程。这位前白宫通讯记者现正负责处理罗斯福与新闻界的关系。他静静地宣布抵达开罗的不仅有罗斯福总统，还有陆军及海军参谋们。大家闻言都突然肃静了下来。“在这三四天中，总统要求你们尽享其乐，然后在新闻发布会上找答案。”他说。

罗斯福于 11 月 22 日早上乘机抵达。他的海军助手是海军少将威尔逊·布朗，随行医生是海军少将罗斯·麦金太尔，同行的还有哈里·霍普金斯、海军上将威廉·莱希及服务人员。总统乘坐的飞机由战斗机护航。

飞机带来了特制吉普车

罗斯福的特制吉普车从大型飞机上卸下来的时候，大量的吉普车、装甲车和巡逻警卫对所有节点进行封锁。而后，总统乘车离开。一列列士兵守卫在路旁，全都满脸庄重严肃地面向沙漠。护卫装甲车呼啸而过，穿越沙漠，没有任何士兵向道路瞥眼去偷看客人。

丘吉尔在前一天晚上乘坐军舰抵达亚历山大港，途中在直布罗陀、阿尔及尔和马耳他停留，与他同行的人员包括他的女儿莎拉·奥利弗和约翰·威纳特大使。船上还有一队特种密码员和一间地图室，以便首相可以继续进行日常工作。

在会谈期间，三位同盟国领导人还抽时间参观了金字塔和狮身人面像。

据杜尔诺少校称，总统在途中感觉良好，他从来没有到访过如此遥远的东方。

11 月 22 日下午，总统首先在他的别墅里与丘吉尔见面。与普通会议不同，所有领导人的会面都在他们下榻的别墅中进行。

34 栋别墅全部重兵把守

11 月 23 日上午 10 点，战争讯息办公室亚洲部主任介绍了此次会议的筹备工作。“这家酒店周边共有 34 栋别墅，”他说，“每位‘大人物’居住的房间周围由他们各自的卫兵把守。每栋别墅被视为独立的防御区，由英美两国卫兵守护。整个区域是个整体防御区，由机枪和探照灯保护。”

“农民在旁边的卷心菜地和玉米地里劳作，他们周围架着高射炮。在岔路口附近，有英美巡逻警卫放哨。想要进入的人员需要出示两份通行证件——特殊代表通行证和个人身份证件。之后，证件检验合格的访客会再被截停两次才能获准进入酒店。”

酒店内有各种服务机构：住宿、交通和问讯台。中间是观察员台，官员们可以在观察员台上向全世界做报告。左边是酒吧。

主会议室在后部，靠近餐厅，本来是会客室。其他会议室都在左侧。拐角处设有一个美军服务商店。1 号会议室是个宽阔的私人餐厅，里面有张绿呢桌布覆盖的桌子，桌子四周摆放着 28 把椅子。

代表团成员们频繁使用这家餐厅及酒吧，他们不支付现金，只签单。

会议于11月22日开幕

11月22日上午11点会议开始。乔治·马歇尔将军进入中央大厅。此后不久，文件和铅笔被快速送进1号会议室，很快，各国军方领导人进入房间。过了一会儿，约瑟夫·史迪威中将进来，询问4号会议室在哪里。据战争讯息办公室的官员称，参谋长会谈后，大会将于下午3点拉开帷幕。

此时，通讯记者们抓紧时间提了一系列关于会议的各种细节和花絮的问题。以下是被提及的各种并不相互关联的事实：

11月21日周日晚上，蒋将军拜访丘吉尔。第二天早上11点，首相拜访罗斯福。

酒店的第一层全部作为会议室，共有5间。事先准备的80间办公室分别位于二楼、三楼和四楼。

1943年开罗会议，蒋介石、罗斯福、丘吉尔和蒋介石夫人（左起）。

在主要走廊上，贴着办公室引导图。会议筹备人员还准备了专用电话号码簿和交换机，每个国家的代表团拥有不同颜色的号码簿。

英国政府担任会议主办者的角色，承担所有的支出。本次会议的初期筹备工作在前一段时间就开始了，筹备组成员包括大约 20 名经过特别宣誓的官员和 200 多名士兵。

在酒店外的花园里，竖立着地面铺有瓷砖的特殊帐篷，里面是英国的医疗和牙医诊所。严重的病患会被立即用救护车送到第十五总医院。

第一个传唤医务官的是蒋夫人，她在周日抵达后不久就传唤了他们。她有自己的医生随行，但解决不了她的严重的眼部问题，而且她的脸也肿了，觉得颇受困扰。英国医务官员与中国医生开会协商后，叫来专家对蒋夫人进行治疗。蒋夫人颇觉疼痛，但病症并不严重。

在酒店和别墅周围，还特意修建了深层防空避难所，挖了许多壕沟。

在讲完这些细节后，官方还公布了英国代表团的成员的情况。丘吉尔带着他作为国防大臣的随从参谋，以及他的女儿、皇家空军女子辅助队的部门官员莎拉·奥利弗，她是一位著名喜剧演员的妻子。

丘吉尔的随行人员还包括他的医生、英国皇家内科医师学会会长莫兰爵士，他的个人助理、海军中校 C.V.R. 汤普森，以及两名私人秘书。

周一，丘吉尔在拜访罗斯福后，于中午时分来到蒋将军下榻的别墅回访。

周一下午 3 点，在 1 号会议室召开的首次大会拉开帷幕。每扇门边都有英国海军陆战队卫兵站岗。

会议室外有一条小路，可以通往酒店的泳池。泳池的水都排掉了，这条小路也被封锁和守卫起来。

英国、美国和中国三国代表出席了大会，出席人员包括三国参谋长。会议持续了 1 小时。

英国代表团的办公室在二楼，美国代表团的办公室在三楼。

周一下午，整个酒店如同一座火车站。世界上的重量级人物云集于此，高喊："你好，你怎么样？很久不见了。"许多佩戴绶带的将军在人群中四处走动。

如一位美国观察家所言，会议室的内部装饰非常令人压抑，到处是花哨俗气的家具。酒店大堂看起来就像大学班级聚会去的大学城酒店。

11 月 23 日，酒店内召开了两次会议。上午 9 点 45 分至中午 12 点 30 分是英国参谋人员会议，而美国参谋人员会议则从上午 11 点一直持续到中午 12 点 30 分。据官方解释，这些都是参谋人员的例会。

据事后披露，周日晚上，丘吉尔让英国参谋长们全体到他的别墅共进晚餐，餐后他们进行了非正式谈话。周一早上，他与英国驻苏联大使阿基鲍尔德・克拉克－科尔爵士会谈，而后拜访罗斯福和蒋将军。丘吉尔拜访蒋将军时，卡顿・德・维阿特将军在场。丘吉尔在罗斯福的别墅里与罗斯福进行个人的午餐。下午休息之后，丘吉尔和罗斯福再次一起用餐。晚餐后，两位政治家与他们的军方参谋人员进行讨论，其间没有中国人参加。首相与英国参谋长们一起回到自己的别墅，一直工作到凌晨 2 点。

周二上午，由所有政治首脑出席的全体会议在罗斯福总统的别墅召开。中国代表团也参加了会议。丘吉尔和罗斯福再度共进午餐。

会议期间，丘吉尔和罗斯福参观了金字塔。罗斯福坐在一辆棕色的大轿车内，而丘吉尔和他的女儿以及参谋人员在狮身人面像的基座周围走了走。

丘吉尔和罗斯福在金字塔逗留了一个半小时。太阳在西边的沙漠落下时，两人换到一个观看金字塔的最佳点，安保人员跟随前往。官员们驾着吉普车紧随其后，防卫周围领空的英军防空炮兵敬畏地盯着一行人。

关于亚洲的重要会谈

11 月 23 日下午召开了一次关于盟军在亚洲的战略的重要会议。下午 3 点 20 分，酒店里的人都在说蒋将军就要来了。会议室的墙上挂起了巨幅亚洲彩色地图，绿色桌子上也已经放好桌签。

蒋将军的桌签放在桌子的最北端，海军上将路易斯・蒙巴顿勋爵被置于最南端，众多将领坐在他们两人之间。中国的将领全都穿着漂亮的制服，其中包括唯一一位海军将官杨宣诚。

此次关键性的会谈于下午 3 点 30 分开始，由海军上将莱希主持。一个半小时后会议结束，代表们带着认真而严峻的表情走出会议室。莱希将军与陆军少将克莱尔・陈纳德带着一批高级将领上楼，前往美国秘书处，而 5 位中国军官在大堂里等待。

劳伦斯・斯坦哈特大使赶到，表明会议将研究土耳其的状况。

11 月 24 日上午召开了三次重要的会议：

英国参谋长们在 1 号会议室会谈 1 小时，英方其他专家在 5 号会议室召开一个短会，而美国参谋长们与一些中国将领整整一上午都在 4 号会议室开会。

截至周三，各国代表一直都在加班加点地辛勤工作。他们每天需要在各会议间来回穿梭，负责接送的 64 辆吉普车每天要跑 150 多趟。到了周三晚上，会议制定出规则，让罗斯福先生、丘吉尔先生、蒋将军及他们的参谋长们每天都进行接触。蒋将军和蒋夫人在 11 月 22 日与罗斯福会面，并于次日晚上在总统的别墅里用晚餐。11 月 23 日马歇尔将军单独与丘吉尔共进晚餐。

周三上午 11 点，全体会议在罗斯福的别墅内进行，政府首脑和参谋人员均出席。会后总统和丘吉尔一起午餐。

到了 11 月 25 日清晨，一大群同盟国的著名人物已全部露面。终于，各个联合国家的著名军事领导人云集于此。

董博士透露了蒋将军的日常生活的细节，称委员长的生活并没有因为非洲的氛围和新工作的压力而有所改变。委员长清晨 5 点起床，然后做一个半小时的祷告。用过早餐后，就开始工作。

蒋委员长和蒋夫人同时参加各国国家元首出席的全体会议，会上蒋夫人为丈夫做翻译。但是两人都不参加战略参谋的会谈。

中国国民政府军事委员会办公厅主任商震将军是代表中国的高级军官。杨宣诚是情报机构负责人，他掌管着中国唯一的海军部队，即长江炮艇编队。驻华盛顿武官朱世明将军担任翻译。

11 月 24 日晚上又有代表到来。意大利咨询委员会的英国成员哈罗德·麦克米伦乘机抵达。随后，外交大臣安东尼·艾登和贾德干爵士一同抵达。

艾森豪威尔和墨菲出席会议

11 月 25 日，德怀特·艾森豪威尔将军和罗伯特·墨菲到达开罗。这表明，虽然迄今为止会议的主要议题一直围绕亚洲，但是明显准备把欧洲也囊括在内。

虽然周四是感恩节，会议还是继续进行，早上有两次美方会谈，以及一次英国参谋人员会谈。但当天下午的会议很大程度上仅限小范围的军事官员参加。主会场中放置了一张崭新的世界地图。

感恩节这天，在总统别墅里，罗斯福当着马歇尔将军的面为艾森豪威尔将军颁发了功勋勋章，嘉奖他“为盟军的事业做出的突出贡献”。前一天晚上，罗斯福与丘吉尔、艾登、霍普金斯、埃夫里尔·哈里曼、温奈特、埃利奥特·罗斯福上校、约翰·波伊德格利少校以及其他人员共进晚餐。

11 月 26 日一整天，艾登都在忙碌地工作着，时不时与温奈特会谈，并在中午与多位盟军要员午餐。下午，在 1 号会议室里召开了一个由参谋长们和地中海战区指挥官参加的重要会议。1 小时后，地中海战区指挥官离开会场，但是会议继续进行。

过了一段时间，最机密的会谈开始了，只有参谋长们参加，其他所有人都离开了房间。海军陆战队卫兵接到命令，严禁任何人进入房间，不论军阶有多高。

1943 年／12 月 2 日

我军攻克塔拉瓦环礁
1026 名海军陆战队队员阵亡
据尼米兹透露，2557 人受伤，65 名士兵在马金岛上牺牲，121 人在攻击行动中受伤
阿贝马马岛上一人丧生
我军总伤亡为 3772 人，日军被打死 5700 人

乔治·霍恩
通过电话发回《纽约时报》的报道

【珍珠港 12 月 1 日电】在攻占吉尔伯特群岛的行动中，进攻部队的总伤亡人数为 3772 人。

统领美国舰队及整个太平洋战区的海军上将切斯特·尼米兹，在今天中午前发布的一份公报中列出我军的总伤亡人数，这个数字是以统领中太平洋部队的海军副司令雷蒙德·斯普鲁恩斯、统领美国陆军第二十七师的拉尔夫·史密斯少将、统领美国海军陆战队第二师的朱利安·史密斯少将所做的初步报告为基础的。陆军第二十七师在马金岛上登陆，而海军陆战队第二师拿下了塔拉瓦环礁。

数据显示，在塔拉瓦环礁，1026 人在行动中丧生，2557 人受伤；在马金岛，65 人在行动中丧生，121 人受伤；在阿贝马马岛，一人在行动中丧生，两人受伤。

公报中所标明的数字只是个近似的数字，涵盖了到今天为止的所有行动。最

终报告还需要一些时间来准备，预计数字的变化不会很大。行动结束后，军方以超乎寻常的速度公布了这些估计数字。

回顾警告

考虑到本指挥部及华盛顿总指挥部曾经发出的严厉警告，以及拥有这些岛屿会为我们增加的巨大价值，这些损失并不算特别大。

塔拉瓦环礁上日军的防御力量惊人，我们的损失本可能更大，而且与日军的伤亡相比，我方的损失较小。在此类攻击行动中，几乎无可改变的情况是，进攻部队与守军相比会遭受更大的损失。我们的海军陆战队以不到一个师的兵力拿下塔拉瓦环礁，所面对的是 4500 人的日本抵抗军，其中大约 3500 名是士兵，其余的是劳工。

在马金岛上的日军人数不足 1000 人。攻克该岛用了 54 个小时。在其他战役均顺利展开后，我军开始在阿贝马马岛登陆，几乎没有遭遇抵抗，海军陆战队突击队只用几个小时就扫清了这个岛屿。阿贝马马岛上只有不足200人的日军防守。

今天公布的数字还包括一些海军和海岸警卫队的伤亡，这些部队在登陆行动中担任医疗队和登陆艇船员的角色。

相当于我们的损失，现在我们有可能相对准确地估算出日军的伤亡人数。这些岛屿上的日本驻军大部分已经被歼灭，只有少数被俘虏。在这三组环礁岛屿上，日军总共驻有约 5700 人，包括上述劳工和俘虏。

没有任何迹象显示我们的海上部队遭受了严重的损失——据称，海军部部长弗兰克·诺克斯在华盛顿曾提及此次作战行动，大意是海军损失“很小”——考虑到我军总共牺牲 1092 人，而日军部署了 5700 名士兵，这种说法是公允的。

我们并非是要通过比较来掩盖事实真相。海军上将尼米兹的公报直奔主题，只说“吉尔伯特群岛行动的初步报告表明我们的登陆部队的伤亡大概如下”，而后就是表格了。

两天前，有人曾经提到，在塔拉瓦环礁北部还有一些敌军的散兵游勇。现在再也没有了。最后一名狙击手已经被搜出，最后一个散兵坑已经被清扫。吉尔伯特群岛上已经是一名日军也不剩。

日军称盟军有两艘航空母舰沉没

美联社在纽约记录的东京的广播中引用的日本帝国指挥部发布的一份公报称，11 月 29 日，日本海军飞机在吉尔伯特群岛上击沉了盟军两艘航空母舰和一艘身份不明的军舰。公报还说一艘盟军大型巡洋舰着火，这完全未经任何报道证实。日本承认损失了 6 架飞机。

塔拉瓦战役之后

1943年/12月3日

美军在意大利脚踩烂泥浴血奋战
对德作战同样艰难——敌军的靴子比我军优良

赫伯特·马修斯
通过无线电发回《纽约时报》的报道

【随在意大利的盟军第五集团军12月1日电（延时报道）】今天，笔者在前线访问时了解到美军正在韦纳弗罗北面的山峦中缓慢而艰难地前进，士兵们爬过每一座山峰都步履维艰。

德军正在每座山头与盟军展开争夺。在过去的两天里，它一直徒劳地想夺回蒙特克罗西面的一座山峰，在周一发动了4次攻击，昨晚又集结多个步兵营，携带着大炮和迫击炮，郑重其事地发动进攻。

今天下午，我们仍控制着这座山峰和卡斯特尔诺沃南面的一座山峰。而德军对前一座山峰一直紧咬着不肯放弃。自失去这个山峰以来，德军就一直试图把它夺回来。在这座山峰上，战斗尤为激烈，而且都是近距离的，双方士兵相隔不足100码，相互向对方投掷手榴弹。昨晚发生在蒙特克罗南面的击退敌军的战斗中，美军使用了手榴弹及手头的一切武器，从大炮到步枪，无所不用。

天气依旧糟糕，德军仍在争夺每座山头，所以我方部队无法快速前进。整个上午都下着冰冷的倾盆大雨，士兵脚下的路成了泥浆的海洋。他们在泥浆中蹒跚而行，脚底打滑，经常摔倒，泥浆会从头到脚溅满全身，四轮驱动的吉普车行驶在泥浆上就如同在冰上一般。这种境况让士兵苦不堪言，幸好还可以住在小帐篷里，有时还能住在洞穴里，穿着外衣，多裹几条毯子，有时候穿上套鞋，情形还不算太糟糕。

顺便说一句，德军也像美军一样，有良好的衣着，而且靴子更好。在整个区域的德军，都是优秀士兵，作战勇猛。

敌我双方在韦纳弗罗周围的前线上处于胶着状态，均损失惨重。正如一位军官向我描述的那样："如果一个德国佬白日里多次暴露，他就会被我们除掉，而我方士兵也如此。”

故此，所有的战斗都在夜间进行。有时小分队在黑暗中会迷路，走错方向。昨晚快 10 点时，在米格亚诺附近就发生了这样的情况，一个德军排显然误入我方防线，被我们发现，遭到我方猛烈的炮击。

今天，公报提到了发生在米格亚诺东北部的军事侦察行动。前天晚上，我们的小分队外出侦察，昨天一整天都待在外面，然后安然无恙地返回，他们的任务完成了。

1943 年/12 月 4 日

美军谱写马金和塔拉瓦史诗

詹姆斯·卢卡斯中士

（敌军）在塔拉瓦的顽强抵抗出乎预料，目击者称海军陆战队队员们有说有笑地登上岛屿，却发现并不容易征服它，反而己方迅速出现人员伤亡——这位作者感到“事情似乎出现了差错”。这位目击者撰文讲述了塔拉瓦征服战役，他是第一位在吉尔伯特群岛的塔拉瓦环礁登陆的海军陆战队战斗通讯记者。

【美联社塔拉瓦 11 月 23 日电（延时报道）】5 分钟前，我们从日军手中夺下吉尔伯特群岛的前哨及至关重要的机场。这个群岛颇具战略意义，日军在袭击珍珠港几周后，就从一些传教士和当地人的手中夺占了它。

在所有的战线上，这场战役是最痛苦、损失最惨重、持续时间最长的。美国海军陆战队有数百名队员战死，但是，我们消灭了日本帝国海军一支 4000 人的海军陆战队部队——我们原先以为只有 2000 名——其中大多数被打死。

进入战斗前，我们都很欢畅。大家都笑容满面，满心欢喜，纷纷说：“等我们上岸时，没有一个日本佬是活着的。”

我们的计划是，出动海军和空军对整座岛屿狂轰滥炸。

但是突然间事情似乎出现了差错。我们得知，攻击时间先是推迟了31分钟，然后又推迟45分钟。对敌军的炮击仍在继续，毫无疑问，岛上还有日本佬活着，在战斗。

15分钟后，我们爬进油罐驳船。许多海军陆战队队员躲在船里面，船上还有一辆卡车和一辆拖车。

“我们顶着敌人猛烈的炮火登陆，伤亡惨重。”这是登陆士兵传来的第一句话。我们乘船登岸时，这句话刚好从我们的收音机中传出，我们神情阴郁地互相看着。

一只控制艇呼啸而过，艇上一名海军军官向我们喊“别过去”，要我们接到可以安全上岛的消息再过去。当时是上午10点30分。

又退后两次

下午1点，我们又开始登岛，朝着似乎完好无损的码头移动。我们遭到敌军的机枪扫射，停了下来。

下午3点，我们再次尝试登岛。炮弹打得四周水花四溅，又有两艘船被击沉，更多的海军陆战队队员阵亡。我们再次后退，连沉船幸存者都无法施救。他们中的许多人游向我们，后来被转到运输船上。许多伤员淹死了。

对于我们来说，阳光也是一种煎熬，四周毫无遮阴之处，我们打开包装的口粮，一点一点地吃着。

午夜时分，控制艇从黑暗中出现。我们又一次尝试登岛。

我们朝码头缓慢前进，一定程度上是因为有己方炮弹的轰击。一艘巨大的日本商船出现在我们右侧。我军驱逐舰发出两发炮弹，直接命中，迫使它撤出战斗。为了防止敌军出动狙击手，我们用自己的机枪火力罩住了它。

我们到达码头时，狙击手从那艘被击伤的船上开枪了，但是他们是在朝我们头顶的方向射击。我们爬上船头，更多的狙击手开枪射击。我们卧倒。我们移下码头，有10英尺远。海滩上的日本佬开始向我们所在的方向发射迫击炮，我们再次卧倒。

几分钟后，第二枚迫击炮弹在我们下方爆炸，我感觉到了爆炸的冲击力，全身被溅满盐水。

有人大喊：“去另一边！下一发炮弹会打中你们的！”

我们不能确定该往哪里走。日本佬的防线只有50码远，在码头的尽头处。这里没有指挥所。

码头的最后75码是白色的珊瑚沙。明月当空——如果在家里，我会认为它很美丽。可是我们现在却诅咒它，因为它让我们无处可藏，成为完美的靶子。

在珊瑚的映衬之下，我们弯腰低头，冲下码头。狙击手向我们射击，有6个人倒下来，痛苦地尖叫着。我们像木头一样躺下，一动不动。

"我们不能待在这里，他们会拼命朝我们开炮，把我们都炸死。"排里有人说。

"慢慢前进。与前面的队友隔开5英尺。这样，他们就没法把我们全部炸死。"

岛上挖出第一个散兵坑

我们开始前进。又有3名海军陆战队队员中枪倒下。我们趴在地上，一寸一寸地移动，每前进10码，都会失去更多海军陆战队队员的生命。

海滩上的炮火依然猛烈。我们躲在一辆日军蒸汽压路机的残骸后面，这辆压路机似乎正处于我们和敌人之间。我发现一把铲子，便开始没命地挖起来。不到5分钟，我方在塔拉瓦岛上的第一个散兵坑即告完工。

我们在散兵坑里过夜，躺下时，已经是凌晨4点了。

破晓时，我们发现自己的处境很危险。我的战友位于我的左翼，而日本佬在我们的右侧不超过50码远的地方。我们则身处无人区。

清晨6点，战斗在我们的散兵坑上打响。大量的子弹扫过来，在蒸汽压路机上划上若干口子，而我们就把坑挖得更深。

中午前不久，日本佬被迫后退，我们就从藏身的坑里爬出来。

我们的巡洋舰和驱逐舰继续炮击岛屿这半边的日军，把它仅剩的最后一批大炮给摧毁了。炮弹就落在离我们不超过100码远的地方，引起可怕的震荡感。我方的飞机也飞过来猛烈地轰炸。

我在水里走一段，游一段，终于渡过一个小海湾，抵达对岸，却发现我已是孤身一人。后来我才知道，我认识的人几乎全都死了或者失踪了。

报道所述在行动中阵亡的人员

到了海滩的远端（虽然距离不超过 50 码，我却用了 2 小时才走完），我看见一位拿着照相机的海军陆战队队员。我拖着伤痕累累的身体，忍住痛苦爬向他，而我并不认识他。

“相机从哪里拿的？”我问。

“卢卡斯手上。”他回答道。

“卢卡斯在哪里？”我问。

“在那边，死了。”他说。

“我就是卢卡斯。”我告诉他。

我中午时分离开散兵坑，往外走了 100 码，下午 6 点才走回来，过程十分艰苦。

黑夜更加可怕。更多的士兵到来了，也有更多的人在码头上被打死。

黎明时分，敌军第一次出动轰炸机，只有两架。我方 5 人阵亡。

我们意识到自己处于历史上最怪异的境况之一，我们急需补充兵员。在退潮时，海浪把士兵们冲到距离海岸 500 码的地方，然后士兵们冒着敌人的枪林弹雨涉水上岸，许多士兵在抵达海岸前就倒下了。午后，海军陆战队队员仍然步履维艰地向海岸跋涉，还得搀扶着一瘸一拐的战友。

而此时此刻，日本佬正被迫稳步后撤。我们可以四处移动了，敌军狙击手还在射击，但我们对他们视而不见。一名狙击手在 50 英尺外的椰子树上被打死。

我们的海军和空军部队仍在继续轰炸。到了第三天，在机场周围的一块清空的场地上，两军发生了激烈的战斗。

突然间，有人从我们后方射击。有 7 个日本佬被发现藏在一座废弃的防空洞里，距离指挥所不到 10 英尺，当时我方军官正在指挥所里指挥战斗。这些日本士兵被我军全部消灭。

日军俘虏被狙击手射杀

我回到海滩上，发现狙击手正在再次扫清码头区域，码头上正在卸弹药。狙击手从我军的一艘船只的残骸里向外射击，这艘船大约在 50 码外。我潜入对面的水域中，发现 5 名强壮的军事警察押着一队日本俘虏赶往海滩。水位正好到军事警察们的腰间，但对于日本囚犯来说，水位已到肩膀。水里有 3 具美国海军陆战队队员的尸首。军事警察把日本佬赶往一艘等着的登陆驳船。心惊胆战的囚犯爬上船时，遭到日方狙击手的猛烈射击，3 人全被打死。

我回来的时候刚好赶上击溃日军在塔拉瓦的抵抗的战斗。数百名日本佬在机场尾部的一个防空洞中窝了两天，牵制着我们的前进之路。

来自得克萨斯州休斯敦的 22 岁的一等兵罗伯特・哈珀、来自蒙大拿州劳雷尔镇的 25 岁的中士约翰・莱宾，手持火焰喷射器向前冲去，他们的战友持自动步枪为他们掩护。在防空洞的入口处，哈珀向一个日军机枪巢喷射火焰，把 3 名日本海军陆战队队员烧成黑炭。防空洞中发出尖叫声，我方海军陆战队队员们冲上前，拿下目标。哈珀则回到我们的指挥所。

“他们都挤成一团，吓得魂飞魄散。我打开火焰器，然后就行了。”他说。

自此之后，我们的挺进极为迅速。我跟随前进的部队，来到了一个日军据点。他们用了不到 5 分钟的时间就攻下了这个据点。有 27 名日军自杀，他们把步枪扳机绑在脚上，枪口对准自己的胸膛，踢脚拉动扳机。

在塔拉瓦捕获的俘虏不多，其中一些在严密的押送下沿着海滩前行。为防止他们偷袭或逃跑，我方押送者命令他们弯着腰走路。

1943 年／12 月 6 日

巴里遭受德国飞机袭击

德军首次空袭巴里，意外动用滑翔炸弹

沃尔特・洛根
合众社通讯记者

【意大利巴里 12 月 3 日电（延时报道）】今天，巴里这座城市在这场战争中首次被空袭。可能是第一枚落下的炸弹将我击晕的。

我记得的最后一件事是警报响起前我正走向码头。接下来，我知道的事情是问一位英国陆军上尉：“我在哪里？”他回答说：“在一辆前往医院的卡车里。”

这次对话不断被密集的防空炮火和炸弹爆炸声打断。(昨天发表的一份公报称，强大的德国飞机编队在 12 月 3 日夜晚袭击巴里市。根据“确定无疑的数据”，这份德国公报称，盟军有 4 艘共计 3.1 万吨的商船被击沉，其中一艘是大油轮。德方声称另有 9 艘船只被击中。据说德军损失了两架飞机。)

袭击持续了 1 小时，目击者讲述了许多可歌可泣的事迹。其中一个是一艘自愿为盟军运送车载式 500 磅炸弹的商船的船员，让这些炸药得以从危险区移走。英国皇家海军的一位指挥官和英国皇家海军志愿后备队的一位中尉带领一队自愿船员登上一艘废弃的意大利拖船，把一艘载有数千加仑高辛烷值汽油的油轮拖到安全地带。

纳粹袭击意大利的亚得里亚海港口巴里，美军战船着火。第一份报告估计伤亡人数达 1000 人，美军损失了 5 艘船只。

德军可能使用了滑翔炸弹

德军在袭击中可能使用了无线定向火箭炸弹，或称滑翔炸弹。有目击者报告说，滑翔炸弹袭击突如其来，城市防御猝不及防。

9 月 21 日，丘吉尔首相首度公开披露德军使用了火箭炸弹。这种炸弹是以母飞机导向，像滑翔机一样投放出去袭击目标。然而，这种新型武器主要用于打击海上目标。

有些圈子认为意大利“罗马”号战列舰是被某种滑翔炸弹击沉的，因为一艘受到妥善保护的现代战列舰不应该如此轻易被击沉。

1943 年／12 月 7 日

三巨头制订三重打击计划，欲打垮德意志帝国

制订攻击计划

确定从东、西、南三个方向发动陆地进军的时间

伊朗将获自由

盟军领导人说，“地球上没有任何力量”能阻止我们的胜利

C.L. 索尔兹伯格
通过电报发回《纽约时报》的报道

【开罗 12 月 6 日电】在里程碑式的德黑兰会议上，三巨头，即罗斯福总统、斯大林主席和丘吉尔首相，达成了最终的统一意见，要发动一场战役，从陆地、海洋和空中彻底摧毁德国的军事力量，建立持久的和平。所有的国家，不管大国还是小国，都应当参与其中。

同时，作为彼此忠诚的标志，作为对较小的国家所持意图的正确性的证明，三位领导人保证伊朗战后的独立及主权和领土的完整。

今天，两份先后由罗斯福总统、斯大林主席和丘吉尔首相签署的联合声明中，把这些同盟协约公之于世。12 月 1 日，三位领导人与他们最核心的顾问一起在德黑兰雄伟恢宏的苏联大使馆召开最终会议。冗长的会议结束后，三巨头签发

了这两份声明。罗斯福总统以客人的身份下榻在苏联大使馆。

承诺从三个方向发动攻击

三大国的军事承诺可以相应地总结如下：在整个战争过程中，三国将共同协作；它们的军事参谋已经制订协同一致的计划来摧毁德军；这些参谋人员已就“从东、西、南三个方向发动军事行动的范围和时间达成完全一致的意见”。

现在具有的保障将使战争的最终胜利属于同盟国，这些保障令三位领袖志得意满。“地球上没有任何力量能阻止我们在陆地上击溃德国军队，在海上摧毁德国潜艇，从空中捣毁德国的战争工厂。”其中一份联合公告宣称，“我们的攻击将毫不留情，越来越强。”

希特勒厄运难逃

因此，在伊朗的浪漫首都举行的为期 4 天的磋商中，三巨头制订出另一半的计划，以结束此次世界大战，并为全世界的福祉而在战争的废墟中建立持久的和

1943 年德黑兰会议中的三巨头。从左至右为苏联主席约瑟夫·斯大林、美国总统富兰克林·罗斯福和英国首相温斯顿·丘吉尔。

平。罗斯福先生、丘吉尔先生和蒋介石委员长之间在北非举行的亚洲战事会谈已经为加速打败日本、建立新亚洲定下了日程表。

现在，持续了同样的天数的欧洲战事会谈也圆满结束，粉碎希特勒的最终规划已被制定出来。显然，在盟军庞大策略的规划者的整体方案中，日本被摧毁前，必须先击溃德国。英美两国计划配合苏联对德意志帝国的新进攻计划，从西部和南部的若干地点侵入欧洲，并已就此计划做出明确的协调。

人们可以假定，一旦这些计划得以实施，莫斯科方面关于开辟第二战场的长久吁求将得到完全的满足。由此可以想象，苏联可能会改变目前对日本的中立态度。当然，这个问题已经在德黑兰讨论过，但讨论的结果却不为人知。

最新的声明提及需要面对的当前的战争问题及未来的战后问题。统观这些问题，就可以很合理地推断现在三巨头必然已经对德国无条件投降框架的具体条款达成一致。根据这个框架，德国可以而且必须投降。从这个意义上说，德黑兰会议之于德国的历史意义可能会等同于魁北克会议之于意大利。

预见持久的和平

三大国许诺将共同协作，这个平实的允诺包含对世界和平的具体保证，确保它们会效力。它们设想的和平将是持久的，将是不受战争威胁的、建立在人们美好的愿望之上的。美、英、苏等所有联合国家将共同承担建立和平机制的责任。

一个以《大西洋宪章》的构建规划为基础的民主世界将会出现，鼓励大国和小国的合作与积极参与，以消除暴政、奴役、压迫和不容忍。

对这些友好的会议的总结如下：

“我们满怀信心期待有那么一天，全世界的人民都会过上自由自在的生活，不再遭受专制暴政的统治，可以遵循各自的渴求，遵从各自的良心。

“我们怀揣希望和决心来到这里。我们离开此地时，已成为事实上的朋友、精神上的朋友、拥有共同宗旨的朋友。”

和平时期友好合作的精神在它们对伊朗的允诺中得到彰显，这个允诺是以《大西洋宪章》的基本原则为基础的。

伊朗是唯一一个被“三大同盟国”联合占领的国家，对于美国、英国和苏联三国当前及未来的福祉都是至关重要的。伊朗横跨大不列颠东方帝国的生命线，还控制着诸多中亚地区最重要的空军基地，美国对这些空军基地非常感兴趣。而且伊朗还掐住了通往印度洋的咽喉，苏联正逐步追求长久以来的梦想，想寻求一个永久开放的港口。

苏联红军已经控制伊朗的北部区域，它是 1941 年 8 月进入该地区的，而英国则占领了其南部区域。苏军当前的供应线由美国波斯湾服务指挥部管理，这个指挥部拥有数千名人员。因此，在《德黑兰宣言》中，这三个国家均已同意战争结束时召回自己的军队，让穆罕默德・礼萨・巴列维国王恢复原位。

故此，所谓的伊朗问题在各同盟国领导人的承诺之下烟消云散，虽然这些日子里，新闻界因受到新闻审查限制，极少提及这一问题。这个重要的承诺来得及时。首先，它显然消除了同盟国内部可能出现的摩擦点；其次，它也成为大国谨守诺言的典范。此前，这些国家曾许诺尊重小国的领土诉求，并帮助它们从战争的灾难中恢复。

邀请所有国家共享和平

这些政治家和他们的政治参谋毅然做出了其他事关“民主国家的世界大家庭”的自由和幸福的承诺。这些坦然的允诺不仅让被征服的欧洲国家的人民大受鼓舞，还让他们看到了希望，让他们的心灵不再沉重。

这些直率坦诚的声明终将让希特勒的疯狂努力化为泡影。希特勒把那些怪异的卫星国、傀儡政府和影子国聚拢到一起，组成一个脆弱的“新秩序”。宣传部部长约瑟夫・戈培尔半威胁半蛊惑地告诫这些国家，要么与同盟国家对抗到底，要么被消灭。

盟军信心满满地认为击溃敌人指日可待。同盟国正在精心规划未来，就连欧洲农民都能看出来，这样一个未来会增大他们的福祉。人们难以理解当芬兰、罗马尼亚和保加利亚这些绝望的政府现在面对这一切时，它们是如何将更多的战斗精神灌输给它们困惑不解的军队的。

在这些公之于众的声明中，没有提及任何战后欧洲的未来的详尽细节，伊朗绝对是唯一的具体主题。然而从宣言总纲领中显然可以看出，包括芬兰、波兰和巴尔干半岛的整个欧洲东部的问题肯定已经研究过了。

在此前的莫斯科外交首脑会议上，对波兰问题和巴尔干半岛问题均有过讨论。似乎这些讨论的一个结果就是盟军关于南斯拉夫的宣传方针发生了明显的变化，呈现出对游击队运动日益增长的支持趋势。

波兰仍然是问题

可是，波兰仍然是一个问题。莫斯科方面一直坚持认为，芬兰的一部分和波罗的海国家、比萨拉比亚理所当然属于苏联。笔者猜测苏联的立场绝无改变，这意味着华盛顿和伦敦方面最终认可了这一立场，尤其是考虑到苏联显然做出了让步、同意战后从伊朗北部撤出的事实。

在莫斯科召开的外交首脑会议上，各方已就伊朗问题达成协议，而斯大林主席坚持要签署《德黑兰宣言》。很明显，自战争初期以来，莫斯科一直秉持其一贯的政策，即宣称自己没有领土野心。在这个框架内，人们可以假定，英美承诺日本战败后将满洲还给中国，因为自从苏联把中东铁路的股份让渡给日本人之后，就从未对这一富足的地区表现过任何兴趣。

然而，满洲问题并没有在莫斯科会议上讨论，我们可以认定这个问题首度在三巨头间被提及是在德黑兰。

假定莫斯科的政策依旧如初，即苏联自遭德国进攻、部分领土被其占领以来，就一直采取的政策——全部迹象表明这是一切工作得以开展的安全基础——我们就可以得出以下结论：

1. 苏联并不想以牺牲土耳其为代价进行扩张。一方面，土耳其以其拥有的卡尔斯省和阿尔达汉省所形成的高加索边境将保持不变，另一方面，虽然德国宣传土耳其会占领达达尼尔海峡，威胁苏联领土，而事实并不是这样的。

2. 莫斯科方面无论如何绝不承认自己有意寻求利益，可是同时，它却在东欧地区寻求把边界线扩张到1939年前的位置，总是公开表示需要拥有一小部分芬兰领土来保护列宁格勒与波罗的海的某些战略基地。它还觊觎波兰东部的一部分土地，大致以寇松线为界。它希望从罗马尼亚获得布科维纳北部和比萨拉比亚地区，以及跨越多瑙河三角洲的一小块控制河口的条形区域。它可能还渴望拥有保加利亚的一些基地，虽然保加利亚的情况具有相当的不确定性。

为杜绝人们的猜想，莫斯科方面一再主张，上述领土可以称为多瑙河以南地区，曾经长时间属于俄罗斯，苏联及其人民可以名正言顺地将它要回来。

除此以外，显而易见的是，在欧洲，莫斯科希望以即将签署的捷克与苏联的条约为样板，与东部各国建立密切的纽带。此举意在防范由西方国家煽动、以波兰人为主导的东欧联盟形成的任何“警戒线”。除此以外，很显然苏联在这个区域并没有其他领土诉求。

关于上述声明，笔者只能说，这便是参加德黑兰会议的英美代表团的印象，我们有充分理由相信这是对目前所掌握的事实的最准确的描述。

1943 年 12 月 7 日

会谈期间仅有三名英美记者在德黑兰

通过电报发回《纽约时报》的报道

【开罗 12 月 6 日电】在伊朗德黑兰举行的三巨头会谈期间，仅有三名英美记者在该地，即路透社常驻伊朗记者约翰·沃利斯、《芝加哥太阳报》的爱德华·安格利和美联社的劳埃德·斯特拉顿。

所有驻开罗的通讯记者都接到军方命令，严禁离开这座城市，尽管他们中的许多人已经提前收到第二阶段会议将在何地举行的线报，事实上，一些人已经安排好日程，准备搭飞机前往德黑兰。

沃利斯常驻德黑兰。这两名美国记者正前往莫斯科，但他们等飞机时会谈开始了。依照这里向通讯记者下达的禁令，他们被要求返回开罗，但这一禁令随即被罗斯福总统的女婿约翰·波伊德格利少校撤销。

大人物拍照的时候，这些记者唯一一次有幸看到他们。其余时间和其他留在开罗的记者一样，这三名记者只能依赖观察员提供的讯息。

1943 年/12 月 7 日

同盟国三巨头发布声明

【合众社德黑兰 12 月 1 日电】罗斯福总统、丘吉尔首相及斯大林主席发布的公告如下：

在过去的 4 天里，我们三个人，美国总统、英国首相及苏联主席，在同盟国伊朗的首都德黑兰举行会议，制定并确认我们的共同政策。

我们决心做到——我们的国家将在此次战争以及随后而来的和平中共同协作。

对于这场战争，我们的军事参谋参加了我们的圆桌讨论会，我们已经制订出协同一致的计划，以彻底摧毁德国军队。我们已就从东、西、南三个方向发动发动军事行动的范围和时间达成完全一致的意见。我们在此地达成的一致将确保胜利属于我们。

至于和平，我们确信我们的和谐一致将使它成为持久的和平。我们充分认识到所肩负的至高无上的责任。要让所有的国家共同实现和平，离不开全世界民众的美好意愿，要世世代代消除战争的灾难和恐怖。

我们通过外交顾问，对未来的问题进行了调查。我们将寻求所有国家的合作与积极参与，不管是大国还是小国，只要其人民在内心和思想上有如我们自己的人民一样决心消除暴政和奴役、压迫和不容忍。在他们选择加入民主国家的世界大家庭时，我们欢迎他们。

地球上没有任何力量能阻止我们在陆地击溃德国军队，在海上摧毁德国潜艇，从空中捣毁德国的战争工厂。我们的攻击将毫不留情，不断加强。

从这些友好的会议中，我们满怀信心期待有那么一天，全世界的人民都会过上自由自在的生活，不再遭受专制暴政的统治，可以遵循各自的渴求，遵从各自的良心。

我们怀揣希望和决心来到这里。我们离开此地时，已成为事实上的朋友、精神上的朋友、拥有共同宗旨的朋友。

1943年12月1日罗斯福、斯大林、丘吉尔在德黑兰签署。

1943年
12月9日

铁托的影响正在增强

通过无线电发回《纽约时报》的报道

【开罗12月8日电】当前，在南斯拉夫游击队控制区，同盟国当局与以铁托元帅为首的临时新政府间，已经建立起一种带有政治性质的非官方联系。目前正在进行的对话可能会让南斯拉夫的混乱局势在某种程度上明朗起来。

据推测，为了进行对话，游击队发言人与彼得二世国王的流亡政权将会建立某种直接或者间接的联系。游击队所到之处，彼得国王的政府就出局。因此，同盟国（与南斯拉夫）维持适当的关系就有一定的困难，因为尽管当前同盟国的大批爱国物资援助是拨付给铁托元帅的，可是与南斯拉夫的正式外交往来却是和彼得国王的政府进行的。

与此同时，种种迹象表明，自这个国家遭轴心国蹂躏以来，其最重大的外交和政治危机正在酝酿中。彼得国王驻华盛顿、伦敦、安卡拉和莫斯科的大使被召唤到开罗献计献策。

今天，流亡政府邮政电报部部长贝里斯拉夫·安吉林诺维奇博士向总理波兹达·珀里奇递交了辞呈。他的辞职凸显政府应当扩大其成分。

南斯拉夫一个士兵代表团告诉南斯拉夫政治领导人，称自己很乐意为国王而战，但决不为米哈伊洛维奇而战。这些士兵几乎全部是来自的里雅斯特地区和伊斯特拉半岛的斯洛文尼亚人，都曾在意大利军队服役，现被编入正在中东地区慢慢成形的自由军。

劳先生关于英国对于南斯拉夫问题的观点的声明，以及铁托所获得援助的比重，越来越让在开罗的南斯拉夫官场人士印象深刻。

周日，南斯拉夫政府发表一份声明，对铁托元帅领导的临时政府表示谴责。

1944 年的南斯拉夫抵抗军领导人约瑟普·布罗兹（即人所共知的铁托元帅）

许多温和派人士对声明中的尖锐措辞感到遗憾。事实上，想撤回声明时，已经过了 24 小时，一切努力都为时已晚。

南斯拉夫政府新闻办公室今天发表了一系列公报，据称是 12 月 3 日由米哈伊洛维奇将军的指挥部签发的。公报称："除了共产党，没有任何政治组织支持该政府（铁托政府），而共产党在南斯拉夫从来就不是特别强大。所有塞族政党决定支持民族抵抗委员会，而该委员会支持南斯拉夫正规军（米哈伊洛维奇的军队）。"公报进一步声称斯洛文尼亚或者克罗地亚没有任何政党支持铁托元帅。

1943 年／12 月 11 日

攻入计划正在英国成形　盟军补给和运输、空中支援和进攻部队等各项工作定型

2 月是关键时间点　西欧的天气成为主要因素——英国人理应在首战中发挥主要作用

通过电报发回《纽约时报》的报道

【伦敦 12 月 10 日电】今日，据相关人士透露，虽然盟军的陆军、海军、空军的军官和士兵肩负的任务极为重大，英美两国未来在欧洲西北部作战的计划的组织筹划正快速进行。

补给和运输的困难正在逐一克服，指挥人员问题正在解决，筹划阶段似乎已经结束。美英两国参谋人员正在努力让这一庞大计划具体化。

英国已经集结了一支规模很大的战斗部队，它正在接受联合作战的广泛训练。

在时机选择上天气成为重要因素

为了安全起见，攻入计划的要点必须是模糊的，然而伦敦的条件及盟军在其他战场的做法，为推测攻入行动如何实施提供了部分引导。对这些因素进行通盘考虑后，得出了下列结论：

要到 1944 年 2 月中旬之后，天气条件才有可能好转，彼时敌军在东部战线和南部战线上会遭受强大的压力。因而，大规模作战行动可能推迟。

德国的轰炸机部队正在西欧地区严阵以待，（英美）两大同盟国对于这支空中部队的力量很了解，在没有获得压倒性空中支援的条件下，是极不可能贸然发动攻入行动的。这就意味着盟军的攻击将针对英美陆基战斗机能够有效覆盖的欧洲海岸线。

盟军的首次登陆可能会散布在海岸上相当大的一个区域，一旦德军的海岸防御被渗透，登陆部队将与内陆部队联合作战。

欧洲西北部众多可选港口中，有一个可能会成为主要目标。通过这个港口攻入部队可以获得来自英国的增援和补给，以及直接来自美国的增援和补给，就像西西里岛战役一样。

尽管美国军队在人数上胜出，但是英军拥有数量更为庞大的老兵，因此首批地面部队有半数或者半数以上会是英国士兵。这支部队将会遭遇最激烈的战斗。

空降部队可能参与攻击

盟军空降部队在西西里岛的行动的成功，使得在此次行动中可能会进一步扩大对空降部队的使用。空降部队的主要任务是占领机场。在第二阶段的攻入行动中，战斗机将以这些机场为基地，为作战行动提供支援。空降部队还有一个任务就是阻断敌军支援部队赶赴战场的路径。

当前，军队的补给问题如同战略和战术问题一样重要，最终将需要为 100 多万人提供补给。另一个艰巨的任务是协调盟军的地面部队和战术空军。

此外，战略、战术和后勤——战争的三部曲——已经通过宣传凝结在一起。政治战争机器已经组装完毕。

弹药等某些快速消耗的物资的供应情况良好。所有库存正在聚拢，“第二战场”上的战士们将会拥有充足的装备。

海上运输仍旧是个至关重要的问题。数月以来，盟军从一个战场转移至下一个战场，没有港口可用是个大问题。与盟军以往任何一次海外冒险行动相比，此次攻入欧洲西北部的行动需要数量更多的登陆艇和小型的快速运输工具。

依据英国给出的数字，一个作战师每天需要400—600吨的物资补给。鉴于纳粹在西西里岛和亚平宁半岛的顽固抵抗，似乎每个师可能会需要最高额度的补给，而其中绝大多数需要通过拥有较强的防空武器装备的登陆艇或者小型的快速运输工具运至海滩。

据推测，相当大比例的盟军重型轰炸机力量可能会被调去轰炸敌人的通信设备及顽固的据点，为以后的空袭做好准备。这也是人们相信攻入行动必须等到1944年2月中旬以后才能实施的另一个原因，尽管盟军有可能提早发动几次零星的登陆行动来牵制德军。

1943年

12月13日

据报道，隆美尔转向欧洲西部
据称元帅将负责指挥德军的防御

【美联社伦敦12月12日电】今天传到斯德哥尔摩的德国报道称，陆军元帅埃尔温·隆美尔已被任命为反攻入行动总指挥，准备对抗盟军在西欧的进攻行动。

一直以来，隆美尔元帅都在统率德军驻巴尔干半岛和意大利的军队，据报道，他本周一整周都在视察丹麦海岸的防御工事。

柏林方面的报道称，虽然对于盟军发动攻入行动的预计依然使巴尔干半岛的局势无比紧张，德国军事专家预计盟军最大的进攻行动将会发生在欧洲西部。斯堪的纳维亚电讯局报道了隆美尔元帅此次被任命的消息，宣称德军指挥官认为法国西部和德国北部的防御行动比意大利的防御更重要。维希政府通过马德里（西班牙官方）发布的报告确认了这一报道，称驻守法国的德军认为盟军已经从意大利前线撤回部分精锐部队，还从意大利战区撤回诸多战舰，准备用于另一条战线。据称，德军相信盟军将很快实施一次大型攻击行动，但显然德军无法确定，攻击是仅会发生在英吉利海峡，还是会同时在地中海发起。

1943 年
12 月 17 日

美军登上海岸
在新不列颠岛西南海岸的登陆作战没有损失船只或飞机
迅速攻下目标
麦克阿瑟的军队占领半岛　完全掌控维蒂亚兹海峡

通过无线电发回《纽约时报》的报道

【新几内亚前线盟军指挥部 12 月 17 日电】美军已经在新不列颠岛登陆，并建立起坚固的桥头堡。

沃尔特·克鲁格中将率领的第六集团军大部从新几内亚向北突飞猛进了 70 英里，并乘各种类型的登陆艇于周三在阿拉维港附近蜂拥登岸。阿拉维港位于俾斯麦群岛的最大岛屿的西南角，是一个重要的驳船基地，距离拉包尔市约 270 英里。拉包尔是日本在新不列颠岛上的海军飞机基地所在地，这个飞机基地扼守从太平洋南部通往特鲁克群岛的道路，而日军的太平洋"棱堡"位于特鲁克群岛以北 798 英里处。

道格拉斯·麦克阿瑟将军率部在新不列颠岛登陆之前，其麾下的海军陆战队和陆军部队上个月已经在布干维尔岛登陆，从而可以从两个方向挤压拉包尔。

一支部队被击退

海军向奥兰治海滩发动了轰炸，千百枚炮弹在海滩上的重要登陆区爆炸。轰炸之后，身穿绿色军服的士兵乘水陆两栖坦克和橡皮艇从狭窄的马库斯角上分两路向海滩进攻。在皮勒罗岛上，美军从一个近海点发动攻击。

执行这 3 处登陆行动的士兵曾接受过突击训练。其中一处的登陆部队的橡皮艇被日军机枪和迫击炮射穿，伤亡惨重，被迫撤退。可是，尽管日军猛烈反击，突击队员还是拿下了皮勒罗岛上的电台。在美国海军的狂轰滥炸及美军飞机的密集扫射后，海滩大部分区域就不再有抵抗。美军登陆时，日军出动 20 多架飞机发动了一次猛攻，遭美军击溃，而美军仅两人受伤，无人死亡。岸上的高射炮和登陆艇上的大炮击退了来犯的日军飞机编队，打下了两架敌军飞机。

得克萨斯州州旗飘扬在海滩上

早晨 5 点 20 分，两支突击队趁着月色摸近海岸，可是直到上午 7 点 49 分，第一辆抵岸的水陆平底军用车上的战士才向主海滩发动攻击。这是因为士兵需要穿越皮勒罗岛和马库斯角间的一条狭窄通道，通道只有几英尺宽，其间危机重重。一队士兵将一面得克萨斯州州旗插在海滩之上。

这些拥有丛林战斗装备的士兵即刻压向这个 3 英里长的半岛。一旦登陆部队完全占领这个半岛，它将几乎坚不可摧，因为它和大陆只通过一片狭窄的区域相连接。

因为多浅滩和涌流，这次行动尤为微妙。

1943 年，美国士兵登上巴布亚新几内亚新不列颠岛格洛斯特角的海岸。

只有经过精心的准备，以及海上、陆地和空中部队最紧密的合作，此次两栖作战行动才能成功。

在此次行动中，特遣舰队由海军少将丹尼尔·巴贝指挥，登陆部队由朱利安·坎宁安准将指挥。麦克阿瑟将军在新几内亚北部某处的指挥部里，与克鲁格将军一起担任行动总指挥。良好的天气对于此次行动来说是件坏事，当天夜里月光皎洁，这可能是其中一支突击队遭受厄运的原因。本来美军计划发动一次突袭，以获得一处路障的控制权，可是，明朗的月色使这个期待落空。在 250 英尺高的悬崖上凌空俯视海滩的日军等到脆弱的橡皮艇几乎上岸时，才近距离全力开火。一些士兵在水中泡了 3 个小时，一些士兵受伤，一些士兵死亡，少数登上海岸的士兵可能被消灭或俘虏。然而，他们并没有白白牺牲，因为日军显然误认为此次在蓝色海滩的登陆尝试就是美军的主要登陆行动。

控制维蒂亚兹海峡

皮勒罗岛上的战斗，我们所知甚少，只在指定时间收到来自该岛上的电台的讯息。

新几内亚的战斗已经持续了太长的时间。这次行动撇开了新几内亚，是西南太平洋战区首次只有美军参与的战役。

这个行动的结果让盟军有效控制了新几内亚与新不列颠岛之间的最窄处仅有 40 英里宽的维蒂亚兹海峡。

美军占领莱城和芬什港后，就在休恩半岛上修建机场，之后才开始实施此次登陆行动。由于我们拥有压倒性数量的飞机，在此次行动中，战斗机空中掩护的效果极佳。

笔者曾经飞越新不列颠岛的大部分地区。这座岛屿长约 320 英里，最宽之处只有 50 英里。与新几内亚、瓜达尔卡纳尔岛及所罗门群岛的其他岛屿相比，这座岛屿上的丛林更为稠密。

沿海一带均处于这个火山岛的地质作用范围。岛上的活火山仍然活跃，特别是在拉包尔周围的火山。1937 年拉包尔曾发生地震和火山爆发，其后，升起了一座高 600 英尺的岛屿。

1943 年/12 月 19 日

戴高乐——谜和标志

他让批评家和朋友困惑不解，但毫无疑问的是，他为法国代言

米尔顿·布拉克
通过无线电从阿尔及尔发回

透过夏尔·戴高乐将军在此地借住的别墅天窗，可以看到屋顶上的三色旗在其下方远处港口吹来的微风中飘扬。在阳光明媚的日子里，还可以听到三色旗迎风飘扬的声音。据将军的密友所言，将军本人很喜欢听到这个声音，他总能切身感受饱受压迫的祖国之所需，犹如他与祖国一直心心相通。

不管切实与否，如今戴高乐俨然已是全世界最为举足轻重的法国人，以及他那略微有些神秘莫测的个性，在未来不确定的日子里，同盟国政治家们对这些可能不得不有所考虑。有些政治家不喜欢他，对于将军或者任何其他人来说，这一点已非新闻。然而，现在越来越明显的情况是，所有同盟国的政治家都接受他为法国人民的代言人这一说法。这也许表明戴高乐运动的整体趋势是把将军作为一个“代言人”或标志，而不是一个富于魅力的个人。

戴高乐性格极为内向。他羞涩、笨拙，给人冷冰冰的感觉。他轻易不会笑。他椭圆形的脸上微微泛黄，看起来像一个总在室内工作而睡眠不好的人。他深陷的眼睛下的青色眼袋显示，他是一个敏感和害羞、变化不定和谨慎、不耐烦和目的性强的矛盾结合体。

戴高乐身形挺拔（身高约 1.91 米），他那顶深橄榄绿的高顶帽让这个特征更加突出。他不像运动员那样动作流畅，举止也不优雅。

即使是他身边最亲密的人也都倾向于更多地谈论他的想法、他的“角色”，而不是谈及他的个人特质。戴高乐本人不太在意细节和琐事，这样的事情他会转给下属办理，并热切地希望他们自行处理，而不来打扰他。他的副官通常在上午 9 点 45 分开车来接他，并在 10 点抵达紫藤别墅。这是众多矗立在大山上鸟瞰海港的现代摩尔式建筑物之一，阿尔及尔就建立在这座大山之中。

紫藤别墅只有两层楼，在里面的将军的参谋人员，加上秘书和文员，不超过25人。戴高乐有一个习惯，他会几乎悄无声息地进来，眼睛紧张地四处张望，把房间里的一切看个遍。他少言寡语。他的私人办公室位于一楼的后部，里面一张抛光的桌子和六把棕色皮革椅。将军从桌子后面的位子上起身，来欢迎来访的客人。为了让他们轻松下来，他走到桌前，自己挑了把靠外边的椅子坐下。

他所工作的环境中的所有物件都很职业化，周围没有家庭照片或者小玩意儿。唯一带感情元素的物件事关法国当前的战斗。这是一份用钢笔写的最后通牒，只有8行字，是隆美尔元帅发给在比尔哈凯姆的约瑟夫·柯尼希将军的，现在挂在将军左肩后面的墙上。

一般来说，将军会利用上午的时间接见客人，但在周二、周四和周六，他会开车到法罗门廷中学，这里曾是一所女子学校，现在将军会在这里主持法兰西民族解放委员会的会议。他坐在一张巨大方桌的南端，座位前摆着一本古怪的摇椅记事簿，这是唯一一件其他成员的位子上没有的东西。窗口的高窗台上摆着一个花瓶，它已经成了众所周知的“将军烟灰缸”。他踱步时习惯抽烟。

下午1点30分，戴高乐会停下手里的工作，回家用午餐。通常会有两三名客人作陪。午餐桌的陈设很简单，午餐也非常简单。与其他在阿尔及尔的人一样，他没有黄油。他唯一的奢侈品是午餐后抽一支雪茄。伊冯娜·戴高乐是一个典型的法国女人，风韵犹存，在将军周围营造出一种如画一般的氛围。

午餐后，戴高乐回到办公室。整个下午他都可能独处。他最亲密的助手可能算是加斯东·帕尔维斯基。此人曾是保罗·雷诺的办公室主任，现在是戴高乐的办公室主任。帕尔维斯基提及戴高乐时，总是掩饰不住赞美之词。在科西嘉岛战役中，他告诉笔者，法国将吉劳德将军定义为“好士兵，一个优雅正直的人”，而将戴高乐视为“国家辉煌永存的意志”。

将军回家用晚餐，通常也会有客人陪同。可能的话，他会在晚上11点上床睡觉。他不大喜欢与人交往，但是会把它视为工作的一部分。他很好客，却并不亲切。他很周到，却不热情。他与人保持距离，也希望人们与他保持距离。他从未真正放松，几乎总是给人处于紧张状态的印象。当然他很有政治头脑。

然而毫无疑问的是，自1940年6月以来，他已经大大提升了自己的声望。在那些日子里，他不仅害羞、变化不定，还根本没有起码的外交智慧。他会在新闻发布会上首先严肃地来一段冗长的演讲。他会容忍记者提一两个问题，然后站起来，自顾自地走出去。

如今他坐在椅子后面，从容自若。他已经准备好应答任何问题。当被问到一个相当尴尬的问题，即他是否有意担任未来的法兰西第四共和国首任总统时，他淡淡地微笑着说："你是第一个为我提供这个工作的人。"

同样，他也越来越具有政治家的外部属性。他仍然穿着军装——除了星期天，他每个星期天都会与夫人一起乘坐一辆没有旗帜的车去比亚尔镇附近做弥撒——但在庆典场合，他既是将军，同样也是政治家。

例如，在"一战"停战纪念日，戴高乐与吉劳德将军（他和戴高乐共同担任法兰西民族解放委员会联合主席，相当于在政治上判了自己的死刑）一起走上通往战争纪念碑的台阶。他们将要向纪念碑敬礼，台阶很长，似乎没有尽头。

每走上一级台阶，戴高乐都会停下来，走过去与旁边的男男女女握手。吉劳德则站在一边，满脸不自在。戴高乐与人们握着手，与大家严肃地低声寒暄。就这样，两人一路走上台阶。典礼完成后，也是以这样的方式，两人一路走下台阶。

一位与戴高乐极为亲近并且对他忠心耿耿的人士称这种情况并非"真正戴高乐式"行为举止，而是代表戴高乐在认真却笨拙地努力，让自己符合所处的新位置。

也许确实如此。因为将军本性上肯定不是一个"打招呼的人"。常规的肢体礼仪似乎会让他觉得压抑。但让他越来越感到压抑的是他为责任感——代表希特勒魔掌内外的法国人民的责任——所做出的让步。然而，在本质上，他仍然立场坚定，决不妥协，甚至他的批评家们也承认他是个全心全意真诚的人。在他自己看来，他的动机是最纯正的。

有一个广为流传的关于戴高乐的笑话，最初是一位地位显赫的高官传出来的。这个笑话讽刺说，戴高乐既想成为当代的克列孟梭，又想成为当代的圣女贞德，而实际上，这两者他都不符合。

戴高乐的支持者们反驳说，将军不想成为两者中的任何一位，而关于圣女贞德的类比尤其是废话。事实上戴高乐本人总带着一种强烈的神秘感，这一点体现在他的几乎每一次讲话和关于他的每一篇报道中。

代表英国的哈罗德·麦克米伦和代表美国的罗伯特·墨菲，不顾尴尬前去正式通知将军，盟军已在没有告知（法兰西）民族解放委员会的情况下，与意大利签署了停战协定。麦克米伦满怀希望地表示："作为一名军人，你一定会明白的。"

"你忘了，"戴高乐说，"我手里还把握着法国的政治命运。"

不管是认为自己是这些命运的托管人，还是认为自己是这些命运的缔造者，他认为这都是个大问题。将军本人在演讲时十分喜欢用修辞手法——他喜欢诗歌，在重大的演讲中能引用拉辛和夏多布里昂的诗句——他的追随者说他就像一个玻璃容器，颜色与所盛液体的颜色一致。他们说，这种液体就是法国快速而宝贵的心跳所产生的活生生的情感。

反戴高乐人士指出这个比喻应反过来说——法国是玻璃容器，而将军正把自己的野心和个性的色彩赋予这个容器。

这个"小贵族"的儿子，在1940年曾被指为法西斯，现在被指为共产主义者，如何在战后的同盟国世界里与诸多领袖平起平坐呢?

假设温斯顿·丘吉尔仍为英国代言，丘吉尔和戴高乐之间更可能出现的是英法两国之间的政治和谐，而不是个人的和谐。这两个人在多个方面都存在龃龉，但是两人又都有足够宽阔的胸怀来承认对方的诚意，都为对方国家的理想和抱负而讴歌。

在伦敦领导法兰西民族委员会期间，戴高乐经常访问唐宁街10号。戴高乐的英语很蹩脚，丘吉尔先生曾用同样蹩脚的法语告诉戴高乐："你是法国人，但你不能代表法国的全部。"戴高乐回到位于卡尔顿花园的指挥部时，脸色苍白而压抑。他大步越过哨兵，躲进了私人办公室里。

但后来他学会了控制自己的怒火，或者，至少为了自己的利益而控制怒火。到了攻入北非行动时，他已经心如止水。终于在一个11月周日的清晨，他得知盟军已出现在北非。于是将军去了唐宁街10号，据他的许多参谋人员所述，他当时"学着丘吉尔的样子，假装怒气冲冲，然而并没有生气"。根据这一说法，他稍后得到英国首相的承认，还被承认为在马达加斯加战斗的法军的统领。

毫无疑问，戴高乐在伦敦经历了一段令其极难以忍受的时期，他学会了更多政治家和政客的行为方式。他是个好学生。最低潮的时刻也许是准备赶赴北非时，被来自德怀特·艾森豪威尔将军的一份最终请求函——实际上是一份命令——所阻止。于是他去了英国乡村，写下了伤感和雄辩的信件。最后，他重新应邀——应当说是获准——来到北非。

戴高乐当前的政治态势往往掩盖了他真正辉煌的军事记录。他是一个大学教授的儿子。第一次世界大战期间，他在圣西尔服役，负了伤，且被囚禁。后来，他担任贝当元帅的副官。对这位元帅，他目前的态度是彻底的宽恕。具有讽刺意味的是，1924 年他撰写了《敌人内部的倾轧》一书，贝当在该书的序言中题词："终有一天满怀感激的法国会召唤他。"

30 多岁时，戴高乐开始撰写关于机械化战争的著作。他有一个强烈的信念，那就是国家安全有赖于现代机械化，这种信念让他在沦陷前的法国声名鹊起。1940 年 5 月 15 日，他被任命为陆军将军。3 周后，雷诺传唤他到巴黎，任命他为副国务秘书，负责国防和战争事务。也许戴高乐还不知道这就是他的政治生涯的开端。1940 年 6 月 18 日，他在伦敦的英国广播公司发表演讲，由此将其职业生涯推到了公众面前。不久后，他提醒法国民众："法国输掉了一个战役，但是，法国并没有输掉这场战争。"这句话成了一句口号，深入人心。

一些人认为，戴高乐拒绝让自由法国的军队变身为"英国收买的外籍军团"时，麻烦就开始了。同时，他主要受制于英国势力，达喀尔的惨败更是让他的声

1943 年，阿尔及尔的"一战"停战纪念日游行结束时，夏尔·戴高乐将军发表演讲。

望跌落谷底。

但戴高乐挺过来了。他正在登上人生的巅峰。他宣称自己所领导的委员会是为法国代言的唯一权力机构，无人对该声明提出严正的质疑。但他仍然受到同盟国的军事控制。戴高乐清楚这一点，他正专心致志地努力使法国内部和外部加强对他的支持，以使同盟国的任何军事干预显得荒唐可笑。他曾经说过，回到法国就像找回自己的拖鞋。

1943 年

12 月 25 日

进攻行动迎来新总指挥
将军易位
三巨头会谈的选择，蒙哥马利成为英国陆军指挥官
威尔逊爵士继任
中东指挥官获得荣誉——斯帕茨执掌美国空军战略

发回《纽约时报》的特别报道

【纽约州海德公园 12 月 24 日电】今天罗斯福总统宣布，任命德怀特·艾森豪威尔将军统领从欧洲西部和北部的攻入行动。来自伦敦的消息称，陆军上将伯纳德·蒙哥马利爵士在北非获得的名望助他成为英国军队的司令，听令于艾森豪威尔将军。他们将组成一支久经战阵、所向披靡的团队，指挥盟军向阿道夫·希特勒的“欧洲堡垒”发起攻击。

总统宣布，在最近举行的德黑兰会议上，艾森豪威尔将军被选定为领导对德作战的统帅。曾经有谣言称陆军参谋长乔治·马歇尔将军会奉命担任该职务，这一声明也让出现已久的传言烟消云散。

今天总统在电台广播中就近期召开的德黑兰会议和开罗会议做了报告。在报告中，他还委任卡尔·斯帕茨将军为“美国对德战略轰炸行动部队”的总指挥官。

这表示艾森豪威尔将军的权限是统领部队从西部和北部向欧洲发动大规模攻

击，卡尔·斯帕茨将军则指挥所有美军对德国实施的战略性轰炸行动，以及从所有相邻基地向德国实施空袭。

粉碎了关于马歇尔的谣言

在广播报告中，总统生动地描述了与丘吉尔首相、斯大林主席之间就从陆地和空中进攻并打垮德国的详尽规划达成了完全的一致。

他还高度赞扬了马歇尔将军。据推测，这是为了平息那些旧传言。有些人曾经认为艾森豪威尔将军所承担的职责是最重要的，但是现在官方所透露的讯息似乎表明：陆军最重要的职位是参谋长，正如华盛顿是唯一可以对全球军事行动发号施令的地方一样。

“我要向我们的武装部队成员，他们的妻子、母亲和父亲证实我们对马歇尔将军以及金将军（海军作战部部长）怀有巨大的信念和信心，相信他们会指挥好我国驻全球各地的武装力量。”总统宣布。

突出强调了他们的军事天才

总统说：“他们肩负着制定战略规划的责任，确定何时何地展开战斗。他们两人已经在美国历史上赫赫有名，他们的功绩将被载入史册，佐证他们的军事天才。当然，这些证据今天暂不能公布。”

来自伦敦方面的消息不仅宣布蒙哥马利将军为英国进攻部队的司令，听命于艾森豪威尔将军，还宣布由陆军上将亨利·梅特兰·威尔逊爵士接替艾森豪威尔将军，担任地中海战区总指挥，由陆军上将哈罗德·亚历山大爵士指挥盟军驻意大利全体部队。

总统宣布的德黑兰会议的军事决定足以证明，美国在北非以及意大利战争中的表现给美国的盟友们留下了极深的印象。现在这些作战行动可能被视为欧洲重要的攻入行动的预热，因为在收官之战将要打响之际，美军指挥官纷纷获任这些关键的职位。

艾森豪威尔将军在同盟国领导人心中的声望已经多次得到证实，大家几乎一致公认蒙哥马利将军是同盟国所拥有的最优秀、最成熟的战术指挥官，而艾森豪威尔将军是欧洲战区大规模行动的最佳战略指挥官。

他们曾在非洲和意大利一同作战，现在又共同担任进攻欧洲之战的总指挥，摧毁德国防御最坚固的地区，即将展开合作的新篇章。

同样，斯帕茨将军也是在北非战争中脱颖而出的。在地中海战区，他曾在艾森豪威尔将军的领导下指挥美军的空战。英国空军总指挥官、空军中将亚瑟·泰德爵士位居艾森豪威尔将军和斯帕茨将军之间，成为地中海战区盟军空中部队总司令。

威尔逊将军介入西地中海战区的意义重大，因为有人认为，在德黑兰会议上，盟军参谋长们已经放弃进攻巴尔干半岛的计划。据报道称，在时机成熟时，苏联将在这一地区采取军事行动。

威尔逊将军在这场战争中，使英国首次在非洲作战的初期阶段建立起自己的声誉。他一直在中东指挥英国第十军，只等命令下达，随时准备发起巴尔干半岛战役。

对于艾森豪威尔将军，总统说：

“他在非洲、西西里岛和亚平宁半岛的表现都很优异。

“凭着实践和成功的经验，他深谙协调空中、海洋以及陆地的军事力量之道。

“所有这些都在他的运筹帷幄之中。”

对于威尔逊将军，总统承诺“我们在地中海要地的强大的地面、海洋及空中部队将与他共同进退，直到达成在这个艰苦的战区的所有目标”。

1943 年／12 月 26 日

波兰边界问题考验同盟国政治家的才能

苏联所提出的诉求有悖明晰的原则，包括《大西洋宪章》的原则

斯大林的宣传机会

埃德温·杰姆斯

波兰人会这样说：“这场战争的开端始于希特勒进攻波兰，由此英法对德宣战。如果同盟国赢得了这场战争的胜利之后，波兰的境况还比不上任由希特勒实现其野心之后，这将是对正义之道的一种嘲弄。”当然，波兰人所指的是莫斯科方面对苏联西部边界的诉求，而苏联的西部边界自然就是波兰的东部边界。

莫斯科方面从未发表任何关于波兰边界的官方声明。在大多数波兰区域存在着一种真正的恐惧——波兰人担心苏联将会索求 1939 年以前属于波兰的部分领土。人们想起，斯大林的军队距离波兰边境还很遥远时，欧曼斯基大使在墨西哥城的一次讲话中曾对苏波边界进行“修正”，言辞之中认为德国和苏联在 1940 年划定的界线应当作为苏联的真正边界线。最近，在大西洋城举行的联合国善后救济总署的会议上，播放了一部苏联影片，里面刻画了利沃夫“返回祖国的怀抱”。而波兰人则认为利沃夫是波兰最古老的城市之一。

不管怎样，波兰人得出结论：波兰东部边境的领土处于危险之中。他们忧心忡忡。在有苏联人出席的会议中，美国人和英国人不讨论苏联边境的问题，即使这样，也无法减少波兰人的担忧。他们已经注意到苏联曾经发表声明，称苏联边境是“不可侵犯的”。当时这个声明并没有传达太多的意义，直到人们明白“不可侵犯”的是什么。

乌克兰问题

只要一考虑波兰边境的问题，人们立刻会提起波兰占领的乌克兰领土。换句话说，波兰人担心苏联人会吞并这片人口近 400 万的领土。苏联人曾暗示，这片土地正是自己所渴望的；在所有关于这个问题的讨论中，他们当然从不否认。

现在，身处苏联之外的乌克兰民族主义者到处宣扬乌克兰的统一。但是这些领导人，特别是那些身在美国的领导人，期待一个既不属于苏联，也不属于波兰，而是属于乌克兰人自己的统一的乌克兰。有可能出现这样的情况：如果苏联接受乌克兰的独立——当然这会出乎人们之所料——一些波兰人可能不会反对波属乌克兰并入这样一个国家，只要它不是苏联的一部分。但任何诸如此类的计划都不大可能有结果。

波兰人认为，苏联与捷克斯洛伐克之间关于共同边界的讨论表明，莫斯科意图接管加利西亚，而这是波兰最富饶的一部分土地。

由于莫斯科方面从未对此发表过明确的公告，这个问题很难理清楚。但是，我们要重复的是，波兰人对苏联的意图感到担忧。他们害怕莫斯科方面可能会选择希特勒和斯大林瓜分自己的国家时苏联所坚持的界线。

波兰的希望在哪里?

波兰人把希望寄托在美国和英国身上，但坦言对英国官方的态度有些怀疑，所以把希望寄托在美国身上。他们认为，《大西洋宪章》旨在保证把波兰恢复到1939年希特勒进攻前的样貌。他们希望，时机成熟时——他们认为要不了多久——华盛顿政府也许可以提出有说服力的理由来影响斯大林。他们希望美国可以提出一个方案来，在毫无疑问的波兰领土周围划出界线，对有争议的领土进行全民公决。虽然迄今为止，这还没有得到太多的鼓励，但他们仍然抱有希望。

以下的事实让这一情况颇为困难：莫斯科方面不喜欢目前流亡中的波兰政府，事实上莫斯科已经断绝与它的关系。然而，人们可能会再次提及捷克斯洛伐克总统贝奈斯日前在莫斯科发表的声明，声明中说他希望苏联和波兰根据苏联与捷克签署友好和相互保护公约的原则订立一个条约。贝奈斯是一位经验丰富的政治家，他此言必有所指。

斯大林是否坚定不移?

波兰人没有心存幻想，不愿把自己的未来依托于斯大林愿意做什么，或者斯大林可能会被说服去做什么。他们相当清楚，美英两国军队不会因为波兰而与苏联交战，但认为其他同盟国可以向苏联施加压力，让事态朝着有利于自己的方向发展。

今天，没有人敢断定这种想法有什么用。有报道提及苏联在近几个月态度有所不同。有证据表明，民族主义者斯大林对于自己在这场战争中为苏联所赢得的位置感到自豪，因而有可能在战争结束后，他仍希望苏联继续发扬风格。这将可能会成为他处理波兰领土问题的基础。

人们可以说，苏联如果不向波兰提出领土诉求，就会提升它的声望。这会呈现一副出人意料的苏联形象，足以充分反映出苏联样貌的变化。斯大林从未说过自己希望苏波边界是什么样子，但他曾表示希望看到一个“强大且独立的波兰”。问题是他对于这样一个国家的概念是否与波兰人的概念一致，因为波兰人希望在二战前拥有的土地上重新实现完全的独立。

一个最棘手的问题

波兰问题迟早需要解决。现在尝试去解决它，也许是最好的时机，也许不是。如今苏联军队尚未踏入波兰此前所拥有的土地。此外，战争还远未结束。即使德国被打败，还有日本需要对付。斯大林可能会也可能不会参加对日战争。一旦德国被打败，他更有可能参加对日战争。如果没有其他原因，苏联肯定会希望日本被打败后，自己能参与制定和平解决方案。

人们不愿意说起，经过一场争取自由的战争后，会出现广泛的领土利益交易。但人们确实有理由相信，在胜利者的讨价还价中，这一幕总在战后发生，本次战争也不例外。可能会出现让斯大林让步的机会，这种让步可能会有悖于苏联人的愿望，此前他们主张希特勒入侵波兰前的波兰的部分土地属于自己。

也许波兰的最好前景就在这个方向上。

第五章

5
chapter

步兵通罗马的是惨峻之路

1944 年 1—5 月

1944 年上半年，全世界都在翘首等待盟军攻入法国。《纽约时报》在 1 月初就报道称："攻入计划正在完善。"可是，这些计划却难以实现，因为需要顶着极为变幻莫测的天气把数百万人员用数千条船运过一湾海峡。

无论从哪个战区，都鲜有让人欣喜的消息传来，因为德军防线依然控制着意大利和乌克兰。为了巧妙地打破意大利战局的僵持状态，美国第六军在约翰·卢卡斯少将的统率下试图在更远的安齐奥海岸登陆，包抄德军防线，但这支部队却在滩头阵地上陷入困境，如同其他防线上的队伍一样停滞不前。突破德军前线的真正关键是小镇卡西诺周围的高山和峡谷，山顶上是古老的本笃会修道院。受困于地形，盟军把德军赶出小镇和高地的努力屡屡受挫。2 月 15 日，由伊拉·埃克将军指挥的盟军地中海空军部队飞了过来，炸毁了修道院，因为盟军误以为德军正在使用这座修道院。可是恰恰相反，轰炸留下的废墟被德军占领，成为一座完美的堡垒。直到 5 月，卡西诺及其被毁坏的修道院才被攻陷，盟军伤亡人数极为巨大。5 月 17 日最终向高地发起猛烈攻击的波兰军团各师在进攻过程中损失了 3500 人。

现在德军开始撤退，通往罗马的道路打开了。但事实证明，正如赛勒斯·索尔兹柏格所写，这是一条充满"无尽的泥泞……险峻阴郁的悬崖峭壁"的道路。除了结冰的河流和残破的桥梁，他还看到"满目疮痍的村庄，到处是衣衫褴褛的拾荒者"。《纽约时报》称之为"步兵通罗马的是惨峻之路"，这与罗马以往阳光灿烂、艺术爱好者的天堂的形象形成鲜明的对比。

为了减少攻入法国的道路上的障碍，西方同盟国决定在 1944 年 3 月用重型轰炸机彻底摧毁法国北部和低地国家的交通网络。这并非英国皇家空军轰炸机司令部或者美国第八航空军想要实施的行动。4 月，《纽约时报》用数个版面来细数空军上将亚瑟·哈里斯自 1942 年 2 月以来所指挥的轰炸战役。据哈里斯称，英国皇家空军共轰炸了 30 座德国工业城市，其中只有 5 座没有遭到严重破坏。他毫不掩饰英国皇家空军正全力以赴要摧毁目标城市的一半或过半建成区域，旨在通过炸死工人和捣毁厂房来迫使德国停产。哈里斯希望盟军通过轰炸就可以结束战争，而不需要出动地面部队攻入德国国土。然而，艾森豪威尔认为，当前针对交通网络的战术轰炸只是第一要务，5 个月后，轰炸机要转移轰炸目标，在破坏铁路系统后，要为发动攻势的地面部队提供空中支援。

在漫长的等待中，艾森豪威尔让记者们确信，正式行动的时候，他们会采写出优良的报道。在美国报纸出版人协会的年会上，当众宣读了最高指挥官艾森豪威尔的一封亲笔信。在信中，艾森豪威尔盛赞当前驻伦敦的战地记者是“正力求让这场战争尽早成功地结束的伟大队伍”的一分子。他向新闻界许诺，会让他们获取新闻，因为在他看来，“舆论打赢战争”。然而在当前的情况下，舆论变得越来越不耐烦。尽管 1944 年 4 月盟军在印度边境的科希马和英帕尔已挫败日军的进攻，而且在太平洋战场成功地推进，但是由于迟迟没有对德国本土发动攻势，由此开辟欧洲第二战场，民众普遍变得比较焦躁。《纽约时报》伦敦分社社长雷蒙德·丹尼尔从伦敦通过无线电发回的文章表示，预计大事将临。

1944 年
1 月 1 日

打造丛林战精英

新建的夏威夷训练中心每周密集培训数千名人员

乔治·霍恩
发回《纽约时报》的特别报道

【中太平洋（战区）美国陆军指挥部 12 月 29 日电（延时报道）】1943 年，太平洋战区未来战争的性质无疑已经变成了焦点。就像一个改变策略以应对对手风格的拳击手那样，我陆军和海军的重心发生了转移。

在中太平洋战区，根据近期对敌作战中所吸取的教训，设置了新的军事训练课程。现在这些课程正在夏威夷群岛这个世界上最庞大的军事训练区，如火如荼地开展着。这些课程正让士兵们全面掌握各种各样的必杀技。主管军官说，毫无疑问，这支军队即将成为美国历史上战斗力最强的军事力量。

中太平洋战区陆军指挥官罗伯特·C. 理查德森中将安排通讯记者对麾下新作战单位在丛林里的基地进行为期一天的参观。目前在这个基地，每周都有数千名人员在丛林里进行高强度的生存和战斗训练后顺利毕业。

实战训练

训练条件并非模拟场景，因为这些岛屿本身就有各种类型的地形、各式各样的问题和障碍，这些地形和障碍在我们将要攻击和驱逐敌人的太平洋岛屿上都会遇到。

这里有枝藤缠绕的丛林，受训士兵在模拟战斗中披荆斩棘，开辟道路。他们身后，大自然迅速合拢人类造成的缺口，几周之后就为新的受训班级创造出一片新的丛林。

这里有河流，士兵们冒着炮火各自跨越河流；这里有峭壁和山峰；这里还有普普通通的丛林，里面长满可以食用的果实和块茎。

训练项目由来自佐治亚州亚特兰大的威廉·C. 萨法兰斯上校指导。萨法兰斯上校曾经踢过足球，后担任足球教练，不久以前还在田纳西州的突击队员训练学校担任教官。从教导、训练这些即将出境作战的士兵的方式来看，他是一个严厉的家伙，比普通的日本兵更加难以对付，比普通的美国兵更有能力保护自己，更有能力发动个人攻击。

这些人不是敢死队员，也不是突击队员，而是普普通通的美国步兵。在基地经过十几门课程的训练后，数千名士兵的受训即告完成。理查德森将军今天下午表示："任何一名士兵必须先接受这项训练后，才能在我的指挥下，去那些区域作战。"

在威廉·L. 福恩沃德中尉指导的"穿越河流"课程中，士兵们被要求独立渡河，攻击"敌人"。福恩沃德中尉来自宾夕法尼亚州斯克兰顿市，是这个基地的 50 名教官之一。他们使用漂浮袋，或者用帐篷帆布和撑杆做成简易的木筏，人则泅渡其后。

他们拿来伪装网，里面装满椰子，把口径为 30 毫米的机枪放在里面，送过河去。他们把载重两吨半的卡车的篷布拆下来，做成筏子，上面可以载 24 个人或者 2 吨的装备。他们还用整块篷布裹住一辆吉普车，然后将它推过河。

他们用网搭桥，一边渡河，一边躲避桥下爆炸的炸弹。他们还学习如何巧妙地跳进表面覆有燃烧的油膜的水里，浮出水面时一边拍水一边迅速游过那里，如果碰到火团，就用手拨开。

在来自辛辛那提市的劳埃德·A. 贝爱玛中尉的指导下，他们学会了应对陷阱和爆炸物。甚至有一项为突袭棕榈树搭建的掩体而设计的特别任务，因为美军发现塔拉瓦岛上的日军用棕榈树搭建掩体。在这个方面，特种工兵班会受到高级培训。

棕榈树掩体是一间只有三面墙的小屋，里面有椅子、桌子、几瓶清酒和一盏灯。教官挑了一名绰号叫"亚拉巴马"的士兵走进小屋。

他小心翼翼地走上台阶。前两级台阶是安全的，但他走上第三级时，陷阱被触发了。一拉灯的开关，发生了爆炸。拿起一瓶酒，另一枚炸弹爆炸了。印象深刻的一堂课！

练习肉搏战

在来自宾夕法尼亚州莫农加希拉镇的威廉·瓦扎尼中尉指导下，士兵们艰难地练习肉搏战。两名专业搏击手，来自密歇根州的约翰·R. 康普顿中士和密歇根州大急流城的巴尼·伯纳德，专门为士兵进行了示范。

他们拿着匕首或刺刀冲向对方，演示如何以看似简单却致命的、能给敌人带来最大痛苦的方式发起攻击。此处不再赘言。他们教会每个士兵如何最有效地攻击对方的脸部，如何使对方窒息。

1944 年

1 月 2 日

社论：攻入计划正在完善

昨日是元旦，新年以新希望拉开序幕。位于东部战线的德国军队在苏军的猛烈攻击下节节败退，它撤往波兰的道路也面临危险。盟军的空军编队——每天有 3000 多架飞机——席卷德国上空，对德国城市狂轰滥炸。尽管遭到德国国防军的顽强抵抗，但是英美军队仍在意大利顽强挺进。所有这些迹象似乎都表明，盟军在欧洲一定会取得最终胜利。

1943 年，联合国家首脑会议确定了 1944 年盟军的首要任务：从东部穿越波兰平原；从南部绕行阿尔卑斯山；从西部登陆海滩，直插德国的心脏，然后拿下纳粹德国的工业命脉：包括鲁尔在内的莱茵河流域的工业区、洛林的煤矿、波兰西里西亚的煤矿和铁矿、罗马尼亚和加利西亚的油田、南斯拉夫的矿山。当然，这并非易事，势必会以盟军大量的物质消耗和人员牺牲为代价。

指挥权变动

现在公认的一点是，如果没有空中掩护，地面部队可能无法守住在敌方的海滩上建立的桥头堡。为全力备战，上周，一批盟军指挥官被调派参与进攻德国本土的重大行动。英国空军上将亚瑟·泰德爵士被任命为西部战线副指挥官，直接接受德怀特·D. 艾森豪威尔将军的领导。在南部，美军中将雅各布·德弗斯将担任陆军上将亨利·梅特兰·威尔逊爵士的副手。空军的重要性不言而喻。

另外，曾经担任英国皇家陆空联合作战培训学校校长一职的空军上将特拉福德·利－马洛里被任命为西部战线同盟国空军部队最高指挥官，而詹姆斯·H.杜立特少将和卡尔·斯帕茨中将受其领导，负责指挥美方军队。美国陆军中将伊拉·C.埃克被任命为南部战线的同盟国空军最高指挥官。英国海军上将伯特伦·拉姆齐爵士受命统领庞大的海军舰队，渡过欧洲西部海域，前往海岸。

各条战线都在加紧备战。在美国国内，战时生产委员会执行副主席查尔斯·E.威尔逊警告工业界称，虽然美军在德国战场所需物资的供应量已经大大超出在非洲战场与意大利战场的物资供应，但是1944年仍须扩大生产。他说："1943年，我们的军需品总产值达到610亿美元。而1944年，在不再新建工厂的情况下，我们要极大地提高产量。"罗斯福总统已经宣布，目前在海外作战的美国军队的人数为380万，到1944年7月，这个数字必须增加到500多万。

面对德国布下的"欧洲堡垒"，盟军将从何处发动攻势仍然是最高统帅部的机密。在西部战区，德国有报道称，英国突击队正在多处进行试探性攻势，包括挪威崎岖的海岸，有重兵防守的德国海岸，低地国家的海岸，法国北部的海岸和西部的沙滩，而艾森豪威尔将军究竟会选择哪一处，外界不得而知。一些军事专家认为，可能性最大的就是英吉利海峡对岸，因为那里最便于出动战斗机。看起来，盟军在登陆日会选取多个地点，德国最高统帅部可能要费神去猜测盟军会在哪个地方投入最多的兵力。

这一伟大的行动何时开始也是盟军最高统帅部的机密。德国人唯一可以确定的是，它一定会在1944年某个时间来到。同时，德军在苏联战场也面临越来越大的压力。苏军针对德军设下了巨大的包围圈，并且相信，如果全力围攻，此仗必胜。双方在空中投入了更多的兵力，而南部战区的战事依然吃紧。

阿道夫·希特勒向德国人民和军队表示，德国前景堪忧，"下一年仍会危机重重"。"在这场战争中，"他说，"将不会有胜利者和失败者，只有幸存者和被消灭者。"

1944 年
1 月 2 日

伟大的行动总指挥

艾森豪威尔将军在备战中展现出钢铁般的素质——冷静、精确、有力

米尔顿・布拉克
通过无线电从阿尔及尔发回

自 1942 年 11 月以来，德怀特・D. 艾森豪威尔就一直担负重任，领导盟军踹开德国的南大门——意大利。而现在，他将把注意力转移到罗斯福总统所称的“罗盘上的其他点”。但是，他的核心目标将一如既往——“干掉德国人”。

艾森豪威尔将军本人把自己的工作再贴切不过地归结为这 5 个字。在这次行动中，盟军将出动地面部队、空中力量甚至是海上力量，齐心协力，密切配合，以前所未有的规模强力出击，目的就是“干掉德国人”。这场战役一定会惨烈无比，但也是荣耀之战！艾森豪威尔将军必然会一直打到纳粹屈膝投降才肯善罢甘休。

作为盟军此次重大行动的总指挥，艾森豪威尔将军是所有人的希望所在，也是信心所在。他就是挥锤出击的臂膀，要给敌人致命一击，开创盟军的“胜利之年”。

任何一支突击部队的最高指挥官都衔接着政府的意志和军队的意志，不管是罗斯福总统、丘吉尔首相还是马歇尔将军，他们是从宏观运筹帷幄，而艾森豪威尔将军负责做出更加周密、更加具体的谋划。所以，艾森豪威尔将军会发现，此次战役面临的问题，堪比在北非、西西里岛以及亚平宁半岛战场遇到的问题。

他需要根据不同的地点和时间，对空中部队、地面力量和海上兵力进行最恰当的部署，做出最合理的人员和物资安排。针对变幻的战场形势，艾森豪威尔将军需要做出明智的决定，是照原定计划行事还是启动备用计划，并审时度势，根据战场形势做出对己方最有利的计划。

艾森豪威尔必将打败德国，迫其缴械投降。对于这位祖先曾在 17 世纪德国

的宗教迫害中逃出的将军来说，这将是至高无上的荣耀。

俗话说，相由心生。艾森豪威尔将军脸部略圆，显得坦率真诚，线条刚毅，眼距略宽，灰蓝色的眼睛透露出冷静沉着的气质。他常常是一副随时都准备猛地咬紧牙关的神情。

无疑，他的新任务要求他拥有钢铁般的意志和品质——必须激情四溢，能够排除一切艰难险阻。在几乎没有任何激励的情况下，却能最有效地保持勇往直前的驱动力。这就是艾克（艾森豪威尔的昵称）平素给人的一贯印象——沉着、精确、高效、坚强有力、果敢。

他一向很精明，有时也很强硬——如果有必要，连最好的朋友他也毫不留情。但是，如同许许多多其他美国大兵一样，他同样满怀柔情和幽默。他对自己那条名为“特勒克”的苏格兰犬的钟爱堪称传奇。事情要追溯到他的孩童时代，彼时他捡到一条断腿的小狗，一直养到它恢复健康。

1943 年 7 月在马耳他海岸，艾森豪威尔曾在更高层面上流露出真情。那是他的第二个极为庞大的“登陆日”即将到来之时。计划已经制订，船只已在途中。这名曾经的堪萨斯州牛仔一旦发起行动，就算是上帝他老人家也无法让他收回成命。整整一夜，飞机满载伞兵嗡嗡飞向意大利西西里岛。他们当中有很多人会在身上挂着的降落伞还来不及取下时就被击倒，而艾森豪威尔肯定知道这

1944 年 1 月的德怀特·艾森豪威尔

一点。士兵们出发后，将军凝视着夜空，眼睛湿润了。

艾森豪威尔将军从来没有忘记这一点，那就是：参谋长们筹划更宏观的战略，像他这样的人负责执行战略，而拿着枪支和刺刀对抗顽强抵抗的敌人的是普普通通的步兵。正是因为他们，战略才得以实施。他最近决定，是时候“插入”一支特殊服务小分队了。这支部队并非光彩照人的空军部队，或者是他在第一次世界大战中特别挑选并加以训练的坦克部队，而是满身泥泞、饱受风吹雨打的步兵部队，他评价这支队伍时说道：

“我们清楚地知道，他们所做的事情是什么，也知道他们做得怎么样。但是，那些身处堪萨斯州阿比林市或者英格兰某个小村庄的人，他们会了解这一点吗？”

艾森豪威尔将军喜爱称职的士兵，也会谴责不称职的士兵。他与普通的美国士兵交谈毫无困难，因为他极为坦率真诚，与士兵交谈就像是日常闲聊。赴前线视察时，艾森豪威尔会与遇见的所有人交谈，而且做得比大部分高级将领更加自然。

他说着士兵们能理解的语言。他从来不会说：“我们最好做些事情来补救这一情形。”他只会简单地骂道：“该死，这事儿得改。”他对战争的政治观点简单而直接：“在这场战争中，我们到底为了什么，不就是痛扁纳粹和独裁吗？”

他的日常工作中涉及大量的文书工作，一如其他指挥官。但文书工作是他最不喜欢的那部分工作，所以他常常从文书工作中抽身出来，定期奔赴推进指挥部和各条前线巡视。在西部新战线开辟后的几个星期内，无疑他会再次飞到正在战斗的将士之中。随着队伍向柏林进军，他一定会继续这么干。

他承担着美国军事史上赋予个人的最艰巨的任务。他已成为盟军军事计划中唯一最引人注目和最举足轻重的个人。然而，他虽然身负重任，地位显赫，依然保持着一个来自堪萨斯州的得克萨斯人的本色，或者更准确地说，一个来自得克萨斯州的堪萨斯人的本色，一个喜欢读“艾凡赫”和克伦威尔的故事的人，一个引用刘易斯·卡罗尔笔下那只海象的富有哲理的言论的人。

1944 年／1 月 9 日

苏联红军入境，波兰问题激化

莫斯科方面憎恶任何关于苏联未来西向边界的讨论

埃德温·杰姆斯

随着苏联军队对德军一路穷追猛打，越过波兰边境，苏联与波兰之间的未来边界问题浮出水面，变得极为尖锐。局势的复杂性或许可以用这样的方式来说明：有声明称斯大林的军队已经越过波兰边界，声明中的波兰边界参考的是在1939 年希特勒攻占波兰之前的边界线。但与此同时，苏联人并没有说苏军已经越过了波兰边界。这条边界在苏联的新地图上并没有出现。这就导致了一个合乎逻辑的假设：其他人认为苏联人已经越过波兰边境的时候，而苏联人却认为自己是在苏联的土地上战斗。

举例说，上周，大多数美国报纸报道苏军跨越波兰边境时，纽约的共产主义报纸《每日工人报》头版刊登了一篇题为《一堂地理课》的文章，称波苏边界线离红军抵达的地点还很远，文中所指的边界线很明显是 1939 年秋天希特勒和斯大林瓜分波兰时所确定的那条线。回顾当年那段历史，其时，柏林方面和莫斯科方面正在拟订友好条约。当然，共产国际现在已经解散，也许从理论上讲，《每日工人报》不再接受来自莫斯科的命令。所以，这堂“地理课”或许是对莫斯科方面的意见的揣度，或许不是。

无论如何，有充分的迹象表明，苏联人并不为波兰旧边界所束缚。但是，有趣的是，莫斯科方面从来没有做出这样的官方声明：苏联坚持与希特勒讨价还价所定下的那条边界线。

需要做出一些改变

苏联很有可能会在波兰的东部边界上做出一些改变，而波兰将要为此付出代价。大多数对此形势进行研究的人士认为，波兰将失去位于边界线以内的那部分乌克兰区域，还有再往北边的一块被称为白俄罗斯的区域。乌克兰人民并非满怀加入苏联的愿望，但可以说苏联人把乌克兰大部分地区当作自己的领地，而在波兰的乌克兰人的土地自然而然就是这片领土的一部分。

当然，事实可能是，苏联人正惦记着他们和希特勒划定的那条界线，那条界线将夺走波兰约40% 的领土。但是，并没有官方证据表明其真实性。也有一些关于莫斯科接管加利西亚，与捷克斯洛伐克享有一条边界的说法。但斯大林并没有这样说。要牢记的是，这个地区在 1914 年以前并不属于苏联，它是奥地利的一部分。

人们可能还要考虑这样的事实，在苏联人的庇护下，波兰委员会在莫斯科成立后，一直在谈论把德国的加利西亚或者东普鲁士划给波兰作为补偿。对于波兰人来说，他们可能很难啃下东普鲁士，但是值得注意的是，有一种说法称，波兰在东部可能失去的土地会在其他方位得到补偿。

波兰人的困境

波兰现在的处境几乎是举步维艰。莫斯科方面已经与波兰流亡政府断绝关系。虽然流亡政府敦促麾下的地下军不要在波兰的土地上与苏联人为敌，这个姿态应该是为了取悦苏联人，然而，波兰人觉得需要维护自己的领土和政治权利，对莫斯科方面及苏联的国外支持者的批判声不断。

在美国，大多数人对波兰人心怀同情，部分原因是在我们的土地上，很多合格的公民拥有波兰血统。显然，这种情况会影响我们的总统。可是，罗斯福目前最重要的工作是征服德国。在军事上对抗纳粹方面，斯大林所做的远比其他同盟国的领导人要多，而且他还能做得更多。不管波兰人是否把苏联当作盟友，我们的政府肯定认为苏联是美国的盟友，而且一个非常强大的、极富价值的盟友。

谁都不会谴责波兰人的忧心忡忡，谴责他们担心遭到不公平的对待。但是，可以提出这样的想法：在罗斯福总统和波兰流亡政府总理米科瓦伊奇克举行会谈前，考虑到自己的利益，波兰人最好少发表一些可能加重目前困境的声明。

1944 年/2 月 2 日

新闻审查奇事频仍　记者撰稿困惑不已

当国内的新闻机构披露严守的秘密时，战场上的通讯记者惊讶不已

弗兰克·L. 克拉克洪
通过无线电发回《纽约时报》的报道

【盟军澳大利亚最高指挥部 2 月 1 日电】自战争开始以来，战区新闻审查问题一直是件至关重要的事情，美国民众也一直渴望得到准确无误的消息。

最近，各个战场上的美国战地记者对国内报纸上披露的军队未来的作战行动的消息感到无比震惊。这些报道不仅有文字，还配有地图。对于军队未来的行动计划，战场上的记者在口头上和稿件中都会三缄其口，因为在这个世界上没有人会比将要冒着生命危险登陆的通讯记者更具有安全意识。无论是在西西里岛等欧洲地区，还是太平洋地区，都是如此。在一些战区，尤其是欧洲战场，有时候即使通讯记者们同意接受安全审查，审查员还是会直截了当地告诉他们："因为政治原因，通讯稿要暂停发表。"这让他们惊讶不已。

报道并非全是官方消息

但是，战地记者绝不会写出任何可能导致美国士兵丧命的文字。自远征开始，他们就知道自己与士兵们同生死共患难，所以看到国内的报纸杂志准确预测着军队未来的行动目标时，他们感到无比惊讶，因为这些预言无疑给敌人提供了一个做好准备的机会。

曾经，国内的新闻机构准确预测出海军在吉尔伯特群岛的作战计划。虽然最终证明，这并非是导致我军遭受重大伤亡的首要原因。万幸的是，有时这些预测是不准确的，所以敌人也拿捏不准。

一些严谨的评论家认为，在意大利战役中，人们对新闻界失望的一个原因就是它对盟军在萨莱诺的登陆行动进行了如此准确的"电报报道"，以至于敌军为

迎战做好了充分准备。

但是，即便一则报道通过了军事审查，也不能说明它是官方意见。例如，在澳洲战区，对那些可能涉及重大军事机密的报道，麦克阿瑟将军都会严加限制。但是，只要不涉及安全问题，任何人都可以撰文，谈论任何政治问题或军事问题。这些报道可能并不与官方的意愿相一致，也就是说，报道的内容没有获得官方的认可。譬如，在美国，任何人都可以凭个人喜好自由揣测麦克阿瑟将军对国内政策的立场。

局势改变规则

某记者或者任何一个记者对麦克阿瑟将军的政治立场的看法纯属记者本人的推断，并非官方之言。以后也是如此。

至于军务，某记者今天有一则报道通过了审查，内容是关于日本在拉包尔一个重要基地的，说这个基地仍然构成威胁。几个月前，麦克阿瑟将军曾称该基地已经不构成威胁，但是他当时说的只是暂时性的情况。而另一方面，如果这位记者撰文预测该战区下一步的动态，文章会被拦截。

对澳洲战区而言，人们相信新闻报道审查将继续保持在最低要求的水平，而且通过了审查的报道并不一定得到官方的认可。

安全因素是所有战地通讯记者唯一赞同的新闻报道审查标准。面对国内报纸杂志的这种对军队未来行动“喷涌而出”的报道，跟踪报道当前战局的通讯记者感到无比诧异。从长远来看，这些报道会导致审查规则收紧。现有规则，虽有诸多弊端，却在相当程度上让美国民众了解到很多事实真相。

1944 年 2 月 3 日

夸贾林战役旗开得胜 我军攻下环礁岛

乔治·霍恩
通过电话发回《纽约时报》的报道

【珍珠港 2 月 2 日电】海军陆战队已经占领了莱岛，该岛是（美军）在马绍尔群岛的夸贾林环礁北部的首要目标，也是首片落入美国军队手中的战前属于日本的领土。

在这场战役中，我们没有损失一艘海军舰船，以“极其微小”的人员伤亡取得了出人意料的胜利。我们动用前所未有的打击力量对日军发动突然进攻，经过两天的战斗，拿下了这个环礁上 3 个主要目标岛屿中的一个。

美国部队已经在与莱岛有堤道相接的那慕尔岛登陆，把敌军逼回岛屿的北端。在夸贾林环礁的南部，查尔斯·H. 科利特少将率领第七步兵师已经在夸贾林岛上站稳脚跟，现正在逼退敌军。

海军陆战队和步兵已经证明，我们也能在敌人最想不到的时间和地点以惊人的力量发动攻击。马绍尔群岛行动在初期取得如此惊人的胜利，很可能，会让原计划持续数月的战役缩短好几周。

谋划已久的攻击

海军上将切斯特·W. 尼米兹是太平洋舰队和太平洋战区的总指挥。他与其他海军将领和陆军将领一道指挥了中太平洋战争，提前若干月制订作战计划，对每个细节给予极大的关注。上午 11 点，他发布公报，披露了战役初期取胜的消息。

他在公报中说：“现在看来，我们的行动完全出乎敌人的意料。”

据推测，敌军以为周六的航空母舰攻击是另一起特遣舰队发起的重大攻势，准备尽其所能迎战，如同 1943 年 12 月一样。航空母舰在周日继续发动袭击，敌人已经无法守住防线。次日早晨，美军突击部队向目标岛屿周围的众多小岛发动猛攻，敌人才意识到这是一个全力以赴的登陆行动。

海军上将尼米兹的公报中有一句话或许有助于我们了解这次重大行动："我们的战列舰、飞机和陆基大炮向海滩展开了持续不断的狂轰滥炸，我们的军队几乎毫无阻力就在 3 座主要目标岛屿登陆。"

舰队指挥部发言人补充了一些细节。可能就是在昨天，我军刚登上夸贾林岛，第七师的部队遭遇了猛烈的步枪和机枪火力以及一些迫击炮火力。然而，据称我方军队遭遇的最大的直接障碍似乎是由我方海基大炮和飞机前期展开猛烈轰炸而引起的大火。

几十名敌军被俘

在夸贾林岛上，我们俘获了"几十名囚犯"，而且有迹象表明可能比在吉尔伯特群岛上抓获了更多的俘虏。敌人的军事力量虽然可能相当庞大，但详情不得而知。

舰队指挥部还透露，在马绍尔群岛各处，第七航空军和第二舰队航空联队对敌军进行了系统性攻击。我军压制了敌军其他防御点的火力，力度有增无减。

舰载飞机与大炮，以及海军火炮一起协同作战，轰炸敌人，掩护主力部队登陆。在过去的 4 天里，航空母舰几乎一直在采取行动，今天已经是第五天。从实施如此大型的作战行动的能力也许可以为了解所动用的航空母舰的规模提供一丝线索。

我们先占领了莱岛上规模较小但设施优良的机场，所以有能力比预期更快地在马绍尔群岛上巩固阵地。等控制了夸贾林的机场跑道，我们的力量会进一步加强，能应对敌军几乎确切无疑会发动的反击。

莱岛上的两条跑道长度分别为 3600 英尺和 4300 英尺，非常适合小型飞机，但是对于重型飞机来说，就有点短了。然而，夸贾林岛上的跑道有 5000 英尺长，而且还可以延伸。

这些跑道也许并非处于最佳状态，但我方军队可以在短时间内把它们调整到较好的状态。

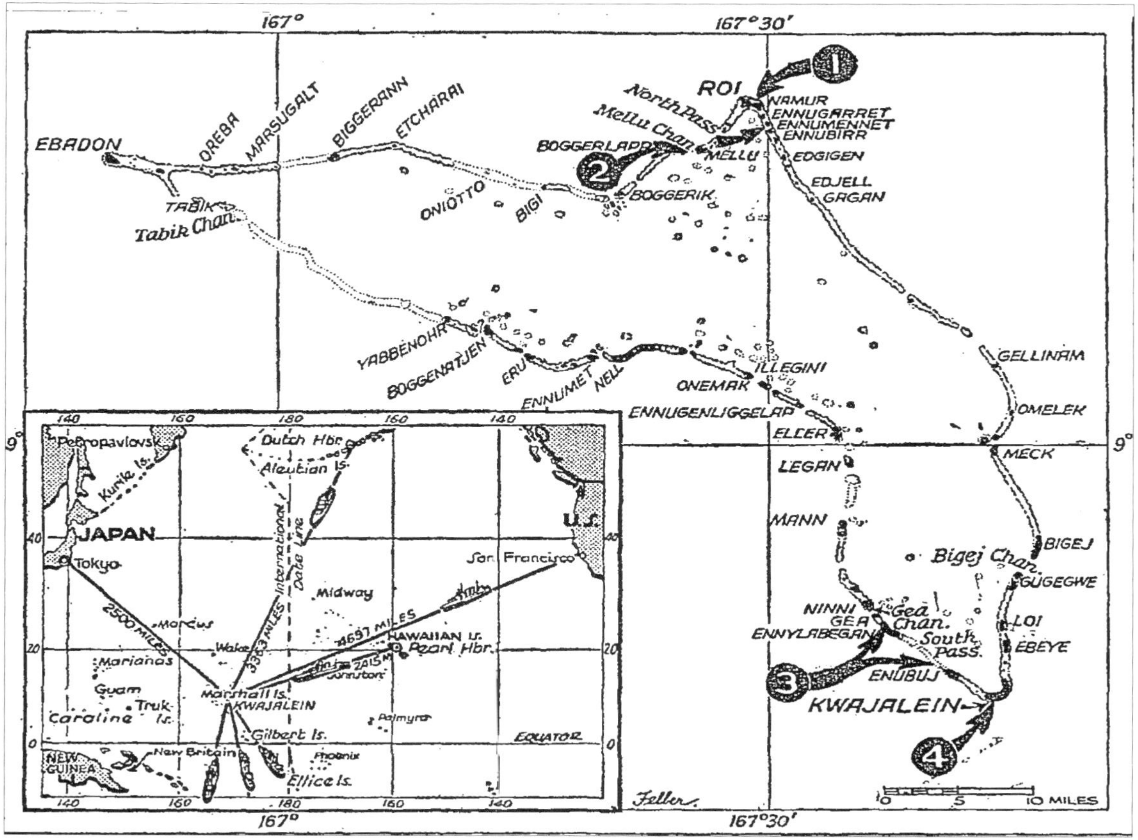

莱岛①是一个空军基地的所在地，已被美国海军陆战队占领。进攻部队首先拿下梅卢岛和博格拉普岛②，然后越过恩努加勒特、恩努门内特、恩努比尔诸岛，从侧翼发动攻击，夺取了莱岛。目前日军已经被赶到莱岛东面的那慕尔岛北部一角。在环礁的南部③，美军步兵夜间误打误撞夺取了吉亚岛，然后渡海抵达预定目标宁尼岛。他们还拿下了恩尼拉贝甘岛和厄努布吉岛；在夸贾林岛④上，他们正在逼迫敌军后退。驻扎在太平洋各基地的部队（小图所示）组建了一支大型舰队支援此次作战行动。

1944 年／2 月 8 日

卡西诺的防御固若石墙

C.L. 索尔兹柏格
通过无线电发回《纽约时报》的报道

【随在意大利的第五集团军 2 月 7 日电】美军自第一次偷偷摸进山区小镇卡西诺外围地区以来，已经连续 6 天坚持顽强战斗，努力扩大来之不易的据点。

为打开通往利里河谷的通道、攻占安齐奥的桥头堡并进攻罗马，盟军连续不断地对德军发起轰炸，粉碎了德军的部分抵抗，但德军依然全力抵挡住了各起主要攻势。

实际上，这些身处一小片建筑废墟里的浑身脏兮兮、胡子拉碴的步兵小分队，仍然在卡西诺的外围区域。它们正在抵御所有反击，保住己方兵力，可是它们发现基本上仍然不可能越过敌军坦克和自行火炮而到达小镇的中央广场。敌军有废墟做掩护，还在地下筑有混凝土工事，里边藏着炮。此外，敌军还有配备机枪的碉堡做支援。

古堡中仍然有枪手

尽管今天美军继续向小镇山顶上的中世纪城堡发动猛烈攻击，可是每次企图跨越那条分割两军的沟壑继而冲向制高点时，城堡内的德军炮手总能向他们射击。时至今日，这座城堡仍然占据着有利地形，发挥着几个世纪前工程师给它设定的军事功能。

目前的战斗延续了 6 天以来的巷战模式，而真正的卡西诺战役可以说已经持续了 23 天。这一战役始于向小镇前面的特洛奇奥山发起的主攻。1 月 29 日坦克渡过拉皮多河。

德军正在石墙防线后顽强抵抗，尽可能拖延美军的攻势，企图借此完全合拢古斯塔夫防线上的缺口，为阻止盟军进入利里河谷争取时间。然而，在卡西诺的后方，盟军步兵队夺取了 3 处制高点，在卡西诺山及其著名的修道院的后面建立了阵地，距离卡西林纳大道只有 1 英里。如果它们能够巩固和扩大战果，就会威胁到德军最终的撤退路线。

从昨晚到今天，盟军持续向卡西诺山发动小规模攻击，可是禁止轰炸修道院所在地带的命令让炮兵无法提供有效支援，而美军巡逻队距离修道院只有大约 300 码远。然而，盟军火炮还是谨慎地对那条从小镇通向修道院的“之”字形小路进行了密集轰炸。德军必须通过这条路线向守卫在高处的部队提供补给。我们的部队离这座地标已经很近，可以很容易看到那些标牌，上面写的警告称这是中立的梵蒂冈的一处领土。

1944 年 2 月 6 日，意大利卡西诺战役中，山上的城堡升起滚滚浓烟。

1944 年/2 月 16 日

主教为美军轰炸修道院辩护 谴责德军占据修道院作为哨所

【美联社马里兰州巴尔的摩 2 月 15 日电】今日极为德高望重的巴尔的摩和华盛顿大主教迈克尔·J. 柯利神父对盟军必须向卡西诺山上的本笃会修道院实施轰炸表示十分遗憾，但是他说："我相信，世界各地的天主教徒都会理解……"

"如果不是别无选择，我十分肯定美军战士无论如何也不想摧毁这个荣耀的象征、基督徒的圣殿。"他说，"显然，德军利用了美军不愿轻易轰炸这样一个历史遗迹的立场。根据所获得的讯息，德国人为了进行邪恶的战争，而占据了这个神圣之地。"

1944 年/2 月 20 日

步兵通罗马的是惨峻之路

C.L. 索尔兹柏格随第五集团军发回

意大利，一片阳光明媚、游客如织、天空永远蔚蓝的土地，而对于普通的美国步兵来说，向罗马挺进的道路是一条无尽的泥泞的路：沿途到处是雷区，一个个险峻阴郁的悬崖峭壁，上面满布难以接近的火炮掩体；穿过浑浊而寒冷的河流上的破烂不堪的桥梁；大片贫瘠的土地、满目疮痍的村庄，到处是衣衫褴褛的拾荒者；乌云密布的天空还不停地下着雨，夹杂着雪花。一名美国步兵用从英军战友那里学到的方言说道：对意大利“我已经受够了”。

有一位被俘的德国将军告诉审问他的人说，北非西部沙漠战役是战术家的天堂和军需官的地狱，而意大利是战术家的地狱和军需官的炼狱。对于美军来说，上至指挥官，下至最小分队的步兵战士，这场战役如同但丁《神曲》中的最后一重地狱，只是绝无神圣或是喜剧之意。与旅行指南上对意大利的描述相比，美国南北战争时期的谢尔曼将军对战争的描述，更符合这片满目疮痍、生灵涂炭的土地。

从浪漫的伊特鲁里亚海到亚得里亚海的这条奇山林立的战线，到处是悲壮的英雄故事，有希望，有忧郁，也有痛苦。这些士兵来自很多国家，是完全意义上真正代表着联合国家的队伍。他们来自英国、新西兰、印度、法国、摩洛哥、突尼斯、阿尔及利亚、美国，甚至还有一些来自意大利，而美国士兵里还有日裔。

毫无疑问，战线上的美国步兵还是那样坚决而勇敢，但是已饱经风霜、疲惫不堪。他们在残酷的实际战争中一点一滴地学会杀人的技能，然后忍受着沉闷和枯燥不停地前进，要付出高昂的代价才能幸存。他们顽强战斗、机灵警觉，一如他们的祖先在过去的艰难日子里垦荒、抗击土著印第安人那般英勇无畏。他们毅然决然地与各种不利的情形、敌军的顽抗进行战斗，这些逆境和对抗丝毫不亚于第一次世界大战中的任何一场战役。许多参加过上一次世界大战的老兵仍旧在火炉边追忆在枪林弹雨中爬行、大群步兵用刺刀进行攻击的恐怖情景，那真可谓是灾难深重的日子。当然，在意大利这片争夺中的中心地带，现在基本不需要士兵一对一作战。另外，如今的大炮设计得更加精妙，凭借最新的仪器和观测手段，打击更加精确，得到空中部队的支援后，更是威力无穷。

除了大炮，还有各种新型的迫击炮、速度更快且火力更猛的坦克、自行火炮，包括六管火箭炮和反坦克火箭筒在内的火箭炮。

这些武器，美国士兵几乎都有，而且配备数量很大，但是如果据此认为美军拥有世界上最快的飞机、性能最优良的坦克、最强大的火炮，就是最愚蠢的——因为事实并不是这样。在这条战线上，德军的任何一种武器都丝毫不逊于我们，我们的步兵、坦克兵和飞行员唯有以严肃、谨慎和勇敢，才能克服障碍，打败这个有备而来的民族。

美国士兵驾驶坦克奔赴战场时就心知肚明，敌人的坦克已经全副武装，毫无弱点，绝不亚于己方的装备。就射程和初始射速而言，我方的坦克甚至不如德军的坦克。双方势均力敌时，我军只有凭借作战技巧、敏锐和勇敢才能取得胜利。

炮兵集结了大批火炮集中开火——有时候炮阵会同时向同一个目标射去 100 多枚的投射弹。美军很清楚，一旦德军有了喘息的机会，发起火炮反攻，那些射程达 32000 码的纳粹 170 毫米火炮的炮弹会飞驰而来，它们的速度是如此之快，几乎是炮响弹到，而自己却没有任何一门火炮可以打到德军阵地。

战斗机飞行员通常驾着过时的飞机赶赴战场，心里清楚只有最娴熟的技艺才能帮自己赢得胜利。但是，尽管如此，他们起飞时依旧满怀信心。

然后就是步兵。步兵的任务并非如一些理论家认为的那样，仅仅是行军挺进，在敌人迫于我军大规模装甲部队和空军火力而撤退后占领阵地。他们匍匐着向敌军的碉堡前进，又累又冷，有时甚至胆战心惊。他们非常清楚，德国还没有被打败，德军士兵仍旧是顽强不屈、足智多谋的战士，依旧名列世界上最优秀的战士。

让我军难上加难的是，步兵还被禁止朝教会建筑开火，用美国大兵的话来说，那就是："意大利真是糟透了。"在卡西诺的血战中，许多官兵认为，要是一开始就炮击卡西诺山上那座著名的修道院，把它从地图上抹去，战局在 2 月的第一周就能被扭转。这座修道院处于双方胶着激战的这个小镇的居高临下的位置。

"我是个天主教徒，"一位中校说道，"但我也认为禁止轰炸修道院并不合理。我们不去炸毁石头建筑，却去白白牺牲生命。如果让信仰天主教的炮兵对可能藏有德军的修道院开炮，我想他们也会像其他人一样圆满完成任务。"所有这些严峻的事实摆出来时，你可能会问：为什么我们还能够前进？答案就是：有一些因素促使美国士兵勇往直前，尽管他们身处诸多劣势，要在冰峰上攀登，要一寸一寸地迈过雷区，要越过遍布落石的村庄，一路向前猛攻。

首先，现在我们的士兵都已是身经百战，坚忍不拔。他们不仅天生能够使手中的兵器发挥出最大的威力，而且还把从祖先那儿继承的侦察和射击能力发扬光大。

其次，他们拥有活力。美国士兵都很年轻，身体处于最佳状态，而反观德军，由于连续 4 年进行闪电战，德军方面已有大量伤亡，人员锐减，士气低落，可能再无法顺利招募更多的兵员。

最后，美国士兵知道，自己拥有战争所需的一切工具，而且在数量上已经胜过敌人，此外，自己的故土免受战火，还会生产更多的武器。美军拥有大量武器，士兵们大都年轻、体魄强壮、士气高昂，而且均有医疗机构和食品管理部门进行严格把关，确保他们的健康。在过去的重大战役中，美军在某些最艰难的军事地形条件下，正是凭借这些优势打败了盘踞已久的纳粹军队。如同浓汤一样黏稠的泥泞，如同贫瘠的石灰岩般的山峰，毁坏的道路、被彻底粉碎的铁路、被炸毁的桥梁——景象要多破败就有多破败。然而，这一切难题，对后勤保障天才来说，不过是小菜一碟。以往的很多战役中，后勤保障部队都立下过汗马功劳。这场战役也不会例外。

美国军队的骨干力量一如既往仍是步兵。他们已习惯了死亡的可怕景象，习惯了奇怪、微酸的恶臭味。

他们听声音就能辨明炮弹将在哪里爆炸，他们清楚如何摸黑在地雷带前行，他们知道在蹚道时如何剪断地雷的引线。

如今的战士再不复当年的淳朴和多愁善感，笔者曾经看到他们步履维艰地一声不响地跨越战壕，里头横七竖八地躺着战友们的尸体，他们脏兮兮的脸上带着冷漠的表情，仿佛那就是些石头。这种麻木并不是说他们已经成为无情无义的机器人，而是在战争中，他们必须把自己的心分成好几个隔间，把柔情深藏在最靠里的隔间。

尽管山间的夜晚寒冷难熬，四周全是白雪皑皑的陡峭山地、险峻的岩石堆和滑溜溜的冻泥，我们的步兵还是更喜欢在高地上作战。一般来说，这样的作战行动就是美洲印第安人作战方式的现代化版本：需要从后方隐秘处仔细侦察敌情，然后再与之兵戎相见。

一旦两军开始近距离战斗，盟军大炮通常只能给步兵些许支持，因为敌军的步兵与我们自己的士兵混在一起，很难区分。于是，战斗的关键变成双方使用小型武器和手榴弹的较量。我们会看到这样的情形：寒冷的冬日里，一名步兵缓缓走到友军坦克跟前，一边用步枪枪托敲打坦克，一边大声喊：“过来这里。我们堵住了一些德国佬。把他们轰出来，行吗？”或者有人会喊：“别玩了，扔一枚手榴弹吧！”

这些作战行动不会在历史上留下印迹，也不太可能成为学生学习的战例。然而在这些战斗中，步兵的伤亡率很高。在这样的推进行动中，人们可以得知平淡无奇的步兵在这场战争中经历的是何等的境况。

要说明部队流血牺牲向前开路这个过程有多可怕，强渡小小的拉皮多河就是一个最好的例子。步兵在最重型火炮的掩护下，乘着夜幕和烟幕把工程兵带到河边，工程兵在河上搭建起一座脆弱且无扶手的小桥。从这条湍急涨满的小河里溅起的水花，落在桥上就结成冰。

步兵们扛着满载武器装备的船只跌跌撞撞地走向小河，而其他的小分队开始爬着过桥，士兵们用流血的手指抓住冰冷的桥沿。一阵炮火从敌军固定阵地上穿过烟雾射来。

第一小组没看清地雷带，连人带船被炸翻在地，爆炸激起的冻土如雨点般落下。

伴随着呼啸而过的火箭弹，各式各样的枪炮声在小桥四周密集爆发。一些部队渗透到敌军的第二道铁丝网防线时，一直刻意隐藏在阵地的德军开始冷酷地开枪射击。对于没有掩体的进攻士兵来说，这样的火力实在太猛了。失去了大量人员后，他们不得不放弃前进。

与在意大利中部作战的士兵相比，沿伊特鲁里亚海岸向北、在安齐奥—内图诺滩头阵地战斗的士兵遭遇的天气条件要好一些，地形也平坦一些。在这个区域，最初攻击的重任由海军部队承担，因而初始阶段，会面临补给和天气两大难题。晴朗的天空让战斗机能够更好地防卫拥挤的港口和海滩，还能增强可视度，为满载炸药冲向内陆执行轰炸任务的重型轰炸机提供掩护。

前几天，笔者与哈罗德·R.L. 亚历山大将军到达安齐奥时，日常空袭正在进行，空中有一层薄薄的云。一幕惊人的场景出现了，一架战斗机突然直线坠向地面，变成一团火球，随后就看到飞行员挂在银色降落伞上飘飘荡荡往下降。下方的港口区内，人们都在忙碌地工作，对云层之上的战机混战毫不在意。他们把补给从船上搬到一辆辆汽车上，而罩着篷布的“鸭子”汽车正轰隆隆地驶过海滩，车上载满一箱箱弹药。

一列列重型大炮隆隆开向内陆，穿过月桂园，奔往激战区。尽管从滩头阵地到近海周围地区，到处都是沼泽地，可是对坦克来说，这已经是迄今为止意大利两条战线上最好的作战地形。步兵已经一路战斗进入内陆区域，支援这些庞然大物通往高地。

这就是意大利境内两条战线的情况。每一条战线上的战斗都是艰苦的任务。正如一位将军所言，要想在一条或者两条战线上取得胜利，“我们少不得要被揍得鼻青脸肿”。又如另一位指挥官所认为的那样，“我们要付出很大的牺牲”，战争才会结束。

但是在这个问题上，在这场战斗中，拥有最后发言权的还是步兵。“如果条条大路通罗马，”这些步兵问道，“为什么德国佬不收拾东西，跟着意军一块儿撤了呢？”

1944 年 4 月 10 日

《真理报》嘲笑《纽约时报》军事作者

汉森·鲍德温因引用德方数据被称为“墨水池里的海军上将”

通过无线电发回《纽约时报》的报道

【莫斯科4月9日电】今天，苏联《真理报》发表了一篇文章，对《纽约时报》军事评论员汉森·鲍德温进行人身攻击，极尽嘲讽之能事，说他是“墨水池里的海军上将”。《真理报》称，鲍德温报道苏德前线战况依赖的全是德方发布的消息，将自己和所属报社置于尴尬的处境。

这篇关于鲍德温的报道共有 1100 字，出自苏联主流作家大卫·扎斯拉夫斯基之手。他最近已经抨击过温德尔·威尔基和威廉·R. 赫斯特。

扎斯拉夫斯基引用了鲍德温自苏德战争打响以来所写的报道，并得出结论称：鲍德温对东部前线的真实情况做了许多不正确的评价和预测。

“不能说鲍德温屡屡失败仅仅是因为他缺乏讯息抑或是他的局限性。”扎斯拉夫斯基说。

“他每次犯错的根源不尽相同，他自己也曾提及此事。1942 年 4 月 26 日，他写道：他不相信苏联方面发布的消息，仅仅依据德国提供的消息进行报道。他一直不可避免地坚持如此，这就是为什么他的预测总是和德军一样归于失败。

“德方释放的消息是错误的，直白地说，就是谎言。德国人试图欺骗所有人——包括他们的敌人、中立国甚至德国人民。他们的谎言漏洞百出，只有那些自欺欺人的人才会相信。”

原文引述

“墨水池里的海军上将汉森・鲍德温可以说自己是德国恶行的受害者。他被德方恶意的虚假消息所骗，做了许多错误的报道，可这是他自找的。实际上，他被德国的错误讯息所吸引这件事本身就是一种‘政治病’。他太希望做出一番成绩而走了歪路。所以，既然是他把自身和所属报社置于尴尬的境地，那么就让他自己面对苦果吧。”

一些预言受到攻击

“整个 1941 年及 1942 年的大部分时间内，鲍德温屡次称，经调查认为苏联红军会失败。”扎斯拉夫斯基说，“他自己一直在报纸上‘击败’红军，对于他，你可以用一首苏联老歌的歌词来形容：‘在这里，汉森・鲍德温先生以昂扬的斗志在地图上用食指击败苏联。’”

扎斯拉夫斯基通过大量例证表明鲍德温的预测无一实现，说这些错误的预测本应足以使这位《纽约时报》评论员引以为戒，“永远不再妄做预言”。但是，扎斯拉夫斯基补充说，鲍德温的“舌头就是他的敌人，他只是凭直觉做出预测”，在 1942—1943 年的冬季，“苏联不会取得任何重大胜利”。这位苏联作家还说，预言往往形成错误的导向。

扎斯拉夫斯基最后断言：如果鲍德温指挥一艘海军舰船“按照他给出的航线、战术和谋略行动，早就被敌军粉碎了，他本人也会被灰头土脸地逐出海军”。

“然而文字工作有其自身的规律，”扎斯拉夫斯基说，“有些人可以厚颜无耻地在‘墨水池’里‘扑腾’很多年。”

1944 年/4 月 14 日

邦格击落第 27 架日机成美军“王牌中的王牌”

弗拉克·L. 克拉克洪
通过无线电发回《纽约时报》的报道

【太平洋西南盟军指挥部 4 月 13 日电】昨天，理察德·艾拉·邦格上尉在新几内亚的荷兰蒂亚市上空击落创纪录的第 27 架日本飞机。这名来自威斯康星州珀普拉的 23 岁的农场青年成为美军王牌飞行员。

道格拉斯·麦克阿瑟上将的指挥部发布声明称，现在邦格上校是“美军王牌中的王牌”。（与此同时，根据周四公开的讯息，在欧洲战场上，美军王牌飞行员唐·金泰尔上尉驾驶“野马”战斗机在英国大本营基地成功迫降后，已经好几天无法执行飞行任务了。他的纪录是在战斗中击落 23 架飞机，另摧毁地面飞机 7 架。）

邦格上尉性格文静，是一名陆军战斗机飞行员。他打破了美军在第一次世界大战期间由埃迪·里肯巴克上尉创下的击落 26 架敌机的纪录。里肯巴克上尉的纪录与本次战争中海军陆战队的乔·福斯少校和格利高里·博因顿少校的战绩持平，但博因顿少校目前处于失踪状态。仅昨天一天，邦格上尉就击落了两架飞机。

邦格上尉驾驶一架双引擎“闪电”战斗机，在侧翼战友的掩护下，发挥出色，击落了两架日机，获得官方褒奖。

打破魔咒

邦格上尉不仅打破了纪录，而且还粉碎了 26 这个数字“魔咒”。之前，这个数字对于美国飞行员来说似乎是一道不可逾越的界限，尤其是自 1 月博因顿少校被报失踪之后。福斯少校经过休整后，最近返回南太平洋战区服役，但已经被禁止执行飞行任务。

"雷电"战斗机王牌飞行员，来自得克萨斯州圣安东尼奥市的纽尔·E. 卡比上校近期因为击落 6 架日本飞机而荣获国会荣誉勋章。之后一周内，他就被宣布失踪了。几小时内，另一位王牌飞行员托马斯·林奇少校在新几内亚牺牲。经官方认证，卡比上校共击落了 21 架飞机，而林奇少校的成绩是 19 架。

荣获 20 枚奖章

邦格上尉已经赢得了 20 枚奖章，包括杰出服役十字勋章、橡树叶银质奖章、4 枚橡树叶饰杰出飞行十字勋章及 11 枚橡树叶饰空军奖章。但是与其他人相比，他看起来不太像王牌飞行员。

他看起来不像是个敌机杀手，而是一名农家小伙。可是一旦驾机升空，他就是一位顶级飞行员。不管是从哪个角度，哪怕刚从一场混战中抽身，或正在急速地冲向敌人，他都能精确地射击。

1944 年 / 4 月 16 日

英空军上将哈里斯总结战绩
重点打击目标为德国工业城市和战斗机工厂
英国皇家空军轰炸机指挥官发布战果

英国皇家空军轰炸机司令部总指挥官亚瑟·哈里斯上将
（通过无线电从伦敦发回）

如今德国空军有一半力量抽调到西部，对英国本土呈攻击之势，并迎战英国皇家空军的轰炸机和美国陆军航空军。现在，英美两国的空军部队，随时都可以出动上千架轰炸机发动大规模攻击，不管是白天还是晚上。德国空军部署在西线的一半力量包括近 400 架轰炸机，被用于向伦敦实施猛烈的袭击，但是这种袭击已经没有战略意义，只是为了给德国人民一个幻觉：英国也同德国一样在遭受猛烈的轰炸。这些行动从本质上讲，是由于对方所施加的压力过大而做出的防御性反应。

在大西洋战役中，德军派出数量较少的飞机协助潜艇，但还是步步失利。不过德国空军部署在西线的其他飞机都是战斗机，有单引擎的，也有双引擎的。由于德国空军的主要意图在于防御英美轰炸机的攻击，所以现在部署在西线的战斗机的数量是东线的 4 倍。

照安排，德国空军的职责是配合陆军作战，首先摧毁任何与之对抗的空军队伍，然后为装甲师开辟道路。英国已经制订了防御性计划，即用轰炸机粉碎德国陆军和空军的协作，迫使这两支部队各自为战，使纳粹国防集团军司令部措手不及。在意大利战场，德军没有足够的空中掩护和空中支援。德国空军的战斗部署表明，在东部战线上，情况必然也如此。

从德国空军在三条战线上的军力分布来看：一半部署在西部战线，1/3 在东部苏联战线，1/6 在地中海地区，而西部战线战斗机的数量远超出了东部战线，比例达到 4∶1。然而这些数字并不足以说明，盟军在西部战线发动攻势从多大程度上打乱了德国空军参谋部的计划，或者是德国陆军的计划。德国空军的飞机可以执行双重任务，轰炸机在夜间可以作为战斗机执行任务，而战斗机也可以作为轰炸机。因此，从德国空军轰炸机与战斗机出动架次的比例上，并不能看出德国空军目前的防御级别。

为了打造一支庞大的防御性战斗机队伍，德军不得不减少轰炸机的生产，让许多轰炸机工厂转型为战斗机工厂。它还将许多轰炸机转为防御型战斗机使用。所有双引擎战斗机原本都是轰炸机，直到最近，还用于夜间为德国提供几乎所有的空中防卫。“容克 88”飞机和“多尼尔 217”飞机在本质上是轰炸机，而“梅塞施密特 110”飞机则是一种非常有效的战斗轰炸机，如果它不需要去保卫德国的工业城市，完全可以用作战斗轰炸机。

两年前，希特勒就已经因为盟军发动大规模空中攻击的前景忧心忡忡，那时候这种来自西方的威胁已经苗头初现，于是他亲自下令将战斗机的生产优先于所有其他武器的生产。自此，战斗机的生产大大增加，但代价是整个德国飞机工业的剧烈扭曲，减少了进攻性武器的生产，而起初德国曾计划用进攻性武器来赢得战争。

德军经过两年的不断努力，再加上倾全国之所有支持空军的政策，德国空军一边顶住苏联的猛烈攻势，为德国提供有效的空中掩护和支援，一边建立起了一支非常强大的防御空军部队。英国皇家空军和美国陆军航空军的轰炸机司令部必须面对这样一支部队。

在有些时候，尤其是在汉堡战役中，德国空军似乎濒临崩溃。而在其他的一些时候，尤其是1944年2月间，英美两国轰炸机的损失突然减少，表明德国空军在日夜不停地进行防御作战后，已是何等筋疲力尽。

现在德国空军的这种精疲力竭来得更快了。英美两国轰炸机的进攻压力迫使德军在1943年夏天放弃在夜晚出动双引擎战斗机、在日间出动单引擎战斗机的原定计划。目前英国皇家空军的夜间轰炸机不得不迎战大批单引擎战斗机和双引擎战斗机。尤其是在柏林上空，技术高超的德国空军中队驾驶着性能最优良的单引擎战斗机“福克—沃尔夫190”和“梅塞施密特109”，任务就是当盟军夜间轰炸机抵达目标地点上空时，对它们进行拦截。美国陆军航空军的日间轰炸机则遭遇了许多配备了火箭弹的双引擎夜间战斗机。这些战斗机向密集的轰炸机编队发射火箭弹，企图将它们打散。

1943年的英国皇家空军轰炸机司令部总指挥官亚瑟·哈里斯

通过这种方式，许多德国战斗机需要次数加倍地执行任务。一系列的战斗之后，机组人员很快就筋疲力尽，而飞机也更快失去作战能力。

2月19日夜，在对莱比锡的攻击中，英国皇家空军有79架轰炸机失踪，而2月25日夜在对奥格斯堡同样猛烈的攻击中，只有24架轰炸机失踪。这种失踪飞机数量的下降表明，盟军持续的协调攻击对德国空军防御造成巨大的压力。不过，这些数据也表明在各个阶段，以计谋应对敌军强大的战斗机部队，通过多重攻击来欺骗和迷惑德国空军人员，在一切可能的情况下改变进攻战术，这一切是何等的必要。

1944 年
4 月 20 日

科希马解围

位于英帕尔的英军也拿下敌军的 3 个据点

合众社

【盟军在锡兰（今斯里兰卡。——译者注）康提的东南亚指挥部 4 月 19 日电】今天晚上，有消息宣布：英国和印度军队通过刺刀战突破了日军设置的路障，缓解了科希马的紧张战局。英军第四十四步兵师所属的一个团已在科希马遭日军围困一周，顶住了敌军的攻击。

据报道，印度拉其普特巡逻部队以及英国分遣队在东印度基地完成最初突破后，增援的坦克和火炮正从迪马布尔一路奔赴科希马。

一组强大的火炮从 700 码以外对 150 平方码大小的包围圈实施轰炸，为救援进攻铺平了道路。步兵们突破包围圈时，发现许多日军要么已被炸死，要么被炸得头昏目眩，失去抵抗能力。

在南面 60 英里的地区，大英帝国军队正把曼尼普尔的日本侵略者进一步赶离英帕尔平原，夺取了敌军的 3 个防御阵地，逼退盘踞在印度的日本远征军。

敌军坚守西南区域

日军只在英帕尔西南部一个地点对从英帕尔通往阿萨姆—孟加拉铁路的那条土路构成威胁。在这个地点，敌军仍然保持着强大的压力。在这个区域的战斗已经持续了两天，不过英军一直在坚守阵地。

来自科希马前线的迟到的报道显示，在经过了一周从四面八方向日军发动的反复袭击后，本周末该区驻军的压力已经得到缓解。在城市西区的战斗尤为激烈，驻守的英军以 500 英尺高的山脊上的英国殖民者房屋的废墟为屏障，抵挡住了日军以火炮支援的轮番进攻。

日军包围圈的西北部被击穿，其暴露的侧翼部队后撤。不过军事观察家们说，日军很可能会在通往迪马布尔的那条长达 46 英里的路上对部队进行整编。

事实证明，在进军印度的最初阶段，日军的渗透战术极为成功，然而当它来到英帕尔平原时，这种渗透战术就毫无用处了。一支敌军纵队抵达英帕尔平原东北边缘的能式根山，却暴露在了大英帝国的火炮之下，有 400 名日军被炸死。英国步兵和印度步兵随即横扫而来，重夺这一地区。

在英帕尔东部和南部的印缅边境区域，激烈的战斗持续不断。在一次交手中，廓尔喀士兵打死了 250 多名日军。

日军在伯莱尔周边的攻势被挫败

有消息称，周一晚上，日军向伯莱尔附近的所有盟军阵地发动袭击，但都被击退。伯莱尔位于英帕尔东南 25 英里处，是一个公路连接点。敌军飞机向大英帝国的防御军队投掷炸弹，英国皇家空军的“喷火”战斗机升空拦截，击落了一架敌军飞机，击伤 4 架。在伯莱尔东南 30 英里处的达武地区，盟军的战斗轰炸机也摧毁了 3 架日军战斗机，击伤 3 架。

与此同时，在缅甸北部，约瑟夫·史迪威中将领导的中国军队继续在孟拱河谷向南成功推进，越过了加迈以北 22 英里处的廷灵。

昨天白天，美国出动重型轰炸机向仁安羌的油厂成功发动袭击。仁安羌位于曼德勒市的西南方。同时，中型轰炸机轰炸了曼德勒北部一条 60 英里长的铁路延伸线，至少有 35 枚炸弹在铁轨上爆炸。

在过去的两天里，盟军没有损失一架飞机。

1944 年 / 4 月 20 日

中国官员为其国内新闻审查制度辩护

告诉通讯记者称，战争期间谨慎为要

【美联社重庆 4 月 19 日电】今日，中央宣传部部长梁寒操为中国的新闻审查制度辩护，称为了国家生死存亡的利益，特别是自中日战争爆发以来，必须十分谨慎，严防新闻报道泄密。

他告诉那些对中国限制报道的举措表示不满的外国记者称，为安全利益实施新闻审查的做法在其他地方也有，并以近期因澳大利亚和英国限制外交邮袋而引发的一场审查制度的论战作为证明。

然而，外国记者抗议称，中国限制的不仅是可能对敌人有军事价值的新闻，还包括对政府及其政策进行批评的报道、阐述中国共产党与政府的分歧的报道，以及影射中国发生军事或政治骚乱事件的报道。

1944 年 / 4 月 23 日

英伦三岛严守重大进攻机密

盟军进攻时间和地点严格保密，但行动目的并不保密

雷蒙德・丹尼尔
通过无线电发回《纽约时报》的报道

【伦敦 4 月 22 日电】总有一天英美军队将从英国降临过去 4 年一直处在德国统治之下的欧洲大陆。对于这一点，希特勒和他的参谋人员心知肚明。自从德黑兰会议以后，解放欧洲大陆的呼声响彻所有同盟国的首都。因此，战略上的出人意料是不可能的，可是远征的成功或失败可能真就取决于这么一个轻微的优势，这种优势总是属于那支惯于进行战术奇袭的部队。换句话说，即便希特勒和他的将军们获知这个他们自己可能早已猜到的盟军策略，还是不知道盟军将在何时或者将从何地展开进攻。

艾森豪威尔将军关心的首要问题之一就是不能让德国人发现这一事关重大的战争秘密。在当今时代，要在敌军侦察机的眼皮底下，调集如此大批量的物资和装备、集结如此庞大的舰队，而不被敌人察觉，是很不容易的。但是，有些事情是无法从空中看到的，还有一些能看到的事情不过是用来迷惑敌人的假象。除非敌人有特工混在里头，向其说明这些准备工作的意图，并告其调集起来用于对付德军的都是些什么武器、数量有多少这样的机密。

历史上最伟大的远征行动

攻入行动一旦发起，将成为人类历史上最伟大的远征行动。而全世界未来数十年的命运可能将取决于这个行动的结果。自从威灵顿公爵率领军队登陆葡萄牙之后，英国就再没有尝试过能够与之媲美的创举。威灵顿公爵登陆葡萄牙时，肯定是在友好的土地上登陆的。而这一次，英美两国军队必须抵挡住迄今为止最强大的防御武器，在希特勒的堡垒的墙上轰开一个洞。它们不仅必须随身携带食物和弹药，还必须携带汽油及其他可能需要的一切物资，从火车头到火车车厢，再到铁轨。

艾森豪威尔将军承担的任务是完成大逆转，反败为胜。这样的丰功伟绩，尤利乌斯·恺撒和征服者威廉想方设法完成了，而拿破仑和希特勒在关键时刻却发现自己回天乏术。英吉利海峡那20英里宽的咸海水，浓雾和汹涌的海浪，以及在敌军阵地登陆的劣势，曾让拿破仑和希特勒犹豫不决，并痛失一统全球的机遇。而现在，这些艰难困苦盟军都已经考虑再三，提前预知并将克服。

即使所有曾宣告盟军进攻欧洲的意图的政治家们都闭口不言，德国人还是会知道攻击正在来临。这是彻底打破纳粹对欧洲控制的唯一途径。大概的攻入时间也无法完全保密，因为如果不了解敌人，就不可能集结一支规模足够的军队来承担作战任务。不过，英国港口充斥着船只，堆积成山的战争物资储备尽管经过精心伪装，还是会显露出来，也许逃不过德国侦察飞行员的眼睛。但是，到底要多少物资才算够，只有总指挥艾森豪威尔自己知道，旁人只能猜测。

不只如此，还有天气条件、月亮的状态、潮汐和季节等因素，任何小心谨慎的军人都会加以考虑。德国人知道这一点，我们也知道这一点，所以他们可能知道什么时候可以放松，什么时候最好提高警惕。然而，他们防守的是一条长长的海岸线，除非有人泄密，否则他们不可能知道我们将在何处展开进攻。

前所未有的预防措施

英国政府已经做了精心准备，实施了前所未有的严厉措施以防走漏风声，危及远征行动的安全。这些预防措施从最高指挥部开始，影响到这座岛上的每一个人。只有极少数接近艾森豪威尔将军的人知晓计划的内容。所有现役人员都充分知晓，要对此事守口如瓶，为了自己的安全，甚至不得公开妄自揣度。

那些忍不住想在公开场合提及军事行动的饶舌者也不会多嘴，因为他们知道可能会收到由酒保、服务生或者电车售票员转交的匿名纸条，上面写着这样的话："接着讲你的故事，我们都在听，希特勒也在听。"

的确，士兵、水手和飞行员们有时会在空闲时间与一些妓女共度夜晚。她们当中，有很多人是几年前与其他难民一起从欧洲大陆来到这个国家的。提及此事并非是要强调生活的阴暗面，而只是为了记录事实。苏格兰场并没有忽视她们。无论道德品行如何，凡是忠诚度受到质疑的人都为所有人不齿。全国各地进行了一次整体彻查，直到官员们确信所有可能想帮助敌人的人要么已被监视起来，要么已处于不能造成任何损害的地方。

在过去的几周里，这个岛上发生的许多事情必须被视为此次英国清理和谨防间谍的总行动的一部分。最近一轮逮捕劳工煽动者的行动，并不仅仅是为了产业和平与和谐的利益，在一定程度上还是出于安全考虑。当然，这一决定性战役打响时，罢工及其他停工行为是不可容忍的，英国政府已采取强有力的措施来防止这些情况的发生。然而，对煽动者大张旗鼓的抓捕是为了让公众比过去更具有安全意识。

让敌人不明就里

过去，在攻击某个不知情的邻国前，德国总是要等到最后一刻才公布行动。现在我们所做的许多事情与德国在本质上是一样的。英国也采取同样的策略，等到进攻时刻才公布消息，到那时肯定会通知敌人时候到了。所以，根据丘吉尔首相提出的用声东击西的计谋和假警报让敌人不断猜测的策略，必要的措施已逐步实施。一天天过去了，海峡两岸没有人知道这个全世界都在焦急等待的事件到底是快发生了，还是遥遥无期。

为此，政府下达了禁令，除非有充分的理由，禁止任何人前往沿海地区。因此，政府也向公众发出警告，在此期间坐火车长途旅行的人们，在几天和几周内会与这个国家的其他人员完全隔断往来。同时，反复警告欧洲大陆各国人民，让他们为攻入行动做好准备，引起德国人不断的揣测。

最近，美国向爱尔兰发出信号，呼吁它关闭德国和日本公使馆。这个要求遭到德·瓦莱拉总统拒绝之后，英国就有了充分的理由，限制国民前往这个相邻的英联邦中立成员，限制与这个国家的通信。现在，任何人几乎都不可能在两国之间往来，电话通信被切断，邮件极为缓慢。的确，北爱尔兰和爱尔兰之间的边界还是开放的，可是处于严密控制之下，跟关闭了差不多。

为了严防军事秘密的泄露，英国所采取的最严厉行动就是限制各国外交官的行动，对外交邮袋进行审查，并要求所有发往自己国家的电报和讯息必须用英语或者英国代码来发送。这一命令的目的是为了防止机密讯息被有意无意传到德国人那里，废除了外交官长久以来享有的特权，只有那些站在英国、美国和苏联一边共同战斗的国家免于执行。甚至那些身为联合国家成员的外国政府也无法豁免。对于许多中立国和同盟国的政府来说，这会带来一些不便，但是事由如此重大，即使有抗议，英国政府相信自己的行动会被理解和接受。

1944 年／4 月 26 日

艾森豪威尔让出版人加强对攻入德国行动的报道

信中称通讯记者是早日取得胜利的伟大团队的一分子

法兰克·亚当斯

昨天，在华尔道夫酒店举行的第 58 届美国报纸出版人协会年会的开幕式上宣读了出自德怀特·艾森豪威尔将军之手的一封信件。将军在信中称，舆论打赢战争，并承诺会帮助对于攻入行动的新闻传播。

“舆论打赢战争——往昔实然，今日亦然。”信中说道。这封信是由大会主席，《文索基特晚报》的布尔·哈德逊宣读的。“在这个即将到来的行动中，为了推动新闻向公众传播，我们会借鉴过往的经验，希望从中有所收获。”

“一直以来，我把那些获得我指挥部认可的通讯记者看作准参谋官员。他们是正力求让这场战争尽早成功地结束的伟大队伍的组成部分。”

本届美国报纸出版人协会年会的开幕式有 557 位代表参加，这是一个创纪录的数字。昨天这些代表出席了第一轮会议。根据该组织的惯例，第一轮会议是致力于讨论发行量在 5 万份以下的报纸所遇到的问题。据预计，今天第一次全体大会举行时，参会代表将超过 700 人。

发现新闻界的声望有所上升

长岛洛克维尔中心《纳索日报·明星评论》的主编亚瑟·霍奇斯报告了对编辑、出版人、新闻学院院长、报纸协会管理者等人群进行的问卷调查的结果。他说受访对象一致认为，在战争结束时，报纸将会拥有他们所知的最高声望。

“我们发现存在一个普遍意向，要求让新闻界更加独立，更好地为人民服务。”他说道，“我们还发现，新闻人士并不真正惧怕政府对新闻自由的干预，而且满怀信念，相信报纸可以与可能发展起来的其他新闻机构进行任何形式的竞争。”

来自佛罗里达州《圣彼得堡时报》的纳尔逊·波伊特表示，希望和平不仅可以在全世界带来新闻自由，还可以带来讯息和通信的真正自由。他表示，希望国会能通过联合决议，把新闻自由确定为我国的国家政策。

霍华德·汉德尔曼获得荣誉

在第 25 届年度妖姬午餐会上，国际新闻社主编巴里·法瑞斯宣布将年度乔治·福尔摩斯奖颁发给战地通讯记者霍华德·汉德尔曼。他是描述阿留申群岛战役的《胜利之桥》一文的作者。今年的妖姬午餐会由国王图片辛迪加为到会的各位出版人提供。

由于汉德尔曼先生未能到场，该奖项的上届得主理查德·特里加斯基斯代表他接受了奖项。特里加斯基斯在对意大利战役进行报道时，头部受重伤，现正在恢复当中，他敦促在午宴上欢声笑语的人不要忘却那些正在前线真枪实弹战斗的人。

1944年
4月28日

麦克阿瑟与尼米兹会面同意联合作战

弗兰克·L. 克拉克洪
通过无线电发回《纽约时报》的报道

【新几内亚盟军指挥部4月28日电】一份从新几内亚和珍珠港同步发布的联合公告称，太平洋战区的两位美军最高指挥官道格拉斯·麦克阿瑟将军和海军上将切斯特·尼米兹在前者位于澳大利亚的指挥部进行了磋商，并制订出“完全一体化”的对日作战计划。

新几内亚盟军指挥部发布的声明说：

“最近，麦克阿瑟将军和尼米兹司令就两支部队在太平洋战区未来的行动进行磋商。作战计划已经完全一体化，双方将通过最大程度的合作来努力对抗敌人。”

声明表示，这两个司令部下辖的地理区域并没有变动。声明中的措辞也清楚表明，尼米兹是海军上将，是太平洋舰队及太平洋地区的最高指挥官，而麦克阿瑟是美国陆军资深将官，双方是平级，彼此对对方都没有管辖权。

这个声明是在洪堡湾战役之后发布的。虽然会议是在这次战役之前举行的，从声明本身的措辞来看，太平洋战区两名军事领导人显然准备在未来并肩作战，而不仅仅是在一次行动中协同作战。不过更重要的是这样的一个事实：据许多在场的人员称，尼米兹司令和麦克阿瑟将军会面，相处极为融洽。个人关系的基础已经建立，大家觉得，与任何正式协议相比起来，这种个人关系将对未来的统一行动产生更大的效应。

麦克阿瑟将军的主要目标是尽可能迅速地回到菲律宾。对于这一事实他毫不隐瞒。可以肯定的是，如果没有得到实力强大、快速成长的美国舰队的指挥官同意，声明中所宣布的协同一致是不可能发生的。

过去，一些主战派官员坚持认为，应当由一两支部队来主导打击日本的战争。一些极端人士甚至认为派一支军队就可以击败日本。如今麦克阿瑟将军和尼米兹上将实际上表达了两人的一致意见，即让海军、陆军和空军一起作战。

1944 年 5 月 4 日

100 英里宽的沿海区域的纳粹的铁路线乱成一团

英国经济战争部内的助理人员称从比斯开湾到科隆的所有重要编组站都遭到轰炸

大卫·安德森

通过电报发回《纽约时报》的报道

【伦敦 5 月 3 日电】今天，英国经济战争部一位负责欧洲通讯的专家称，越过法国西部、低地国家，延伸至德国的沿海区内，从比斯开湾海岸线到科隆之间的宽约 100 英里的区域，盟军出动战机对该区域内每个重要的铁路编组站实施了轰炸。

英美空军指挥部最近几个月的目标就是要让这个区域一直处于混乱状态。

可以说，今天在这个区域内的任何一处，德军都无法应付稍微紧张一点的军事交通。虽然火车仍在运行，但是敌军已不再可能利用铁路把区域内囤积的大批补给物资快速运往其他地区。

其结果是敌军被迫依靠公路运输车队，而盟军更容易从空中对公路运输车队发动攻击，或者让其运兵火车返回远离沿海的区域。纳粹的物资储备似乎不太可能囤在海岸防御区，因为这样会让其流动性降至最低水平。

铁路轰炸的重大打击

为了说明在这条破坏带内纳粹所遭遇的情况，这位专家讲述了不久前发生在巴黎郊外的韦尔站的一件事。

盟军轰炸机袭击了停在那里的两列火车。其中一列挤满了士兵，另一列载满了弹药。

所发生的爆炸如此之强烈，以至于盟军飞行员们都不十分清楚自己击中了什么。过了一段时间，我方有关部门才了解到，这两次袭击炸死了 1000 多名纳粹分子，并摧毁了大量物资。

过去的一年内，驻守法国的德军所遭受的破坏增加了 10 倍，骚乱急剧增长，从每天几起上升到几十起。虽然每次所造成的损失通常是轻微的，但是累积起来的影响却是巨大的。

最有效的破坏形式之一是炸毁铁路。德军目前难以对铁路进行更换，因为它现在已经失去了苏联的锰矿，而法国的铁轨供应能力已几近透支——敌人从法国运走了至少 3 万英里的钢轨。

德国铁路工人短缺

对于纳粹运输官来说，劳动力短缺是更为严重的问题。英国经济战争部估计，在过去的 12 个月内，有 5 万名德国铁路工人被送到德国占领区。仅在法国，就有接近 5 万名德国铁路工人。目前在法国铁路上，德国工人和法国工人的比例为 1:1。

英国专家对西欧当前的轨道车辆状况进行密切观察后认为，德国根本无法依靠铁路来顶住盟军攻入欧洲大陆所带来的压力。

1944 年，德国莫纳斯内特，一座被盟军炸毁的铁路高架桥。

1944 年
5 月 7 日

甘地的获释赢得多方赞誉

【美联社新德里 5 月 6 日电】今天，人们欢欣鼓舞地迎接印度民族主义领袖莫罕达斯・甘地成功获释。作为政治犯，这位领袖被囚禁在浦那的阿迦汗宫内长达 21 个月，但他的至交密友担心这将标志着信念脆弱的印度民众会再次面临危机。

代表各方意见的新闻机构、民族主义者的新闻机构，以及英国的新闻机构，均对释放甘地表示欢迎。政府无条件释放了这位 75 岁的领袖，称其健康每况愈下。1942 年 8 月，印度政府限制甘地参与政治活动，理由是这些活动会阻碍印度对日本的抵抗。

甘地在新德里的密友说，甘地将依赖“超越西方世界的观念之外”的精神力量来恢复健康。他的儿子达瓦达西・甘地表示，父亲病情严重，可能几近死亡，并说甘地不愿接受大部分的医疗护理。

另有 4 人获释

甘地的获释并没有造成难以应付的示威游行，但是成群的追随者听闻自己的领袖将被释放，早早聚集在宫殿大门迎接他。他看起来心情不错，但一脸疲惫，并随即被带到维托・撒克西夫人富丽堂皇的住宅“上帝之谷”。撒克西夫人是一位印度商人的遗孀，也是甘地的老朋友。据了解，甘地将在周一被护送到孟买。

在“上帝之谷”，吉尔德医生和娜亚医生发布了公告，称甘地“已经非常虚弱，身心疲惫，但他依然快乐”。

公告透露，自 4 月 14 日以来，甘地疟疾复发，高烧不止，导致血压持续偏低。公告还说每当体温上升，甘地就会神志不清。

他的医疗顾问们规劝朋友和追随者们“在今后的一段时间内，让他远离一切纷扰”。

甘地的儿子说，因为关于父亲的身体状况缺乏明确的音信，不愿意采取完全乐观的态度，但表示，相信父亲可以活下去。他称，多年来，经过的严格训练，甘地已经可以几乎完全通过思想和祈祷来控制身体的机能。

他补充说，甘地肯定会反对输血或者任何带有动物衍生品的药物治疗。他说，甘地总的来说是反对医药的，主要依靠水、素食及按摩来维持健康。

他说，甘地尤其反对输血，理由是一个人的基本生命源泉不应该被用来延长另一个人的生命。不过他补充说，甘地认为这种观念不能用到受伤士兵的身上，因为“一个因这样的方式受伤的人有权利用一切合法的手段来挽救他的生命，让他继续自己的工作”。

1944 年
5 月 8 日

安齐奥前线上的小镇格斯维尔生机盎然

米尔顿·布拉克
通过无线电发回《纽约时报》的报道

【安齐奥滩头阵地上的第五集团军 5 月 7 日电】路标上写着“罗马——58 千米”，不过此处距离格斯维尔却没有那么远。你所要做的就是开着你的吉普车一直向前，迟早有人会说：

“格斯维尔就在前面，但是你得从这里走过去。”

信步走进格斯维尔是最合适不过的了，因为这是人们能想象到的最具乡土风情的社区。镇子里有头牛名叫黛西，有许多鸡，镇长由一名美国大兵担任。除此之外，格斯维尔让人觉得不可思议的事情是：它还是滩头阵地前沿的最敏感区域的步兵前哨。

正如一个身穿制服的小镇居民所说：“老兄，这就是前线。”

如果你对此有任何疑问，就沿着格斯维尔的主街道走下去，一路走过世界上最可爱的一座小教堂，然后就会来到一条布满反坦克地雷的战线。这些地雷在路面上突起，就像一个个按钮。

“它们可以承受人的体重，人踩上去没事，”士兵会说，“但是它们对马克 -4 坦克就不会那么友好了。”

实际上，格斯维尔是一个令人愉悦的小镇，以前农民总是到这里来购物。这有点像是等待星期六夜晚的镇政府所在地——只是如今星期六夜晚不再“出现”。

双方大炮对射，互有伤亡

这里日日夜夜都如出一辙，炮弹打过来，炮弹打过去。这期间，美国士兵和加拿大士兵喝着黛西产的奶，时刻盯着德军阵地。

从德军阵地飞来的炮弹不时会炸到格斯维尔的守军，而格斯维尔也布满大炮，不停地向德军还以颜色。

格斯维尔这个名字来自陆军中尉格斯·海尔曼。他是骑士旅社的前主人，弗吉尼亚大学每名学生都知道这家旅社，它是学生们在夏洛茨维尔镇经常光顾的地方。

实际上海尔曼中尉是一名连长，但随着公民自豪感在这个不可思议的小社区内滋长起来，一名加拿大士兵坚持要选一个镇长。

“格斯是这里的老大，他们就选他做了镇长。”人们是这样解释的。

于是一幢废弃的农场房屋变成了市政厅，陆军上士约翰·沃克梅斯特实际上成了镇里的办事员。他的胡子是第五集团军全体官兵中最长的。

格斯维尔得以迅速获取牲畜和家禽的原因很简单：镇子里一个平民百姓都没有，奶牛和那些鸡就彻底自由自在。来自密歇根州大急流城的炊事员罗兰德·于克中士发现了黛西，以为它是一头长着黑白斑点的荷尔斯坦因牛，当时它正懒洋洋地穿越小镇四周的雷区。

地雷“提供”了肉类

于克中士对黛西苦苦劝诱，它总算摇着尾巴进入畜栏，可是其家人就没那么幸运了。它们踩到地雷，发生爆炸，扬起大片尘土，格斯维尔就又有了新鲜肉食的供应。

来自新墨西哥州盖洛普市的老牛仔格兰维尔·威哈珀中士发誓称，在老家，黛西值 200 美元，但是在这里 200 美元连它尾巴的最末一段都买不到。

“你知道这里的大多数士兵有多久没见过鲜奶了？”有人可能会问。

1944 年

5 月 11 日

塞瓦斯托波尔的解放将加快战争步伐

苏联红军击溃德军在山区堡垒的顽强抵抗，赢得胜利

W.H. 劳伦斯

通过电报发回《纽约时报》的报道

【莫斯科 5 月 10 日电】今日，所有苏联人民都在庆祝塞瓦斯托波尔的解放。塞瓦斯托波尔是一座庞大的要塞，曾经是苏联黑海舰队的主要基地。经过 3 天激烈的战斗，苏联红军重新夺回这座要塞。与之相比，这座城市在 1941 年至 1942 年间被重重包围时，德国和罗马尼亚两国部队花了 250 天才瓦解苏联人的抵抗。

一旦苏军开始突破港口四周的悬崖峭壁上用混凝土垒起的坚固防御工事，那么德国和罗马尼亚驻军就在劫难逃。它们激烈地反击，发动了 20 多次反击，企图孤注一掷阻止由费奥多尔・托尔布欣将军所率领的强大的苏联步兵、炮兵和空军部队。

塞瓦斯托波尔港最后几起战斗中进行抵抗的敌军的规模，此间未有估测，但是莫斯科报纸刊发的前线报道明确表示，这些战役规模巨大，空军在摧毁德军的防御工事方面起到了尤其突出的作用。

黑海的作用扩大

清除塞瓦斯托波尔港以及整个克里米亚岛上的所有敌军，在军事上、历史上和情感上都具有非凡的意义。

在军事方面，这就意味着在远至德涅斯特河河口的所有苏联黑海港口都扫清了敌军，加大了利用黑海舰队对罗马尼亚港口实施突袭，在黑海上对德军的通信进行袭击的可能性。未来德军在黑海的通信可能会大受限制。

历史和情感上的意义，可以从《红星报》刊发的一篇社论提及的全体苏联人的反响中略见一斑：

“听闻红军的杰出胜利，千千万万颗心满怀喜悦地怦怦直跳，塞瓦斯托波尔再次回到人们的舌尖。塞瓦斯托波尔已经昂起它自豪的头颅。对苏联来说，塞瓦斯托波尔是神圣的。在过去的若干个世纪里，它是俄罗斯的民族力量和英雄事迹的摇篮，是英勇无畏的黑海舰队的受训地。它曾在克里米亚战争中创造了俄国水手光辉高大的形象。

“在苏德前线的北翼列宁格勒，苏军发起皮里柯普行动，粉碎了德军的抵抗。这次行动是这场战争中最了不起的事件之一，其重要性是无与伦比的。整个黑海沿岸，从新罗西斯克到德涅斯特河河口，现在都已经解放，都控制在我们手中。黑海的主要基地已经回到我们手里。塞瓦斯托波尔的胜利为我军的作战行动开辟了新的广阔的天地。光荣属于不朽的塞瓦斯托波尔！”

1944年5月，苏军赶跑德军，进入塞瓦斯托波尔城。

1944 年/5 月 15 日

铁托受访，提到纳粹的战术
盟军记者与南斯拉夫领导人在山区堡垒共进晚餐

路透社通讯记者约翰·塔尔博特
为盟军联合通讯社所做的报道

【位于南斯拉夫山区的铁托元帅总指挥部 5 月 10 日电（延时报道）】在南斯拉夫高高的山区地带，距离游击队向德军发动伟大战斗的地方不足 20 英里处，铁托元帅拥有世界上最坚不可摧的总指挥部，德军曾经千方百计想拿下它。

前段时间，15 架德国俯冲轰炸机试图把这位南斯拉夫元帅从他的高山住所中炸出来。它们彻底失败了。

这个指挥部由一系列天然洞穴组成，洞穴分布在直通沟壑两侧的岩壁长廊上。

昨晚我的美国同事，两位盟军摄影师和我在铁托这个令人难以置信的居所，与他共进晚餐。出席晚餐的还有他的参谋长阿苏·伊凡诺维奇将军、反法西斯委员会秘书长柯卡洛维奇，以及南斯拉夫民族委员会副主席卡德尔兹。

我们从住所一路走向铁托的总指挥部。这期间沿途的卫兵换了 3 次岗哨，他们领着我们踩着岩石上凿出来的崎岖小路，沿着沟壑一直向上爬。有一段路，我们身旁就是一条巨大的瀑布雷鸣般倾泻而下，落入朦胧月光下昏暗的深深山谷之中。有时道路弯弯曲曲，绕过突出的刺石和悬崖，我们得紧紧抓住岩石前行。

最后我们抵达顶端，元帅已等着欢迎我们。他把我们领进一幢简单装修的公寓，安置在一间小书房里。

一张长长的餐桌靠墙放着，正对着两扇窗户。窗户下方就是沟壑，远处能看到山谷。椅子都是简单的木椅子。三面墙上挂了地图，其中一张是大比例尺的南斯拉夫地图。与元帅的会面完全是非正式的，我们讨论了各种各样的话题。元帅并不喜欢说英语，因为他认为自己的英语不够流利。不过，他可以轻松地阅读英文。大多数情况下，我们通过美国通讯记者斯托扬·普利比切维奇（《时代生活》杂志的通讯记者）与他交谈，普利比切维奇出生在塞尔维亚。

元帅穿着民族解放军的蓝灰色制服，袖子和领子上佩戴着元帅徽章。他高约1.73米，体格非常强壮，有一张极为刚毅的脸。一开始这张脸给人以严厉的感觉，直到你看见他的眼角和嘴角的笑纹。

我问他是否认为德国和卖国贼的军队有计划向游击队再次发动攻击。

他回答道："不，我认为它们没有。"

"目前德军主要关心的是将民族解放军分割成若干块。"

"当前德军的战术是在各地小规模地插入，企图耗尽游击队士兵存量不多的弹药，从而让他们无法移动。

"现在我们发现德国士兵的战斗力每况愈下，与一年前不可同日而语。迄今为止敌军拥有的最有战斗力的士兵是乌斯达莎（南斯拉夫伪军）士兵。我认为，在与我们对抗时，一个乌斯达莎士兵能顶两个德国兵。南斯拉夫祖国军的成员无疑是很糟糕的士兵。"

1944年

5月18日

致《纽约时报》的信
戴高乐的立场遭到质疑

《纽约时报》编辑敬启：

我毫不怀疑，很多读者会像我一样认为贵报5月9日刊发的社论《法国的现实》强调了一个关键点，即法国处在最残酷的敌人的魔掌中时，任何人都不应该在其政府选举中，削弱法国人民的意愿，直到政府最终可以依照人民的意愿行事。您还强调了另一个事实：法国的解放必须依赖英美武装部队的努力，这些军队现在只等一声令下，就要从东、西、北三面攻击驻法侵略者，正如敌人当前在意大利前线遭受的攻击一样。

我的好朋友奥斯瓦尔德·周在今天贵报专栏登载的文章中争辩说：在法国解放的进程中，戴高乐将军和民族解放委员会分别是“那个支配法国平民权利的人和机构”。他对此表示支持，声称“他们得到法国地下组织运动的完全信任，而地下组织运动代表了 90% 的法国人民”。当然，周先生在此声明中所指的权威机构是民族解放委员会及其各种宣传机构。然而，为什么美国人民会觉得自己那个有着众多情报机构的政府会对法国人民的情感毫不知情呢？

戴高乐自封领袖

戴高乐将军要求法国人民无视希特勒—贝当停战协议，继续进行战斗时，他的职务是自封的。他要求人们拥戴自己为军事领袖，而他的名声正是有赖于这个头衔。由此，英国政府于 1940 年 8 月 7 日与他达成协议，承认他为“自由法国的全体人民的领袖。无论他们身处何方，他们都拥戴您支持同盟国的事业”。

然而，在贝当政权统治下的非洲，有些法国人不仅不支持戴高乐将军，还和他战斗。在经历了达喀尔战役的失败后，如果当初仰仗他 1942 年 11 月在非洲登陆，对法国人的解放事业，并且可能对战争的结果，都是致命的。我们的政府需要一位能够被非洲的法国人接受的领袖。

如果戴高乐将军可以全力投身于击败德国人的共同任务中，是否是法国政府的领袖就无足轻重。他能做出的最大贡献，正是他以手中的权力应该为共同事业做出的贡献，1940 年 7 月他曾经如此高尚地服务于这一事业。

毛里斯·列昂
纽约
1944 年 5 月 15 日

1944 年
5 月 21 日

教育评论

联合国善后救济总署的学校正培训工作人员，以援助饱受战争蹂躏的国家

本杰明·法恩

在这所可能是世界上独一无二的学校里，一组经过精心挑选的男男女女回到教室，接受为期 8 周的集训课程，学习如何拯救生命。这所学校位于马里兰大学平静的校园内，是联合国善后救济总署的培训中心，共有 50 人。他们被称为“成员”，而不是学生。从清晨到深夜，他们坐在教室里，聆听讲座，钻研地图和书本，处理“作业”。

这个培训中心由联合国善后救济总署管理，在弗兰克·蒙克博士的直接监督下运行。蒙克博士是一名捷克难民，自 1941 年以来，任加利福尼亚大学经济学讲师。这个中心自 5 月 1 日开始运行。可以预见，将不断有成员进入这个中心，因为要复兴那些被战火摧毁的国家，联合国善后救济总署将需要数百名工作人员。马里兰的这个项目随时可以训练两三百人之多。

它不是人们通常认为的学术机构。“学生”都是联合国善后救济总署的全职雇员，或者与它合作的志愿者机构的雇员。目前，培训中心的重点课程是“巴尔干使命”。完成训练之后，这些男人和女人会前往开罗，在那里获取应对难民的实践经验。有几个营地位于埃及。时机成熟时，他们会前往希腊、南斯拉夫，以及其他任何需要的地方执行任务。

五类课程

学习课程相当灵活，总体可分为五大类：地区类、语言类、媒介类、人群类和操作程序类。学员需学习他们即将被指派到的地区的经济、政治、社会或文化背景。他们会学习这个地区的语言。培训中心的每名成员都要选择一门语言，进

行拓展学习。对所服务的媒介，例如在现场运作的机构，特别是联合国善后救济总署本身的功能机构进行重点学习。

一周典型的学习任务可能包括这样的主题："需要救助的人群""联合国善后救济总署对其现场代表的期待""简单生活""巴尔干使命""美国的流离失所者""如何在希腊与人和睦相处""工业复兴部的工作""纳粹主义的影响"，以及"西西里岛和亚平宁半岛的盟军军事政府"。每名学生每天还会进行 2 小时的语言学习。

在某种意义上，培训学校是一个起点。甚至在为期 8 周的学习结束前，许多成员就会接到"提醒"，然后就被招进现役。他们知道，收到通知后的 24 小时内，自己可能会被派往国外。培训期间，他们住宿舍，在"军队化管理"的食堂里吃饭，进行严格的训练，接受半军事化管理。

"你们将遇到让你们的身心都难以忍受的事情，"老师警告道，"你们需要坚强，这不会是一件容易的工作。你们必须学会接受它。"

蒙克博士用以下的话总结了这所独特的学校的宗旨和目标：

"我想让他们了解他们要去执行任务的国家，了解将与他们一起工作的人们，联合国善后救济总署的目的以及他们在其中的特殊的位置。"

1944 年/5 月 23 日

盟军准备就绪，迎战纳粹的毒气

德军使用毒气的可能性遭质疑，但我方部队装备的毒气弹为德军的 50 倍

德鲁・米德尔顿
通过电报发回《纽约时报》的报道

【伦敦 5 月 23 日电】如果敌人使用任何毒气，无论是投向盟军攻入的港口，还是投向进攻欧洲大陆的盟军，将会遭到规模空前而迅速坚决的报复性攻击。

伦敦一些较负责的观点认为，敌军动用毒气以对抗盟军的攻击是有可能的，但是德军不可能这样做，因为德军总参谋部清楚地知道盟军的报复能力——德军每释放一立方英尺毒气，盟军至少可以释放 50 立方英尺来还击。

但是，所有的预防措施都在进行中。德怀特·艾森豪威尔将军的进攻部队将配备防毒气攻击装备和报复性攻击装备。

此间，人们认为只有希望取得一场极为重要的胜利，而且使用毒气的作用超过报复行动的长期影响时，敌人才会使用毒气。敌军可能使用毒气的两个时期均为我方进攻行动开始时，即盟军部队开始登陆时和敌军的“大西洋墙”受到袭击的时候。

德国空军的轰炸机部队对英国若干港口实施毒气袭击的目的在某种程度上是为了打乱攻入行动的时间安排，以减少盟军首轮猛攻中德军需要对抗的盟军的规模。而最近德军已经不怎么使用毒气袭击了。

然而，更可能的是，敌军会运用毒气来加强其沿海地带的静态防御。这必然会加大攻击的难度，特别是盟军启动对“大西洋墙”的进攻时。如果芥子毒气被喷到整个区域的话，世界上最先进的防毒措施也不能完全消除芥子毒气的影响。

尽管盟军没有使用过毒气，但是毒气应用实验从未停止。

第六章

6

chapter

这就是我们来解放的欧洲

1944 年 6—7 月

大约350名通讯记者在伦敦耐心等待进攻法国的战斗打响的消息时，《纽约时报》的赫伯特·马修斯正与浴血奋战的美国陆军第五集团军一起，在罗马近郊躲避轰炸和狙击手的射击。到了6月4日，意大利首都已经落入美军手中。而两天之后，这次标志性的胜利被另一件更加轰动的事掩去风头，即英国终于解除了对这一新闻的管制——6月6日拂晓时分，一支由7000艘军舰和各种型号的登陆艇组成的舰队在1.2万架飞机的护卫下，载着首批美国、英国和加拿大的约13万人的军队横渡英吉利海峡，驶向诺曼底的5个海滩。午夜刚过，这条新闻首先通过德国的电台广播抵达《纽约时报》在纽约的办公室。90分钟后，刊登第一次进攻的公告的报纸已经开始售卖。这是全世界人民都翘首以待的一次进攻。几小时后，艾森豪威尔将军发布了一份正式公报，但是内容极为简短，并没有介绍战况。

尽管《纽约时报》派出的7名记者已抵达诺曼底，但是对于战斗的报道也鲜有详情。《纽约时报》利用战役开打的第一周重温对解放法国的满腔热情。有一篇社论谈到对法兰西的“挚爱”，文中写道：“对法兰西文化、对法国景致的挚爱为所有文明人所共享。”在首批报道中，《这就是我们来解放的欧洲》一文中称欧洲的人民“饥肠辘辘而反叛难驯”，一次又一次地经历“希望、抑郁与兴奋”。而解放他们的战斗进行得比预期更为缓慢，正如其一篇文章的题目所言，“是一场拉锯战”。

6月中旬，盟军的滩头阵地已经建立起来。到了6月26日，奥马尔·布拉德利将军的部队已经攻下了瑟堡港。然而在卡昂市，由蒙哥马利指挥的英国和加拿大联合军队，遭到了敌军的顽强抵抗。德军最后撤退到城市南部一隅。英军发动代号为“古德伍德”的行动，却无法把德军彻底驱逐出这座城市。更糟糕的是，6 月 13 日德国动用了秘密武器，即无人巡航式 V–1 飞弹。戈培尔曾多次扬言要使用该秘密武器。德国对伦敦发射了多达 10000 枚的 V–1 飞弹，但只有 2419 枚最终打到英国首都。德方内部一批高级军官试图暗杀希特勒，以夺取政权，但未能成功。这起事件发生一个星期后，即 7 月底，诺曼底战役的僵局终于出现转机。由于德国军队开始出现疲弱之势，继续当权的希特勒下令在法国进行疯狂的抵抗。7 月 25 日，布拉德利发起“眼镜蛇行动”，准备从诺曼底突围，向阿夫朗什港进发。德军防线即刻崩溃，其部队开始后撤。两周后，盟军成功解放了法国的大部分地区。

来自法国的消息再次让其他地区的战役黯然失色。在白俄罗斯，苏联红军启动了代号为“巴格拉季昂”的行动，从东部主要防线向德国中央集团军发起进攻，这是战争打响以来最大规模的军事行动。战斗于 6 月 22 日打响，苏军出动 240 万名士兵、3.1 万门大炮及 5200 辆坦克向德军发起猛攻，彻底粉碎了德军的战线。与诺曼底登陆相比，苏军的攻势完全照计划进行。1941 年，德国军队在布列斯特 – 里托夫斯克（今布列斯特。——译者注）发动巴巴罗萨行动，占领了明斯克。而在 3 年后的 1944 年，苏联红军先后在 7 月 4 日和 26 日解放了明斯克和布列斯特 – 里托夫斯克。这个夏天，德国中央集团军被彻底摧毁。德国陆军在东部战线一共损失了 58.9 万名士兵，这堪称德军遭受的最沉重的打击。

太平洋战场的进展也非常迅速。6 月 15 日，美军在一支由 15 艘航空母舰组成的庞大舰队的掩护下，在太平洋马里亚纳群岛的塞班岛登陆。日军派出由 9 艘航空母舰组成的大规模特遣舰队展开还击，对美军进行阻截。6 月 19 日，两军在菲律宾海开火，日军惨败，这是本次战争中最大规模的航母舰队对垒。尽管日军在其所谓的“第一次”对华进攻中获胜，但是由于它在太平洋战场上的失利，东条英机于 7 月 20 日引咎辞去首相一职。到 7 月底，塞班岛和关岛均被美军控制。

在美国，罗斯福总统被提名为民主党总统候选人，前所未有地竞选其第四个总统任期，而这也得到了《纽约时报》的拥护。阿瑟・索尔兹柏格认为罗斯福比其他人更有能力领导这个国家走向“最终的胜利”。

1944 年／6 月 5 日

盟军抵达历代征服者的目标之城

在历史性的战役中，第五集团军和第八集团军从南面向罗马进军

赫伯特・马修斯

通过无线电发回《纽约时报》的报道

【罗马 6 月 4 日电】今日上午，盟军一路激战，向罗马挺进。夜幕降临时，部队仍在罗马外围地区鏖战。尽管德军一直抗议，称罗马是一座不设防的城市，但还是在此一味顽抗。德军的其他几支大规模部队，如果无法撤回台伯河对岸或者穿越罗马，就可能会被困在第 6 号高速公路以南。

古往今来，还没有人从南面攻入罗马，即便是迦太基名将汉尼拔将军也未能做到。而现在，盟军将士已经抵达这座历代征服者的目标之城。但这是以无数鲜血、物资和时间为代价的，这样的战役，也许再没有人会尝试。

首辆坦克着火

今日一早，罗马已经近在眼前，一个写着“罗马”的路标挑逗般立在我们面前。盟军的坦克正在猛烈开炮，准备攻入罗马。德军只有一辆自行火炮、一些坦克和机关枪狙击手们在进行无谓的抵抗。盟军最终成功进入罗马城，赢得自这场战争开打以来最伟大的胜利。以下是盟军抵达罗马的过程。

这次攻下罗马城，美国陆军第五集团军的右翼昨日的突破功不可没。3 天前，盟军向韦莱特里后方的山脊插入，以便从罗卡迪帕帕攻击德军的侧翼，从而击溃德军。德军发现沿海岸线的阵地必然很快受到夹击时，迅速退回到罗马前方的位置，拼命拖延时间。它的确拖到了夜幕降临。与此同时，德军的右翼开始撤退，但是它会失去很多士兵，因为拖延的时间太长了。

德军显然低估了盟军的进攻能力。德军开始企图在第 6 号高速公路以北集结坦克，向我方前进纵队开火，然而，它甚至无法让坦克及时到位。

指挥所迅速移动

昨日下午5点，通讯记者们开始赶往罗马。师部指挥所正在快速移动，以至于我们很难找到目标指挥所。在指挥所里，军官告诉我们，部队正迅速移动。

德军俘虏每12人排成一列，跟在队伍后方。这次“赫尔曼·戈林装甲师”真是在劫难逃了，但德军还是把所有可用的人员，甚至兽医，都投入战斗，妄图阻挡盟军的冲击，但一切只是徒劳。

我们深知到了夜晚，将会遭到德军机枪的扫射、空军的轰炸，甚至可能还会有大炮的轰击，但我们必须赶到第6号高速公路。天上的一轮皓月成了上帝的赐福，一如攻下墨西拿前一天晚上的那轮明月。随着夜幕来临，空气中弥漫着一种怪异的紧张气氛。傍晚时分，我们登上阿尔巴诺山丘，睁大双眼透过雾霭徒劳地寻找着罗马的踪影，我们知道，罗马就躺在眼前的坎帕尼亚区中。每个人抑制不住地兴奋起来，可是除了我方正在前进的纵队，四处只有阴冷、空寂、荒芜的荒郊野地。

我们坐着小吉普车在车辆中穿行，很快就赶上走在道路两旁的步兵。伤员们正被不紧不慢地送往后方，俘虏们也在被送往后方。除此之外，这条马路就像任意一条通往罗马的道路一样，离罗马已经不远。

每时每刻我们都预计德军会反击，但我们仍然继续向前挺进。在距离罗马18千米的界碑处，双目所及四处乱糟糟地堆满尸体——有我方士兵的，也有德军士兵的。突然之间，我们如同进入无人之境，几乎是屏住呼吸，独自在黑暗中前行。可是我们知道前方会有一些侦察队伍，也许通往罗马的道路已经被扫清。

穿越德军的领地

最后我们终于赶上领头的侦察队伍。“你们最好小心点，”一位军官说，“你们已经与很多德国佬擦身而过。四处全是德国佬，这一带除了装甲车什么也没有。”

13千米的界碑就在此处，这意味着我们距离罗马市中心只有10英里多一点了，距离市郊只有5英里了。在前方1英里处，敌我双方正在进行坦克战，那里是我方部队今晚抵达的最靠近城市的地点。有一条通往3栋房子的小路，我们沿着小路走过去，很快发现那里一个人也没有。几分钟后，我们听到德国飞机飞过来。这些飞机并非匆匆离去，而是在这一带来来回回地挑衅般飞翔，以辨认其方位。一个重要的十字路口离我们只有100码远，我们知道它是无法绕过去的。

这些飞机开始投掷照明弹，随后进行扫射，然后投放炸弹。我们平躺在农户的石头房子的地板上。一枚照明弹落在房子旁边，然后我们把头紧贴着地面，屏住呼吸，等呀等呀，炸弹终于来了。两枚炸弹在房子旁边爆炸，房子摇摇晃晃，把灰泥从天花板上摇了下来。

直到这个时候，我们才知道这户农民在房子外面建了一个避难所，那里比较安全，于是我们冲了过去。几分钟之后，4 辆满载弹药的吉普车冲了过来，车上的人跳下车，冲进我们的避难所。然后一个奇怪的夜晚开始了。

我们周围全是德国人，我们很清楚，一动也不敢动。有两名士兵进来，与我们在一起，而他们的战友则去了山上另一处避难所。

一枚炸弹几乎正好落在避难所上方，冒出刺鼻的烟，弥漫了避难所。避难所外，越来越多的装甲车从高速公路上驶过。这给了我们一些安慰，但我们担心的是那些被留下来的四散在田野里的德国人。

然而，这个夜晚还是慢慢地过去了。一个农妇烧了些水，给我们冲咖啡。我们匆匆喝完咖啡，就继续上路了。

现在载着步兵的坦克在我们前方。车子超过坦克时，我看到一些久经战阵、胡子拉碴、浑身脏兮兮的年轻人跨坐在上面。我们又继续追赶纵队的领头部队。

农民并没有欢呼雀跃

农民们开始出现在道路两旁，但是他们没有欢呼雀跃，不像那不勒斯的农民那样，他们淡漠而好奇。罗马又一次要被征服，但一开始他们并没有表现出任何激动的神情。然后，随着我们越来越靠近罗马郊区，人们的热情开始上升，一些农民向坦克投掷鲜花。

早上 6 点 30 分，我们几乎处于纵队的最前面。跟在两辆坦克后面，我们终于抵达那个“罗马”路标，它就在高速公路的拐弯处。

第一辆坦克哐当哐当绕过路标，突然被 88 毫米高射炮的炮弹击中，发出了一阵巨响和明亮的闪光。这门自行高射炮显然早就等在那儿了。坦克驾驶员被炸死，还有两人受伤。其他人员见状，纷纷冲进壕沟中，步兵马上摆好战斗阵形，向前推进。

当地平民傻乎乎地在自己的房子处跑进跑出，对危险视而不见，但每有炮弹落下的时候，就四散奔逃。随后，有一名狙击手向我们开火。不知道他是从哪里冒出来的，现在他的机枪在道路的尽头向我们瞄准。

这将是历史上伟大的一天，但从罗马人的举手投足和春天周日清晨奇怪的和平的声响来看，谁也不会这样认为。教堂的钟声敲响，甚至有一支婚礼队伍在德国火炮的射程内，庄严地走向教堂。一列火车咔嗒咔嗒地沿着城内的铁轨拉响汽笛而过。一个意大利人骑着自行车赶路，狙击手射出的子弹在他头顶嗖的一声飞过，他依旧不紧不慢。

1944 年 6 月，罗马解放后，美国第五集团军指挥官马克·克拉克坐车穿过该城。

1944年/6月5日

美军首先进入罗马城
美国装甲先头部队突破罗马的最后防线

合众社

【那不勒斯6月4日电】今晚第五集团军攻克了罗马，首次解放了被德国人奴役的一个欧洲国家的首都。德军负责断后的部队丢盔弃甲，向西北方逃离。

合众社通讯记者在抵达罗马后报道称，除了铁路编组站被盟军的炸弹炸得粉碎外，罗马95%的区域是完好无损的。

据报道，今天晚上晚些时候，英国第八集团军从东南面沿着卡西林纳大道冲进罗马城内，与第五集团军一起追击敌军的残余部队，奉命尽一切努力把敌军斩草除根。在罗马只留下部分军队维持秩序，搜寻城内的德军狙击手或自取灭亡者的窝点，而盟国的主力部队则继续向前进军，顾不上停下来庆祝胜利。这是自意大利战役开始270天以来，它们取得的最重大的胜利。

德军在罗马大门的最后抵抗

在通往罗马的大门处，德国人拼死抵抗。此前德军称罗马是一座不设防的城市，马克·克拉克将军就等了3小时，但德军迟迟没有任何举动，克拉克将军下令反坦克炮一齐朝德军猛烈开火。随后第五集团军的大部队携带着武器拥入城内，开始对敌军的狙击手、仅剩的坦克和移动大炮进行扫荡，这些狙击手、坦克和大炮正试图掩护德军撤退。

在盟军狂风暴雨般的攻击之下，许多敌军幸存者向西北方蜂拥而逃，那儿有盟军的飞机在等着他们。这一天盟军飞机击毁或击伤敌军600辆卡车及其他车辆。撤退的道路上，挤满了德军，队伍绵延55英里，一直到博赛纳湖。

今晚，我们与驻罗马的美国通讯记者建立了直接的无线电联系。合众社一位新闻记者说盟军大部队主要是沿着卡西林纳大道，穿过城市东南边缘的马焦雷门进城的。据报道，盟军其他部队是穿过紧邻圣保罗门南面的奥斯蒂恩斯火车站货运场，一路打进城的。圣保罗门是从正南方进入罗马的主要入口，距离威尼斯宫仅有 1 英里又 440 码的距离。

盟军进入罗马如戏剧般突然。此前，以美国装甲部队为前锋的盟军在阿尔巴诺山丘上粉碎了德军在罗马城下最后的抵抗。盟军最后阶段挺进近 15 英里，用时 24 小时，最后阶段的进军速度如此之快，以至于盟军相信德军的大防御圈已经被撕裂。在工人区发生了激烈的战斗。德军被打散前，躲在这个地区的街道和建筑群里作战。

盟军最终的突破来自一次压倒性的攻击，这次攻击自周六晚上开始，持续了近 24 小时。盟军从侧翼包围敌军在南部的阿尔巴诺山的据点，之后对这些难以攻克的山峰进行了扫荡，冲向罗马前方的平原地区，随后进城。

1944 年／6 月 5 日

记者从容等待盟军攻入行动打响

弗雷德里克・格雷厄姆
通过无线电发回《纽约时报》的报道

【伦敦 6 月 4 日电】几乎可以确定，目前在欧洲战场上，有 350 多名来自英国和美国的各家报纸、杂志以及广播电台的通讯记者与摄影师正等着报道即将打响的盟军攻入行动。他们中的大多数是男性，大部分来自三大新闻社和日报社。

在这一地区有过两三年甚至 4 年工作经历的通讯记者，似乎已经深谙耐心是种智慧。这也许是英国实施的战时新闻审查，让他们在等待盟军攻入行动打响的过程中显得分外耐心，不急不躁。许许多多这样的记者在此扎根，诚然，这些“根”通常都很浅，但即便如此，记者们似乎也并不急着抛弃它们，追随进攻部队而去。那比起待在伦敦来说，可能远没有这么愉快、这么舒服，也远没有这么方便。

与老同事们相比，在这里待了一年或不到两年的记者们并没有表现出更多的不耐烦。

而那些仅来了 3—6 个月的记者们，也几乎没有给人以紧张激动的印象。他们中的大多数仍然按习惯穿着制服，接受问路的美国士兵的行礼致谢。

他们当中许多人此前从来没有离开过美国，所以想在离开伦敦之前，多领略它的风采。他们也想去法国、比利时、荷兰和德国，但他们希望在出发前先好好看看英国。

通讯记者们如同军事警察一样，似乎从来不单独行动。几乎在伦敦各处，你都会看到他们成群结队在一起：在当地的小酒吧里，在时髦奢华的西区酒店内的鸡尾酒酒廊里，在寒酸的布鲁姆伯利区的酒馆里，在舰队街周围的酒吧和餐馆里，在梅费尔区更为优雅的商家里，都是如此。

那些更为著名的通讯记者，也就是“名记”们，和那些来自财力雄厚的报社的记者，通常会出现在更加昂贵、更具英伦风味的酒吧和餐馆里。然而，也有很多记者经费紧张，薪水也没有那么可观，只好尽量去更小、更便宜的场所消费。

1944 年年初，在一次登陆模拟战中，战地记者弗兰克・吉拉德在为英国广播公司进行报道工作的演练。

1944 年/6 月 5 日

美军炸弹让纳粹的“仿造”油产量锐减

通过无线电发回《纽约时报》的报道

【伦敦 6 月 4 日电】自罗马尼亚普洛耶什蒂的油田被炸后，德国的合成油工业就成为德意志国防军的主要供应来源。5 月里，美国第八航空军发起为期 3 天的空袭，德国的合成油工业即告瘫痪。

在这 3 天里，位于莱比锡以南 20 英里处的蔡茨厂无限期地停产。位于什切青外围的珀耶里茨地区和捷克斯洛伐克布鲁埃克斯地区的其他炼油厂也遭受严重损坏，可能无法恢复生产。

位于梅泽堡、马格德堡、伯赫伦、卢茨肯多夫和鲁兰的其他 5 家合成油工厂也因空袭遭受严重破坏。

此外，美国的轰炸机和战斗机击落了 343 架敌军的战斗机。5 月 12 日，150 架敌机被击落，5 月 28 日和 5 月 29 日，分别有 93 架和 100 架敌机被击落。

美军出动数千架飞机执行轰炸任务，损失了 145 架。5 月 29 日珀耶里茨的工厂遭到轰炸，燃起熊熊大火，大火蔓延整个工厂，烟雾升腾 1 万多英尺。

蔡茨厂遭到更为沉重的打击。一栋又一栋的楼房被夷为平地，或者被烧成灰烬。

1944 年/6 月 6 日

盟军首批部队在西欧海岸登陆 艾森豪威尔出兵

在海军和空军的支援下，美国、英国和加拿大的部队登陆

雷蒙德・丹尼尔
通过电报发回《纽约时报》的报道

【盟军远征军最高指挥部 6 月 6 日电】从西部攻入欧洲的战役打响。

在夏日黎明的微曦中，德怀特・艾森豪威尔将军今天指挥庞大的英美联军发起了解放欧洲大陆的行动。前锋是一支由陆军上将伯纳德・蒙哥马利爵士领导的陆军部队，由美国、英国、加拿大三国士兵组成。

艾森豪威尔将军的第一份公报内容简洁，刻意不给敌人透露过多的消息。公报中仅称“今日早晨在强大的空军支援下，盟军的海军开始把陆军从法国北部海岸送上陆地”。

在第一份公报发布后，官方才宣布盟军的登陆地点为诺曼底。

关于卡昂战役

开始于伦敦时间早晨 6 点 30 分（东部战争时间凌晨 0 点 30 分）的德国的广播首先报道盟军在诺曼底登陆。（美联社称，艾森豪威尔将军为取得出其不意的效果，故意让德国人就盟军的攻击“首先进行报道”。）

德国新闻局说，盟军的入侵行动已经开始，空降部队在塞纳河河口地区降落。（据美联社报道，柏林方面声称激战的“重心”在卡昂，即勒阿弗尔市西南 30 英里、瑟堡东南 65 英里处。卡昂坐落在 75 英里宽的诺曼底半岛上，处于距离大海 10 英里的内陆区域，在此处的战斗表明盟军可能已经攻克滩头阵地。）（德国新闻局在快到上午 10 点即东部战争时间凌晨 4 点时，通过广播发布消息称，黎明时分，在勒阿弗尔地区塞纳河河口的英美部队已得到增援。）

（哥伦比亚广播公司对此亦有报道——派驻盟军最高指挥部的一名通讯记者在广播中说，今天早上，“德军坦克正驶往法国的滩头阵地”。）德国的广播则提到，德军派遣纳粹突击部队前往，与盟军空降部队和伞兵对阵。德国人说，盟军首轮攻击的范围是瑟堡和勒阿弗尔之间的区域。（据路透社的消息，盟军指挥部宣布美国派出战列舰和飞机轰炸了法国沿海地区。）

今天的天气情况对盟军并非十分有利。英吉利海峡中海浪汹涌，天空灰蒙蒙一片。盟军的突然登陆是否让敌军大吃一惊，尚不得而知。

艾森豪威尔对部队下达命令

直到进攻开始，官方才正式宣布这个陆军集团军群由蒙哥马利将军统领，其中包括美国军队。这位阿拉曼战役的英雄，迄今一直被人们视为英国资深的野战司令。

在第一份公报被公开的同时，艾森豪威尔将军照例告诉麾下的将士们，他们即将发起一场“伟大的圣战”。

盟军攻入的第一阶段，诺曼底奥马哈海滩上的海船阵容。

饱受战乱之苦的伦敦人在上班的途中，得知了这个翘首以盼如此之久的消息。之前几乎没有人知道发生了什么事情，因为英国广播公司在7点的新闻广播里一直没有透露进攻已经开始的消息。

即便成群的战斗机呼啸着掠过人们的头顶，也不会泄露这个秘密，因为英国人民对此早已习惯——几乎每天都看到庞大的飞机编队飞离，去袭击德国人控制下的欧洲。

攻击进展的细节尚未透露，但人们已经知道，庞大的盟军登陆艇编队是在扫雷舰的带领下摸黑悄然登上欧洲海岸线的，扫雷舰的任务是清扫英吉利海峡中德军布下的雷区及水下障碍物。

盟军的大型军舰组队逼近，对敌军在海岸上的炮阵发动攻击。

与此同时，空降部队在纳粹的海岸防御线后方着陆。

1944年/6月6日

华盛顿方面为等消息静候3小时

发回《纽约时报》的特别报道

【华盛顿6月6日电】今天凌晨3点32分，战争部发布盟军远征军最高指挥部公报的文本时，华盛顿方面才正式了解到盟军攻入欧洲的消息。

消息传来，3个小时的紧张守候达到高潮。3小时前德国的电台首先报道盟军对法国的战事已经打响。在此公报发布之前，战争部和战争讯息办公室都说没收到消息，无法确认或否认德国的报道。

在战争部，陆军公共关系局局长亚历山大·苏勒斯少将把公报递交给新闻记者。与公报放在一起的，还有一份由陆军特级上将约翰·潘兴发表的声明，称1917年和1918年参加“一战”的美军士兵的后代也在从事着“类似的解放战争”，给那些被奴役的人带来自由。

在首次广播后，整个首都迅速苏醒过来。灯亮了，收音机开始嗡嗡作响。新闻记者们急匆匆赶到办公室。每个人都想知道这条消息是否是“正式消息”。

即便白宫已经知晓该报道，从表面上来看，依旧没有任何迹象。白宫中只有几盏灯闪着光芒，警卫像往常那样单调地来来回回巡逻。

仅仅几小时前，即昨天晚上 8 点 30 分，罗斯福就攻克罗马向全世界发表时长 15 分钟的讲话。

凌晨 1 点 45 分，战争部公共关系局的工作人员几乎全部到岗。

凌晨 4 点左右，战争讯息办公室主任埃尔默·戴维斯在办公室接见六七名新闻记者，告诉他们，战争讯息办公室并不能确定盟军已经在今日凌晨发起攻入行动，但认为战斗可能已经开始。他说，战争讯息办公室在获得艾森豪威尔将军的指挥部发来的官方消息前，不会否定德国广播的任何报道。

官方发布这条新闻快讯之后，艾森豪威尔将军开始讲话之前，战争讯息办公室一直在传送公报文本。

1944 年 / 6 月 7 日

登陆结束了 4 年的战斗间歇期

法国战火猛烈重燃——让英国人回想起敦刻尔克的惊魂时刻

雷蒙德·丹尼尔

通过电报发回《纽约时报》的报道

【伦敦 6 月 6 日电】今天是诺曼底登陆日，一切顺利。

拂晓时分，诺曼底，英美军队从天而降。士兵们乘数千艘登陆艇蜂拥而上，登陆海滩，让 4 年前在敦刻尔克一度中断的为了法国和欧洲的战火重燃。

温斯顿·丘吉尔是国王的主要助手，也是这个国家最优秀的记者。借用他的原话，夜幕降临，士兵们已经在宽广的战线上站稳脚跟，他们从海岸线一路战斗至卡昂，那里距离英吉利海峡的海滩 8.5 英里，距离巴黎也只有 149 英里。

首相说，在他发表讲话时，刚刚打响的战斗进展“令人称心如意”。但即使是他，也如同大多数英国人一样，都在祈求好运。

直到现在，德国人的抵抗一直都是出乎意料地轻微，让人觉得也许是不祥之兆。两栖登陆行动的多个障碍都被盟军克服了。密集的船只躲过了敌军猛烈的空中轰炸，庞大的舰队没有碰上像样的敌人的海军对抗，就安然渡过了英吉利海峡。德军的水下障碍物和海岸上的炮阵遭到盟军的空军的无情轰炸，发挥的作用远远没有预期的那么致命。

不利的气候条件

天气是无法确定的，但可能是决定性因素。今天的天气对进攻部队并不利。据盟军远征军最高指挥部透露，因为气压开始下降，本次规模巨大的攻击行动被迫推迟一天，而这种情况在这个地区变幻莫测的气候中并非异常。

在气象专家报告的基础上，艾森豪威尔将军把攻击的启动时间推迟了 24 小时。然后气象学家们向他保证，气候条件正在逐步改善，于是将军面对两难：是听信专家的科学预测，还是把攻击行动推迟到下个月？他所要做的是一个极为严

1944 年6月6日，诺曼底登陆日，美国军队正跳下登陆艇登岸。

峻的决定。最高指挥部称，如果气象学家预测失误，整个远征军可能遭遇灭顶之灾。

然而，一切正如气象学家预测的那样，虽然天气并不好，但较之前已有所好转。一开始，厚厚的云层遮蔽了空中目标，狂风在英吉利海峡掀起惊涛骇浪，所以进攻部队登陆与敌军对战时，大部分人肯定还处于晕船的状态。

当年西班牙无敌舰队与英国舰队作战时，英吉利海峡的潮汐站在了英国人一边。今天在深夜至凌晨的数个至关紧要的小时中，海峡的潮汐发生了变化。扫雷艇必须时刻变换挡位，以免减速或停下来，让背后拖着的切割刀具沉入海底。

第一份公报仅说盟军已经在法国北部登陆。后来非官方的消息说，登陆的地点是诺曼底，在那里，苹果花刚刚凋谢，苹果开始长出来。

解放欧洲大陆的努力就这样在一片吉祥之兆中开始了。之后盟军就指望得到欧洲抵抗组织的协助，但是法兰西民族解放委员会主席夏尔·戴高乐将军、荷兰首相皮埃特·海布兰迪博士、比利时首相休伯特·皮埃洛特及艾森豪威尔将军通过电台广播发表讲话时已明确表示这尚未成熟，均劝欧洲被占领地区的人民等待奋起反对纳粹占领的命令。

1944 年/6 月 9 日

社论：还法国以公正

今日，刚刚建立的西部战线上展开了两个伟大的历史阶段。第一个就是摧毁纳粹政权。眼下我们还不能在德国本土与纳粹政权交锋。我们首先必须在法国领土上与它对战。在这里，除非不得已，我们绝不会毁坏任何一段老城墙，不会砍下任何一棵树木，也不会踩踏任何一朵罂粟花。对法兰西、对法兰西文化、对法国景致的挚爱为所有文明人所共享。遗憾的是，为除掉我们所憎恶的事物，我们不得不伤害我们所热爱的事物。

这一令人不快的必要性让每位身负权力的人员备感压力，上至罗斯福总统和丘吉尔首相，下至为了清除狙击手而不得不向诺曼底农舍开火的连队指挥官。如果我们都深感不堪重负，对于所有真正的法国人来说，这种压力又将是何等沉重。毋庸置疑的是，自由比巴黎更为伟大，荣誉比村庄更重要，即使圣女贞德曾经在这个村庄的房舍前路过，也在所不惜。但我们的内心应当庄严地怀揣着这种痛苦，此时此刻它与法国的希望交织在一起。

当然，主要负责同盟国在法国的军事和政治策略的两个伟大的政府将竭尽所能让 1940 年没有投降、身处国内和国外的法国人民不要感到难过。在与法兰西民族解放委员会的合作上，已经确实取得了一定的进展。目前艾森豪威尔将军和戴高乐将军“已在军事层面上达成完全一致的协议”。这是一个好消息。但军事上的协议是不够的。只要战况许可，我们将要，也必须把所解放的法国领土交还法国人。在法国人民经自行选择成立新政府前，我们应当把法国领土的监护权交给哪些法国人呢？显而易见，应交给那些对自己的祖国和自由一直忠诚不渝的人，不管他们是身处法国还是国外。

我们认为，在这一点上，不管是华盛顿方面还是伦敦方面，都不会在基本意见上存在任何分歧。然而，令人惊讶的是，对于这起政治紧急事件，两国政府却鲜有准备。也许两国政府对法兰西民族解放委员会所采取的不确定政策，有很充分的理由，但是，如果是这样的话，一直把这些理由严守为秘密是不可原谅的。

我们的士兵需要全体法国民众的热心支持。如果法国能够唤醒 1792 年引领马赛人进军巴黎的那种精神，我方士兵的任务将比现在容易多少呢？第四共和国即将在烈火和苦难中诞生。与两名将军之间如同商业往来的冷冰冰的协议相比，难道就不能以更加令人激情澎湃的形式来欢迎它来到这个世界吗？

1944 年/6 月 11 日

数月前盟军让人登陆诺曼底采集土壤样品

通过电报发回《纽约时报》的报道

【盟军远征军最高指挥部 6 月 10 日电】由一群平民科学家组成的“突击队”详尽研究了 17 至 18 世纪法国晦涩难懂的手稿，花费若干个月学习地质报告，并试验了沙滩模型——这些全都属于盟军为侵入诺曼底所做的准备工作，而诺曼底登陆是这场战争中最为卓越非凡的故事之一。

在攻入法国前数个月，多组平民科学家已抵达盟军步兵上周二登陆的海滩。这些科学家并非人人都年轻力壮。他们身处德军大炮的射程内，匍匐前进，采集沙土样本，以便坦克和卡车在混乱的情况下冲上海岸时，驾驶员可以适应地形，并准备好合适的装备来应付路况最糟糕的地点。

激动人心的准备工作始于发霉的图书馆，然后转移到实验室，最后在枪林弹雨的海滩上结束。今日，一名温文尔雅的教授身穿宽松的服装向人们讲述了这些故事。

制订攻入计划时，盟军参谋人员曾向他请教海滩的特点。他让军官们去查旧手稿，军官们看到手稿时大吃一惊。“但是我说服了他们，让他们相信这些旧手稿值得研究，于是我们就开始工作了。”他说。

“地质学家预测盟军登陆时会遇到麻烦，因为这一区域在冰河时代是一片森林。”科学家继续说道，“但是军方人员却不喜欢纸上谈兵，所以我们唯一需要做的事情就是去实地看看。”

照片和战前的报告有助于对海滩的研究，但最终调查必须在现场进行。据这位科学家说，攻入行动开始数月前，“一些非常聪明的小伙子在晚上悄无声息地、漂漂亮亮地到了那里，没有造成任何干扰，也没有吸引任何人的注意”。

“他们在沙滩上匍匐爬行了半英里，使用专门的工具在海滩上采集样本，并绘制了标明软黏土的位置的图，然后把它们带回英国。”

根据对这些样本进行的研究，科学家们指出在海滩上最适合哪种类型的车辆，并标出哪些地点土壤柔软，事先要放置钢板。然后这群科学家又开始对敌人的海滩防御工事进行研究。这些报告和实验向军队展示了登陆时如何最好地应对敌人的防御工事。

大部分防御工事的情况来自于照片和其他情报。

科学家们同样煞费苦心地收集了卡朗唐周边洪水泛滥地区的相关数据。这些资讯都是一点一点地收集起来的。在这一过程中，他们也研究旧手稿，还研究了74 年前的普法战争中，法国这片洪水泛滥的地区的军事参考资料。

卡朗唐位于一系列潮汐河流域的中心。德国人会在涨潮时打开水闸，在落潮时关闭。通过这个简单的操作，德国人把整个地区变成许许多多的浅湖泊和池塘。

1944 年
6 月 11 日

这就是我们来解放的欧洲

纳粹统治的苦难使人民既饥肠辘辘又反叛难驯

皮埃尔·美拉德

通过无线电从伦敦发回

盟军深入被德国征服的西欧各地时，会发现一个怎样的欧洲呢？使用“发现”一词可能会比“重新发现”一词要更为恰当，因为多年的苦难已经给欧洲带来了如此深刻的变化，即便是常去欧洲大陆的游客也无法沿着一度熟谙的路径重拾自己的步伐。

对于这样的欧洲，现在已无介绍手册可用。欧洲的民族传统、信仰、基本生活方式，甚至是国家边界都被扔回熔炉状态。旧的模式已经被打破，欧洲拒绝被转化为德国人的欧洲。自 10 世纪以来，历史上还没有类似的情况发生过。10 世纪时，查理曼帝国解体，第一个欧洲框架四分五裂，欧洲大陆重回封建的无政府状态。

可以肯定的是，当代欧洲有着数百年的民族国家的传统，然而这些在西欧根深蒂固的传统，在东欧和巴尔干等欧洲地区却远没有如此稳固。在这些地区，边界和少数民族纷争从未停止，而最近德国人又故意煽起这些宿怨。西欧社会生活的基础以及许多国家的生活的原则已经被撼动。在这 4 年多的时间里，欧洲主要是生存于负面情绪中，那是对德国统治的憎恨和把自己从德国枷锁中解脱出来的炽烈愿望。

这并不是说，在这个被束缚的欧洲之内不存在任何思潮，不存在任何政治倾向，不存在社会进步的宝贵趋势，不存在伦理生活。事实远非如此。但是，在这些形形色色的倾向、趋势间，没有任何协调的方式，所以欧洲大陆的整体模式不仅对旁观者来说变化多端，让人困惑，就是被占领国家的全体国民也感到不解。欧洲各国人民无法在思想上或行动中与自己的同胞或者其他国家的人民沟通。从游客、逃亡者和战士们讲述的经历中，人们可以构想出欧洲大陆的大概样貌。对这个概貌粗略的描述如下：

这是一群饥肠辘辘而反叛难驯、暴躁易怒、高度敏感的人民。在他们中间，所有矛盾可以共存，甚至在某种程度上可以和解，或者合并。这是一群怀有长远愿望的理想主义者，却往往为了试图满足日常所需而故意显得愤世嫉俗。他们相信人类有未来，但往往轻视人的生命。大部分人留恋过往，并以此作为当前苦难的解药，而坚决抵抗的群体却只为未来而活着，对自身暂时的困境或生活表现得无情而冷漠。

历时多年的民族羞辱，在情感反应上，很容易表现为狭隘的民族主义，可是其希望又是全欧洲的希望，乃至全世界的希望。这些男男女女会为了几盎司的面包排几小时的队，终日活在获取食物的强迫性的单一思维当中。但是猛然间，又会把自己乃至孩子的性命豪赌在对敌人的挑战或者对友人的慈善行为上。如果认为盟军的轰炸超出自己所能承受的范围，他们就会愤怒不已，但也会甘愿冒生命危险拯救盟军的飞行员。

饥饿、希望、抑郁和兴奋、日常生计带来的巨大压力、彻底的自我牺牲、生活中小问题的紧迫性和对伟大成就的向往之间的强烈对比，普通愿望的狭隘性与长期观念的广阔性之间的矛盾，是这群人在面对道德和知识的奴役、贪婪和慷慨、残酷的现实主义和理想主义时所做出的反应。这就是欧洲装点自己外观的元素。它柔软同时又强硬。生活是痉挛式的。如此这般的欧洲在许多方面都是无法估量的，因为对它来说，应急已经成为一种习惯。在欧洲，必须考虑到最糟糕的意外情况。

此次攻入欧洲行动的意义超过了历史上任何其他事件。不管是好是坏，它首先是人与人之间的一次会面。在这种面对面的接触中，人们将给彼此留下持久的印象。我们并不认为此次行动的后果完全取决于盟军士兵，而与欧洲大陆人民毫无关系。

但必须认识到，对于那些遭羞辱的民族来说，其全体人民都是暴躁易怒的，因为自尊心深受伤害，任何对他们自命为恩人的举止都会戳中他们的痛处。他们为了获得平等相待的权利付出了极为高昂的代价。

自 1940 年 6 月以来，欧洲大陆的西方国家由此可能一直饱受自卑情结的煎熬，这种自卑情结很大程度上要靠其人民在战斗中所起的作用的大小、在国内外战争舞台上的重要性来治愈。英美两国的士兵会发现自己身处对自身的善恶行为高度敏感的人群之中。

普通的美国民众，或者是英国民众，不可能构想出这样一幅粗略的画面，一幅被德国侵略者通过冷酷无情和有悖常理的行为蓄意强加的骇人听闻的苦难的画面。给欧洲各国民众造成持久且无法弥补的身体和心灵创伤曾经是，现在也仍然是德国政策的组成部分，而不只是纳粹的政策。因此，在 4 年多的时间里，饥饿、穷困，以及政治与文化的奴役已经成为被占领地区人民生活的主导音符。与欧洲大陆民众的困境形成鲜明对比，同盟国民众则呈现出一派身强体壮、相对富足、自由自在的景象。这种景象，如果不当作财富或礼仪上的优越性，有意或无意地展示给欧洲人民看，会更加受到他们的欢迎。

也许读者们会觉得上述画面过于灰暗，或者认为如果被占领国家的境况正如我所描述的那样，这种境况一定程度上透露出一种忘恩负义。然而，读者们必须理解，如果不找到消解处，这些国家或许就无法忍受身体和道德上的骇人痛苦，而消解只能通过增强民族自豪感来实现，而这本身必将让它们与其他国家，包括盟国之间的关系紧张起来。

考虑到这一点，并把当前的行动转化为人民之间的重聚以及军事上的胜利，不仅是政治家们的伟大使命，也是每位踏上欧洲大陆的平民和士兵的伟大使命。没有任何使命能比这个使命更具有价值，也没有任何事情能比完成它更有重大的决定性意义。

1944 年 / 6 月 14 日

盟军新闻审查提速

审查一则关于攻入行动的报道平均用时 11 分钟——三大国一起参与

E.C. 丹尼尔
通过无线电发回《纽约时报》的报道

【伦敦 6 月 13 日电】在这场战争最敏感的时期之一，盟军远征军最高指挥部内来自英、美、苏三国的军事审查人员，平均只需 11 分钟就能完成一则关于攻入行动的新闻电讯的阅读和审查。

这些报道以每天 50 万字到 75 万字的速度从伦敦涌出。一般来说，每份或者每段前线战况报道大约有 300 字。

诺曼底登陆日当天，盟军远征军最高指挥部特殊审查组在伦敦“各就各位”。这支审查队伍代表着美国、英国和加拿大，还代表着陆军、海军和空军。16 名现场审查人员以及 3 台无线电发射机，负责跨越英吉利海峡与作战部队联系，处理那些发自战火中的报道。

这些审查人员不仅接受过系统的审查训练，还受过现场培训，能适应严酷的战斗前线。他们曾经深入研究进攻行动的组织、人员和秘密武器，因为通讯记者通常会提到这些内容。审查人员当中有些曾在非洲服役。他们已经开始运作，各种战况报道正通过无线电从滩头阵地发往伦敦，等候立即发表或传送到海外。

由英国军官领导

总部新闻审查机构是由一个美国机构经过大幅扩充后形成的。这一美国机构已经运作了数月，是战争打响以来，英国新闻部下属的高级新闻审查部门的咨询和辅助组织。盟军远征军最高指挥部的审查机构是最高指挥部公共关系部门的一个分支机构，并不负责政治问题的审查。它由曾任英国审查部门军事顾问的英国军官乔治・沃顿中校领导，他的事务长是美国的理查德・麦里克中校。麦里克中校曾有几个月担任美国军方的审查员。

麦里克中校下令给这个机构起了一个长名——“盟军远征军最高指挥部联合新闻审查组”。它的所在地为每位通讯记者所熟知，是新闻部大楼“第16室”。该机构有138名工作人员，分别来自英国、美国和加拿大三国的军队，其中16名为战地审查员。

审查人员会对新闻稿件做必要的修改，盖上“审查通过”的印章，并标上自己姓名的首字母和代号，然后把它返回给高级审查员。高级审查员如果有时间，会对审查情况进行检查，看审查是否充分。最近通过的50份有代表性的报道包含各种类型和程度，而人们发现，最快的审查时间为2分钟，最长的为38分钟。随着第一波报道高峰的消退，审查员对材料变得更为熟悉，审查速度有望提高。

在美国报纸、新闻社驻伦敦的办事处撰写的报道会被送到电报公司发送。如果其中包含关于攻入法国行动的争议点，电报公司照例会通过电话报告给盟军远征军最高指挥部审查机构。电报公司的审查员就是英国的审查人员，从事这一工作已有多年。在报道高峰期，从美国“借租”的18位审查员扩大了这个队伍的力量。

1944年／6月16日

太平洋战场上盟军迅猛出击，令敌军瞠目结舌；塞班岛遭受狂风暴雨般的打击

乔治·霍恩
通过电话发回《纽约时报》的报道

【太平洋舰队指挥部6月15日电】今晚，海军上将切斯特·尼米兹在一份公报中称，周三在马里亚纳群岛的塞班岛奋勇登陆的美军已经巩固了其滩头阵地，顶着敌军的猛烈炮火，向内陆区域稳步挺进。

敌军顽强战斗，利用坦克多次发动反击，但是我军在近海飞机和军舰的支援下，把敌军的反击一一打退。因此，对于进攻方来说，太平洋战场的进攻过程中

迄今为止最重要的战斗正在顺利地展开。我军的位置距东京只有 1465 英里，已经威胁到日本本土。

今晚的公报是尼米兹司令当天发布的第二份。日本曾发布报道称，塞班岛遭袭击，我方的第一份公报证实了这一报道。

敌军的炮火哑了

今晚的公报接着说，进攻部队已经巩固塞班岛上的滩头阵地，顶着大炮、迫击炮和机枪火力向前进军。敌军的海岸重型炮阵和防空炮阵几乎已被海军的炮火和轰炸悉数摧毁。我军已经占领阿劲岗岬。在查兰卡诺亚镇，激战正在持续。

敌人利用坦克多次发起反击，但是我军在飞机和军舰的支援下把它们一一击退。

总的来说，战斗是激烈的，但我军依靠严密的防守，进展顺利。

在早先的公报中，尼米兹司令提到我军在空军和海上部队的炮火的掩护下，如何仍在源源不断地拥上海岸。一连 4 天，我方空军和海上部队向马里亚纳群岛的塞班岛和其他岛屿发动了前所未有的猛烈轰炸，以掩护部队登岸。他说，目前有报告显示我军在初始阶段的伤亡不大。

1944 年，马里亚纳群岛北部的塞班岛的战役中，美国海军陆战队进攻日本的防御阵地。

昨日，第一批突击部队登上海滩。昨夜，它们在滩头阵地作战时获得了海军持续不断的炮火支持。

事关重大

塞班岛是目前中太平洋部队意图攻占的最大岛屿，或许也是敌军防御最为严密的岛屿。人们认为，在最近几个月中，日军一直在往这座岛屿增送物资、增派战斗人员。日本显然已经意识到其中的利害关系，将顽强地捍卫这个岛屿，它已经摆好架势要让登陆部队吃尽苦头。

毫无疑问，此次行动是中太平洋战区上演的最为重要的行动。由于所涉及的地域广阔——塞班岛长达 20.75 英里，宽达 5.5 英里，岛屿面积 75 平方英里——敌军的防备又极为森严，此次行动成为我军大规模两栖攻击部队与敌军大规模陆上部队的首次对决。

该岛屿接近日本本土，胜利登陆会让我军早日进入下一个战争阶段，可以出动陆基战斗机，从四面八方对日本本土发动密集空袭。这使得此次行动的重要性更加突出。占领塞班岛会让敌人无比震惊，认识到我军发起最后总攻已为期不远。

它将切断敌方许多东部基地的通信线路，以及敌方与南方部队的通信线路，导致敌军数万部队和大量物资无法流转，而日本丢不起这些人员和物资。

它对日本民众的士气的影响会相当惊人。

对马里亚纳群岛的攻击使出动陆基“超级堡垒”轰炸机轰炸日本本土成为可能。如果马里亚纳群岛登陆如同预期一样成功，敌军的宣传人员将很难找到理由开脱，也很难通过惯用的诡辩把它吹嘘为日本的又一次胜利。

1944 年
6 月 16 日

B-29 轰炸机首度亮相
东京的报道称九州岛的工业核心地带遭攻击

西德尼·沙莱特
发回《纽约时报》的特别报道

【华盛顿 6 月 15 日电】今天下午，战争部宣布对日本帝国的心脏进行空中打击的战争已经打响。据一份特别公报透露，今天，新组建的第二十航空军出动 B-29“超级堡垒”轰炸机对日本实施轰炸。第二十航空军是由阿诺德将军亲自指挥的新型“超级空中部队”中的一支。

这份公报宣布了 3 个划时代的事项：

第一个是如同怪物一般的 B-29 轰炸机开始行动。这种轰炸机比“空中堡垒”轰炸机大一半。

第二个是空中消耗战已经在日本本土打响。盟军启动攻入欧洲行动之前，就是通过空中消耗战大幅削弱德军力量的。

第三个是参谋长联席会议通过筹建第二十航空军。这实际上相当于成立了一支单独的空军部队，而参谋长联席会议是一个特殊组织，不受任何战区指挥官的管辖。

参谋长马歇尔将军、美国陆军航空军总司令阿诺德将军和战争部部长亨利·史汀生的声明，都强调了太平洋战争这一新阶段的重要性。马歇尔将军称之为“打击敌人的新攻势”的开端，阿诺德将军宣称这是“数年来真正意义上的全球战争规划的成果”，史汀生部长声称此次战役“缩短了我们通往东京的路程”。

这份具有历史意义的公报是由战争部公共关系局局长亚历山大·苏勒斯少将于今天下午 1 点 39 分亲自发布的。公报仅仅做了以下简单的声明：

“今天美国陆军航空军第二十轰炸机司令部出动 B-29‘超级堡垒’轰炸机对日本实施轰炸。”

这份公报并没有提及我军在哪里攻击敌人或者如何沉重地打击敌人等细节，然而可以理解的是，战争部在感到消息不会再危及安全时，就尽快地发布了它。

战争部没有透露“超级堡垒”轰炸机起飞所必需的大型基地的位置，但是这一地点已由哥伦比亚广播公司远东通讯记者詹姆斯·斯图尔特披露。今天斯图尔特在华盛顿的一个广播中提到 B-29 轰炸机“从中国西部的某个地方”起飞。斯图尔特先生最近刚从重庆回来，说 B-29 轰炸机起飞和降落的中国基地是由 43 万中国农民完全用人力建成的。

此次轰炸还被赋予了额外的历史意义。这是 1942 年 4 月 18 日对日本实施小规模突袭之后，对日本本土发动的首轮空袭。而 1942 年 4 月 18 日的突袭是以航空母舰为基地，由时任上校的詹姆斯·杜立特指挥的。此外，这次空袭发生在官方宣布美军在马里亚纳群岛的塞班岛登陆的同一天，而美军登陆塞班岛是通往东京之路的又一级台阶。

我方首先得知消息

这次，东京的电台未能捷足先登率先发布 B-29 轰炸机空袭日本的消息。在战争部发布登陆塞班岛的消息 20 分钟后，东京的电台才播出消息，而且内容纯属自己的版本。战争讯息办公室主任埃尔默·戴维斯祝贺陆军成功实施对日本的轰炸，并“抢先一步”，先于敌方发布消息。这暗示日本可能会“编造故事以掩盖自己的损失”。

1944 年，一架 B-29“超级堡垒”轰炸机。

1944 年／6 月 17 日

重达 1 吨的有翼炸弹露面 这种德国武器性能不稳定

雷蒙德・丹尼尔
通过无线电发回《纽约时报》的报道

【伦敦 6 月 16 日电】在过去的 24 小时中，英格兰南部从布里斯托尔到瓦士湾一线遭受了间歇性的飞弹袭击。夜里大部分的时间和白日里，这些重达 1 吨、有翼和引擎，但是没有飞行员驾驶的炸弹飞了过来，对这些区域胡乱轰炸一番。

“毫无疑问，这就是阿道夫・希特勒的‘秘密武器’。事实上，德国人也是这么说的。这就是德国人对英美盟军撕开其大西洋防线所做的应答，但是人们正在揣摩此次攻击是出于报复还是德国为其受到伤害的人民提供些许安慰的无奈之举。也许这两种因素都有，然而新式武器的军事价值有待证实。”

德国人腾出手来宣布这条消息前数小时，内政大臣赫伯特・莫里森已经向公众宣布纳粹终于动用其秘密武器了，并建议英国人民继续战时工作，等希特勒的最新破坏武器上的引擎断断续续的嗡嗡声停止、灯光熄灭，即表明危险迫近，就要尽可能快地躲起来。

“人们没有任何理由去认为这些袭击会比这个国家的人民所熟悉并已勇敢承受的那些袭击更为糟糕，或者两者确实是同样的猛烈。”他说。

一想到无人直接控制的 2000 磅 TNT 在空中呼啸而过，会让人觉得诡异和不安，但是经历了 1940 年的狂轰滥炸之后，英国人已经能够以平静的心态看待这一事实。

本周二晚上，参加空袭的老兵知道空中战争已经进入一个新阶段，虽然出于安全考虑，报纸并没有这么说。莫里森今天在下议院宣布，英国遭受德军无人驾驶飞机的轰炸时，大家都大大地松了一口气。因为这是所有人见惯不怪的事情，虽然他们对这种飞机并不了解。

周二晚上，这种飞行器首次出现在英国南部上空。一开始它们的数量很少，见证人也很少，因而当局决定保持沉默，静待敌人亮出底牌。昨晚，敌人终于亮出底牌。从某种程度上考量，政府已经没有必要再保持沉默，于是莫里森在恰到好处时发表了声明。

德国似乎是通过某种无线电波来控制这些玩意儿的，所以人们从今晚的英国广播公司的广播中得知它们的控制指令会在毫无警示的情况下中断或取消，觉得很有趣。

在探照灯的亮光下，德国人的这种新玩意儿看起来有点像微型战斗机。它在大约1000 英尺的高空沿既定航线飞行，尾部闪着亮光。它的引擎有节奏地跳动着，预示着有事情要发生。它坠落地面几秒钟后，引擎会熄灭，随即就发生可怕的横向爆炸。

人们认为这些邪恶的飞行器是经过专门设计，从过山车般的轨道上发射的。发射时，它们就像向上爬升的过山车突然停止，以极高的速度弹射出去并升空，高度在 200 英尺左右。

它们似乎可以爬升到 1000 英尺左右，然后就保持在这一高度，直到因为意外、设定或与其他物体发生接触而爆炸。

昨晚德国人还派出了少量的常规轰炸机，显然是为了观察和报告其神秘飞弹的落地点。

1944 年 / 7 月 2 日

日军启动对华南地区的进攻

美联社

【重庆 7 月 1 日电】今晚，中国最高统帅部宣布：日军已经从广州地区发动蓄谋已久的向北的总攻势，企图与沿粤汉铁路经饱受战火蹂躏的湖南省向南挺进的部队会师。如果敌人成功会师，对中国来说，将是一场灾难。

中国方面称日军向北的总推进始于广东省，自 6 月 28 日启动。据报道，激烈的战斗正在沿线进行。日军向前猛扑，奋力要与其在衡阳的部队会合。衡阳位于广东省界以北 95 英里处，与日本控制的广州地区相距 225 英里。

据一则未经证实的报道称，日军已经在福建省沿岸登陆，正奔赴距离海岸线几英里的福州。此次登陆可能是日军阻止美军在中国海岸登陆的又一举措，并削弱盟军位于沿海地区与平汉、粤汉铁路之间的所有空军基地的作用。

另一份未经确认的报告称，日军在广东西南海岸的北海登陆，表明日军可能会从广东突入广西。

据悉，最高统帅部已意识到情况的严重性，正在集结部队，阻止日本军队的会师。然而，对于中国军队是否有能力阻止此番猛攻，有人公开表示怀疑。

据报道，从广州地区发起的新攻势中，日军首先出动3个纵队为先锋，随后有6个纵队向北挺进。显然，日军把主要兵力投向清远县。这个县城是重要的公路和河流交会点，位于湖南省界以南110英里处。这次进攻开始于7月7日前几天，中国人认为到1944年7月7日这一天意味着日军侵华战争进入第8个年头。

中国最高统帅部声称饱受战火蹂躏的衡阳仍在中方手中。衡阳是粤汉铁路的重要枢纽，向西南有铁路线与广西连接。显而易见，激烈的战斗已在城中肆虐。

一份来自约瑟夫·史迪威中将的指挥部的公报称，有3个日军师正在围攻衡阳，由于受到日军的猛烈攻击，有一座火车站显然已经沦陷。公报还提到美军飞机轰炸衡阳。两天前史迪威的指挥部发布简讯，称美军出动飞机向日军在衡阳的阵地投放炸弹。

衡阳会师会让日军实际上完全控制这条自北向南延伸1000英里以上的铁路线——平汉—粤汉铁路从北平经过河南、湖北、湖南和广东省到达广州——这将解决日军的供给问题。迄今为止，日军的供给一直依赖海上航道、河道及陆路，容易受到攻击。

日军此举的意图还在于把中国撕为两半，封锁东海岸，并最终阻止美国登陆，以及削弱美军驻华空军基地的战斗力。

中国方面声称已经粉碎了日军的另一次攻击。这次攻击发生在浙江省，意图支持日军在湖南的进军。湖南位于浙江以西300英里。中方称已经夺取敌军在常山的基地。常山位于江西边界以东约25英里处。

中方还说，日军此次挺进正沿浙赣铁路向西。最高统帅部称，日军6月11日发动攻击以来夺取的阵地已全被中方夺回，并且打死4000多名侵略者，其中包括日军联队长横山武彦少将。

美军飞机在整个衡阳战区对大半径的范围进行猛烈轰炸，对日军的河道运输、军队和骑兵团、炮台及其他军事设施等实施了沉重的打击，以遏止其沿铁路线挺进。

1944 年
7 月 3 日

调查证实确有纳粹死亡集中营
据说已有 171.5 万犹太人遭德国人杀害

丹尼尔·T. 布里格姆
通过电话发回《纽约时报》的报道

【日内瓦7月2日电】被送达总部位于瑞士的两家欧洲救济委员会的讯息证实，“灭绝集中营”的确存在，共有两处，即位于上西里西亚地区的奥斯威辛集中营以及比尔克瑙集中营。自 1942 年 4 月 15 日至 1944 年 4 月 15 日，共有 171.5 万犹太难民在这两个集中营被杀害。

这两家委员会即总部设在日内瓦的普世教会运动难民委员会和总部设在苏黎世的难民救济委员会，后者的负责人保罗·沃特神父已经披露了一份关于犹太人被屠杀的长篇报告。

报告称，纳粹在各个被占领国家定期下令展开国家“清洗”行动，各国被强迫执行这些行动时，犹太人就被运往“灭绝集中营”。两个月前编制的统计表表明在这两个集中营中被“处决”的犹太人的数量如下（数字不包括成千上万名在其他地方被屠杀的犹太人）：

波兰籍犹太人	90 万
荷兰籍犹太人	10 万
希腊籍犹太人	4.5 万
法国籍犹太人	15 万
比利时籍犹太人	5 万
德国籍犹太人	6 万
南斯拉夫、意大利、挪威籍犹太人	5 万
波希米亚、摩拉维亚、奥地利籍犹太人	3 万
斯洛伐克籍犹太人	3 万
在波兰其他集中营的外籍犹太人	3 万

匈牙利籍犹太人被屠杀

这其中还应加上匈牙利籍犹太人。匈牙利有40万犹太人，其中约30%遭屠杀，或是在被送往上西里西亚的途中死去。普世教会运动难民委员会在报告中称，匈牙利籍犹太人遭受了“恶意、残忍、非人道的暴行”，并说：

“根据目前已掌握且被证实的消息，自今年4月6日以来，大约有40万匈牙利犹太人被驱离自己的家园，并在惨无人道的条件下被送往上西里西亚地区。那些在路上幸免于难的犹太人被送到上西里西亚的奥斯威辛集中营及比尔克瑙集中营。据悉，在过去两年里，有不计其数的犹太教友在这两个地方被残忍地杀害。”

据说，除了那些在为期3个月的监禁里劳累而死的人，在监禁期的最后两周里，犹太人会被“挑选出来”并带到行刑大厅。大厅里面有许多伪装成洗浴场的房间，每天可以杀死2000至8000人。

用氰化物气体毒杀

囚犯被带进囚房，被要求脱下衣服洗澡，然后氰化物气体会释放出来，3—5分钟后他们就会死去。尸体在火葬场焚化，每次焚烧8—10具尸体。在比尔克瑙集中营里有将近50个这样的焚化炉。根据这份报告，焚化炉自1943年3月12日开始使用，那天，一大批纳粹首领目睹了“8000名犹太人被杀死，从早上9点一直到晚上7点30分”。

1944年/7月4日

诺曼底战役是一场拉锯战

拉艾—迪皮地区的美军发现敌军使用自行车运输

哈罗德·丹尼

【随美军在法国7月4日电】今天诺曼底的战斗由于遭受德军的顽强抵抗，收获甚微。

在24英里长的战线上，双方几乎处处都在打拉锯战。我方士兵正在搜寻隐蔽起来的狡猾的敌人。

由于铁路运输受扰，汽车运力显然不足，而汽油也短缺，德军正使用大量自行车帮助部队运输人员。

每天我们都能看到，高速公路上爆发零星战斗之后，有被打死的德国人就躺在自己的自行车旁。法国人正在收集这些自行车，路上随处都能看到蹬自行车的法国人。

这条战线上有一个奇怪而幸运的特点，那就是德国火炮稀少。战争开始时，德国人把赌注压在俯冲轰炸机上，用轰炸机取代了战场火炮的地位。他们降低火炮的生产量，减少炮兵人员训练。如今盟军已经充分了解德军俯冲轰炸机，夺得制空权，而在步兵的支援火力方面，德国人又明显处于劣势。我军缴获的大量火炮，都是德军从苏联人手里抢来的。然而，在拉艾—迪皮周边地区，德军集结了大量的大炮。德军可以直接观察到从北部通往小镇的路径，而对道路和我方步兵阵地进行射击。与一些被打得抬不起头的德军步兵分队截然相反的是，操控这些火炮的全是货真价实的德国人。

今天，我们的部分队伍进入拉艾的铁路编组站，还有部分队伍从小镇西边绕道而行，然而从昨天下午到今天，这些部队前进的道路都极为艰难。昨天晚些时候，敌军在拉艾西边出动7辆坦克攻击我方部队。

当时，其中两辆坦克现身以吸引我们的火力，其他5辆隐藏在山脊之后，向我方手持机枪、身处空旷原野的士兵进行射击。可是，我方部队迅速出动反坦克炮，击退了德军的坦克。

昨晚，另一场激战在代讷维尔附近的一个农场周边疯狂展开，最终我方部队还是把仅剩的德军赶走了。我方部队不断发现地雷，但是大部分地雷是被匆匆埋设的。现在出现了一种新式地雷——“芥末瓶”，它能把任何粗心大意的士兵的一只脚给炸飞。

今天上午，美军一门远程大口径火炮的操作人员和一架美军战斗机的惯于恶作剧的飞行员不断骚扰昨晚发现的一个德军指挥所。今天这门大炮直接命中驻有德军人员的建筑，德军士兵抱头鼠窜，跳上指挥车迅速逃跑。

这名战斗机飞行员看到了这一幕，便驾机俯冲下去，用机枪扫射这辆车。结果车子冲出了道路，撞上了一堵石墙。

1944 年
7 月 5 日

纳粹继续猜测巴顿将军的部队的动向

昨天纳粹继续四处搜罗关于小乔治·巴顿中将的消息，以及美国第七集团军的行踪。

据美国政府的监视人员报告，德国新闻局向境外的欧洲新闻界播报的一则广播中，推测盟军地面部队指挥官、陆军上将伯纳德·蒙哥马利爵士打算“联合巴顿将军率领的美国集团军再次发起大规模攻击”。德国新闻局称“可以预见”这一集团军在不久的将来会向大西洋战线的另一地区发起攻击。

“这一集团军可能会袭击塞纳河与索姆河毗邻的地区、加来海峡地区，或者布列塔尼半岛。对于盟军最高统帅部来说，占领这些地区必然极具诱惑力。”纳粹广播继续说道，“拿下布雷斯特，它就会获得另一个深海港口。”

1944 年
7 月 10 日

日军被打得落花流水
美军正迅速扫荡塞班岛上四散的日军残余

乔治·霍恩
通过电话发回《纽约时报》的报道

【珍珠港 7 月 9 日电】经过 25 天的激烈战斗，塞班岛战役结束了。“我们的部队已经完成了征服之战。”海军上将切斯特·尼米兹今天上午宣布。

这位太平洋舰队总指挥官说，昨天下午这座岛屿已经牢牢控制在美军手中。

“日军有组织的抵抗已于西经日期 7 月 8 日下午结束，消灭四散的敌方残余部队的行动正在迅速进行。”他宣称。

这场战役持续了近一个月的时间，包括航空母舰的预备进攻和攻入行动前的轰炸行动。首次进攻于 6 月 10 日破晓前在西太平洋打响。塞班岛上估计有两三万日本军队。整整 4 天，这些顽强的守卫部队，以及从天宁岛到罗塔岛、关岛和帕甘岛上的敌军要塞等防御设施，要么遭到庞大的航母飞机编队空袭，要么遭到舰艇的大炮轰炸，有些甚至遭受双重打击，全被炸得面目全非。

敌军的猛烈反攻被粉碎

海军陆战队从塞班岛西部海滩蜂拥登陆，与中太平洋战场上遭遇的规模最为庞大、实力最为强劲的敌方部队展开决战。

战役结束得比观察家们预计的时间要早，因为昨天海军上将还透露敌军的反击已经插入我军左翼，插入深度达到 2000 码。这是最激烈的战斗之一，人们认为双方的伤亡都极为惨重。

昨天最后发布的报告称，我们只夺回大约 1/3 的失地。

然而，战线西边的我方部队显然再次从据点迅速挺进，向踏盼镇北部发起猛攻，挽回几处失去的阵地，一路打到岛屿的东北端。

与此同时，右翼的海军陆战队向既定目标进军。

官方没有正式宣布被俘敌军的数量，可是这个数量很可能不大，因为日军一直以来都怀着传统的狂热和破釜沉舟的决心来进行战斗。我们可以假定大部分驻军都被消灭了。

直到上周三左右，我军已经掩埋了将近 1 万名日军。

对于我们来说，塞班岛的故事将以牺牲之名永存，因为我方所付出的代价绝不亚于它对于我们的重要性。自 6 月 30 日以来，一直没有关于我军伤亡的公告，而尼米兹司令曾经透露在 6 月 14 日至 6 月 28 日之间，美军有 1474 人被打死。

截至 28 日，我军总伤亡人数为 9752 人，包括死亡、受伤和失踪人员。

后来尼米兹司令说，他曾经期望在战斗的最后阶段，我们的损失会相对较小，在接下来的 10 天里更是很有可能，因为这个时候我方已经夺取了居高临下的地方，缴获了大量的物资，并给予敌人致命的打击。

然而，伤亡的重大意义不容忽视，特别是对于那些可能曲解我们从吉尔伯特群岛打到马里亚纳群岛一路取胜所向披靡的人。1943 年 11 月夺取塔拉瓦环礁和马金岛前，这片岛屿星罗棋布、伸向日本本土的海洋，看起来如此广阔、令人沮丧，大概很少有人能想到我们会挺进这么远、前进的速度会如此之迅速。

从塞班岛，我们距离东京只有 1465 英里，虽然战争的结束已经近在眼前，然而还会发生许多令人痛苦的故事。

正如尼米兹司令解释的那样，我军在马里亚纳群岛所拥有的强大的空军和海军设施，使我方可以在较为接近日本心脏的区域运用海上力量。

然后，当敌人的整个核心防御落到以马里亚纳群岛为中心的扇形区域内，我军的海上和空中力量也许可以从北部穿过千岛群岛，并从亚洲大陆压向日本本土。威力强大的“超级堡垒”轰炸机已经抵达亚洲大陆。尼米兹司令和麦克阿瑟将军可以对近在咫尺的菲律宾、日本本土或者中国沿海发动猛攻。在战争的最后阶段，太平洋部队将在中国沿海登陆。

1944 年／7 月 13 日

盟军慢慢瓦解德军在诺曼底的抵抗

在向小镇莱赛步履维艰地前进的美军已经抵达艾河畔的昂戈维尔，控制了整个蒙特卡斯特森林①。尽管距离费里尔斯这个连接点还有 4 英里，但美军夺取布里霍②，拓宽了进攻的锋线。德军发动反击，迫使我军退出乐迪瑟特，但我军已经拿下圣昂德雷 – 德博翁的大部分区域③。

一个美军纵队一路披荆斩棘，来到距圣洛 1.5 英里的位置，另一个纵队攻下圣昂德雷德 – 莱皮讷、乐卡尔维勒和圣皮耶尔 – 德瑟米利④，对连接点形成包抄之势。激战在奥托莱巴盖附近⑤蔓延开来。在卡昂四周，英军击退了德军朝西南方向的进攻，德军死死守住夺回的卢维尼⑥，还在为争夺科隆贝莱⑦而努力。

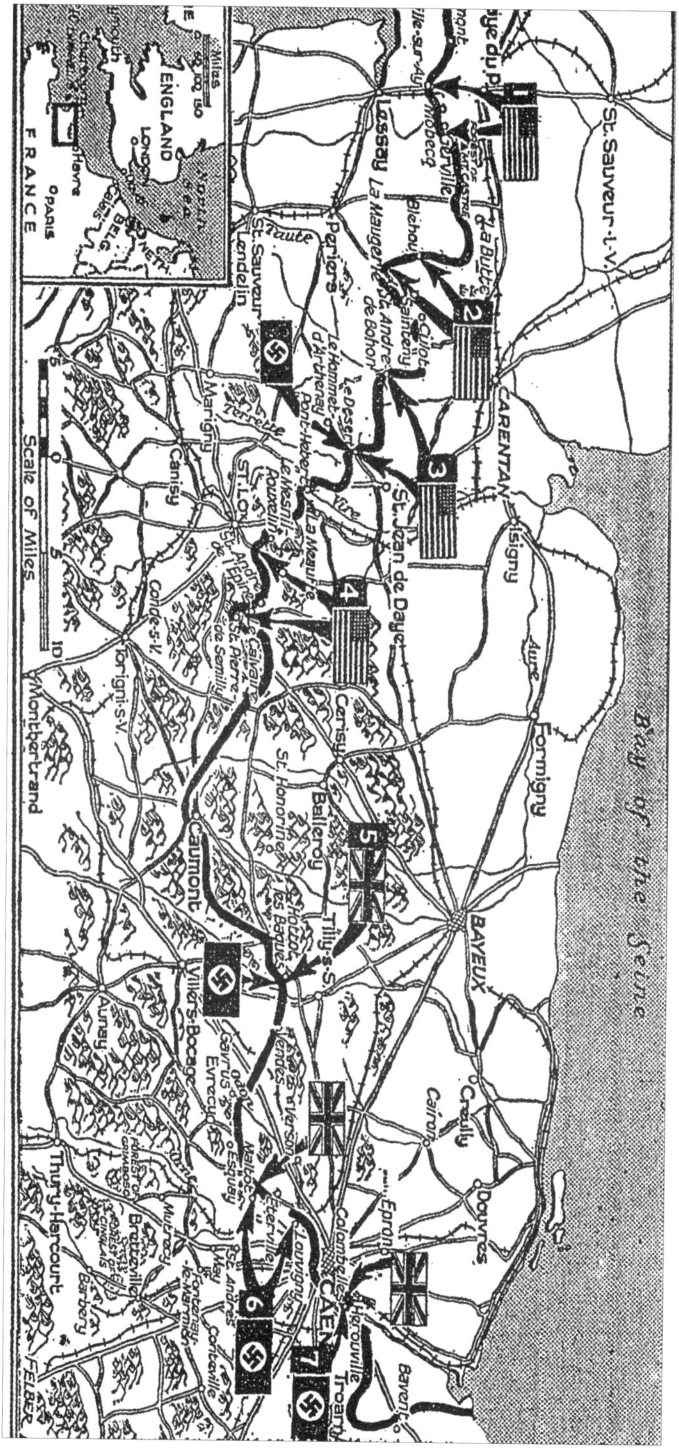
Bay of the Seine
St. Sauveur-L.-V.
CARENTAN
Isigny
St. Jean de Daye
Formigny
BAYEUX
Creully
Douvres
Epron
CAEN
Hérouville
Troarn
Lessay
Periers
St. Sauveur Lendelin
Marigny
Canisy
ST. LO
Condé-s.-V.
Torigni-s.-V.
Montbertrand
Cerisy
Balleroy
St. Honorine
Caumont
Tilly-s.-S.
Villers-Bocage
Aunay
Evrecy
Thury-Harcourt
Bretteville
Barbery
Louvigny
Colombelles
Fontenay-le-Marmion
Le Hommet-d'Arthenay
Pont-Hébert
La Meauffe
Le Mesnil-Rouxelin
Sainteny
La Butte
Scale of Miles
ENGLAND
LONDON
FRANCE
PARIS
FELBER

1944 年 7 月 20 日

东条英机政权下台
据说事因未能实现目标，日方要求更强有力的首相
裕仁天皇表示“深切关注”
天皇召见内大臣木户幸一讨论组建新内阁事宜

昨晚，日本同盟通讯社在发往日本占领地区的一则无线报道中宣布，东条英机首相的“全体内阁”已经辞职。

联邦通信委员会把消息报告给战争讯息办公室。它援引了日本讯息委员会发表的一份声明。

日本方面的声明宣布：“我们已经决定要通过更广泛的人员挑选来加强内阁。”

“本届内阁利用了一切可以利用的手段，却还是未能达到目的。”该声明宣称。

声明还说：“为了继续全面地进行这场战争，政府最终决定撤换全体内阁人员。”

两天前，日本最高统帅部开始了一次整顿行动。作为这一行动的后续措施，东条英机被免除目前担任的参谋总长职务。一天之后，日本方面发表了这个公告。

对延迟宣布没有做出解释

同盟通讯社昨晚的报道中称：

“东条英机内阁辞职：7 月 18 日，东条英机首相从内阁踏出坚定的一步，全体辞职。”

昨天晚上 11 点（东部战争时间），同盟通讯社向日本占领地区的报纸发出最

后一份报道，称 7 月 18 日天皇已经召见大臣木户幸一侯爵，意图组建新内阁。

同盟通讯社报道说，木户侯爵作为御印的守护大人，是天皇的最高顾问，7 月 18 日晚，他召集前首相一起开会，对继任的内阁人选进行仔细的考量。

在报道内阁辞职的一次广播中，同盟通讯社说：

“直话直说，内阁辞职的原因是东条内阁的个人魅力无法跟上人民高涨的战斗精神。讯息委员会的公告是日本时间 7 月 20 日发布的。官方并没有马上解释为什么推迟公开内阁辞职的消息。”

委员会的公告如下：

自从大东亚战争爆发，政府一直与帝国指挥部保持着紧密联系，如同一体，它已经为推行这场战争而竭尽全力。

考虑到当前严峻的形势，而且时间紧迫，为了推行这场战争，必须加强内阁的人员力量，于是决定通过更广泛地挑选人员来加强内阁。

本届内阁利用了一切可以利用的手段，却还是未能达到目的。有鉴于此，为了继续全面地推行这场战争，政府最终决定撤换全体内阁人员。因为认识到此时此刻是内阁整体辞职的最佳时机，东条英机首相收集了所有内阁成员的辞职函，并于 7 月 18 日上午 11 点 40 分（日本时间）接受天皇召见时把它们提交给天皇。

在这场战争的决定性时刻，天皇对战局深表关切，因为本届内阁在现阶段已经变得惶恐不安。官方决定应当解散这届内阁，为政府力量的微薄，向在前线奋战的将士，以及为了胜利继续艰苦工作的 1 亿日本人民表示歉意。

因此，为了成功地进行这场战争，我们不要错失时机，要尽快组建一个强大的新内阁。

与此同时，日本宣传人士在对内对外的宣传中，继续把重心放在以塞班岛战败作为激起民众斗志的手段上。宣传人士呼吁“生产前线”继续加大努力，敦促日本人民取得一场“长时间的战争”，打消任何以为可以速战速决的念头。

因为言辞犀利，东条英机被同事们称为“剃刀”。东条英机自近卫文麿内阁 1941 年 10 月 17 日下台以来，执掌政权，率领政府，也正是他这届政府于 1941 年 12 月 7 日下令攻击珍珠港的。

1944 年/7 月 21 日

元首“受了瘀伤”

炸弹炸伤 13 名参谋，其中一人受致命伤——刺客身亡

柏林方面的电台昨日发布报道称，阿道夫·希特勒在一次刺杀行动中幸免于难，这次刺杀行动发生在他的秘密指挥部。几小时后，希特勒在向德国民众播报的广播中谴责一个“军官团伙”企图杀害自己。他在讲话中揭露，武装部队中发生一起企图推翻他和他的政权的运动。他宣布正在展开对同谋者的肃清行动。

在一个未透露具体地点的场所，多名高级顾问正围绕在希特勒身旁，一枚炸弹发生爆炸，13 名军事参谋受伤，其中一人受致命伤，两人伤势严重。希特勒说，刺客正是自己的同僚冯·史陶芬柏格伯爵，当时他从 6 英尺外引爆了这枚炸弹。希特勒宣称，冯·史陶芬柏格上校已经死亡。

在刺杀行动开始前，希特勒正等着与贝尼托·墨索里尼见面。爆炸发生时，德意志帝国元帅赫尔曼·戈林就在附近，赶忙前去保护希特勒。希特勒得以逃脱，只受了烧伤和瘀伤。

“军官团伙”遭谴责

约瑟夫·戈培尔博士和纳粹电台的宣传人士起初想把试图杀死元首的罪责安在盟军身上，希特勒自己爆出猛料，宣布“罪犯”是一伙德国军官。由此，他证实了关于纳粹最高统帅部与德国军事人员之间存在严重裂痕的报告。

联邦通信委员会记录了希特勒的广播讲话。在这次广播讲话中，希特勒告诉德国人民说：“今天我对你们发表讲话，有两个原因：第一，让你们听到我的声音，知道我本人安然无恙；第二，让你们听到一桩罪行的细节，这桩罪行在德国历史上是绝无仅有的。

“一个人数极少的犯罪军官团伙雄心勃勃、肆无忌惮、愚蠢至极，想要把我除掉，同时，消灭几乎所有的德国最高统帅部的人员。

“冯·史陶芬柏格伯爵安置的这枚炸弹就在我右侧两米开外爆炸，我的多位亲密同僚严重受伤，其中一人死亡。我本人没有受伤，只受到一些可以忽略不计的擦伤、瘀伤或烧伤。

“我认为，这起事件表明天意确认了托付于我的任务，让我继续追求毕生的目标，正如我迄今为止所做的……

“德国军队在前线浴血奋战的时分，德国却出现了这样一个极小的团体。它像那个意大利团伙一样，认为可以从我们的背后捅刀子，1918 年那个意大利团伙就是这般作为。但这一次，它犯了一个极大的错误。”

希特勒总结说：这些“犯罪分子”将被无情消灭。他的发言只持续了 6 分钟。说起这场几乎了结他性命、除掉他的全体参谋人员的未遂刺杀时，他愤怒得尖叫，几乎要发狂。

他说，歼灭这场未遂刺杀背后的“犯罪”集团，将给德国创造出前线和国民都需要的“氛围”。

赫尔曼·戈林（左三）等德国最高统帅部的成员，在刺杀希特勒的行动发生后，调查希特勒地堡的受损程度。

希特勒的讲话还指出，除了这起针对他本人的暗杀事件，这个团伙还竭力在德国陆军中网罗同伙。希特勒呼吁德国军队和平民不要听令于这些他称之为“篡位者”的人，而是要去杀死他们。他还透露，内政部长兼秘密国家警察的领导人海因里希·希姆莱已经受命负责管理国内部队，拥有特殊权力处理紧急事件。赋予希姆莱特殊权力，甚至超越他已经享有的权利，被认为是一种暗示，表明希特勒及其纳粹随从正严阵以待，要与陆军进行一场殊死搏斗。

纳粹统治集团与希特勒所说的“篡位者”之间的冲突到底有多严重，从希特勒的这个声明中也可见一斑。他宣称“我们将以国家社会主义者的方式来处理”与武装军队中的敌人之间的问题。

希特勒把目前的形势界定为与 1918 年的形势相当，当时德国正在垂死挣扎，想要力挽狂澜。他说到“背后捅刀子”，这个口号曾被他如此成功用于激起德国民众对魏玛共和国的反抗。当时，他指控说，正是魏玛共和国的领导人损伤了士气，让战场上的武装部队大失所望，从而导致第一次世界大战中德国的溃败。在昨天的事态中，阴魂不散的 1918 年幽灵，再次带着不祥之兆徘徊在德国之上。

昨晚来自《纽约时报》伯尔尼分社的一条电话消息指出，周二午夜以来，德意志帝国与外界的电话通信已被切断。昨晚通过中立区域用电话与德意志帝国取得联系的所有尝试，收到的答复都是“线路切断”。

在希特勒、邓尼茨和戈林在电台发表讲话后，伦敦接收到一个神秘的无线电广播，它是一名“国防军军官”使用法兰克福的波段播报的。在广播中，他呼吁志同道合的人们协助“拯救我们的事业”。

1944 年/7 月 21 日

杜鲁门的母亲说他应该留在参议院

【美联社堪萨斯城 7 月 20 日电】参议员杜鲁门 91 岁的老母亲不希望自己的儿子

担任副总统一职，认为他应该留在参议院，在那里“他可以做得更好”。“他在调查委员会的工作干得很漂亮，他应该留在那里。”她说。

到 11 月 25 日就年届 92 岁高龄的玛莎·杜鲁门回忆起上周杜鲁门离开她在密苏里州格兰德维尤郊区的家，赶去参加民主党全国代表大会时，她告诉儿子应继续当参议员。她补充说：

“哈里说‘我愿意当参议员’。他是认真的。”

昨天晚上，杜鲁门夫人坐在老式摇椅上，通过收音机收听代表大会的实况报道。

“我还收听了共和党的所有全国代表大会的实况报道，”她说，“他们一直在预言罗斯福如果当选，他会死在任上。共和党人希望他如此。人们也总说我会死的，而我现在都快 92 岁了。我希望罗斯福让他们的希望落空。”

杜鲁门夫人说，如果儿子被提名为副总统，“我会全力支持他”。

1944 年／7 月 21 日

罗斯福再次被提名为总统候选人

总统接受提名

以下是罗斯福总统接受提名的演说全文（演讲于太平洋海岸的海军基地，文本由《纽约时报》录音记录）：

大会主席先生，女士们、先生们，我的朋友们：

虽然我渴望回归安静祥和的私人生活，但是我已经向你们表示，为什么会接受你们赋予我的此次提名。

在这次大会中，你们了解到我一直在为这个国家谋福利，而且你们要求我继续下去。

极有可能在此后的 4 年间，或早或迟，我们的武装部队以及我们的盟国的武装部队将彻底打败德国和日本，世界将再次在制度下回归和平，我们希望这是一种可以防止新的世界大战的制度。不管发生什么事件，无论到了什么时候，新晋之人将有机会实现我们所追求的理想。

在过去的3届选举中，美国人民已经超越了党派归属意识，不管是民主党人，还是高瞻远瞩的共和党人，还是千千万万的独立选民，都把选票投给了先进的领导层。这个领导层坚持不懈地谋求提升美国普通民众的福祉，并取得了相当大的成功。自上次世界大战之后，美国普通民众的命运一直被彻底遗忘。我坚信，该领导层会继续秉承同样的自由主义，在未来打造更加安全的经济。

今天晚上我要郑重其事地向你们表示，我所做的决定只是基于服务美国的责任感，只要美国人民呼吁我为他们服务，我会听从。

不进行“通常意义上”的竞选

我不会进行通常意义上的竞选。在这些充满着悲惨的哀伤的日子里，我认为竞选是不合时宜的。并且除却这些全球战争的日子，我无法找到其他的时间。不过，我会随时向人民汇报与他们息息相关的事实真相，花大力气纠正任何失实的报道。

过去的几天，我一直坐在列车上，要穿越整个大陆去访问一个海军基地。此时此刻我正在这列火车上向你们发表讲话。

在19世纪，这片大陆发展和扩张的时代，我们感受到的是一种天然的隔离，地理上、经济上和政治上与海洋那边的浩瀚世界的隔离。直到这一代，大概就在这个世纪，这里的人们以及其他地区的人们被迫一再扩大自己的视野，直到他们的视野囊括了整个世界。是的，也许这是一种痛楚，但却是非常必要的。

罗斯福说孤立主义者正在消失

我们都在逐步拥有这种更加广阔的视野，这是很好的事情。因为这场战争之后，我们会需要它。在珍珠港事件前一直困扰我们思想的孤立主义者和抱着鸵鸟心态的人将慢慢地消失。如今美国人民知道，在武力维持和平，以及和平处理可能导致战争的纷争时，世界上所有国家，无论大国或者小国，将需要扮演其恰如其分的角色。

我们大家都知道世界是何等真实地成为一体。例如，假设德国和日本通过这场战争让它们的哲学思想得以确立，让它们的军队完好无损，那么我们的孙辈们需要毕其一生之力为自由和生活而战斗。

不久的将来，我们可以在24小时内飞达世界任何地区。在我们的现实防御中，海洋将不再像以前那样占据如此重要的位置。因此，如果没有其他的因由，为了我们自己的安全，为了我们自己的经济利益，我们必须在维护和平和增进世界各国之间的贸易中扮演领导的角色。

1944年/7月23日

摩根索关于货币协议的分析

发回《纽约时报》的特别报道

【新罕布什尔州布雷顿森林7月22日电】今晚摩根索秘书长的电台广播讲话标志着国际会议闭幕，其全文是：

我很高兴地宣布布雷顿森林会议已经成功完成其所肩负的任务。

会议伊始，我们清楚地知道它所肩负的是一个困难的任务，涉及诸多复杂的技术问题。我们聚集此地，共同寻找去除“经济恶魔”——竞争性的货币贬值和破坏性的贸易障碍——的良方。早在这场战争开始前，这些“经济恶魔”就已经四处横行。我们的努力已经有所收获。对于平民大众来说，金融和货币协议的具体细节似乎神秘莫测。然而，这个协议的核心却是诸如面包和黄油等日常生活不可或缺的元素。我们在布雷顿森林所做的就是设计一种机制，让世界各地的每个人可以在公平和稳定的基础上自由交换通过劳动所生产出来的产品。我们已经迈出了第一步，我们还会沿着这条道路走下去。世界各国将能够利用彼此的优势，为了所有人的富裕充实而在经济发展中相互扶持，相互帮助。

“坦诚地面对差异”

这44个国家的代表们坦诚地面对意见和分歧，达成了一项根植于真正理解的协议。在这里没有任何一个列席的国家完全自行其是。在不关乎原则或者根本而只涉及方式和程序细节的问题上，我们不得不相互妥协。事实上，我们的确已经这样做了，而且是以善意友好和相互信任的精神去做的。我相信这一事实是我们这个时代充满希望和鼓舞人心的征兆之一。

这是一个刻写在天边、在通往未来的入口处的瞩目标志——这是那些正在艰苦作战的男人的标志；这是那些正在矿山、工厂、原野上辛勤工作的男人的标志；这是那些身负重担并忧心战争的毒瘤会危及下一代的女人的标志；这是一个全世界的人学习如何手牵着手、团结合作的标志。

有这样一个奇怪的观点，认为保护国家利益和发展国际合作是相互冲突的。也就是说，不知为何，不同国家的人们如果不牺牲各自国家的利益，就无法一起合作。有人——应当是那些知之甚多的人，一直在对布雷顿森林刚刚完成的事业的国际合作性进行讨论。

谈到国家利益

我完全肯定，在本次会议中，没有任何一个代表团曾有片刻无视自己国家的切身利益。我有幸领导的美国代表团，由始至终，都对自己的首要责任——维护美国的利益——有着清醒的认识。而其他代表团也一直以同样的忠实或者尽心尽力来维护本国人民的福祉。

然而，我们谁也没有发现在对自己的国家尽心尽力和联合行动之间存在任何不相容性。事实上，恰恰相反，我们发现，国家利益的唯一真正保障在于国际合作。我们已经认识到，保护国家利益的最明智、最有效的途径是国际合作，也就是说，通过一致努力来达到共同目标。

这是战争带给我们的不朽训诲。我认为，它也是现代生活中的伟大训诫——地球上的人们是密不可分的，他们通过深层的、潜在的目的共同体相互连接。与战争时代相比，在和平时代，这个目的共同体同样真切，同样至关重要，为了建立这个共同体，合作同样是不可或缺的。

通过毫无计划、毫无意义的竞争对抗，或者通过毫不客气的经济侵略来各自寻求实现自己的目标，将会把毁灭引向我们所有的人。在过去，这些竞争对抗把我们分离开来，经济侵略使邻国变成敌人。更糟的是，它会再次重启无可挽回的步伐，带着人们从斜坡走下去，走向那条通往战争的灾难性道路。

这种极端的民族主义已经消亡。今天，维护国家利益的唯一开明模式在于国际协商。在布雷顿森林，我们已经迈出实质性的一步，在货币和经济领域这一训诫将付诸实践。

我认为，这是不言自明的公理——这场战争结束后，没有一个人，也没有一个政府，会再三容忍长时间的或普遍存在的失业状态。要想在和平的世界中实现充分就业，维持一定的生活标准，使人们合理的期盼成为现实，恢复国际贸易将是不可或缺的。

1944 年／7 月 23 日

苏联红军的进攻一如既往地勇猛

与战争开始的第一个月苏联的战败相比，德军的溃败更为糟糕

W.H. 劳伦斯

通过无线电发回《纽约时报》的报道

【莫斯科 7 月 22 日电】到昨日为止，苏军的夏季攻势已经持续了一个月，进攻强度仍在加大，每次新的推进都加大了对大部分德军的威胁。与几个月前的战况相比，德军想把战斗限制在德国本土之外的希望正在迅速破灭。

在这 30 天里，苏联军队向饱受攻击、步履蹒跚的德国国防军发起了迄今为止规模最大的进攻，并已经取得难以想象的成果。所有的迹象都表明，下个月，遵照希特勒的个人命令决不后退、企图坚守东部地带的德军士兵将遭受更为严峻的冲击。

20 多名德国将军被俘

在此番进攻的首月，由 7 位前线指挥官所率领、覆盖范围超过 600 英里的部队解放了总共 7 万平方英里的苏联领土，更为重要的是——从战略观点上看——已经摧毁了很大一部分的德国最精良的部队，俘虏了 20 多名将军。至少在一个战区，苏军已经把战线向华沙和德国推进了 317 英里，部队以迅猛的速度移动，

目前，进攻毫无停滞的迹象。

苏联红军不仅正在大规模摧毁德军及装备，夺取数千平方英里的领土，还在系统地毁掉那些至今尚未遭遇的德国部队的供给线和撤退路线。

尤为特别的是，1944 年 6 月 22 日苏德战争打响满 3 年，以下是该日以来的主要的战线推进：

大卢基以西地区的莫斯科—里加铁路沿线，44 英里；

自维捷布斯克地区至考纳斯郊区，226 英里；

自莫吉廖夫市稍微偏东至格罗德诺市西面某处，317 英里；

自博布鲁伊斯克市东面至比亚韦斯托克市东面，260 英里；

自布洛迪东面某个区域至利沃夫以北、布格河以西，62 英里。

红军逼近维斯瓦河防线。

由此人们很容易发现，在德苏战争进入第四个年头的第一个月里，德军所处的境地甚至比苏联士兵在战争开始的第一个月里的境况还要糟糕。当前的战斗正在争夺的领土，在德国军队踏上苏联土地的头30天内，就被当时未尝败绩的德军夺走了。

广泛备战

此次进军开始以来一直处于苏军前线的盟军军事观察家们，高度赞扬了苏军的战前准备工作。关于苏军进攻效果的最好的证据也许来自被俘的德军士兵，他们只说了一句话："他们打得我们无法招架。"

关于苏军的夏季攻势，有几件事情是显而易见的。在发动这些进攻前，苏联就聚集了一支在人力、装备和空中力量方面都很强大的部队。这支部队在广阔的前沿上实施了一系列快速突击，左冲右突，对德军造成了致命的影响，把德军的军事储备力量从这个地点拖到那个地点，再拖到另外一个地点后，才发动大规模攻击。游击队为这些进攻提供了宝贵的帮助，其提供的关于敌军部署的实时消息所发挥的作用，比在敌后开展破坏活动和其他游击活动更为重要。

苏联红军目前正在用最现代和最古老的武器作战。现代的美国卡车与马车并肩而行，运送补给。马车在树林和沼泽区域都极为宝贵，而目前许多战斗正是在树林和沼泽中展开。前线的通讯记者也报道了骑兵的大规模使用，包括制服艳丽又冷酷无情的顿河哥萨克骑兵。

1944年/7月24日

竞争的波兰"政府"在解放区建立

E.C. 丹尼尔
通过无线电发回《纽约时报》的报道

【伦敦7月23日电】莫斯科电台今晚宣布，创建波兰民族解放委员会是为了执行在伦敦的波兰流亡政府曾希望在这片由红军解放的领土上承担的所有职能。这个声明似乎表明苏联对上周由波兰各界小心翼翼地提出来的提议完全缺乏兴趣。这个提议建议斯坦尼斯瓦夫·米科瓦伊奇克总理前往莫斯科，与斯大林主席一起解决分歧。很明显，苏联人对此谈判不感兴趣。莫斯科电台宣布了 3 部法令，均已由波兰国民委员会在华沙颁布。这是一场亲苏运动，它不承认身处伦敦的波兰政府的权威。这些法令创建了民族解放委员会来掌管波兰解放区的民事和行政事务，让国民委员会来掌管波兰爱国者联盟及其在苏联的各项活动，同时对波兰的地下军队与在苏联的波兰军队实行单一指挥。

其结果是在波兰建立了一个与在伦敦的流亡政府竞争的行政管理机构。在伦敦的流亡政府号称在波兰拥有 3 万名地下公务人员及庞大的游击部队。

人们已经预测到，创建这样一个“临时政府”是苏联与在伦敦的波兰政权之间争执不休的合理结果。一名在伦敦的波兰发言人引述了波兰解放运动与南斯拉夫铁托元帅的解放运动的相似性，表示相信仍然有可能与莫斯科达成和解，和解将会导致两个相互竞争的波兰政府合并。

在伦敦的波兰人士坚持认为波兰国民委员会只是一小撮激进的知识分子组成的机构，在广大的波兰农民、工人和地下军队中，没有任何广泛的基本的支持。

1944 年/7 月 28 日

莱斯利·麦克奈尔视察诺曼底的美军前线时遭敌攻击身亡
曾训练美军地面部队并开发坦克的用途——被马歇尔称为“军队的大脑”

发回《纽约时报》的特别报道

【华盛顿 7 月 27 日电】美国陆军“四巨头”之一莱斯利·麦克奈尔中将曾是美国陆军地面部队指挥官，领导着历史上规模最为庞大的军事训练工作。战争部今天宣布他在诺曼底的新攻势中视察前线部队的作战行动时，被敌军炮火射中身亡，时年 61 岁。麦克奈尔将军阵亡的消息让战争部的官员们备受打击，包括参谋长乔治·马歇尔将军在内的军方高级官员，纷纷发表声明，对陆军的这一巨大损失表示哀悼。乔治·马歇尔将军曾将麦克奈尔将军誉为“军队的大脑”，这个评价流传甚广。

麦克奈尔将军刚刚卸任陆军地面部队司令的职务，远赴海外执行一项重要的任务。官方并没有透露该任务的实质内容，他显然是刚到达诺曼底不久就阵亡了。这名安静却斗志旺盛的小个子将军厄运缠身，不过上一次世界大战期间，他一直服役，却毫发无伤。1943 年 4 月，赴突尼斯战场巡视期间，在第一天外出视察作战的美军时就受了伤，如今在有点类似的情况下，死亡降临到他身上。

在关于这位同仁离世的声明中，马歇尔将军透露，麦克奈尔将军的阵亡发生在新的进攻行动中，其时美国第一集团军撕开了圣洛下方区域的前线。他说：

“麦克奈尔将军的离世让美国陆军蒙受重大的损失。倘若他有所选择，他可能会挑选在进攻的前线离开人世，正如他此次这样。他亲临战火纷飞的前线，显示了他咄咄逼人和无所畏惧的精神。这次进攻刚刚在诺曼底的美军前线启动，他将成为他所组织和训练的伟大的陆军地面部队的鼓舞人心之模范。”

战争部副部长小罗伯特·帕特森宣称陆军失去了“一位最伟大的领袖”。

麦克奈尔将军曾经发表过一些很引人注目的演讲。在其中一次演讲中他完美勾勒出了他对训练工作的看法。那是 1942 年 11 月 11 日，其时他向陆军地面部队发表了著名的“一战”停战纪念日讲话。在此次全国转播的讲话中，他声称：

“我们的士兵必须富有战斗精神。如果你把这称作是对敌人的憎恨，那么我们必须用身体里的每一滴血液来憎恨他们。我们必须对战斗充满欲望；我们生活的目标必须是杀戮；我们必须日夜谋划和计划杀戮，良心无须去谴责它，因为我们的敌人已经开启了那条更加快速、更加确切、更加残酷的杀戮之道，在这个方面他们是昔时大师。如果我们想要生存的话，就得快点赶上他们。”

1944 年/7 月 28 日

我方追捕德军
美军出其不意取得令人震惊的突破　开始搜捕敌军

E.C. 丹尼尔
通过电报发回《纽约时报》的报道

【盟军远征军最高指挥部 7 月 28 日电】在诺曼底战线的西段，美军一次大胆的机动取得了极佳的战术战果，于昨天较晚时候，在 5 英里范围内切断防守科唐坦半岛一侧的德军逃生路线。昨晚，战场上的将士把德军的防线描述为“混乱不堪”。进攻打响第二天后战俘人数已经达到 2408 人。

通过大胆而迅速地运用坦克，奥马尔・布拉德利中将率领部队从圣洛西部插入，将库唐斯纳入火炮的射程之内。库唐斯位于瑟堡以南 42 英里处，人口有 7000，处于半岛西海岸附近。拿下这个小镇将阻止陆军元帅埃尔温・隆美尔的部队使用从莱赛和佩里耶往南的公路。昨天美军已经占领莱赛和佩里耶这两座小镇。根据昨晚最后的战报报道，布拉德利将军的快速装甲部队已经抵达库唐斯东北 5 英里的康普龙镇。

对德军 7 个师呈合围之势

如果——考虑到德军过去的恢复能力，我们应当对这个“如果”多加重视——第一集团军可以拖延时间并保住这条战线，那么就可以把德国 7 个最精良的师，包括第二和第十七精锐装甲师围困在莱赛、圣洛、库唐斯的三角区域中。这些部队属于德国第八十四军团，在与布拉德利将军的部队对峙的德军占比接近一半。摧毁这些德军部队将大大减弱美军进一步向南推进时所遭遇的抵抗力量。美军向南推进时将穿过令人心痛的“波卡基村”，进入科唐坦半岛的基部。

在这个半岛上，陆军上将伯纳德・蒙哥马利爵士还需要空间来部署数量上占有极大优势的武器和人员。昨晚德国人报道称，位于布拉德利将军左翼的英国军队也开始出动，夺取更多的阵地。“盟军已经在整个英军前线启动一次新的主要进攻。”德国越洋通讯社报道说。此次进攻的战线位于英军前线的东端，从科蒙延伸到特罗阿恩。

这一报道尚未得到盟军证实，但人们毫不怀疑美军的多路进攻所取得的战果具有惊人的意义。这些攻势从西面和南面把德军的防御与通信分割开来，是美军在法国进行的最伟大的战役。

1944 年 / 7 月 30 日

指挥所发生黎明之战

由查韦斯参议员的儿子率领的 25 名海军陆战队队员杀死了突袭的 68 名日军

罗伯特·特兰伯尔
通过无线电发回《纽约时报》的报道

【随在关岛的第一临时海军陆战旅 7 月 24 日电（延时报道）】一名胆大包天的日军大摇大摆地走进阿加特附近的美军指挥所，拎着一箱手榴弹，从而引发了一场黎明之战。在这场战斗中，25 名美军士兵在海军陆战队中尉小丹尼斯·查韦斯的指挥下打死 68 名日军。查韦斯中尉的父亲是新墨西哥州的参议员。

查韦斯中尉指挥的这个分队隶属某部指挥所供应团。一般来说，供应团不直接对敌作战，但是战斗就这么发生了，因而整个故事显得更非比寻常。事实上，在 1944 年 2 月，查韦斯所在排的军士、来自西弗吉尼亚的高大结实的约翰·格林，也曾经因为在埃尼威托克环礁参加过类似的混战而受到表彰。

这个指挥所供应团由来自内华达州法伦镇的埃利奥特·利马上尉指挥。登陆日当晚，他们宿营在阿加特北部的两座崎岖的小山之间。这天，他们夺取了日军的一挺哈奇开斯机枪。快天亮时，一个黑影大摇大摆地从哨兵前迈步而过。哨兵向其问话时，他说：“你说呢，伙计？”说罢，便拎着一箱手榴弹向哈奇开斯机枪走过去。

一名日军被炸死

一名海军陆战队队员发现来者是个日本人，于是就开火。子弹击中并引爆了箱里的手榴弹，把这名日军炸得粉碎。利马上尉说，第二天早晨发现一面日本国旗被炸成小碎片和丝带，一本笔记本被炸成纸屑，散布在一个直径15码的圈里。

不久之后，天色微明，海军陆战队队员们放松下来，想着很快就可以离开这些潮湿的散兵坑。这时一群身上负着弹药箱的人靠过来，险些就要闯过梅林·施耐德上校的指挥所的警戒线。有人发现他们腿上打着日军的绑腿，于是就开了枪。

这些日军即刻躲到深草丛里，部署攻击。

“我们的位置颇佳，”查韦斯中尉说，“我们处在散兵坑中，而日军身处开放地带，很容易受到火力攻击。但是我们只有两挺轻机枪和一些自动步枪，而日军听起来似乎有一个完整的机枪连。”

“西部片的最后一幕”

日军突然站了起来进行冲锋，一些人挥舞着剑和刺刀。其中一名军官冲向一等兵威廉·赫斯特并大声喊着：“海军陆战队，去死吧！”

赫斯特回答道：“见鬼，我才不会死。”一边说一边击发自动步枪将他放倒。

另一名军官，“一个长着龅牙的如同故事书中的日本人”，冲向查韦斯中尉。

“我开枪射中他时，他有点龇牙咧嘴地笑着，”查韦斯说，“我甚至有点不情愿打死他。”

“战斗的结尾如同西部片的最后一幕，”利马上尉说，“两名受伤的海军陆战队队员爬向我，说查韦斯中尉的小组马上弹药要用尽了，他们从散兵坑投掷手榴弹，并疯狂地射击。我立即派来自纽约的雷金纳德·芬克带一个排去支援他们。事后经清点，有68名日军被打死，而我方有一名海军陆战队队员阵亡，两名受伤。”

查韦斯中尉31岁，但看起来像只有25岁。他态度谦和地谈论着此次对抗战，并一直把话题设为新墨西哥州的政治。笔者花了很多时间才设法让他说出自己用一支冲锋枪亲手杀死了至少5名日军。

1944年/7月31日

关岛被宣布由美国统治

罗伯特·特兰伯尔
通过无线电发回《纽约时报》的报道

【关岛7月27日电（延时报道）】今天，海军上将切斯特·尼米兹在升旗仪式上郑重宣布，美国收回对关岛的主权。

在被日军占领了两年半后，今天下午4点，在阿里凡山的山影里，美国国旗在关岛这片肥沃的红黑土壤上冉冉升起。白色金属杆顶部的星条旗在闷热的空气中迎风飘扬时，附近一片草坪上的大炮齐鸣，炮弹从人们的头顶呼啸而过，射向2英里外的苏迈附近的日军防线。在苏迈泥泞的高原上，海军陆战队随时准备向奥罗特半岛的机场挺进。

战役中的停歇

这是一个简单的、意义深远的仪式。绿色制服泥渍斑斑的海军陆战队队员们亲眼见证了这个仪式。其中一些队员伤口还绑着绷带，这是为这片土地受的伤。赤裸着上身的海蜂营（即美国海军工程营。——译者注）的士兵爬上卡车和公牛推土机，观看这个具有历史意义的仪式。

沿着海滩的高速公路，其他卡车和拖拉机继续向前线运送弹药和物资。

胡安·马特奥是个土生土长的关岛人，他在附近的一顶帐篷里观看了升旗仪式。4年前他在关岛参加了美国海军。军号声停止了，住在简陋的军营里的满身泥泞的人们又回去继续工作，利用白日余下的3个小时，在紧邻前线的后方，顶着交替的雨水与炎热，继续沉闷而且脏兮兮的苦活——挖土、搬运、推土、提升和牵引，到处都是泥土。

1944 年 7 月，太平洋战争中，美国海军战列舰上的大炮轰炸关岛。

第七章

7
chapter

巴顿将军迅猛出击

1944 年 8—9 月

盟军一连数周战果颇不理想，但到了八九月，在法国的挺进步伐着实令人瞩目。8 月 1 日，巴顿将军指挥的美国第三集团军士气大振。巴顿将军出任美国驻英“第一集团军群”司令时，已摩拳擦掌欲酣战一场。然而组建此“第一集团军群”只是盟军在诺曼底登陆前为蒙蔽德军、隐瞒进攻目标而设计的一次幻影行动。巴顿将军绝不会错失此次良机。8 月 7 日至 8 日，巴顿将军在蒙坦击溃了德军一次火力较为微弱的装甲反攻，随即便挥师急速挺进布列塔尼，而后向东奔赴巴黎。《巴顿将军迅猛出击》登上了《纽约时报》的头条，因为他将清理战场的任务留给了“其他指挥官以及历史”。此时，布拉德利和蒙哥马利的军队终于越过卡昂，迫使德军向小镇法莱斯撤退。8 月 19 日，盟军的两支部队在法莱斯会师，共俘获敌军 4.5 万人，“法莱斯缺口”终于被合拢，但大多数德军逃脱，慌不择路地向塞纳河及其他地区溃退。8 月 15 日，在“龙骑兵行动”中，一支人数较少的盟军部队在法国南部的海岸登陆。到 8 月底，法军解放了马赛和土伦。由鲁森·特鲁斯科特少将指挥的美国第七集团军则追击向阿尔萨斯—洛林撤退的德军。

虽然巴黎不具备太大的战略意义，但夺回巴黎标志着法国解放。艾森豪威尔要求法国将军雅克 – 菲利普·勒克莱尔将其部队从追击撤退德军的行动中抽离出来，以攻下巴黎。8 月 24 日，3 位《纽约时报》的记者冒着狙击手的子弹与法军一同进入首都。法军并没有遇上大规模的抵抗。第二天德军指挥官投降。人们如潮水般涌上街头，正如《纽约时报》所述，人们因解放而“歇斯底里地欢呼”。欧洲战争结束的日子似乎已经临近。9 月 1 日，《纽约时报》报道称艾森豪威尔

“满怀信心”，认为“德军将在 1944 年被击败”。突如其来的溃败迫使德军退至德国边界及比利时境内，这点燃了西方各国的希望，人们认为盟军将乘胜追击，进攻位于柏林的德意志帝国总部。

对于战事的乐观还表现在：8 月 21 日，三大同盟国的代表开始在华盛顿敦巴顿橡树园举行会议，决定战后维护世界和平的组织的形式。《纽约时报》通讯记者詹姆斯・赖斯顿（绰号叫“苏格兰犬”）暗中获得了会议的提案大纲。8 月 23 日，《纽约时报》刊登了大纲的内容。阿瑟・索尔兹伯格被要求停止刊登关于会议磋商进程的新闻，但他拒绝了，理由是他认为该报道涉及公众利益。8 月 30 日会议发表正式公报，确定了联合国家组织的形式。

盟军的胜利前景鼓舞着欧洲各个被占领地区的抵抗力量为自身的解放而战斗。在南斯拉夫约有 30 万名支持共产主义的游击队员在铁托的领导下，加紧与德国驻军交战，牵制了部分可调往其他前线的部队。8 月 1 日，波兰家乡军在华沙发动反抗德军的起义，憧憬着即将到来的红军帮助自己解放首都。然而，苏联却把奉行共产主义的“卢布林委员会”视为波兰未来的政府，而非在伦敦的波兰流亡政府，波兰和苏联的关系便越来越复杂。波兰家乡军听从来自伦敦的命令，而不服从亲苏政权的领导。西方对此无计可施，而苏军方面则宣称缺乏手段——当然更缺乏政治意愿挺进华沙，因此华沙起义注定会失败。至 10 月 2 日，波兰人民的抵抗结束，德军彻底摧毁华沙。

与此同时，苏军进入南边更远的罗马尼亚和保加利亚。两国分别在 8 月和 9 月初投诚，转入盟军的阵营。在西边，蒙哥马利策划了一次侧翼攻击，拿下了荷兰城市阿纳姆，打开了通往德国北部的道路。但是，盟军却在 9 月 17 日开始的“市场花园行动”中损失惨重。这次失败使得在 1944 年圣诞节前结束战争的愿望成为泡影。

1944 年/8 月 1 日

甘地力促印度自治

甘地同意与真纳共同就穆斯林自治问题进行磋商，表明其坚定的决心

蒂尔曼·德丁
通过电报发回《纽约时报》的报道

【新德里 7 月 30 日电（延时报道）】莫罕达斯·卡拉姆昌德·甘地与穆斯林联盟主席穆罕默德·阿里·真纳达成协议，将于 8 月 8 日在孟买就穆斯林提出的在印度建立一个自治的穆斯林的国家的要求进行磋商。此协议为双方与英国政府达成提高本国自治权的政治解决方案提供了动力。真纳对甘地的邀请做出回应，表示同意与甘地进行磋商。

甘地与真纳安排会谈的消息立即引起了英国议会对印度问题的激烈争论。在争论中，英国印度事务大臣里奥·艾默里宣布英国政府将不会基于近期甘地所提出的方案，与印度民族主义分子就印度独立问题重新展开正式谈判。

甘地主张战后印度独立，同时建立一个由印度人管理国内事务和英国驻军的政权，其内阁负责立法，不对总督负责。但艾默里表示，这样的方案根本不能作为任何有价值的讨论的起点，“相对于近期陆军元帅韦维尔子爵的征询，这算不上是建设性的回应”。

韦维尔拒绝接受甘地的提案

甘地邀请真纳的行为，表明其决意继续推动达成一项方案，解决印度与英国的关系问题，尽管英方显然不愿意在此时旧事重提。甘地自 3 个月前被释放后，在政治上日趋活跃。

甘地在与韦维尔爵士的通信沟通中提出的与总督会面，以及释放国大党工作委员会成员的请求均遭拒绝。此后，甘地又提出了关于加强战时国家政府的印度化和战后独立的计划。然而，韦维尔爵士和艾默里拒绝了甘地的计划，甚至不接受以此计划为基础展开讨论。

1944 年 8 月 3 日

美军发动猛攻，德军落荒而逃
坦克和步兵在诺曼底摧毁敌军的临时抵抗

德鲁·米德尔顿
通过无线电发回《纽约时报》的报道

【随在诺曼底的美军 8 月 2 日电】美国第一集团军的坦克和步兵部队轰隆着从维尔河畔的小镇泰西的桥上行过，掀起漫天飞舞的白色尘埃，插入美国第一集团军和英国第二集团军之间的德军突出部。

为了应对长途奔袭而至的德军的反攻，美军在 24 小时内准备就绪并向敌军发动了攻击。在德军奔袭时，美军的炮弹瓦解了其匆忙修筑的防御工事，装甲部队对战略据点进行了扫荡，用大炮把敌人摧毁。美军攻势的迅猛令人震惊。美军时走时停地向前推进，今天就出现了一两次减速，但是敌军的阵地被彻底攻破后，美军大部队迅速向前挺进，道路上又扬起了新的尘埃。

坦克与步兵协同作战

在挺进布列塔尼的战斗中，坦克发挥了关键作用，而在此处的战斗中，至关重要的是传统的可靠的坦克和步兵部队。步兵行军缓慢而坚定，跨过泰西镇维尔河上的桥后，就向远处起伏的农田散开。

整条战线正在向前推移。经过激烈战斗，在佩尔西—加夫赖战线上的两个纵队奋力拥向德军。其中一个纵队沿道路往北方挺进 1 英里，进入瑞维尼莱泰尔特尔；另一个纵队向南进发，也取得了很大的进展。队伍穿越了广袤的圣瑟韦森林。德军弃于森林的军火和燃料被炮火摧毁。炮弹如冰雹般落入森林，引起了大火，火舌伸展到了天空。

今天，前线阵地上不时出现了与 1940 年同一地区的战况相类似的、令人担忧的情形。德军竭力阻止军队的溃败，派出多个战斗机编队赶来轰炸，每个编队由二三十架战斗轰炸机组成。它们从低空掠过杨树林，投下杀伤性炸弹，并用机枪向我们的步兵扫射。子弹擦过路面扬起缕缕尘土。

扫射一度是德军独有的拿手好戏，现在我军也会对德军飞机进行扫射，机关枪子弹如雨点般击中敌军飞机。我亲眼看到一架德国飞机突然起火并坠向田野，田野里到处是愤怒的牛群和更为愤怒的美国士兵。

美军也使用飞机

有一次美军的 3 架“野马”战斗机从高空降下，咬住德军的 2 架“福克—沃尔夫”飞机。5 架飞机都向远处飞去时，2 架德军飞机起火，冒出滚滚浓烟。这真是太棒了，可我和士兵们躺在战壕里时，一名步兵对我说：“这真把我吓得魂飞魄散。”

盟军要想在这个突出部上完全牵制住德军是不太可能的。敌方驻守此处的是配备了大量机械化装备的精锐部队，它可以迅速撤离。我军侦察机已经报告德军阵地上出现了即将撤离的情况。

美国步兵在维尔河畔的泰西镇一所废弃房子的酒吧间里做短暂休整。

1944 年
8 月 3 日

希特勒遭遇刺杀　行刺者因战致残而满怀怨恨

通过无线电发回《纽约时报》的报道

【罗马 8 月 2 日电】今天有报道披露，因行刺阿道夫·希特勒而近期被处决的陆军上校克劳斯·冯·史陶芬柏格伯爵，曾于 1943 年 4 月 8 日在突尼斯尼左纳被英军第一装甲师的炮弹击中而身负重伤，失去一只眼睛和一条手臂。他从斯大林格勒前线被调往非洲战线，亲历德军两次惨痛的失败，所以有理由对希特勒心怀怨恨。

他当时担任陆军少将冯·布罗伊希指挥的德国第十装甲师的参谋长。这两人均为老派的骑兵军官，并不热爱纳粹政权。另一条消息称，冯·史陶芬柏格是德国最高统帅部参谋上校，能直接与元首接触。失望、残废、满怀怨恨使他成为刺杀元首的理想人选。

1944 年
8 月 5 日

我军前锋在布列塔尼力挫德军

各路纵队分别抵达距布雷斯特 75 英里处和距圣纳泽尔 38 英里处

快速推进

据报道，激战之后德军从维尔和卡昂撤军

美联社

【盟军远征军最高指挥部 8 月 5 日电】今天，美国坦克纵队迅速穿越布列塔尼，

把布列塔尼半岛切断，奔至距圣纳泽尔 38 英里的区域。另一支装甲部队抵达距布雷斯特这个大港口 75 英里的地方。同时，兄弟部队守护着它们的侧翼并毫无阻力地穿过平原，向东横扫，为向巴黎进军扫清障碍。

两个纵队分别逼近位于圣纳泽尔和南特港卢瓦尔河的德军 U 形潜艇基地。其中一个纵队到达距圣纳泽尔 38 英里的区域，靠近德瓦尔；另一个纵队抵达距南特 40 英里、沙托布里昂以西的区域。

（在伦敦的新闻部周六收到的维希电台的消息称，据美联社报道，美国装甲先头部队距离南特仅 18 英里。）美联社的一则战地电讯称，向东南推进的美军已经攻下了阿夫朗什东南 23 英里、雷恩东北 27 英里的富杰。

向圣马洛前进

另外两支美军向布列塔尼半岛北部的海岸上的圣马洛港前进，分别在圣马洛港的入海口侧登陆。昨天，各纵队前进了 6 英里，距离港口仅 7 英里。

充当先锋的坦克部队隆隆驶过已被撕开的布列塔尼防线，挺进速度极快，等官方报道发出，已过去了 24 小时。紧随其后的是满载步兵的卡车纵队。

德军承认自己的整体失利。据德方报道，昨天布列塔尼首府雷恩市失守后，美军已经抵达雷恩以西60英里的地区，离法国第二大港口布雷斯特只有75英里。

据前线报道，开往圣纳泽尔的军队已经越过皮普里阿克，向沙托布里昂地区推进的部队则已经席卷班德布雷塔尼。

据报道，开往布雷斯特的军队已经越过蓬蒂维和勒德克。

进攻巴黎

但今天最为惊人的进展是为从诺曼底倾泻而出的众军做左翼防守的美军，因察觉到德军西翼空虚而向阿夫朗什东南方渗透。

很明显，美军有两个选择，且两个选择对德军而言都可能是灾难性的：向东直接挺进巴黎，或进攻东北部地区，切断在奥恩河地区与英国、加拿大军队作战的德军的退路。

1944 年
8 月 5 日

盟军进入佛罗伦萨　敌军摧毁桥梁

美联社

【罗马 8 月 4 日电】今天，盟军在佛罗伦萨这个伟大的托斯卡纳艺术中心前，重创德军最后的防线，派出巡逻队直入这座历史名城的中心，直抵阿尔诺河。阿尔诺河上有 6 座跨河大桥，德军撤退前摧毁了其中 5 座。

在德军手下唯一幸免的桥梁是有着悠久历史的维琪奥桥（也叫“旧桥”）。德军捣毁它两端的房屋，有效地阻挡了盟军。这座桥梁是托斯卡纳建筑之瑰宝，两旁各式工艺品商店鳞次栉比，为世界各地无数游客所熟悉。

德军公开宣布摧毁城里的桥梁，激怒了盟军。盟军总部发表官方声明称：

“敌军利用了当前的局势。因为它很清楚，我们绝不会动用空军来摧毁其身后的佛罗伦萨桥梁（当时德军仍处于阿尔诺河南岸），以免毁损市内的建筑。

“敌军因此享受着阿尔诺河桥梁的无限使用权，然而它在城市南部战败后，为防止我军使用它一直以来使用的桥梁，竟因其军事价值而把这些桥梁摧毁。”

带着“施虐幻想”的行径

声明还称，佛罗伦萨城内会迅速搭建起横跨阿尔诺河的军用桥梁，摧毁桥梁的行为不会长时间阻挡盟军的前进步伐，也不会对未来的军事作战有任何影响。

盟军的这份声明没有提及佛罗伦萨城内的敌军是否已经完全撤离城市北部，而是长篇抨击了德军摧毁桥梁的无耻行径。

这种被称为“肆意破坏”桥梁的行为“仅仅是陆军元帅阿尔伯特·凯塞林带着施虐幻想，命令其部队强行摧毁建筑物的另一个例子”。

声明说：“毫无疑问，那些让罗马桥梁完好无损的人遭到了德军的严厉斥责。为了确保佛罗伦萨的桥梁不落入盟军手中而得以保存、流传后世，德军采取了更加强硬的措施。”

昨天英国、新西兰和南非的军队从佛罗伦萨南部及西南部共同向城内推进。今天早晨南非军队已经抵达佛罗伦萨外围区域，并派遣巡逻队对河岸进行侦察。没有任何迹象表明它们在城内遇到抵抗。

然而据报道，仍有德军的枪声在城市内的高地响起。敌军把这些高地设为第一道防线，称之为“哥特防线”。在第八集团军入城前，盟军炮火从佛罗伦萨西部越过阿尔诺河对城内进行了轰炸。

佛罗伦萨有历史意义的桥梁

本报道提及的被德军摧毁的佛罗伦萨有历史意义的5座桥梁，包括建于1237年并于1874年经过现代化修缮的恩宠桥；始建于1252年并于1567—1570年重建的圣三桥；始建于1218—1220年的卡瑞拉桥，卡瑞拉桥1333年被洪水冲垮，于1337年重建，1559年部分重建，1867年被改造拓宽。

另外两座受损的桥梁是建于1836—1837年的铁桥和吊桥，分别位于阿尔诺河两端的市镇。

1944年/8月6日

游击队称占领华沙大部分区域

悉尼·格鲁森
通过无线电发回《纽约时报》的报道

【伦敦8月5日电】波兰政府今日收到一份行动详报，称博尔将军领导的地下军已经控制了华沙大部分区域。然而，随着德军出动坦克和飞机围剿起义军，伦敦方面表示严重关切，认为如果苏军对华沙的攻击再推迟几天，起义将因无法获得援手而失败。

苏军前线发来的报道表明，苏军已经停止从正面进攻华沙，并朝华沙往南35英里的瓦尔卡挺进，打算绕开华沙。

博尔将军在报告中指出，地下军表面上已经全面控制了华沙南部和中部地区，然而却未拿下凯尔彼得兹桥和波尼托伍斯基大桥。这两座桥是横跨维斯瓦河的要道，德军由此向在华沙东部与苏军对峙的前线军队输送物资。

而德军在华沙作战的主要力量显然也是集中在这两座桥梁和城里最重要的

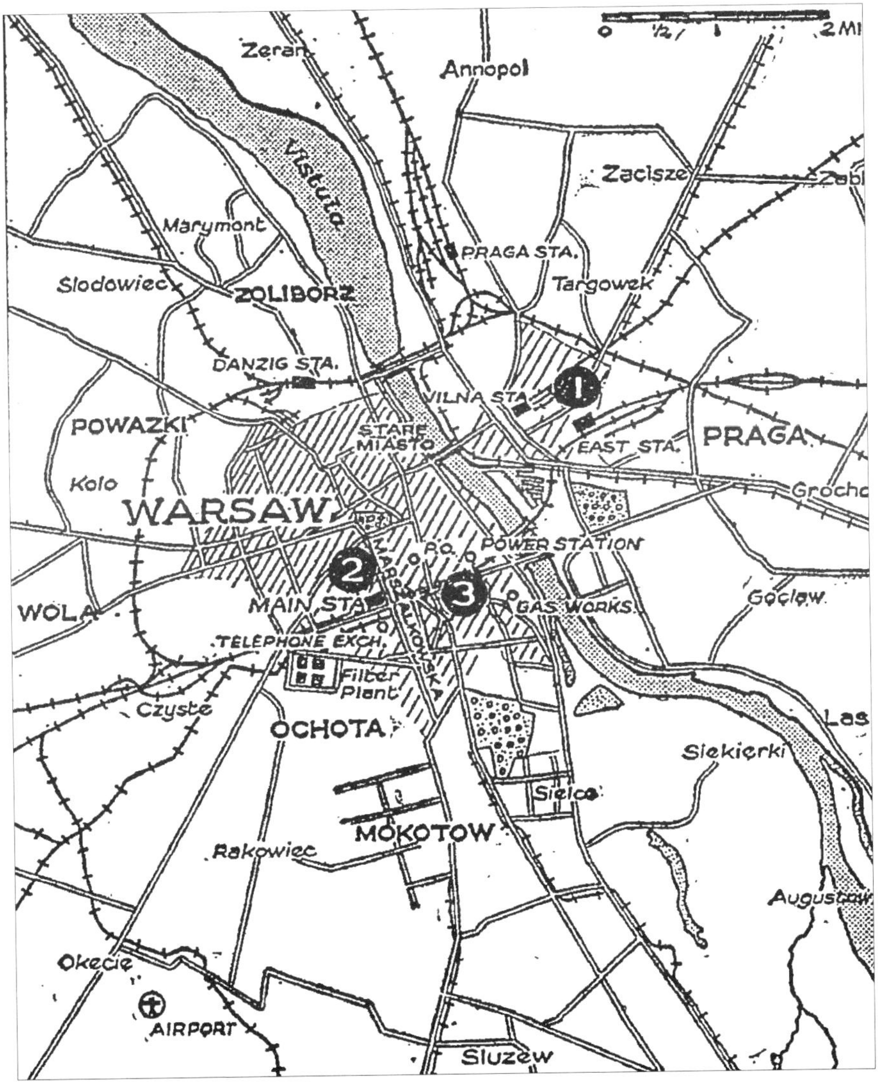

据报道，波兰地下军已经占领了华沙东部、维尔纽斯火车站①和西北走向的干道马沙尔科夫斯凯大道②，正在进攻主站。之前已有报道称其控制了中央邮局、电站和煤气厂③。据说，尽管德国发起反攻并投放炸弹，波兰人还是控制了城市西部和中部的几乎所有的重要车站。

通道耶路撒冷大道上。耶路撒冷大道贯穿华沙的东西区，与波尼托伍斯基大桥相连。

英国皇家空军投放武器

地下军的武器主要是英国皇家空军投放的英式装备，但投放的武器远远不能满足波兰人的需求。武器的另一个来源是波兰人自己在 1939 年战败时保存下来的武器，以及他们从德军手里偷得和购买的武器。没有迹象表明苏军为他们提供过武器，因为苏联方面不承认在伦敦的波兰流亡政府，而地下军则认同该政府。

今晚伦敦有人说，波兰人指望苏军随即进攻华沙并以此定下了起义的时间。如果起义失败，波兰人的伤亡结果可想而知。

1944 年／8 月 6 日

“我们这个时代的两栖作战奇迹”

亚历山大·范德格里夫特将军讲述了在他指挥海军陆战队取得瓜达尔卡纳尔岛战役胜利后的两年中，军方是如何开发出一种敌人无法阻止的登陆战术的。

就在两年前，也就是讯息匮乏得令人难以置信的两年前，美军发起了第一次地面进攻。在此次行动中，我军可谓牛刀小试，同时动用陆军和海军对抗敌人。据记载，美军面对的是当时世界上最骁勇善战的两栖作战队伍。瓜达尔卡纳尔岛战役就是一场赌博，我们这些参与其中的人比其他任何人都更明白这一点。但是我们在瓜达尔卡纳尔岛的豪赌取得了胜利，之后诺曼底和关岛的胜利才成为必然。从一开始我军即抱着“不成功，则成仁”的坚定决心，所以我们得以研制出一种强大的水陆两用作战机械，其威力让整个战争世界为之惊叹。

在瓜达尔卡纳尔岛战役中，我军虽然集中力量进攻单个目标，但敌方的海陆空三军在人数和武器数量方面完全超过我军。我们无所畏惧却满心焦虑地投入战斗。不到两年，我军采用压倒性的武力几乎是同时从水陆向前方阵地上的敌人发动攻击，军队满怀自信地投入战斗。毫无疑问，在世界任何地方，至少对于德军和日军来说，我军都可被称为水陆作战精锐，拥有锐不可当的威力。敌军在诺曼底和塞班岛的惨痛失利给战争带来了实质性的影响。不久前还在炫耀其征服太平洋的荣耀的日本军国主义分子已被赶下政坛；而曾言之凿凿地向军队保证绝不在两条战线上同时开战的德国元首，现在正面临着幻想破灭的军队内部出现的数量可怕的反叛。

敌人根本没有意识到 1942 年 8 月 7 日将成为战争的转折点。甚至我们的军队登陆海滩，与图拉吉岛和瓜达尔卡纳尔岛上惊讶的日本驻军对峙时，日军最高统帅部还信心满满地表示可以将我们赶出去。只要把之前我军与日军对抗时的能力，和当前我军与日军对抗的能力进行比较，就可以明白其中的原因。

日本指挥官知道我军护卫舰相对较少，但他们不了解 1942 年 11 月瓜达尔卡纳尔岛战役后，我军的战舰数量极小，海军上将海尔赛只有一艘航空母舰（这艘航空母舰曾被击伤）、一艘战列舰、一艘巡洋舰和几艘驱逐舰。日本军方清楚我军缺少足够的舰载飞机和陆基飞机，无法持续保护我方的地面行动，而且在战争早期阶段，日军有意识地利用了我军的这一劣势。但在诺曼底战场和最近的太平洋战场上，我方海军和空军已经完全控制战区。我军唯一受到严重挑战的战役是塞班岛战役，这是 20 个月内唯一的一次。

正如海军部部长福莱斯特所说，在长达一个多月的时间内，我军一支大型舰队在塞班岛无畏地守卫着岛屿，对抗敌方海军的各种滋扰。这支舰队离最近的基地 1200 英里、离珍珠港 3250 英里。在数月的严峻对峙中。它的舰载飞机像一把大铁伞，保护着这一地区。很明显，在该区域参战的航空母舰数量巨大。有报道宣称，我军至少有 100 艘航空母舰在太平洋作战。而 1942 年 11 月，海军上将海尔赛只能用一艘曾被击伤的航空母舰来守卫瓜达尔卡纳尔岛。

如同这场战争中其他所有进攻部队一样，我军在瓜达尔卡纳尔岛的两栖作战部队训练有素。习惯上，海军陆战队就一直是海军在地面上的左膀右臂，所以我们仔细研究了自船登岸的攻击方式。在美国还未卷入战争前，我们为士兵配置了完备的武器，并让他们接受严格的训练。然而，在当时，能够接受训练的士兵为数不多，装备也是当时最精良的武器——与现今我军拥有的武器装备相比，很多地方都不完善。

木筏子和油罐驳船是向海滩运送士兵与装备的主要交通工具。坦克数量不多，重型武器装备的运载速度很慢。我方部队抵达内陆后，有时候可以获得比我们手上的更多的军火等物资。

在过去的两个月里，我们调用数千支训练有素的两栖部队在诺曼底、塞班岛、新几内亚和关岛的四大战役中重创轴心国的军队。在协调的压力之下，这四个战役几乎是同时进行的。任何情况下，调用一支军队上岸，其规模不足以完成任务。当然，也考虑到了这样一个事实，即进攻法国是英国、加拿大、美国三国的一次联合攻击。

瓜达尔卡纳尔岛战役两年后，各种惊人的特殊登陆艇已研制成功，以满足大型海上攻击行动中运送士兵和物资的需要。一直以来，日军通过浅海暗礁来延伸海岛海岸线的安全区域，而履带登陆艇则可以载着大量的突击队员直接驶过这样的海域。塞班岛上的日本守军可能一直认为我们会避开西南海岸线，因为这部分海岸线暗礁丛生。然而，我们的军队正是在这个海域登陆的。巩固滩头阵地极为不易，但在敌军集中大规模力量阻止我军的登陆行动前，我军建立了坚实的滩头阵地。

履带式运输工具，包括水陆坦克和牵引车，不管是否配备了作战武器，均可以承载人员和物资，在我军自船登岸的行动中发挥的作用越来越重要，在太平洋战场上尤其如此。能把人员和器械从海上出发地直接运送到目的地的大型水陆两用运输工具已在战场上广泛使用，步兵登陆艇和坦克登陆艇就是其中两种。这两种船吃水浅，能够近距离靠近海滩，士兵可以下船直接涉水上岸，所运输的车辆也可以直接开上海滩。一旦地形允许，军队可以尽早把坦克开到岸上。利用这些大型登陆工具，数量惊人的坦克在极短的时间内便可以对敌军阵地展开轰击。

对于我们这些曾经目睹进攻瓜达尔卡纳尔岛前的狂轰滥炸的人来说，这是一场十分昂贵的烟火表演，但事实上，这只是威力巨大的轰炸开始前的一场预演。在为时 17 天的关岛战役中，两栖进攻的无情轰炸非有史以来任何轰炸所能及。在这次战役中，我军拥有的船只、飞机、炮弹和炸弹数量之多是日军在几个月以前无法置信的。

很多人认为进攻前通过轰炸可以彻底摧毁所有抵抗的敌军、枪炮和阵地，而进攻部队只需要长驱直入就可以轻松夺取胜利的旗帜。我要说的是，从太平洋战争到现在，没有任何一次登陆前的轰炸不是圆满地完成了海军陆战队指挥官所下的命令，然而每次都需要地面部队作战才能真正拿下目标，因为总有负隅顽抗的敌人。

轰炸可以炸毁敌军大部分的枪炮阵地，但是无论轰炸的时间多长、力度多猛烈，都不能完全摧毁所有机枪和迫击炮阵地。这无法做到。这种情形与单纯的地面进攻是一样的。你一定听过在阿拉曼战役、圣洛战役，以及发生在苏联的多个战役中，一排排的火炮排列整齐，向敌军阵地不断发射炮弹，直至粉碎它。但是，当步兵进攻时，总是会遭遇机关枪的扫射。他们会发现部分幸存下来的敌军爬出战壕，虽然已经受伤，但只要一息尚存便会开枪射击。

北非、西西里岛、意大利和法国战场上两栖作战之所以胜利，可能是也可能不是因为整个海上运输行动导致德意志帝国势力削弱。但是我们可以肯定：再次进行两栖作战时，敌军依然会像在诺曼底海滩一样，无力阻止盟军如潮水般登陆海滩。

毫无疑问，太平洋战场上的两栖作战将持续到日本完全崩溃之日。

以后每一次自船登岸的行动一旦成功，我军都可以向敌军的防御工事发动更加猛烈的攻击。我们有理由相信这将成为作战规则。

如果敌军现在无法阻挡我们，随着我军力量不断强大，把它的战舰驱逐出海洋，把它的部队驱赶出其占领的土地，把它的飞机从空中击落之后，它还能做些什么？敌军已经完全陷入僵局：不敢站起来与我们近距离战斗，但是它等得越久，我们就会越强大。

日本军国主义分子自以为可以凭借日军超强的水陆作战能力来赢取太平洋战争的胜利；希特勒团伙自信盟军无法从海上返回西欧的领土。瓜达尔卡纳尔岛战役两年后的今天，盟军的海上作战部队直插德军的心脏和日军的命脉。这正是我们这个时代的两栖作战奇迹。

1944 年

8 月 10 日

艾森豪威尔将军抵达法国

其指挥部设在诺曼底——地中海指挥部发生转移

联合美国多家新闻机构发出的报道

【美联社诺曼底艾森豪威尔将军的进攻指挥部 8 月 9 日电】为了与迅速展开攻击的盟军部队保持尽可能紧密的联系，盟军最高指挥官德怀特·戴维·艾森豪威尔将军将其指挥部设在了欧洲大陆。今日盟军宣布，在过去的几天内，最高作战指挥部已通过空运转移至诺曼底。指挥部的官员以及相关人员，包括美国陆军妇女队的人员，正居住在一个经过伪装的区域内的帐篷里。这个区域有全副武装的警察不间断地严密巡逻，提供保护。

艾森豪威尔将军所处的位置靠近机场，便于每日快速起飞与伯纳德·劳·蒙哥马利将军和奥马尔·布拉德利中将面谈。在他居住的拖车宿舍中，有电话可以与在伦敦的最高指挥部实时联络。将军的起居室由蹲守在防空洞内的全副武装的宪兵 24 小时持机枪守护。

艾森豪威尔将军的副官，曾担任哥伦比亚广播公司纽约分部总经理的海军中校哈利·布彻，就住在离将军几码远的帐篷里。

1944 年/8 月 10 日

盟军的新胜利威胁到身处法国的敌人

E.C. 丹尼尔
通过电报发回《纽约时报》的报道

【盟军远征军最高指挥部 8 月 10 日电】美军坦克已经越过勒芒，驶向巴黎。昨晚，德国的电台报道，美军快速机动化部队距法国首都仅 87 英里，但根据美军前线最新发回的报道，这一距离约为 100 英里。(合众社报道，盟军发言人说按照盟军前进的平均速度不保守地估计，德国的报道无疑是真实的。)

盟军的南部主力已经越过勒芒，向沙尔特雷地区和塞纳河挺进。美军已经向卢瓦尔河展开保护性双翼——派遣一个纵队进入萨尔特河畔、勒芒西南 50 英里的昂热的大街；有报道称，第二个纵队已经进入卢瓦尔河河口的重要港口南特，但未经证实。(合众社报道，南特已被盟军占领。)

攻下圣马洛

美军最终攻下布列塔尼北部海岸的圣马洛。昨天布雷斯特的德国守军拒绝了美军的劝降，于是美军便向港口外围区域发起攻击。前线发来的报道称，美军第二支坦克部队正从 23 英里外赶来支援。(合众社报道，德军最后的堡垒遭到攻击。)在布列塔尼北部的迪南和南部的洛里昂，敌军仍在负隅顽抗。美军纵队从东面和东北面向这两座城市合围过来。没有收到关于圣纳泽尔方面的战况进展的报道。

跨越勒芒的先头部队向前挺进时，没有遇到德军精心组织的防卫。加拿大部队穿越德军在诺曼底最坚固的防线，逼近距法莱斯 5 英里的北抵卡昂的道路。位于勒芒和法莱斯之间的德国第七集团军已被打得狼狈不堪，除非即刻停止反击并马上撤离，否则该军将会陷入被重重围困的危险中。

盟军的目的就是要消灭德军在塞纳河流域西南部唯一一支大规模的作战部

队，并且联合北部和南部的其他进攻分队，可能还有来自沙尔特雷—德勒地区的进攻力量，一起向巴黎发起猛攻。昨日，英国皇家空军的一名中校驾驶飞机飞过前沿阵线，据他汇报，敌军正企图向塞纳河流域东部和东南部移动。盟军已开始持续轰炸塞纳河和卢瓦尔河之间的区域，以阻止德军增援此区域或逃离。

德方的报道称，布列塔尼战场的清理任务留给了步兵，其侵入布列塔尼半岛的坦克正集中开往东部。巴黎的电台称，美军的进攻力量只有 10 个师。

德方残余的 4 个装甲师以无可言说的坚强意志继续在阿夫朗什以东 20 英里的地方对美军发动反攻，而盟军在这个区域的防线是最为薄弱的。昨日，德军第三次夺回了蒙坦。据一名美军军官汇报，一股“力量强大”的德军正在蒙坦和维尔之间以及蒙坦东北方作战。（另一些报道则称，双方各占领了蒙坦的部分区域。）

在蒙坦西北方，德军向谢朗塞莱鲁塞地区发动了多次反攻。在蒙坦北方，它用 25 辆坦克向加泰莫地区展开轰炸，其中 5 辆被摧毁。在蒙坦和巴朗通之间，以及蒙坦东南方，美军装甲部队遇到了敌军的抵抗。然而，昨天美军封锁了维尔—蒙坦的道路，占领了 3 个村庄。

德方的报道称，美军距离巴黎 87 英里，并在特得—伯纳德附近以及沙尔特雷通往巴黎的主要铁路和公路上部署了先头部队。（其他报道援引德方的报道称，美军正威胁着阿朗松、奥尔良和图尔。）

在勒芒前面，德军的抵抗主要是零星的飞机扫射和分散的 88 毫米高射炮的轰击。昨日德军承认，没有对美军的前进做出任何“有相当规模”的反攻。在北部，加拿大军队和英国军队的挺进较为缓慢，但却粉碎了敌军第一和第二道坚固的防线，逼迫德军开始向卡昂南部的奥恩河和莱兹河之间撤退。英军对加拿大军队的左翼和右翼进行支援，使得加军可从卡昂南面的大道直插向法莱斯，加军的装甲先头部队位于 3 英里长的前线上。

当加军开赴至法莱斯 5 英里范围内的波蒂尼时，德军坦克开始在加军东面 1.5 英里的莱松河谷聚集，以密集的火炮猛烈地袭击加军。

根据最新的报道，盟军装甲部队与德军装甲部队在圣昆丁 – 德拉罗什发生激战。

加军越过德军修筑的防御工事时，发现了相互连接的战壕和防空设施网，让他们不禁想起 26 年前自己的父辈在亚眠浴血奋战的情景。德国人用多到数不清的机枪、迫击炮和无处不在的 88 毫米高射炮守卫着这条防线。

在西部战场，德军因为被位于格里姆博斯森林以南的英国第二集团军渡过奥恩河建立的桥头堡对其构成包抄的威胁，而后撤。德军在这个地区动用了大部分步兵和装甲部队，试图夺回那微不足道的300英亩大小的桥头堡区域，但是英军继续涉水过河。昨天，英军顶着6000门迫击炮和大炮的火力奋力扩张。英军越过莱兹河与加拿大军队会师。

加军周二夜晚和昨日向前推进，占领了卡昂—法莱斯公路东侧的大部分村庄。加军在东北方向获得了英军的支援。据报道，昨晚战斗在圣西尔万以南一带打响。

随着天气的好转，盟军的空军继续为各条战线提供积极而紧密的支持。昨天午后不久，英国皇家空军“台风”战斗机的一支分队就炸毁了61辆德军坦克。而此前一天，美国第九航空军称其发起的1000次轰炸，炸毁了51辆德军坦克，还给德军造成了其他损毁。

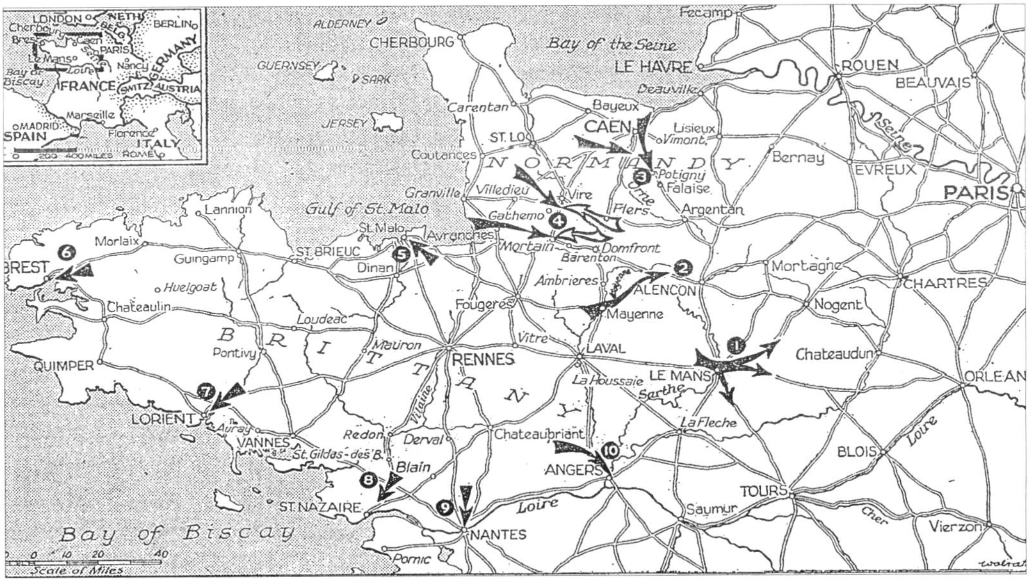

美军已攻下勒芒①。据报道，美军离巴黎仅87英里，先头部队已经插入图尔、奥尔良和沙尔特雷地区。阿朗松②正受到另一纵队的威胁。加拿大军队在卡昂向前挺进，距法莱斯③只有5英里，迫使德军从奥恩河向西后退。美军已挺进维尔—蒙坦大道④，但蒙坦的命运仍悬而未决。在布列塔尼，美军拿下了圣马洛⑤，并猛烈进攻布雷斯特⑥。美军仍处于洛里昂⑦郊外。美军在圣纳泽尔⑧方向的攻势并没有取得进展。我们的军队据说已经进入南特⑨和昂热⑩。

1944 年 / 8 月 15 日

盟军发动新一轮攻势 “法莱斯缺口”被合拢

炸弹、炮弹击中试图控制宽阔的逃离大道的敌人

合众社

【华盛顿 8 月 15 日电】盟军意大利指挥部今日发表特别公报宣布：美国、英国和法国的部队正在法国南部海岸登陆。该公报于东部战争时间早晨 6 点 10 分在意大利（指挥部）及位于华盛顿的美国战争部同时发布，称登陆部队获得了盟军的空军的大力支持。

昨晚，美国、英国和法国的舰队也参与了登陆行动。同时，盟军向位于里维埃拉的德军防线发起强烈的炮击。

公报说：“今天，在盟军的空军的大力支持下，美国、英国和法国的舰队正在从法国南部海岸登陆。”

地中海指挥部盟军高级指挥官亨利·梅特兰·威尔逊将军向法国人民发表声明，表示进攻的新目标是“与从诺曼底挺进而至的盟军联合起来”。

罗马的广播报道，盟军于罗马时间上午 8 点开始登陆。我空军部队轰炸的地区包括圣特罗佩、圣拉斐尔、马赛、土伦，以及尼斯和戛纳之间的区域。

滩头阵地发来的报道称，进攻取得了初步胜利。该报告说，登陆行动开始后 2 小时内，7 拨步兵队伍已经登上海滩。在登陆海滩后的 1 小时内，一支队伍已经抵达了第一个既定目标。

1944 年 8 月 17 日

巴顿将军迅猛出击

加军把“法莱斯缺口”收紧到 6 英里，但仍有许多敌军逃脱

E.C. 丹尼尔
通过电报发回《纽约时报》的报道

【盟军远征军最高指挥部 8 月 17 日电】德方昨天报道称，强硬的马术师乔治·巴顿中将驱赶其坦克又一次以迅雷不及掩耳之势，在距离巴黎 40 多英里的地区试图追上且包抄从阿尔让唐—法莱斯包围圈突围并逃向塞纳河的德军。来自前线的报道指出，该包围圈的缺口已经收窄至 6 英里。

巴顿将军把清理诺曼底战场的大部分任务留给了其他指挥官以及历史。据德国越洋通讯社报道，巴顿率领装甲部队沿三条道路向巴黎西南 44 英里的沙尔特雷进军。

报道称战斗在德勒附近打响

昨日早些时候，德军最高指挥部称，美国第三集团军的坦克部队已经在“沙尔特雷—德勒地区”对德军发起“猛烈进攻”。德勒位于巴黎西面 42 英里处，离塞纳河只有 22 英里，而在法国西北部战败的德军希望以塞纳河为屏障进行防御。

随着战火迅速向阿朗松以东蔓延，盟军再次发布禁令，禁止在报告中提及地名，因此德方的报道未经核实。然而，前线发来的含糊其词的报道称，美军迎来了“又一个伟大的一天”。

德国军事评论员路德维格·塞多留上尉说，巴顿将军的军队对德军侧翼进行了扫荡，可能意在从巴黎方向将德军孤立在诺曼底地区，从而逼迫德军向塞纳河河口撤退。塞纳河河口距德勒河下游大约 60 英里。

昨日，前线有迹象表明德军的驳船正排列在塞纳河上，冒险疏散塞纳河对岸的德军。如果德方的报道是真实的，又一场歼灭战将可能在此地打响。巴黎西北

方的塞纳河上的主要桥梁，要么已经毁于空袭，要么正在修复中。

昨日，由于周边所有军队协调一致逼近，法莱斯西面的包围圈进一步收紧。包围圈内敌军瓦解的迹象更加明显。敌军的文职人员、炊事员和其他后勤部队全部武装，成为主力军的后备部队。在英军的一次围剿行动中，德军 12 支部队的残余人员聚集在一起，准备做最后一搏。

然而，我们还是低估了最终俘虏的敌军的人数。英军前线最新的猜测是 4 万德军被俘，而美国第一集团军总部声称俘虏了德军 11 个师。如何处理这些被俘德军，尚无定论。

目前，监狱中已有 8000 名被俘德军，昨夜仍有军用卡车将被俘德军从前线运到那里。但昨天清晨由于大雾阻碍了我军的空袭，为数更多的敌军得以逃脱。有一次在法莱斯东部就发现了 200 辆运输德军的车辆。

1944 年 8 月 16 日，巴顿将军在诺曼底。

1944 年/8 月 18 日

巴黎传来解放者的枪声

约翰·麦克科马克
通过无线电发回《纽约时报》的报道

【伦敦 8 月 17 日电】流亡的法国人今天从德国侵略者那里听到了自法国沦陷以来最为振奋人心的一条消息。自 1940 年以来，巴黎首次听到附近断断续续的枪炮声。

巴黎广播的新闻简报的第一条新闻便是“战斗的轰鸣声正在逼近法国首都”。德国越洋通讯社宣布“法国首都即将成为战斗的前沿阵地。德军第一次命令法国民众保持镇静”。

今晚，盟军最高指挥部发言人通过美军的无线电告诉巴黎的警察“不能以任何借口”离开首都，说“如果负责维安团的维希政府的内政部长约瑟夫·达纳德命令你们去南锡，你们就隐藏起来”，因为“需要你们站起来驱赶敌人及其党羽的日子不会太远”。

无论正在逼近首都的美军坦克部队是直接进城还是包围首都，而且无论首都是不是美军的即刻攻占目标，今夜都不重要。这条新闻预示着巴黎即将迎来解放。对于流亡在伦敦的法国人来说，这条新闻无疑令人激动。虽然巴黎不是法国的全部，但却是法国的心脏。拿破仑在战斗中最大的忧虑就是：“巴黎民众会怎么说？”

法国大革命起源于巴黎，又结束于巴黎；战争从巴黎开始打响，又将在巴黎终结。加利埃尼组建的马恩出租汽车队正是从这座城市出发，赢得了马恩河战役的胜利，拯救了法国；而 1940 年巴黎一枪未响就放弃了抵抗，从而注定了法国的厄运。自此巴黎成了一种羞耻，一种苦难——希特勒在拿破仑墓边的搔首弄姿，来自法国的“朋友”的轰炸，征服者带来的饥饿和贫穷。

但是巴黎不像维希政府，从未真正接受德国。这里的地下军一直很强大。如果这座城市很安静，并不是因为德军发出了命令或者威胁，而是本周夏尔·戴高乐将军已经下令让这座城市安静地等待他的命令。

巴黎民众只有在晚上10点30分到午夜之间才可以用电，并且从今天开始就不再有燃气供应。因此巴黎必须设立中央公共食堂为人们提供食物。

德方的报道称，巴黎的食物供应处有严格规定，因此要求法国农民加快小麦脱粒，并且加速装车，运往首都。巴黎虽然经受着饥饿的煎熬，可还是井然有序。自从巴黎警察抵制一个不受欢迎的高级警察官员的任命后，巴黎一直处于自我管制之中。

唯一保留下来的公共交通——地铁，现在也停运了。在圣母升天节的3天假期后，今天巴黎民众只能走路或者骑自行车上班。昨日，德国越洋通讯社报道说："在法国王宫前的广场上，人们兴致勃勃地听着音乐会。"但报道并没有解释其原因。

1944年/8月24日

法军进入巴黎

布拉德利派遣一个法军装甲师进入巴黎

查尔斯·科林伍德

以下报道由哥伦比亚广播公司的代表，即第一个进入巴黎的美国记者，通过电报发往伦敦并在那里播发。

【巴黎8月23日电】今天，巴黎民众团结一致击败驻守在巴黎的德军后，法国第二装甲师进入巴黎。

确实是巴黎的民众夺回了自己的城市，而一切就发生在那不可思议的一瞬间。

美军正忙着从埃夫勒前往塞纳河河口，之后计划投入巴黎战场。然而昨日一名法国人突然闯进奥马尔·布拉德利中将的指挥部，此人正是巴黎城内的法国内地军的统领，他讲述了一件惊人的、令人难以置信的事情。

他说自己已经和巴黎城内的德军签订了一个停战协议。巴黎民众起来反抗并进攻德军，因此德军指挥官要求签订停战协议。德军指挥官想把军队从巴黎西面和南面的路障处撤出城区，而美军恰好驻扎在巴黎的西面和南面区域。

停战协议的有效期截至今天中午。

这条消息在布拉德利将军的指挥部引起了轰动，因为尽管我们知道自星期六以来，巴黎城内一直动乱不断，然而我们并不清楚已经取得了这一进展，显然法国人已经给德军造成沉重的打击。

整个行动的目标原本是在塞纳河西侧全面包围德军，但布拉德利将军决定部队必须进入巴黎城内。通知下达的时间很紧急，因为部队必须在今天中午做好进入巴黎的准备。布拉德利将军命令法国第二装甲师从前线撤离，并命令它从东面向巴黎进发。

部分美军也收到了同样的命令。指令下达的一瞬间，全部战斗武装被调动起来夺取这座世界上最大的城市。

这一任务事关重大，因为巴黎正处于水深火热之中。据估计，巴黎急需 3000 吨食物和 3000 吨煤，之后，还需要一个庞大而稳定的供应源。

但是，这个决定是为了向令人震惊的事实致敬而做出的，这个事实就是法国人夺回了自己的城市。所有人都站起来反抗敌人，这在本场战争中还是第一次。巴黎民众与敌人进行了殊死的搏斗。

巴黎会回到我们手中的，但是在法国的所有美军士兵都希望用这种方式把巴黎夺回来。巴黎这座享有盛名的城市被自己的市民所解放。巴黎人已经证明世上没有任何事情可以把他们彻底打败。

1944 年
8 月 26 日

解放疯狂的法国民众的人
汹涌的人群一连数小时高喊“谢谢”

莫里斯·德贾斯丁
加拿大通讯社战地记者

【巴黎 8 月 25 日电】在最后的 6 小时内，我们目睹了被解放的巴黎人民表达感激之情的狂热。

巴黎被德军占领 4 年后，民众表现出真挚的、无拘无束的快乐。

成千上万的狂欢者聚集在大道上，一连数小时高声呼喊："谢谢！谢谢！"

今天下午，夏尔·戴高乐将军乘坐豪华轿车驶过，人群里的欢呼声达到新的高潮。第一次目睹将军真容的 20 岁的爱国者纷纷哭得像孩子一般。

1944 年巴黎解放，人群在巴黎市政厅转角的里沃利街向戴高乐欢呼致意。

游行人群的狂热毫无减退之势，要让这种狂热消退真是个奇迹。

今天下午抵达巴黎时，我们看到了一辆美国吉普车载着两名疲惫的德国军人。他们被人群围着。年轻的法国女孩们正向其中一名德国军人的脸上吐口水，他只是怯怯地笑了笑。

1944 年 8 月 30 日

美国、英国和苏联就安全联盟大纲达成一致

詹姆斯·B. 赖斯顿
发回《纽约时报》的特别报道

【华盛顿 8 月 29 日电】今天，美国、英国和苏联三国代表团的主席在“华盛顿国际组织对话”会议上宣布，三方就维护和平与安全的国际联盟的结构和目标达成“总体一致”的意见。

在敦巴顿橡树园府第召开的新闻发布大会上，美国副国务卿小爱德华·斯特蒂纽斯、英国外交部常务次官贾德干爵士和苏联大使安德烈·安德烈耶维奇·葛罗米柯并未讨论所提议的安全联盟的实质内容，也未讨论实施此国际联盟的方

参加敦巴顿橡树园和平会议的代表团成员

式，但是三人明确表示，三国在集合一切热爱和平的国家成立大会，推选有限数量的国家组成世界理事会，以及国际法庭等问题上不存在分歧。

会议联合公报指出："经过一周的讨论，三个代表团的领导很高兴地宣布，三方就所提议的和平与安全国际组织达成了总体一致的意见。该国际组织的有关约定如下：

"（1）它是以主权平等原则为基础、集合一切爱好和平的国家的代表的大会组织。

"（2）由少数几个国家组成理事会，并定期选举其他国家加入理事会。

"（3）创建和平解决争端的有效手段，包括对有争议的问题进行裁决的国际法庭，以及为维护和平与安全所必需的其他手段。"

1944 年 / 9 月 1 日

第一集团军势如破竹横扫战场

步兵乘卡车追赶逃跑的德军

哈罗德·丹尼

通过无线电发回《纽约时报》的报道

【随美国第一集团军在法国 8 月 31 日电】我们的队伍以令人瞠目结舌的速度向前挺进。在所有的战争中，从来没有一支军队能像我们的队伍配备了如此强大的武器还能如此迅速地挺进。德军想打闪电战，现在它如愿以偿了。

现在战斗已经成了十足的追击战。我们的装甲纵队深入敌军的后方，步兵则乘卡车进攻。敌军节节败退，我们的士兵几乎不需要下车，也不需要部署战斗。

美军正向阿登森林靠近，并已从多处跨越默兹河。它迅速越过维莱科特雷森林，第一次世界大战中一些最激烈的战斗就是在这里发生的。

几乎在战斗的每小时内，美军都会缴获大量的军需品和德军运输机。在菲斯梅附近，美军还占领了德军还没有来得及摧毁的、完好无损的两个机场和两个补给仓库。

5 列火车被毁

5 列德国火车企图逃离时被摧毁。火车上装载的是人员及各式装备，包括不敢留在法国的通敌妇女，以及安置在平车上的虎式坦克。

今天我在苏瓦松东面的布赖讷就看到一列冒烟的火车残骸。这列火车由火车头和 23 节货运、客运车厢组成。货运车厢装有 4 辆豹式坦克。在火车的尾部装有安置在平车上的高射炮。列车中间的车厢是客运车厢，里面有 20 多名德国军官和他们的女伴，一节车厢装满了桶装酒，一节车厢装满香水。这些都是德国人想从法国运出去的好东西。

一架美军飞机发现了这列火车，通过无线电向附近的一支装甲纵队报告了情况。我们的装甲部队迅速经高速公路赶到它与铁路的相交点，在那里等着。列车接近道口时，我们的坦克就向它开炮。第一炮就准确无误地击中了火车头，火车头发生爆炸。德军放置在平车上的坦克有人值守，见状掉转炮口向我军坦克发射炮弹，造成了一些人员伤亡。

火车上的德军坦克进行反击

火车上的坦克与公路上的坦克交火，这样的战斗也许是前所未闻的。战斗只持续了几分钟。4 辆德军坦克被多次击中后全部起了火，坦克中的弹药发生爆炸，之后汽油也发生爆炸，坦克里的人再也没有逃脱出来。

我们的坦克逐节向货运车厢和客运车厢开火，把火车打得千疮百孔，之后我们向车上的人员开火。许多德国人被打死。一些逃到了铁路另一侧路基上的人，要么被打死，要么被俘。一些人死在熊熊燃烧的香水火焰里，燃烧的香水发出难闻的气味。

我军的力量极为强大，布拉德利将军让德军的失败变得一发不可收拾。

正如今晚美国第一集团军的一名高级军官所说："德国佬现正处于无可比拟的混乱状态。实际上美国第一集团军现在的目标就是追赶敌人，收获更多的胜利果实。"

毫无疑问，德军本想利用优越的地理位置与我军对抗，现在它不得不放弃抵抗逃离战场。阿道夫·希特勒和陆军元帅埃尔温·隆美尔在诺曼底登陆前鼓吹的"纵深防御战线"已被证明只不过是地图上的几条线而已，我军没费多少力气就越过了大部分防御战线。

巴黎解放后所发生的战斗就在第一次世界大战时期的战场上打响。在很多战斗中都有美军士兵流血牺牲。而今战斗势如破竹，横扫马恩河、埃纳河、乌尔克河和韦勒河区域，并转向默兹河区域。

马恩河战斗只打了一天

1914 年和 1918 年马恩河畔均发生了激战，成千上万名战士牺牲在这条河的两岸。此次马恩河的第三场战役却只是目前战争中的一段小插曲。我们的工兵神速地在这条深深的、静静的小河上搭起桥梁，我们的坦克、步兵和大炮马不停蹄地跨过桥梁。一座座小镇、一座座城市纷纷迎来解放，除了那些拥挤在街道上的德军车辆被我军摧毁外，它们都毫发无损。

今天我以和平的心态骑车进入兰斯，路上停下来喝了杯香槟酒。人群犹如度假般簇拥街头。圣女贞德促成查理七世在兰斯大教堂加冕，它也是其他多位法国国王的加冕之地，除了在第一次世界大战的 4 年中被德军大炮轰炸造成的损伤，并没有受到进一步破坏。教堂依然保留着约翰·戴维森·洛克菲勒基金会修缮后的原貌。今天许多市民来到教堂里做感恩祷告。

1944 年/9 月 1 日

艾森豪威尔的战争评论预示将进攻德国

通过电报发回《纽约时报》的报道

【盟军远征军最高指挥部 8 月 31 日电】今天，盟军远征军法国最高指挥官德怀特·戴维·艾森豪威尔将军宣布：在法国境内的美军和英军必须紧追德军进入德国，果断彻底地击溃敌军。他的发言预示盟军即将进攻德国。

艾森豪威尔将军满怀信心地宣布在法国境内的战斗比预先安排的时间提前了 5 天，今天是盟军“登陆后第 85 天”，军队所处的位置比计划前进了许多，已经达到时间安排表上“登陆后第 90 天”的位置。

当谈到战争结束这个话题时，最高指挥官说他坚持上一个圣诞节所做的预言——如果战场上以及大后方的所有人员都能各尽其责，德军将在 1944 年被击败。

蒙哥马利被称为伟大的战士

很明显，艾森豪威尔将军认为德军不会在法国境内形成有效的防线，因为他认为北部的美军和英军，以及攻进南部的军队会继续快速推进。

最高指挥官证实了关于在法国确立新指挥权的报道，新指挥权由奥马尔·布拉德利中将和刚刚晋升为元帅的伯纳德·劳·蒙哥马利爵士共同承担。两人分别统领美国第十二集团军群和英国第二十一集团军群，对最高指挥官负责。不过，艾森豪威尔将军耐心解释说，这种安排并不意味着蒙哥马利元帅被降级。

他说，蒙哥马利是本次战争，乃至是任何战争中最伟大的战士之一。他一直被委以重任，自 7 月 25 日以来，正是在他的指挥和领导下，美国第一集团军突破圣洛以西至阿夫朗什的防线，第三集团军从西向布雷斯特推进，从东边通过勒芒到达巴黎的东南部。

部署联合作战

据艾森豪威尔将军所言，这个作战计划是联合部署的，可能成为法国战役的决定性因素。

最高指挥官强调称，任何把此次指挥权调整解读为将蒙哥马利降级的人都是歪曲事实，并宣布指挥权的变化是一个着眼于长远安排的方案。按照这个方案，一旦盟军突破谢尔布尔半岛后，蒙哥马利和布拉德利将指挥各自的集团军群作战。

自圣洛开始，这一系列战役就开始了，其间蒙哥马利担任美国陆军的战术指挥，同时指挥自己的第二十一集团军群。艾森豪威尔将军曾说蒙哥马利的工作是协调在诺曼底地区的所有战役。

在诺曼底战役中，指挥权的调整就已经完成。美国第十二集团军群的作战组织结构被激活了，盟军指挥系统的最后阶段完成。这个指挥系统早在 1943 年 1 月时就已经决定，艾森豪威尔接替蒙哥马利，直接负责盟军的协调工作，而蒙哥马利得以专心指挥第二十一集团军群。

声明消除疑虑

艾森豪威尔将军向150名新闻报社记者发布声明称，7月和8月初在法国的伟大胜利是由蒙哥马利指挥和领导下的美军与英军所取得的。这个声明是迄今为止最重大的新闻。过去的两周来，伦敦极为敏感的士兵和英美两国民众都在争论这一非常时期指挥权分配的问题。艾森豪威尔将军的声明消除了人们的疑虑。

1944年/9月2日

巴黎继续抓捕嫌犯

三四千名疑犯被拘押在自行车竞技场等候审判

通过无线电发回《纽约时报》的报道

【巴黎9月1日电】抓捕通敌人员及疑似对德军过于友好的人员的行动今天继续进行，已有三四千名疑犯被拘押在自行车竞技场冬赛馆等候审判。这些疑犯当中，大约有600名妇女。著名的剧作家萨沙·吉特里也被拘押，这位剧作家对所有愿意倾听的人说，对自己的拘押是不公正的。据卫兵报告，他已经有两天拒绝用叉子吃东西，而是用手指把米饭撮起来堆在面包上再吞下去。

许多被拘押的人很害怕自己会被枪决。实际上，情况并没有那么危险。除了极个别特例外，那些被集中关押在赛馆里的人罪行都不重。罪大恶极的都在盟军进入巴黎前去了德国或德军占领地。这里的大多数人都是因邻居揭发而被捕的，缘由不过是认识德军，款待过德军，接受过德军的恩惠而已。

抓捕疑犯的行动与食品、运输仍然是今天巴黎人的主要关注点。

越来越多的证据浮出水面，德国占领所带来的恶果并没有随着巴黎的解放而彻底消除。例如，巴黎的犹太人仍然心存恐惧地生活在德军建立的分离区内，因而需要建立一个新的临时政府来正式废除维希政府的法律。

目前巴黎掀起了揭发的狂潮，而政府正在采取措施以确保既要伸张正义，同时也不能让单纯的复仇靡然成风。夏尔·戴高乐将军决意不让巴黎出现白色恐怖。

暂时被拘押的疑犯会接受法官委员会的初步裁决。如果法官们判定他们有罪，他们将会被继续拘押，等待巴黎司法宫（法国最高法院所在地。——译者注）对案情复议的结果。

1944 年 8 月，一名通敌者在巴黎被捕。

1944 年 / 9 月 7 日

美军向摩泽尔河对岸发动猛攻 正式吹响进攻德国本土的号角

德鲁・米德尔顿
通过电报发回《纽约时报》的报道

【盟军远征军最高指挥部 9 月 7 日电】顶着德军激烈的炮火，美国第三集团军的步兵艰难地涉过摩泽尔河，尾随装甲侦察部队，向德国本土发动了第一轮进攻。装甲侦察部队快速越过敌军防线，从卢森堡边境到南锡南面某处对敌军齐格菲防线的外围工事进行侦察。

盟军最靠近德国西南边境的两支先遣队正稳步向德国本土进发，而步兵在后方清理大包围圈内的德军。昨日美国第一集团军的坦克隆隆地从那慕尔、迪南、日韦特等地穿过默兹河，向北推进至列日和亚琛，向南穿越阿登山脉的北部山肩，向齐格菲防线的薄弱地段进军。

第一集团军俘虏 2.5 万多名敌军

9 月 3 日至 5 日，美国第一集团军在蒙斯西南的大包围圈内俘虏了 2.5 万多名敌军。这是继法莱斯包围圈之后，俘获敌军人数最多的战场。

英国首相已经宣布，英国第二集团军从荷兰向德国进军。48 小时后最高指挥部确认，英军正向东部的鲁汶突进，向西部的根特进军。根特距离泽布吕赫的德军要塞只有 31 英里，这里的德军与弗利辛恩港驻守的德军一起严防死守，阻止盟军使用安特卫普港。

英国第二集团军的左翼正稳步向西边的海峡港口前进，加拿大第一集团军的加拿大部队和波兰部队正从东南面向该地区逼近。加拿大部队已可以从加来海峡的沿岸一睹英格兰大陆，正猛击驻守在布洛涅的顽固的德军。波兰部队从圣奥梅尔向卡塞勒猛冲了 8—10 英里，目前距敦刻尔克 17.5 英里。300 万张劝降传单已投向勒阿弗尔、布洛涅、加来、敦刻尔克和奥斯滕德等的军事驻地。

盟军进入伊普尔

与此同时，盟军的侦察部队已经推进到比利时的伊普尔，它位于敦刻尔克东南 26 英里处。

毋庸置疑，盟军将在齐格菲防线上与敌军进行一场恶战。向摩泽尔河进攻的美国步兵遭到极为猛烈的炮火攻击，而向东挺进的美国第一集团军和英国第二集团军在靠近德国边境时，也遭到德军更加顽强的抵抗。

坦克上的优势对盟军获取圣洛和卡昂战役的胜利起到了关键的作用，然而此阶段的战斗是近距离作战。在之后的几周内，战斗将发展到近身肉搏的程度，只能依赖美国步兵、英国士兵的个人能力。

德军在布雷斯特的顽抗提醒盟军，德意志人是何等善战。昨日，盟军的“劫掠者”轰炸机和“浩劫”攻击机对这个地区进行了 16 轮轰炸，超过 500 吨的炸弹如雨点般投掷下来，但德军依旧坚守着阵地。这些敌军挡住了盟军的地面攻击，同时承受住了空中和海上的攻击，给了那些原以为能轻易攻破齐格菲防线的人一个教训。

美军俘虏敌军 23 万人

美军横渡默兹河，在那慕尔、迪南和日韦三地建立了桥头堡，加快美国第一集团军冲击齐格菲防线的进程。前线发来的报道称，昨日深夜，装甲编队向东推进了几英里。进攻的左翼部队显然是瞄准列日，以及马斯特里赫特附近的广袤原野而去。列日距离德国亚琛只有 24 英里。

周日至周二，美国第一集团军在蒙斯包围圈俘获了 2.5 万敌军，使俘虏总人数达到 15.4 万人。另外，美国第三集团军俘虏了 7.6 万人。美国第十二集团军群共俘获了 23 万名德国战俘。

德军两名师长吕迪格·冯·海靖少将和卡尔·沃勒少将在蒙斯包围圈被俘虏。

蒙斯包围圈除了重创德军日趋减少的人员储备外，其最终收尾还具有另外一层重要意义。部署在这一区域的美军现在可以向东挺进，与在齐格菲防线上战斗的第一集团军其他编队联合推进。据信，位于包围圈边缘的法国城镇贡比涅和圣昆丁已经被解放。

在最终清理包围圈时，除了俘虏大量的德军外，盟军还缴获或摧毁了 50 辆坦克和 1500 辆各式车辆。

英军挺进鹿特丹

周二下午 1 点离开布鲁塞尔的英国装甲纵队，2 小时后已快速驶过了布鲁塞尔以东 20 英里的鲁汶。之后，这支部队的动向便很少传出，只是听说它遇到了更强的阻力。

荷属布雷达周一传来的消息表明，可能已攻下安特卫普的英国军队现已被正式确认在荷兰作战。荷兰方面报道称，这支军队已经越过马斯河河口，向鹿特丹逼近。

加拿大第一集团军在 3 个区域遭遇敌军的顽强抵抗。在勒阿弗尔和布洛涅的军队被阻截，向加来港进发的队伍很明显已经分开，绕过港口。加拿大第一集团军中的波兰装甲部队袭击了比利时距边境 10 英里的伊普尔。

加拿大部队现在从三面包围了布洛涅，部署在以该市为中心、弧长约为 2 英里的弧线上。另一支队伍抵达距格里内角仅 6 英里的马基斯。

在加来港，加拿大部队的巡逻队伍正在清理港口海岸线以东和以西地区，但还没有进城。

加拿大部队围困 5 万名敌军

5 万德军被死死围困在英吉利海峡和北海沿岸区域。其大多数是在港口负隅顽抗的敌军，但很多分队向北突围，希望越过斯海尔德河入海口到达安全的地区。有部分德军通过这条路线逃脱，但为数不多。

勒阿弗尔有 5000 名德军驻守。周二晚上，英国皇家空军出动重型轰炸机对驻守的德军进行轰炸，投下 1000 吨炸弹。

勒阿弗尔的战斗十分激烈。这个地区拥有了由碉堡、铁丝网和地雷组成的强大的防御系统，加拿大第一集团军中的英国步兵团正穿越这一防御系统。

劝降的小册子以大炮投射和飞机空投的方式撒往勒阿弗尔。这些小册子向敌军指明，当前战况表明他们已毫无希望，强调战争即将结束，不必在徒劳的行动中无谓丧生。

与此同时，德国工兵部队正在布洛涅和加来破坏港口的军事基地。在英国海岸线上观察的人们可以看到熊熊的火焰，听到轰隆隆的爆炸声。这个区域的德军炮台仍旧在发射炮弹。昨天晚上 8 点 30 分刚过，德军再次向多佛尔海峡对岸开火。

1944 年 9 月 8 日

伦敦挫败德军的飞弹攻势，暂停疏散

E.C. 丹尼尔
通过无线电发回《纽约时报》的报道

【伦敦 9 月 7 日电】伦敦取得了第二次战斗的胜利。在盟军夺取德军部署在法国和比利时的飞弹基地之前，伦敦就已经取得了胜利，使得希特勒自吹自擂的头号复仇武器的影响力变得微乎其微。

“除了德军垂死挣扎偶尔射出一两枚飞弹，伦敦的战斗已经结束了。”周一英国飞弹对策委员会主席，首相的女婿邓肯·桑迪斯这样告诉记者们。

这场令人不安的战斗持续了 80 天，盟军动用了 2000 个防空气球，2800 门大炮和大量飞机。这场战斗还要求对伦敦的整个防空系统进行重新部署。

今晚英国政府暂停执行疏散方案，标志着伦敦战胜了飞弹。据估计，自 6 月 15 日伦敦实施疏散方案以来，已经从危险区撤离了 100 万余名人员。

最后一次飞弹袭击过去还不到一周的时间，伦敦就已经恢复往昔繁华的景象。黄昏时分，街上又挤满了人，电影院前又排起了长队。被飞弹驱赶到边远地区的歌剧、戏剧、芭蕾和音乐剧强势回归。飞弹攻击前有 34 家剧院营业，飞弹攻击高峰期只有 10 家剧院开放，而现在已有 20 家剧院开门迎客。

然而，政府依然向成千上万名市民发出警告，告诫他们远离首都。飞弹轰炸后，整个首都有 87 万座房子需要维修，而修理工只有 6 万人。

许多学校和医院已经大面积损坏。政府建议人群远离这些建筑，孕妇、老弱、盲人及无家可归者于上月被送往别处安置。

在这场战争中，远道而来的美国空军和炮兵与英军一起并肩作战，守卫英国人的家园。桑迪斯先生说：“美军怀着坚定的决心和满腔热血作战，仿佛纽约或华盛顿就是战争受害者一样。”

英美两军共同努力的结果是：在上周的飞弹袭击中，只有 9% 的飞弹打到伦敦，分布在伦敦周围的河流成了德军唯一可击中的目标。德军一共投放了 8000 枚飞弹——平均每天 110 吨——实际上只有 2300 枚打到伦敦，这一数据显然远远低于德军最高指挥部的预期。

1944 年 9 月，一个主要由美军士兵组成的队列正等着进入伦敦风车剧院，观看《完美英伦玫瑰》的演出。

进攻计划按部就班地进行

对伦敦的进攻耗费了德国巨大的人力物力，使得德军偏离了常规武器的生产和防御工事的修筑，而在伦敦应战并取得胜利丝毫没有影响盟军对西欧的进攻。

被问及 V–2 火箭弹是否会将伦敦长时间的生死存亡的斗争引入一个新阶段时，桑迪斯先生说：

“谈到 V–2，我要谨慎一点。的确，我们对它颇为了解。”但他补充说，不管如何，在未来几天内，进入法国火箭基地的记者会了解更多的详情。

这名年轻的反飞弹指挥官引人入胜地讲述了围绕 V–2 展开的间谍工作、秘密轰炸袭击、科学研究和战斗部署等方面的故事，无不透露着获胜的喜悦。他所参与的新闻发布会在新闻部举行。在他前面的桌子上，放着一个 18 英寸的黑色的飞弹模型，看起来十分可怕。新闻大臣布伦丹・布雷肯主持了发布会，赢得这场战斗的各部门领导人出席。

情报机构获知实情

政府放松管制的消息传出，整个大不列颠都欢呼沸腾了。此后不到 24 小时，桑迪斯先生讲述了背后的故事。故事开始于 18 个月前的 1943 年 4 月，参谋长向桑迪斯发来特工人员提交的 4 份措辞含糊的报告，说德国开发出了一种远程轰炸武器。

关于著名的英国情报机构的传说极少为外人所道，但紧随这些报告之后的情报搜集工作表明，英国的情报机构一如既往地足智多谋。

1943 年 5 月，有人在佩内明德试验站里拍到了一些令人费解的照片。

但解读照片的专家发现，照片上一个模糊不清的小斑点很像一架被安置在斜轨上的小型飞机。轨道附近的地面被熏黑了，好像是爆炸热气所留下来的。但这个时期，关于飞弹的秘密仅仅是猜想。

桑迪斯先生说，1943 年 11 月，100 枚与佩内明德试验站内的物体类似的混凝土结构在法国海岸线上竖立起来，所有的疑惑就彻底得到了解答。

自 1943 年 12 月起，美英两国的空军部队摧毁了所有的飞弹基地。因为基地无法修复，德军从 1944 年 3 月开始修建一系列新的简易基地。

使用最快的飞机

德军对新的飞弹斜轨做了很好的伪装，在飞弹发射前几乎不可能发现。有一名被派往谢尔布尔半岛的情报官员在支帐篷时，突然发现了德军的飞弹发射轨。

6 月 15 日当天，飞弹轰炸正式开始，此时盟军已经攻进欧洲西部。

飞弹以每小时 350—400 英里的速度呼啸而来，在高空飞行中只有英国的“台风”战斗机和最新式的“喷火”战斗机，以及美国研制的“野马”战斗机才能与之抗衡。

在一个乌云密布的日子，多达 200 枚飞弹在 24 小时内向伦敦齐射而来。但是在第一个月，只有 40% 的炸弹落到地面。

多达 2000 个的防空气球飘浮在伦敦南部和东部的上空，形成了厚厚的防空气球带，大多数气球都配有特殊的钢丝绳。防空气球挡住了 15% 的打到该区域的飞弹。

到 7 月中旬，伦敦的整个防空带转移到海岸区域，刚刚歇停两天的 1100 门大炮又重回战线。

20 分测距仪助力

大海上的视野很清晰，炮兵不断提高射击准确率，进入大炮射击范围的炸弹有 74% 被打下。20 个美军炮组参加了射击，动用了 2800 门大炮中的 1/8。这些特殊的美国装备是罗斯福总统优先考虑丘吉尔首相的请求，出口到英国供战时使用的。

白天，地面及海上侦察员通过无线电向战斗机飞行员提供帮助。夜晚，战斗机飞行员利用简单的 20 分测距仪，击落了 1900 余枚炸弹。

然而，即便是从地面基地发射来的飞弹，也只有 29% 能打到伦敦，因为有 25% 的飞弹偏离了目标，而剩下的 46% 被击落了。在攻击的后期，除了上周五有一次例外，防御系统阻挡住了 70% 的飞弹袭击，只有 9% 的飞弹打到了伦敦。

1944 年

9 月 15 日

海尔赛将军麾下的飞机命中 84 艘战船，粉碎了日军在菲律宾的防线

罗伯特·特兰伯尔

通过电话发回《纽约时报》的报道

【珍珠港 9 月 14 日电】今天，太平洋舰队发布公告称，经过从周一黎明到昨日黄昏的 3 天进攻，海军上将威廉·弗雷德里克·海尔赛麾下的航空母舰的舰载飞机“打残”了在菲律宾中部的日本空中、海上及地面的防御力量。敌军在该地区的空中力量被彻底摧毁。

美国空军横扫防卫坚固的班乃岛、宿务岛、内格罗斯岛和莱特岛等 4 座岛屿。在空战中，击落 156 架日本飞机，炸毁 277 架尚在地面的飞机，炸沉或者击伤 84 艘战船及“许多”舢板。起初的两天，敌人的空中抵抗可谓“顽强”，而到了第三天就“完全不复存在”了。

9 月 8 日海尔赛上将的第三舰队向棉兰老岛发起攻击，拉开了菲律宾地区海战的序幕。日军已损失 501 架飞机，至少 173 艘战船被击沉或损坏，不计其数的小船被毁。美军的攻势包括多次从航空母舰上对菲律宾基地发起的袭击。公告称，这些军事打击行动给位于菲律宾中部的日军“造成了严重损失”。太平洋舰队公告的措辞十分谨慎，以使其内容可以被完全接受。从公告的内容可以推断，海尔赛上将的大胆突袭，已经使日军至少丧失了在菲律宾吕宋岛南面的阵地。

周二对菲律宾中部的攻击掩护了另一起从航空母舰上向帕劳群岛发起的进攻。帕劳群岛位于棉兰老岛以东 610 英里处。庞大的第三舰队的舰载飞机向帕劳群岛的安加尔岛、贝里琉岛和昂塞布斯岛投下了 90 吨炸弹，并射去 165 枚火箭，摧毁了海岸炮位、仓库以及设在安加尔岛上的灯塔。这是 8 天以来盟军向帕劳群岛发动的第六次攻击，4 天以来发动的第四次攻击。第三舰队自 9 月 5 日对帕劳群岛发动攻击以来，一直没有遇到敌方空军的抵抗。

上周五盟军向菲律宾南部的棉兰老岛发起进攻，摧毁了日军 68 架飞机，击沉了 49 艘货船。另外还有许多舢板被击沉，大量船只要么被击沉，要么被击伤。

轰炸并扫射机场

对 4 座中央岛屿为期 3 天的空袭，击沉日方 2 艘大型货船、1 艘中型运输船、2 艘护卫舰和 35 艘小船。另外，日军还有 5 艘货船、1 艘中型油轮、36 艘小船、2 艘鱼雷艇和“许多”的舢板被毁。

公报称，有“几座”机场遭轰炸和扫射。在这 4 座岛屿上，已知的空军基地有 10 个。储油设施、军火库、仓库、兵营和其他建筑物开始起火。

“第一天日军的空中对抗力量是相当强的，并在第一个夜晚得到增援，所以第二天的抗击能力也十分可怕。”公告称，“敌机起飞拦截我军飞机，但敌机并没有试图攻击我方的水上舰船。”

“第三天，敌人的空中力量完全不复存在，防空火力也较微弱。我方飞机和飞行员的损失相对较轻。”

1944 年/9 月 16 日

美军踏上德国领土
梅斯的陷落可以预期

德鲁·米德尔顿
通过电报发回《纽约时报》的报道

【盟军远征军最高指挥部 9 月 16 日电】昨日美国第一集团军的坦克和士兵到达亚琛以东 6 英里的施托尔贝尔格，离莱茵河畔的科隆市郊已不到 30 英里。据昨晚最新的来自前线的报道，美国步兵已经突破了齐格菲防线的主体部分。（新闻发布机构称，该防线亚琛以东防守最强的部位已经被攻破。）

前线发来的报道称，防线是被步兵和战地工兵用火焰喷射器、炸药包、手榴弹和秘密武器攻破的。

装甲侦察部队对亚琛北面的郊区和亚琛市区进行了侦察。亚琛周围的德军据点被美军野战炮兵连从城镇北面、西面和南面的高地上发射的炮火击垮，攻克亚琛可以说是指日可待。

美军攻下马斯特里赫特

随着亚琛防御的崩溃，德军防线正在慢慢地从北部和南部瓦解。美军的一个装甲纵队越过奥伊彭以东的德国边境，在敌军一连串的碉堡间战斗，攻克了罗埃特根东南 2 英里的拉梅尔斯多尔夫。美国第一集团军的另一支部队攻占了马斯特里赫特，它是荷兰第一座被解放的城镇。据前线发来的报道，这支部队穿过马斯特里赫特近郊后，跨越德国边境进入德国。

对齐格菲防线的渗透，虽然现在尚未证实，但从过去 48 小时的战况报告可以看出，是极为可能的。这条消息是自突破圣洛防线至今最重大的军事新闻。强大的敌军防线已经被迫缩向鲁尔及其产业区，那里仍然是德军武装力量最重要的堡垒之一。

昨天从美国第一集团军所在的该区域的前线传来的重大消息盖过了关于其他

所有军事行动的报道。美军在南部的进攻也进展顺利。昨日从圣维斯进入德国边境并向普吕姆北部挺进的美国第一集团军的一个装甲纵队，正向一个 6 英里长的布满坚固的防御阵地的区域推进，这个区域还设有大量的反坦克陷阱。

攻克梅斯，意料之中

乔治·巴顿中将指挥的美国第三集团军右翼地区的南锡、沙尔梅、埃皮纳勒在过去 24 小时内均被美军占领，摩泽尔河畔的德军防线已经被美军彻底瓦解。

昨天第三集团军在北部战线上也发生了激烈的战斗。巴顿将军的部队现在控制了蒂永维尔大部分的区域，德军在梅斯的境况越来越危险。

美国第一集团军某师士兵向德国城镇亚琛进发。

1944 年

9 月 17 日

波兰政治集团间的宿怨日益加深

苏联支持的卢布林集团谴责伦敦政权的谋杀行为是“黑帮行径”

W.H. 劳伦斯

通过无线电发回《纽约时报》的报道

【莫斯科 9 月 16 日电】苏联红军已经兵临华沙城下，很明显正准备跨越维斯瓦河，波兰部分地区出现的准国内战争状态将进一步损害苏联支持的波兰全国委员会与流亡于伦敦的波兰政权的关系。

由波兰全国委员会成立的、总部设在卢布林的新闻机构波新社在周五称，至少有 4 起刺杀事件被证实与流亡伦敦的政权有关。

据波新社报道，这些刺杀事件的背后隐藏着一个有计划的攻击，意图挫败卢布林委员会以最近发出的动员令征募波兰士兵的行动。莫斯科的电台的报道进一步表明了这两个政治集团之间不可逾越的鸿沟。

莫斯科方面援引普拉加前线的记者所言，说这位记者没有发现任何证据表明博尔将军指挥的部队在最近的起义中有任何作为，但这些部队宣称普拉加是其根据地之一。

与此同时，正被解放的波兰的前线背后存在着明显的紧张局势，而波新社直接将这种紧张局势摆在流亡于伦敦的波兰政府面前。除了直接使用恐怖方法外，伦敦集团的特工们还被指控煽动波兰民众摧毁卢布林委员会的动员措施。

波新社谴责说，对卢布林家乡军成员的刺杀行为还伴随着许多其他的“黑帮式袭击”，并把这些事件归因于 8 月 15 日委员会颁发的动员法令。该法令称“要创建一支新的波兰军队，以增加反希特勒主义侵略者的力量，从而加快联合国家的胜利”。

波新社说：法令一出，“所有优秀的波兰人民”都积极响应，然而伦敦的“反动派”及其在波兰的代言人“被证明已是无可救药”。

1944 年／9 月 21 日

残酷无情的阿纳姆战役
我空降部队把纳粹军队拦截在荷兰包围圈内——英军炮火声接近

斯坦利·马克斯蒂德
为盟军联合通讯社所做的报道

【合众社荷兰阿纳姆地区盟军空降部队 9 月 20 日电】这个地区的战斗依旧在激烈进行着。有时候战况呈胶着状态，但是我们士兵的脸上从不会露出慌张的神色，他们正在路边、树后，或者其他地方有条不紊地挖战壕。今天下午多架满载急需物资的“斯特林”轰炸机和“道格拉斯”飞机分别抵达该地区，希望之火重新燃起。飞机穿过德军可怕的高射炮区，向阵地投放物资。

这已经是第四天了，我们的耳朵里充斥着 10 英里以外的炮火声，那是从南部赶来的英国第二集团军的炮火声。英军正是为了解救浴血奋战的战士而来，这些战士被不断增援的敌军所包围。

敌军狙击手的射击持续不断，子弹似乎都是来自最意想不到的地方，但是最糟糕的还是迫击炮的轰击。

在附近的一个小镇里，德军的狙击手从屋内向外射击，甚至向医疗队开枪。

战争是我所目睹的最残酷无情的事件，毫不留情。

在荷兰阿纳姆战役中，盟军第一联合空降军在搜索埋伏在一所被炸毁的学校里的狙击手。

1944 年/9 月 23 日

美国将对德国“强硬”

约翰·克赖德
发回《纽约时报》的特别报道

【华盛顿 9 月 22 日电】今天从无可置疑的权威人士处获悉，罗斯福总统已经确定了美国对战败的德国的政策。这绝对是一项极为“强硬”的政策。

罗斯福总统的态度已告知白宫官员，他们正在忙碌地撰写各种政策来传达总统的态度，这些政策将在未来几周内公之于众。总统的态度将明文表达出来，让所有人都不可能误解。

总统说，有些人建议在恢复比利时和荷兰两国时，同时恢复德国，这是错误的。他还补充说，一些在美国和英国的人们认为只有德国的纳粹分子才应当受到惩罚。

总统说，事实上我们必须让所有德国人清楚地知道他们已经被彻底打败，让他们永远不会再企图对人类犯下如此滔天罪行。为此，他根本毫无耐心应付那些建议对德国“仁慈”的人。总统制定了政策的基础，并已经付诸实施。

总统对德国的态度已在昨天的新闻发布会上表露无遗，并已成为美国政府对德国的官方态度。昨天的新闻发布会是由战争讯息办公室主任埃尔默·戴维斯和战争讯息办公室海外行动部主任罗伯特·施伍德共同举行的。

当施伍德先生被问到如果战况许可，战争讯息办公室在德国面对的首要问题是什么时，他回答说：

“我们必须做的第一件事就是说服德国人，告诉他们真的输掉了这场战争。”

“而且，”戴维斯先生补充说，“还要让他们相信，如果他们再次发动战争，还将一败涂地。”

军队手册遭受谴责

军队手册是美军进入德国的军事行动指导纲领。大约3个星期前，总统发现在军队手册中有对敌人“仁慈”的迹象，就亲自着手制定对德政策。他要让大家知道他认为这个手册是“非常糟糕”的。

因此，美国对战败的德国的政策正是通过这种特殊的自上而下的方式形成的。之前，该政策的制定历程颇为曲折，因为从基层往上的各部门无法将各种相互冲突的观点融合成统一的政策。

让官员们觉得奇怪的是，与总统对德的“强硬”政策相悖的是，与第一次世界大战后德国被要求支付的巨额赔款相比，这次德国的战后赔款相对较少。在此次战争中，德国本土成为战场，很大一部分工业设施遭到破坏。支持较少的战后赔款的理由是假如要使德国恢复偿还巨额赔款的能力，盟国必须向其提供大量的资金、物资和设备。

1944年/9月24日

中国共产党谈及内战

通过无线电发回《纽约时报》的报道

【延安8月15日电（延时报道）】谈及7月26日国民党中央宣传部部长梁寒操所做的关于国共谈判的乐观声明这一敏感话题时，共产党领导人周恩来表示谈判没有取得任何结果。周恩来是负责共产党与国民政府的关系的领导人物。

周先生说，虽然梁先生曾多次表示中国一定会避免内战，但是最近几个月，国民党对陕甘宁边区发动了多次袭击。他指责阎锡山的六十一军与日军达成协议，在山西袭击了共产党领导的八路军；李品仙指挥的国民党军队攻击了新四军在湖北的队伍，这支队伍曾经营救过美国飞行员，当时这支部队正在对敌人发动进攻，要把敌人从常规战线上引开；罗懋勋指挥的国民党军队进攻了在广东东江流域的游击支队。

“这些事件，”他说，“表明武装冲突仍在继续，内战的危险还没有过去。”

“要取得抗日战争的最终胜利，国民党和共产党必须团结起来，两党间现存的问题必须马上解决。国民党当局必须立即放弃一党专政，并停止削弱和消灭跟它不一样的党派的政策；必须马上实行民主政治，通过民主程序为党派间关系的问题找到一个公平的解决办法。只有这样，胜利才能实现。这是共产党的衷心愿望。”

周先生说，自从蒋介石委员长在西安遭扣押以来，共产党一直坚持只有民主才能增强中国的抵御能力，只有民主才是解决国共两党及其他政治问题的坚实基础。他宣称这不仅是共产党的心声，也是 99% 的中国人民的心声。

1944 年／9 月 26 日

与会者同意世界格局和平协议 90% 的内容

詹姆斯・B. 赖斯顿
发回《纽约时报》的特别报道

【华盛顿 9 月 25 日电】美国、英国和苏联三国政府眼下对希望创立的国际安全组织的相关协议中 90% 的内容表示满意，把另外 10%“最高层次”的内容留到将来某一天解决。

三国政府无法完全同意敦巴顿橡树园协议的内容，分歧主要集中在所提议的执行理事会就侵略美国、英国、苏联或中国行为的指控的投票方式上，但三国政府认同协议中的其他大部分内容。

美国副国务卿小爱德华・赖利・斯特蒂纽斯向罗斯福总统提交了“最终协议草案”，据说罗斯福总统已经对协议表示首肯。据了解，英国首相丘吉尔也已批准该草案，而苏联政府则表示支持草案“90%”的内容。与苏联代表团的会议已经进入第六个星期，即将结束，苏联政府将在明天或者周三做出最终批准。与中国代表团的下半段会议可能从本周四开始。

将设立国际法庭

据了解，与敦巴顿橡树园会议代表团有所不同，三国政府已经同意建立：

（1）解决可裁决争端的国际法庭。该法庭有权处理由拟成立的执行理事会提交的任何争端。将建立一个国际委员会来编纂现有的国际法，并根据成员国的需要，提出额外的补充法律。

（2）以秘书长为首的联盟秘书处。该秘书长同为联盟理事会和联盟大会的秘书长。

（3）一个由所有爱好和平的国家组成的大会组织。在解决由拟成立的执行理事会提交的一切问题时，各个国家拥有平等的投票权。大会将每年召开一次，在紧急情况下可随时召开紧急会议。然而，大会的权力将主要是建议权。

（4）执行理事会。该委员会由 4 个常任理事国（美国、英国、苏联、中国）和 7 个非常任理事国组成，非常任理事国以地域为依据选出。据了解，参与会议第一阶段的三个国家还一致同意，待法国拥有一个由法国人民自由选举出来的政府时，它也将成为常任理事国。

该理事会的首要责任是维护国际安全及和平解决国际争端。根据这个三国政府已经接受的提案，该理事会将有权确认任何威胁和平或扰乱和平的行为，并有权决定采取必要行动以维持或恢复和平。

据了解，这三个大国同意向其他成员国建议，在国际安全组织成立后，成员国应该尽快达成统一的协议，对每个成员国在履行执行理事会为防止或击退侵略而做出的决议时，所派出的军队的数量和类型进行管理。

几周前，在敦巴顿橡树园会议上，关于如何处理对侵略常任理事国行为的指控的问题被提了出来。其中一个国家建议：争端的任何一方，不管是否为常任理事国，均无权投票。这项提议遭到苏联的反对。

首先，苏联政府指出，受攻击的国家和侵略国一样，都是“争端的一方”，不应被剥夺为自身的防御而参与投票的权利。

就这个问题的讨论持续了数天。解决这个问题的一个提案是：处理对侵略常任理事国行为的指控时，由理事会来决定谁拥有投票权。据说这项建议在敦巴顿橡树园会议上得到了相当的支持，但最终被苏联政府拒绝。苏联政府坚持，各常任理事国对联盟提议的对抗任何未来侵略者的行动均应拥有投票权。

其他额外的几轮讨论均未能在这个问题上达成一致的意见，各国终于同意把最终的决定留到未来某一日。相信对这个问题的讨论，将会通过正常的外交渠道继续进行。最后，人们希望罗斯福先生、丘吉尔首相和斯大林元帅会在另一次私人会谈时就这个问题进行磋商。

1944 年/9 月 28 日

社论：撤出阿纳姆

英国第一空降师的传奇从此画上了休止符，它的番号将不复存在。牺牲的战士永远长眠在阿纳姆西部的丛林中，伤残的将士落到德军的手里。原有八九千名战士的队伍现在只剩下约 2000 人，并“撤回”到安全地区。因为救援部队无法跨越河流，空降士兵必须自己涉水过河，这种“撤回”的场面可想而知。阿纳姆战役是一次惨痛的失败，是辉煌的胜利的扉页上的一个红色斑点，警告我们挺进德国的过程并非如同游行般简单。

勇敢的进攻失败时，正如此次失败一样，我们无权去指责那些下达命令的人，因为这是值得冒险的选择，空降部队有可能打乱德军的右翼。官方公报指出，他们的确让“其他部队南下，夺取位于奈梅亨的桥梁”。他们确实牵制了纳粹部分最优秀的军队，可能敌军的人数远远超过他们的数量。他们的牺牲不是徒劳的。他们从空中降落到地面时，可以选择不坚守阵地，但他们用自己的鲜血为其他战友赢得了空间。在未来的日子里，没有任何事情能比佩戴阿纳姆徽章或丝带更令人感到自豪。

难道我们仅用一句“这些人是勇敢的”，就对他们一锤定音了吗？在布雷斯特的纳粹士兵是勇敢的，在圣马洛的“疯狂的上校”也不乏勇气，但这些英国空降战士的勇气不是无谓之勇，不是绝望之勇。他们甘愿冒生命危险，他们当中的许多人甘心承受煎熬，以最困难的方式结束自己的生命——在那些解放的城镇里，胜利的旗帜高高飘扬，告捷的钟声久久回响，对凯旋和家乡的期望让生命如此甜美。这是他们最大的悲剧，也是他们不朽的荣耀。

关键人物、事件简介

人　物

科德尔·赫尔（1871—1955）：1933 年 3 月至 1944 年 11 月担任罗斯福政府的国务卿。1941 年美日谈判中，对日本采取强硬态度，加速了日本制定对美国动武的决策。在起草《联合国家宣言》（1942 年 1 月 1 日签署）的过程中发挥重要作用，随后促成联合国的诞生。

佩特罗·巴多格里奥（1871—1956）：意大利元帅。数次出任意军总参谋长。1943 年接替下台的墨索里尼，担任意大利首相。1943 年 9 月，与盟军谈判并达成停战协议，随即离开罗马前往意大利南部。1944 年辞去首相一职。

温斯顿·斯宾塞·丘吉尔（1874—1965）：1940 年 5 月至 1945 年 7 月担任英国首相兼国防大臣。1940 年力主坚持对德作战，与苏共总书记斯大林和美国总统罗斯福共同建立战时“大联盟”。极力赞成轰炸欧洲轴心国，支持迂回进攻策略，即从地中海地区进攻希特勒在欧洲的军事要塞而不是正面袭击。随着战事的持续，影响力逐渐减弱。战后成为著名的冷战分子，仇视共产主义。

威廉·莱希（1875—1959）：20 世纪 30 年代任美国海军作战部部长。是罗斯福总统的密友。1941 年至 1942 年任美国驻法国大使，后任罗斯福总统的个人参谋长和美国参谋长联席会议主席。

约瑟夫·斯大林（1878—1953）：1922 年起任苏联共产党中央委员会总书记。1941 年成为苏联人民委员会主席。二战期间担任苏联国防委员会主席，领导全苏战争行动。

欧内斯特·金（1878—1956）：美国海军五星上将。1940 年任美国大西洋舰队司令。反潜作战建奇功，为罗斯福总统所赏识，升任美国海军舰队总司令。1942 年 3

月起兼任美国海军作战部部长。

亨利·吉劳德（1879—1949）：法国将军。在德国侵法战役中指挥法国第七集团军。1942 年从德国的拘留营逃脱，与美国建立紧密的联系。被任命为法国驻北非部队总指挥官、法国驻北非高级专员。与戴高乐一起建立了法兰西民族解放委员会，但于 1943 年 11 月被逐出并于 1944 年 4 月辞职，遂退出政坛。

道格拉斯·麦克阿瑟（1880—1964）：曾任美国陆军参谋长。战争爆发时任菲律宾政府军事顾问和驻菲美军总司令。1942 年 4 月被任命为西南太平洋战区总司令。1945 年 8 月作为“盟军最高司令官”驻日本。

乔治·卡特利特·马歇尔（1880—1959）：20 世纪 30 年代末担任在华盛顿的美国战争部作战计划处的处长。1939 年任陆军参谋长直至二战结束。1947 年任国务卿，颁布欧洲复兴计划，也就是人们熟知的“马歇尔计划”。

富兰克林·德拉诺·罗斯福（1882—1945）：二战期间任期最长的美国总统。1940 第三次、1944 年第四次当选总统，这在美国是史无前例的。20 世纪 30 年代，采取“新政”帮助美国平稳渡过经济危机。20 世纪 30 年代末，敦促美国重整军备。领导美国成为盟军作战的强大后盾，为盟军提供一切战备物资。日本突袭珍珠港后，坚持奉行先打败德国的战略，并通过《租借法案》，慷慨地与盟国分享美国的资源。

贝尼托·墨索里尼（1883—1945）：意大利法西斯党党魁。1922 年 10 月至 1943 年 7 月任意大利总理。野心勃勃想在地中海和非洲地区建立一个新的罗马帝国，于 1935 年 10 月向埃塞俄比亚发动战争，并击败埃塞俄比亚。与希特勒建立起紧密的轴心国同盟关系。1940 年 6 月 10 日，向英法两国宣战；1940 年 10 月，又向希腊宣战。意大利军队全线溃败后，其支持度下降。1943 年 7 月发生政变，其政府被推翻。被德国特种部队营救后，在意大利德国占领区担任意大利社会主义共和国领袖。1945 年 4 月 28 日，在逃往瑞士的途中被游击队员击毙。

东条英机（1884—1948）：1941 年起任日本首相，带领日本对美宣战。1944 年 7 月因日军军事失利辞职。1948 年被作为战犯处死。

哈里·S. 杜鲁门（1884—1972）：1944 年当选美国副总统。1945 年 4 月罗斯福总统去世后继任美国总统。曾领导参议院特别委员会调查战时合同，为美国节约了数百万美元的花费。做出了一个重大决定——使用原子弹轰炸日本。二战后，在遏制共产主义在欧洲的传播上扮演了重要的角色。

山本五十六（1884—1943）：1939 年被任命为日本联合舰队司令。组织了偷袭珍珠港的军事行动。1943 年，有关其行程的电文被截获，美军出动战斗机击落其座机。

切斯特·尼米兹（1885—1966）：1941 年 12 月被任命为美国太平洋舰队司令。1942 年 3 月成为美国太平洋地区驻军总司令。1944 年，因在对日“跳岛作战”中的作用受到表彰，晋升海军五星上将。

乔治·巴顿（1885—1945）：职业骑兵军官。1942 年任美国第一装甲师师长，随后在“火炬行动”中指挥美国第二军。1944 年担任在法国的美国第三集团军的指挥官。在逼迫德军退回其边界的战役中发挥了令人瞩目的作用。1945 年因车祸去世。

阿尔伯特·凯塞林（1885—1960）：德国陆军元帅、空军指挥官。1941 年 11 月被任命为地中海战区轴心国部队总司令。二战末期担任德军西线总司令。他因战争中的罪行被判处死刑，但随后获得减刑。

蒋介石（1887—1975）：中国国民党总裁。九一八事变后，曾一度坚持“攘外必先安内”。1945 年日本战败后，中国爆发内战，蒋不敌中国共产党，1949 年败退台湾，任台湾当局“总统”。

亚历山大·范德格里夫特（1887—1973）：海军陆战队高级军官，奉命指挥海军陆战队第一师进攻瓜达尔卡纳尔岛。1944 年 1 月，晋升中将并在华盛顿就任海军陆战队司令。

伯纳德·劳·蒙哥马利（1887—1976）：英国陆军元帅。1942 年 11 月在阿拉曼取得英国首次陆战大捷。率领英国第八集团军进攻意大利，后被任命为诺曼底登陆战役中的陆战指挥官。指挥盟军第二十一集团军群结束在欧洲的战争。

阿道夫·希特勒（1889—1945）：德国纳粹党党魁、独裁者。1934 年成为德国元首，1939 年将德国拖入战争深渊。1941 年 12 月自封德国军队总司令。其军队在二战中一败涂地。1945 年 4 月 30 日在柏林自杀。

德怀特·戴维·艾森豪威尔（1890—1969）：日本偷袭珍珠港后被任命为美军作战计

划部部长。奉命指挥1942年11月登陆北非的“火炬行动”，随后担任地中海战区的最高指挥官。从1944年进攻法国至二战结束，任欧洲盟军最高司令。

夏尔·戴高乐（1890—1970）：1940年晋升陆军准将。装甲战理论先驱之一，曾在法国战役中担任法国第四装甲师指挥官。1940年6月流亡伦敦，尽管遭到美国总统富兰克林·罗斯福的冷眼，仍发起并领导自由法国运动。1943年和亨利·吉劳德共同担任法兰西民族解放委员会主席。1944年在阿尔及利亚成立法国临时政府。法国解放后，促成法国的民主秩序的建立。

维亚切斯拉夫·莫洛托夫（1890—1986）：苏共总书记约瑟夫·斯大林倚重的核心集团成员之一。1930年至1941年任苏联人民委员会主席。1939年起任外交人民委员。曾代表苏联参与苏联加入联合国的谈判。

哈罗德·亚历山大（1891—1969）：1940年指挥敦刻尔克大撤退。1942年被任命为中东战区总司令。曾任艾森豪威尔的副手，指挥西西里岛登陆战役和意大利境内的其他战役。1944年11月被任命为地中海战区最高指挥官。

卡尔·邓尼茨（1891—1980）：1943年1月至1945年4月为德国海军元帅。1945年作为希特勒的继承人任德国总统。1939年至1943年任德国潜艇舰队总司令，发动大西洋海战。纽伦堡审判中被判10年监禁。

近卫文麿（1891—1945）：日本公爵。1937年至1941年间三任日本首相。在任期内侵占中国的企图破灭，1941年开展的日美谈判也最终破裂。是日本“新秩序”的积极拥护者，但在太平洋战争中并未发挥太大的政治作用。1945年12月，在被捕前自杀。

埃尔温·隆美尔（1891—1944）：德国陆军元帅。1941年至1943年在北非指挥德国非洲军团展开军事行动，后被派往诺曼底构筑防御工事以抵御盟军登陆。1944年，因受同年7月密谋刺杀希特勒事件的牵连而自杀。

卡尔·斯帕茨（1891—1974）：1942年在英格兰组建第八航空军，后前往地中海战区，担任盟军空军指挥官，受艾森豪威尔总司令指挥。1943年12月担任美国驻欧洲战略与战术空军司令。曾制订战略击败德国空军，并于1944年摧毁了德国的原油供应基地。

阿瑟·海斯·索尔兹伯格（1891—1968）：1935 年继其岳父阿道夫·奥克斯成为《纽约时报》的出版人，任至 1961 年。既不赞同美国在二战前实行的孤立主义政策，也不喜罗斯福获得新权力来推行其法案。二战期间，支持建立以美国为主导的战后新秩序。曾一度担心自己犹太人的身份可能会引起人们对《纽约时报》客观性的质疑，因而始终都未曾在《纽约时报》上大篇幅刊发有关纳粹迫害欧洲犹太人的报道。

亚瑟·哈里斯（1892—1984）：1942 年 2 月任英国皇家空军轰炸机司令部总指挥官，策划对德轰炸行动。1945 年被擢升为英国皇家空军元帅。

奥马尔·布拉德利（1893—1981）：在“火炬行动”中被任命为巴顿将军的副手。1943 年 5 月任美国第二军军长，后率军开赴西西里岛。指挥美国第一集团军参加诺曼底登陆，其后指挥第十二集团军群参加二战末期在德国境内的战役。

赫尔曼·威廉·戈林（1893—1946）：德国空军总司令和国家航空部部长。1939 年被指定为希特勒的接班人。1940 年击败法国，被授予最高军衔——“帝国元帅”。二战期间，政治活动较少，仅有短暂活跃期。纽伦堡审判中的战犯之一。被判处极刑，行刑前夜自杀身亡。

约阿希姆·冯·里宾特洛甫（1893—1946）：希特勒的外交政策顾问，1938 年 2 月起担任德国外交部长。1939 年 8 月，代表德国与苏联签署《苏德互不侵犯条约》。在整个二战期间都担任首席外交官的角色。纽伦堡审判中被判犯有破坏和平等罪，被处以绞刑。

毛泽东（1893—1976）：中国共产党领导人。领导了始于 1934 年，前往陕西省以躲避蒋介石部队的围剿的长征。协助组建中国工农红军，以反蒋和抗击日军。二战后，这支军队成为助中国共产党 1949 年成功夺取全国政权的核心力量。

马克·克拉克（1896—1984）：战前为陆军少校。1942 年迅速升任美国陆军地面部队参谋长。指挥美国第五集团军参与进攻意大利的行动。1944 年 12 月担任盟军驻意大利地面部队总司令。

约瑟夫·戈培尔（1897—1945）：纳粹政治家，纳粹德国国民教育与宣传部部长。1944 年被任命为帝国总体战动员委员会主任。1945 年 5 月 1 日在希特勒的掩体内自杀。

安东尼·艾登（1897—1977）：1940 年，被刚任首相的丘吉尔任命为陆军大臣。1940 年 12 月，任外交大臣。在英国的反法西斯战争中发挥了重要作用，并促成联合国于 1945 年成立。

海因里希·希姆莱（1900—1945）：纳粹党安全部队（党卫军）首领。1936 年 6 月被任命为帝国警察总长。1939 年组建国家安全总局（莱因哈德·海德里希任局长）。对欧洲地区犹太人实施种族灭绝政策并组建集中营。1943 年 8 月任内政部长。1944 年 7 月任德国预备役部队指挥官。1945 年 5 月被英军俘虏，自杀身亡。

爱德华·斯特蒂纽斯（1900—1949）：1941 年 1 月被任命为生产管理办公室主任。1941 年 8 月成为《租借法案》的监管者。1944 年 11 月任国务卿。1945 年 5 月代表美国出席在旧金山召开的联合国成立大会。

事　件

库尔斯克会战（1943 年 7 月 5 日至 13 日）：东线战场上一次精心策划的战役，同时也是东线战场上最大规模的战役之一。希特勒发动“堡垒行动”，试图打掉库尔斯克市附近的苏联红军大型突出部。德军先发起大规模的坦克攻击，但部队行进受阻，随后苏军展开大规模反击，迫使德军紧急撤退。

西西里岛之役（1943 年 7 月 9 日至 8 月 17 日）：又称“哈士奇行动”，是进攻西西里岛南部海岸，英美两国的士兵和舰船参加的一次重要的两栖作战行动。德国守军有序撤退，大部分渡过墨西拿海峡逃脱，但大量意大利士兵向盟军投降。

汉堡轰炸（1943 年 7 月 24 日至 8 月）：又称“蛾摩拉行动”。该行动对汉堡实施反复的空袭，所摧毁的市区的面积超过 12 平方英里，估计导致 34000 至 37000 人死亡，其中半数死于 7 月 27 日、28 日两晚的炸弹爆炸形成的风暴性大火。

德黑兰会议（1943 年 11 月 28 日至 12 月 1 日）：英美苏三大盟国的首脑召开的第一次重大会议，会议在伊朗首都举行。斯大林最大的期望是获得西方国家开辟第二战场的承诺。会议同意于 1944 年 5 月进攻法国北部地区。

卡西诺山战役（1944 年 1 月 17 日至 5 月 18 日）：卡西诺山是俯瞰意大利小镇卡西诺的一座山，山上矗立着一座古老的修道院。盟军突破卡西诺山周围的德军防线的努力屡屡受挫，不得不在 2 月 15 日炸毁修道院。山顶最终被波兰第二军攻克。

英帕尔—科希马战役（1944 年 3 月 7 日至 7 月 18 日）：日本对印度边境城镇英帕尔和科希马发动的一次大规模攻击。英帕尔被围困 4 个月之久，但守军顽强抵抗，直至盟军增援部队击退日军并开辟了反攻缅甸的道路。

攻克罗马（1944 年 6 月 4 日至 5 日）：马克·克拉克中将指挥的美国第五集团军，在卡西诺山附近与敌军僵持数月之后，终于攻克意大利首都罗马。

诺曼底登陆（1944 年 6 月 6 日至 7 月 24 日）：又称“霸王行动”。盟军制订的计划是通过在诺曼底登陆，把盟军的地面主力部队安插到欧洲北部，将德军逐出法国。登陆行动取得了成功，但登陆后盟军遭到了德军的顽强抵抗而陷入困境。直到 7 月底，幸运的天平才开始向盟军倾斜，德国在诺曼底的防线被突破。8 月，德军迅速溃败。

菲律宾海海战（1944 年 6 月 19 日至 21 日）：二战期间最大规模的航空母舰决战（双方共出动 24 艘航空母舰）。日本海军中将小泽治三郎麾下的舰队遭惨败，损失了 400 多架飞机。美国海军飞行员戏称此次海战为“马里亚纳射火鸡大赛”。

七月密谋（1944 年 7 月 20 日）：德国高级军官试图在希特勒的总部暗杀希特勒的计划最终失败。行动组织者克劳斯·冯·史陶芬柏格当晚就在柏林被枪决，其他数百名密谋者遭围捕，或被处决，或被送往集中营。

华沙起义（1944 年 8 月 1 日至 10 月 2 日）：波兰民族主义者组织的波兰家乡军在苏联红军逼近华沙时，发动起义，反抗德国占领军。起义的时间选择有误，且未获得盟国的有效的帮助。起义失败，德军出于报复，将华沙夷为平地。

巴黎解放（1944 年 8 月 19 日至 24 日）：盟军向巴黎挺进时，法国抵抗力量也在巴黎起义。德军指挥官最终放弃镇压。8 月 24 日，一个法国装甲师进入首都。次日，德军投降，交出巴黎。

敦巴顿橡树园会议（1944 年 8 月 21 日至 10 月 7 日）：会议在华盛顿附近举行。39 个国家派代表出席会议，为联合国的成立打下了基础。会议通过了关于联合国大会和安全理事会的构想，但安全理事会成员的否决权问题悬而未决。

阿纳姆战役（1944 年 9 月 17 日至 26 日）：又称“市场花园行动”，是英国伞兵部队的一次行动，旨在夺取荷兰城市阿纳姆周边的莱茵河下游的过河地点，形成突出部，以打击德军。德军顽强抵抗，行动失败，英军损失惨重。

致 谢

本书编者要向 Black Dog & Leventhal 出版社的 J.P. 莱文赛尔、丽莎·特纳格利亚和帕梅拉·谢克特表示衷心感谢，感谢他们在文稿准备中的帮助。

出版人要感谢理查德·奥弗里，感谢他承担起这个艰巨繁重的项目；要感谢德怀特·齐默尔曼，感谢他深入细致的研究；要向希拉·哈特致以谢意，感谢她的精彩设计，以及为本项目付出的辛勤工作；还要感谢《纽约时报》各位参与本项目的人员，特别是亚历克斯·沃德和米切尔·利维塔斯。

《纽约时报》要向以下人员表示由衷的感谢，感谢他们周密详尽的研究和技术支持：苏珊·比奇、克莉丝蒂·蕾莉、詹姆斯·伯默尔、罗伯特·拉尔森、芭芭拉·格雷、杰克·贝格、阿兰·德拉奎里尔和海蒂·吉奥维尼；同时感谢以下人士提出的建设性意见和全心全意的协助：《泰晤士报》的肯尼斯·里基耶里和李·里法泰尔，美联社的安东尼·布里托与乔纳森·弗尔曼。